商学双書 6

公共政策のフロンティア

山本哲三 編著
Yamamoto Tetsuzo

Frontier of Public Policy

成文堂

はしがき

　本書は，成文堂のシリーズ企画—商学学術選書—の1冊として上梓されるものである。「公共政策のフロンティア」といういささか大胆なタイトルをつけたが，それには次のような理由がある，
　公共政策学は，その分析の対象が多岐にわたっており，単一の視点で切り取り，体系化できるようなものではない。公共政策の対象分野は，公共・公益事業をはじめ，教育・医療・福祉問題，農業等の各種産業問題，金融・財政問題，環境問題，そして宗教・外交・軍事問題に至るまで多種多様である。また，政策主体も地方自治体から中央政府，国際機関，およびNPO，NGOに至るまで重層的であり，それが影響を及ぼす圏域も地域（例えば，コミュニティのごみ焼却炉設置問題）から一国規模（例えば，教育・年金・医療問題），国際規模（例えば，民族・人種問題，国際紛争，安全保障，地球環境問題）に至るまで多岐にわたっている。したがって，公共政策に関わる人文社会科学も多様であり（政治学，法律学，経済学，社会学，教育学，宗教学など），問題が複雑にクロスしていることもあり，その分析には複合的なかつ多角的なアプローチが必要とされる。到底単一の学問でアプローチできるようなものではないのである。実際，比較的短いその学問的な発達史を見ても，公共政策学の方法論はつねに揺れており，いくつかの重要な方法論上の問題（例えば，個人合理主義か，社会システムかという方法論上の問題や公共選択論の発展による政府の概念や公共観をめぐる論戦など）に突き当たりながら，それらを未解決のまま抱えこみ進化を遂げているのである。
　こうした性格から，公共政策学は一見漠とした政策学一般にしかみえず，その全体像とユニークな意味をとらえるのは容易ではない。しかし，これを認めると，公共政策学は政策学一般に解消されかねず，独自な意味を持たないことになる。はたしてそうか。
　われわれは，公共政策学は独自の存立基盤を持っていると考える。その理由は，公共政策の発達史のなかに隠されている。公共政策論は1930, 40年代に米国で芽生え，第二次大戦後に急速に成長・発展をみたが，それは先進

国政府が行政国家化・福祉国家化する動きと，とりわけ基本的人権（生存権）の概念が社会的に確立・定着する過程と並行していた。

この人権と「公共の利益」という概念を基本に公共政策を考えれば，上述の政策はすべて，人間の尊厳，生命・財産・安全性の確保，福利厚生の増進という点で，直接的ないし間接的にこのコア概念に関連していることが理解できる。したがって，法律学は人権概念を基礎に，また政治学では民主主義の理念を基礎に，また経済学は社会厚生概念を基礎に，こうした多種多様な政策問題にアプローチでき，それなりに首尾一貫した方法で公共政策学を理解できるのである。

だが，このうち厚生経済学的なアプローチは，前二者のアプローチと決定的に異なっている。前二者の分析が多かれ少なかれ分析者のイデオロギーや価値観に影響されるのに対し，厚生経済学的なアプローチは，費用便益分析を政策分析の土台にしており，その分「没価値（＝客観性）」な分析が可能だからである。本書は，広範囲にわたる公共政策のうち，経済学的なアプローチが可能な分野を扱ったものである。したがって，公共政策を厚生経済学の視点で切り取った一断面にすぎない。その点では，公共政策ということで人権問題や諸種の格差問題，また外交・軍事問題や安全保障問題の分析を期待している読者にはご寛恕を乞う次第である。

ところで，公共政策のトレンドは，ケインズ主義の経済・財政政策が行き詰った1970年代以降，大きく変化してきている。これは，公共部門で民営化と規制緩和が，公共政策論で「公共選択」が重要な政策潮流となったことに象徴的に現れている。公共政策で，民間の活力，市場機能を重視し，「新しい公共」を追求する動きが強化・増大してきたのである。そこでは理論と政策が連動するかたちで多くの経済・社会実験が行われている。本書はそうした流れを受け，我が国でも重要な進展が見られた，また今後の改革が予想される政策分野を取り上げ，それを「公共政策のフロンティア」というタイトルで編集したものである。

2017年2月吉日

編者

目 次

はしがき

第1部　規制改革の展望

第1章　規制改革の理論と実際 …… 3

はじめに …… 3
1　経済的規制の改革 …… 3
　1-1　行為規制の改革 …… 3
　　(1) コンテスタビリティ理論の衝撃 (4)
　　(2) インセンティブ規制の理論―規制緩和から規制改革に (6)
　1-2　新しい構造規制 …… 8
　　(1) 上下分離 (9)
　　(2) ネットワーク・アンバンドリング (10)
2　社会的規制の改革 …… 12
　2-1　市場活用型規制 …… 12
　　(1) 排出権取引市場 (12)
　　(2) 公共サービスの有料化 (14)
　2-2　費用便益分析の導入 …… 15
　　(1) リスク評価 (15)
　　(2) 顕示選好法と仮想評価法 (17)
3　規制行政の制度改革 …… 19
　3-1　集権と分権 …… 19
　　(1) 規制改革本部の設置 (20)
　　(2) 規制機関の独立化 (21)
　3-2　新しい規制手続き …… 22

        (1) 規制の簡素化 (22)
        (2) 規制影響分析 (23)
    おわりに ………………………………………………………………… 25

第2章 電力改革
　　　──ネットワーク・アンバンドリング── ………… 27

  1 はじめに──ネットワーク・アンバンドリングとは── · 27
    はじめに ……………………………………………………………… 27
  2 アクセス規制を伴う垂直統合型と構造分離型の比較 ……… 28
    2-1 電力産業の構造と発送電分離 ……………………………… 29
    2-2 競争制限的なインセンティブとは何か …………………… 30
    2-3 アクセス規制とは何か ……………………………………… 30
    2-4 構造分離とは何か …………………………………………… 31
    2-5 構造分離のメリット・デメリット ………………………… 34
    2-6 卸市場の活性化 ……………………………………………… 35
        (1) 欧州の場合 (36)
        (2) 米国の場合 (36)
    2-7 小売市場とスマートメーター ……………………………… 37
    2-8 電力切り替え状況 …………………………………………… 38
  3 欧米における電力構造改革の歴史・現状 …………………… 39
    3-1 先進諸国の電力構造改革 …………………………………… 39
    3-2 EU指令 ……………………………………………………… 40
        (1) 市場支配力について (42)
    3-3 米国の事例 …………………………………………………… 43
    3-4 欧米の構造改革の比較 ……………………………………… 44
    3-5 OECD諸国の電力価格の状況 ……………………………… 46
  4 日本の電力システム改革 ……………………………………… 47
    4-1 日本における電力規制改革の歴史と問題点 ……………… 47
    4-2 日本の発送電分離の現状と予定（会計分離から法的分離へ）… 48

(1) 送・配電部門の中立性確保 (49)

　4-3　電力改革のロードマップ ………………………………………… 49

5　電力産業の今後の枠組み ……………………………………………… 49

6　おわりに ………………………………………………………………… 50

　6-1　成功の要因 ……………………………………………………… 50

　　　(1) 競争の促進 (51)

　　　(2) 独立的で，専門性の高い規制当局のモニタリングと効果的な規制 (51)

　　　(3) ガバナンス，透明性 (51)

　6-2　ICTを活用した新規産業の創出と経済波及効果 ……………… 51

　6-3　今後の課題 ……………………………………………………… 51

第2部　岩盤規制に挑む

第3章　農業改革――産業としての農業―― …………………… 55

1　農業をとりまく状況と産業化への期待 ……………………………… 55

2　農業の産業化に向けた政策展開 ……………………………………… 57

　　　(1) 食料・農業・農村基本計画 (57)

　　　(2) 食料・農業・農村施策 (59)

　　　(3) 規制改革実施計画 (62)

3　農業構造からみる産業化の状況 ……………………………………… 64

4　産業化による効率性向上の分析 ……………………………………… 71

　4-1　統計からみた基礎的分析 ……………………………………… 71

　4-2　確率的フロンティアによる効率性分析 ……………………… 71

　　　(1) 確率的フロンティアモデル (74)

　　　(2) 関数型 (75)

　　　(3) データ (75)

　　　(4) 推定結果 (76)

4-3 効率性の要因に関する回帰分析 …………………………………… 78
   (1) 単回帰モデル (78)
   (2) データ (78)
   (3) 推定結果 (80)
5 まとめ ……………………………………………………………………… 82

第4章 医療改革——健康情報データバンクの在り方—— … 85

1 PHRとは何か ………………………………………………………………… 85
2 PHR活用のメリットは何か ………………………………………………… 88
3 健康情報データバンクはなぜ必要なのか ………………………………… 90
4 健康情報データバンク規制が必要な理由は何か ………………………… 93
5 健康情報データバンクの在り方について ………………………………… 95

第5章 我が国の賃金の動向に関する考察
   ——多様な働き方に向けて—— ………………………………… 99

1 問題意識 ……………………………………………………………………… 99
2 データ ……………………………………………………………………… 100
3 我が国の法制度に関する議論と既存研究 ……………………………… 103
4 マクロで見た我が国の労働者を巡る環境 ……………………………… 105
5 フルタイム労働者とパートタイム労働者の時給の比較 … 107
   5-1 業種間の違い ………………………………………………………… 107
   5-2 職種間の違い ………………………………………………………… 110
6 職種別にみた賃金差の詳細分析 ………………………………………… 112
7 終わりに …………………………………………………………………… 124

第3部 オークション：理論と政策

第6章 オークションの基礎理論 … 129

はじめに … 129

1 均衡と収入同値原理 … 130
1-1 オークション概論 … 130
1-2 封印オークションの均衡 … 132
　(1) 二位価格オークションの均衡 (132)
　(2) 一位価格オークションの均衡 (133)
1-3 収入同値原理 … 135

2 基本モデルの条件緩和 … 140
2-1 条件の緩和 … 140
　(1) ビッダーがリスク回避的であるとき (141)
　(2) ビッダーに予算制約があるとき (141)
2-2 非対称的であるとき … 144
2-3 相互依存的評価値のケース … 147

3 オークションのメカニズム・デザイン … 154
3-1 私的評価値と顕示原理 … 154
3-2 直接メカニズムと VCG メカニズム … 156
3-3 相互依存的評価値とメカニズム・デザイン … 163

おわりに … 167

第7章 日本の電波政策
　　　──電波の経済価値と周波数オークション── … 169

1 はじめに … 169
2 電波の価値と配分 … 170
2-1 電波の配分方法 … 170
2-2 電波利用料制度 … 173

| 3 | 電波の経済価値 ………………………………………………… *175*
| 4 | わが国の周波数オークション導入議論 ………………………… *178*
　4-1　電波利用料制度の見直し ……………………………………… *178*
　4-2　周波数オークション制度導入の機運 ………………………… *181*
　　(1) 総務省「電波利用料制度に関する専門調査会」(2010年)　(*181*)
　　(2) 総務省「周波数オークションに関する懇談会」(2011年)　(*181*)
　　(3) 実現しなかった周波数オークション制度　(*187*)
| 5 | 電波の高度利用に向けた電波政策と電波利用料 …………… *188*
| 6 | おわりに ………………………………………………………… *192*

第8章　空港とオークション ………………………………… *197*

| 1 | はじめに ………………………………………………………… *197*
| 2 | 発着枠の配分とオークション方式 …………………………… *197*
　2-1　発着枠をめぐる歴史的経緯 …………………………………… *197*
　2-2　地方優先枠の設置 ……………………………………………… *200*
　2-3　発着枠の配分にオークション方式を取り入れる際に
　　　　生じてくる問題点 …………………………………………… *202*
　2-4　すでに配分された発着枠についてはどう取り扱うか ……… *204*
| 3 | 空港の運営権（コンセッション）の売却と
　　オークション方式 ……………………………………………… *206*
　3-1　空港運営にコンセッション方式が導入されることになった
　　　　背景 …………………………………………………………… *206*
　3-2　仙台空港の場合 ………………………………………………… *208*
　3-3　関西空港の場合 ………………………………………………… *209*
　3-4　その他の空港 …………………………………………………… *211*

第4部 コンセッションの勧め

第9章 欧米のコンセッション … 215

1 はじめに … 215
2 コンセッションの定義と構成要素 … 216
- 2-1 コンセッションと競争効果 … 216
- 2-2 コンセッションとPFI … 217
- 2-3 コンセッションとサービス料金 … 220

3 海外におけるコンセッションの経験 … 222
- 3-1 腐敗問題 … 222
- 3-2 再交渉問題 … 225

4 よりよいコンセッションのために … 230
5 おわりに … 232

第10章 わが国のPFIの現状と課題 … 235

1 PFI概説 … 235
- 1-1 PFIの目的と対象 … 235
- 1-2 PFIの分類 … 236
- 1-3 従来型公共事業との違い … 239

2 PFIの評価 … 239
- 2-1 評価基準 … 239
- 2-2 費用面での評価 … 241
- 2-3 事業の質での評価 … 244

3 今後の課題 … 246
- 3-1 今後の拡大に向けた政策 … 246
  - (1) PPP／PFIの抜本改革に向けたアクションプラン（2013年）(246)
  - (2) 成長戦略におけるPFIの位置付け (246)

         (3) PPP／PFI 推進アクションプラン（2016年）*(247)*
    3-2 今後の課題 ……………………………………………………… *247*
         (1) コンセッションなど独立採算型事業の拡大 *(247)*
         (2) 地方での活用 *(250)*
  4 終わりに ……………………………………………………………… *254*

第11章 コンセッションと地方再生 …………………………… *257*

  1 はじめに ……………………………………………………………… *257*
  2 PPP の特徴 ………………………………………………………… *258*
    2-1 PPP の特徴 ……………………………………………………… *258*
         (1) サービス品質 *(259)*
         (2) 料金設定 *(259)*
         (3) 資金調達 *(260)*
         (4) 施設の所有権 *(260)*
         (5) 契約期間 *(260)*
    2-2 PPP の効果 ……………………………………………………… *260*
         (1) 維持管理費及び建設・更新費用の縮減 *(260)*
         (2) 範囲の経済性 *(261)*
         (3) 金利調達コストの縮減 *(261)*
         (4) サービス品質の向上 *(261)*
         (5) 労働力の効率化と人材の確保 *(261)*
         (6) 予算の平準化 *(262)*
         (7) 財源確保 *(262)*
    2-3 PPP の課題 ……………………………………………………… *262*
         (1) 公共部門のノウハウの喪失 *(262)*
         (2) 参入事業者の不存在 *(263)*
         (3) 資源の配分非効率性 *(263)*
         (4) モニタリングコスト *(263)*
         (5) 外部経済性 *(263)*

(6) 透明性の低下　(264)
　　(7) サービス品質の低下　(264)
　　(8) 不要人員の配置転換　(264)
　　(9) 責任分担の不明確化　(265)
③ PPP の類型 ……………………………………………………… 265
　3-1　PPP の多様化 ……………………………………………… 265
　3-2　包括的民間委託 …………………………………………… 266
　3-3　指定管理者制度 …………………………………………… 267
　3-4　PFI ………………………………………………………… 268
　3-5　民営化・民間譲渡 ………………………………………… 268
④ PPP の手続き ………………………………………………… 269
　4-1　契約期間 …………………………………………………… 269
　4-2　公共サービスの事業者決定方法 ………………………… 270
　　(1) 競争入札方式　(270)
　　(2) プロポーザルコンペ方式　(270)
　　(3) 総合評価方式　(271)
　4-3　PPP における改善策 ……………………………………… 271
⑤ 資金調達 ………………………………………………………… 272
　5-1　資金調達の類型 …………………………………………… 272
　5-2　レベニュー債 ……………………………………………… 272
　5-3　PPP による資金調達 ……………………………………… 273
⑥ コンセッション導入に向けた展望 ………………………… 273
　6-1　コンセッション導入の意義 ……………………………… 273
　6-2　コンセッションの導入に向けた方策 …………………… 274

第5部 新しい環境政策

第12章 温暖化問題と環境政策 …… 279

1 はじめに …… 279
1-1 趣旨 …… 279
1-2 地球温暖化問題の深刻化 …… 280

2 理論的考察及び動向 …… 285
2-1 理論的考察 …… 285
(1) 直接規制及び環境税 (285)
(2) 排出権取引 (288)
2-2 排出権取引の実施動向 …… 290

3 課題及び意義 …… 293
3-1 課題 …… 293
3-2 意義 …… 294

4 結語 …… 295

第13章 原発問題とエネルギー政策 …… 297

はじめに …… 297

1 我が国の原発：現状と課題 …… 297
1-1 原発の歴史的経緯 …… 297
1-2 福島原発事故と安全神話の崩壊 …… 299
1-3 原子力規制委員会と原発再稼働 …… 300

2 原発の費用便益分析 …… 301
2-1 費用便益分析（福島事故以前） …… 301
2-2 最近の原発に関する分析（福島事故以後） …… 304
2-3 第三の道 …… 311

3 原発計画の根本的見直し …… 313
3-1 電力改革と再生可能エネルギー …… 313

3-2 発送電分離とスマートグリッド ………………………………………… 314
3-3 原発のミニマム化と原子力 R&D の継続 ………………………………… 316
おわりに——地域分散自立型電力システムの構築に向けて … 319

第14章　水事業の新展開 …………………………………………………… 321

1　はじめに …………………………………………………………………… 321
1-1 水道規制と公共政策 ………………………………………………… 321

2　日本の水道規制 …………………………………………………………… 322
2-1 近代水道の誕生と市町村経営原則 ………………………………… 322
2-2 近代水道誕生をめぐる「民営」対「公営」論争 ………………… 323

3　料金規制 …………………………………………………………………… 323
3-1 水道料金制度 ………………………………………………………… 323
3-2 料金算定方法 ………………………………………………………… 324
3-3 料金総額の決定 ……………………………………………………… 325
3-4 料金体系の構成 ……………………………………………………… 326
3-5 料金体系の問題点と地下水利用専用水道 ………………………… 328

4　水道分野における官民連携方策 ………………………………………… 329
4-1 世界の水道制度 ……………………………………………………… 329
　(1) イギリス・モデルの水道規制 (329)
　(2) フランス・モデルの水道規制 (330)
　(3) フランスの水道コンセッション方式の誕生と
　　　日本の近代水道誕生の異同 (330)
　(4) 水道広域化の推進と日本への示唆 (331)

5　日本の水道事業の現状と問題点・課題 ………………………………… 332
5-1 水道事業者の現状 …………………………………………………… 332
5-2 水道事業の経営環境 ………………………………………………… 332
　(1) 人口の減少による給水収益の減少 (332)
　(2) 大量の施設更新需要に対する財源確保の困難性 (333)
　(3) 職員の減少と高齢化による技術の継承の困難性 (334)

6 水道事業における今後の政策の方向性 ……… 335
- 6-1 水道事業における官民連携について ……… 335
- 6-2 水道事業の民間的経営手法 ……… 336

7 水道事業の国際展開 ……… 338
- 7-1 水分野に関する国連の開発目標 ……… 338
- 7-2 水分野の国際協力 ……… 339
  - (1) 政府開発援助の枠組み (339)
  - (2) 水道分野の国際協力の実績と評価 (340)
- 7-3 海外水ビジネスの展開 ……… 340
  - (1) 海外水ビジネスの事業分野と市場規模 (340)
  - (2) 官民連携による日本勢の国際展開事例 (342)
  - (3) 官民連携海外水ビジネスの問題点・課題 (344)

8 今後の展望 ……… 346
- 8-1 水道事業の将来展望 ……… 346

第6部　行財政改革

第15章　財政再建
――長期債務問題と包括的な成長の両立―― ……… 351

はじめに ……… 351

1 日本の財政が抱える課題 ……… 351

2 財政の持続可能性を高めるための論点 ……… 353
- 2-1 財政の持続可能性とは ……… 353
- 2-2 財政再建の進め方 ……… 355
  - (1) 財政再建のペース (355)
  - (2) 財政再建の手段 (356)
  - (3) 日本に対する含意 (358)
- 2-3 財政再建を担保する制度の整備 ……… 358

(1) 財政ルール （359）
　　　(2) 独立財政機関 （360）
　　　(3) 財政制度の運用と実効性 （361）
　3 財政の資源配分機能の見直しと所得再分配機能の強化 …… *362*
　　3-1　資源配分機能の見直し ……………………………………… *363*
　　3-2　所得再分配機能の強化 ……………………………………… *364*
　4 まとめ ………………………………………………………………… *365*

第16章　公的年金政策の課題と対応 …………………………… *367*

　1 少子高齢化と社会保障 ……………………………………………… *367*
　　1-1　はじめに ……………………………………………………… *367*
　　1-2　少子高齢化の状況 …………………………………………… *368*
　2 国民皆年金体制の確立と課題
　　　──年金制度の分立と制度間格差── ……………………… *369*
　3 1960年代から1970年代末までの年金政策 ……………………… *371*
　4 1980年代の課題と改革──基礎年金改革── ………………… *372*
　5 2000年代の課題と改革
　　　──保険料率の上限固定とマクロ経済スライド方式の
　　　　導入── ……………………………………………………… *374*
　6 年金記録問題と民主党政権の年金改革 ………………………… *375*
　7 社会保障・税一体改革における年金改革 ……………………… *377*
　　7-1　年金額の特例水準の解消 …………………………………… *378*
　　7-2　基礎年金の国庫負担2分の1の恒久化 …………………… *379*
　　7-3　産休期間中の厚生年金保険料免除と遺族基礎年金の
　　　　父子家庭への支給 …………………………………………… *379*
　　7-4　老齢基礎年金の受給資格期間の短縮 ……………………… *380*
　　7-5　共済年金の厚生年金への統合とその対応策 ……………… *381*
　　7-6　短時間労働者に対する被用者保険の適用拡大 …………… *382*

8 2016年の年金改正 ……………………………………………… *384*
8-1 国民年金第1号被保険者の産前産後期間の保険料免除 ……… *384*
8-2 短時間労働者の被用者保険適用の拡大 …………………… *385*
8-3 年金額の改定ルールの変更 ………………………………… *385*
(1) マクロ経済スライド調整の変更 (385)
(2) 賃金・物価スライドの見直し (385)

おわりに――今後の課題と展望―― ………………………… *387*

第17章 政府の最適規模について ………………………… *391*

はじめに ……………………………………………………………… *391*

1 公共選択論と政府規模 …………………………………………… *391*
1-1 ロバーツのモデル ……………………………………………… *391*
1-2 最適規模の計測――グロスマンの計量分析―― ………… *394*

2 BARS モデルとその発展 ……………………………………… *399*
2-1 BARS モデルとその諸結果 ………………………………… *399*
2-2 BARS モデルのバリエーション …………………………… *404*

3 我が国における実証分析 ……………………………………… *407*
3-1 政府規模と経済成長との間の負の相関 …………………… *407*
3-2 (潜在的)国民負担率と経済成長率 ……………………… *409*

おわりに ……………………………………………………………… *411*

あとがき　*415*
事項索引　*417*
人名・機関索引　*422*

第 1 部

規制改革の展望

第1章　規制改革の理論と実際

はじめに

　第二次世界大戦以後，先進国の政府は，社会・経済に積極的に介入する規制政策の拡張期にはいるが（＝「大きな政府」），世紀末に近づくと「政府の失敗」が顕在化し，規制緩和に向け大きく舵を切り替えた（＝「スマートな政府」）。こうした流れの転換はジグザグな軌道を辿りながら現在も進行しており，規制改革はいずれの先進国にあっても政策上の一大課題となっている。本章では，まず規制改革を牽引した理論を紹介し，それが規制改革にどのような影響を与えたかをトレースしながら，この間の規制改革の流れを紹介し，最後に規制改革の今後を展望する。

1　経済的規制の改革

1-1　行為規制の改革

　規制とは，政府が何らかの事由で，事業者や市民の行動や選択の自由を制約することを意味する。それは大きく経済的規制と社会的規制に分けられ，政府の介入を正当化する根拠法を有する。前者では「市場の失敗」（自然独占，過当競争，公共財供給，および所得再配分など）に，後者では「健全な社会生活」の維持（外部不経済への対処，健康・生命のリスク回避など）に根拠が求められるのが，一般的である。規制の方法には二通りあり，一つは文字通り人々の行動を規制する手法（行為規制），もう一つは人々がそこで行動する組織・制度を規制する手法（構造規制）が，それである。

4　第1部　規制改革の展望

　経済的規制の行為規制では，市場参入・退出をめぐる規制と価格設定に対する規制が，一般的である。したがって，規制改革の理論も，まずはこの二つの行為規制（参入・退出規制，公正報酬率規制）をめぐる論戦となって表れた。

(1) コンテスタビリティ理論の衝撃

　1970，80年代に米国の規制緩和を主導したのは，ハイエク（Hayek. F. A），ミルトン・フリードマン（Freedman. M）らに代表される個人主義・自由主義を基調としたシカゴ学派の経済学と法学であり[1]，その基本的な考え方は，市場と競争に信頼を置き，市場機構の強さとその遍在性を唱えるものであった。そのなかでも経済モデル分析が鮮明で，政策的なインパクトが大きかった理論はボーモルら（Baumol, J. et al.）のコンテスタビリティの理論であった。市場に「潜在的な競争」さえ存在すれば，参入・退出規制は必要でなく，規制を廃止したほうがベターな市場均衡解が得られるとした点に，この理論の画期性があった。自然独占企業に対しても，潜在的な競争さえ存在すれば競争的な市場均衡解と同等の均衡解が得られることを示した。

　この理論が登場する背景には，1970，80年代の米国公益事業の大きな変化があった。市場の成長に伴う新規企業の参入余地の拡大，ITなどの産業イノベーションに伴う新規参入の増大，（ウ）業態間競争による相互参入の増大などが，それである。

　完全コンテスタブル市場とは，企業が退出する際，埋没費用 sunk cost を全く負担することのない，いわば参入・退出が完全に自由な市場として定義

---

[1] 法学では，反トラスト法論争で活躍したポスナー（Posner, Richard Allen）らの業績が有名である。その法思想は，基礎法学領域（財産法，契約法）や経済法領域（会社法・証券法，企業破産法，消費者契約法）にとどまらず，「法と経済学」という新しい分野の生む契機にもなった。経済学では，ステグラー（Stigler, G. J.）が「規制の失敗」のメカニズムを解明し，「小さな政府」を提唱した。彼は，規制当局が被規制産業の虜になっており，その保護に傾斜している実態を明らかにした（捕囚理論 capture theory）。規制は，（ア）競争制限による高価格・高利潤（資源配分非効率，X非効率），（イ）歪んだ企業行動の惹起（技術革新の停滞，アバーチ・ジョンソン効果），（ウ）規制当局のキャプチュア，（エ）官僚機構の硬直性（意思決定の遅延・非弾力性），（オ）規制コストの膨張（遵守コスト，レントシーキング）を起こしているというのである。シカゴ学派の学説は，その展開過程で，公共選択学派（Public Choice School）という分枝を生んでいる。

される。この市場では，新規参入企業が片務的に負担する費用は存在せず，参入者は既存企業と同一の生産技術を得ることができ，既存企業の戦略対応（対抗価格の設定）に遅れがあるものと仮定されている。埋没費用がゼロであれば，潜在的参入者は利潤を求め即時に市場に参入し，報復行動を受ける前に摩擦なく退出できる（hit-and-run strategy）。こうした市場では，既存企業は超過利潤を含む価格を維持できず，非効率であれば，市場でその地位を確保できないことになる。存続できる企業は，産出ベクトルを最低費用で生産し，競争価格に耐えられる企業に限定されるからである。完全コンテスタブル市場は，企業規模や企業数の多寡に関わりなく効率的な産業組織を内生的に決定するので，自然独占・寡占の下でも成立する可能性がある。効率的な産業組織が成立するための基本的条件は，費用関数の「劣加法性（subadditivity）」にあるとされ，そこにどの程度の劣加法性があるか，その度合に応じて自然独占，寡占，あるいは多数企業から成るさまざまな産業組織が決定されることになる。

　完全コンテスタビリティ市場では，生産物の価格や産出物の構成も「潜在的参入ないし競争」の度合いによって内生的に決定される。いわば価格・産出量も効率的な水準に設定され，持続可能性はそのまま市場均衡を意味することになる。例えば，費用の劣加法性により自然独占が導かれる場合には，ラムゼイ価格が持続可能な市場均衡をなすことになる[2]。

　この理論は，市場がコンテスタビリティの条件を満たしているときには，規制を廃止したほうが望ましい結果が得られることを含意している。ここから規制当局は規制を撤廃すべきであるとの政策提言がもたらされた。ボーモルらは，これに当てはまる産業として航空，トラック輸送，通信，金融・証

---

[2] ラムゼイ価格は，複合生産物を生産する独占者に，利潤制約の下で消費者厚生の最大化が課されたときに生まれる価格であり，各生産物の価格と産出量を p_i, x_i, 総費用を C とすれば，利潤制約 $\pi = \Sigma p_i x_i - C = 0$ の下で消費者厚生関数 $Z = Z(p_1, p_2, \cdots, p_n)$ の最大化を解くことで得られる（$i = 1, 2, \cdots, n$）。ラグランジュ乗数法を用いてこれを解けば，一階の条件から，$p_i - MC_i = (1+\lambda)(MR_i - MC_i) \Rightarrow (p_i - MC_i)/p_i = (1+\lambda)/\lambda \cdot 1/\eta_i$, $\eta_i = -dx_i/dp_i \cdot p_i/x_i$ を得る（λ：未定乗数）。これは，消費者厚生を最大化するためには，価格／費用マージンが，需要の価格弾力性の逆数に対して比例的に決定されるべきことを示している。2財生産モデルで，自然独占の持続可能な価格を求めると，それはラムゼイ価格に一致する。

券などの諸産業を挙げている。実際，この理論は米国の航空規制緩和の理論的な主柱となった。その後，多くの論戦を経て，完全コンテスタブル市場は，限定的な範囲でしか存在・機能しえないことが明らかにされた。ただし，潜在的参入者が，生産物ミックスを変更して参入できるような産業（範囲の経済性の活用），リース市場・中古市場等が発展している産業，および埋没費用がゼロに近い産業では，この理論は有効であり，この点で完全コンテスタビリティ理論は，競争の新しい「理念型」として政策適用可能性を有している。

(2) インセンティブ規制の理論——規制緩和から規制改革に

シカゴ学派の考え方は，米国と同質の産業・企業風土を有する英国で受け容れられ，サッチャーの民営化・規制改革となって結実した。公益事業の民営化に際し採用された代表的な規制改革が，独占（＝非競争）分野と競争可能分野を分離し，後者で新規参入を促すと同時に既存企業にも一定の枠内で利潤追求を認め事業効率化を促すというインセンティブ規制であった。ここでは，社会契約（利潤配分契約，費用調整契約など），ヤードスティック規制などいくつものスキームが考案されたが，そのなかでもとりわけインパクトが強かったのが，プライスキャップ規制（以下，PC規制）である。従来の報酬率をベースにしたコスト・プラス規制（以下，ROR規制）は，事業者に収支均衡をもたらしたものの，コスト削減のインセンティブを与えず，過剰投資を招く（＝アバーチ・ジョンソン効果）など，公益事業に高コスト構造をもたらしてきた。PC規制は，この反省の上に立って登場した，企業に効率化インセンティブを与える規制であり，報酬率（＝利潤）ではなく，（上限）価格を規制する点にその特徴がある[3]。

---

3 価格規制については，既にフォーゲルサンク・フィンジンガーによる優れたモデル分析（以下，V＝Fモデル）があった。彼らは，規制当局は企業に真の費用情報を報告させるというより，最小限の会計情報に基づきその価格行動に一定の制約（＝消費者厚生の最大化）を課し，あとは企業に目的関数の達成（＝利潤の最大化）に向け自由に行動させるほうが，社会厚生は改善すると考えた。そのアプローチは，顕示原理を介さず，不完全情報の現状をありのまま認め，また一括所得移転を一切必要としないモデルという点で（＝ノンベイジアン・アプローチ），優れていた。独占企業は，予算制約（＝収支均衡）がある場合，厚生最大化制約を課されるとラムゼ

PC 規制には，消費者物価スライド規制や上限・下限を定めた幅（バンド）価格規制などいくつかの種類があるが，新オーストリア学派のリトルチャイルド（Littlechild, S）がブリティッシュ・テレコム（BT）の民営化に際し提唱した，「RPI-X」方式が，その後の代表的な規制方式となった[4]。リトルチャイルドの「RPI-X」方式は，小売物価指数から生産性上昇期待値のうちの消費者還元分を控除した，いわば価格の引き下げを誘導し，企業と消費者との間での利潤をシェアリングする計画の一種でもある。X については，当該企業の TFP 推定値ないし関連産業の全要素生産性（TFP）に配慮して決定されている。ここには，情報の非対称性の下では，情報優位に立つ企業側にモラル・ハザードを起こさせないために，指令型の規制方式より企業に利潤動機を認め，企業行動を当局の目的に沿うよう誘導したほうが効果的であるとの政策判断がある。

　PC 規制は，単一財を供給する公益事業（例えば，電力・ガス）では収入制約

イ価格を設定することで利潤最大化を達成するが，彼らはこのルールをインセンティブ・スキームに翻訳し，規制当局と企業との間のゲームとして組み立て，両者にそのスキームを分担させた。これは，ステージⅠ（規制当局の目的＝予算制約下の消費者厚生最大化，max W, s.t. $\Pi(p)$ ≧0），ステージⅡ（企業の目的＝連続期間にわたる利潤の最大化），ステージⅢ（規制当局による事業者収入の制約＝規制当局は次期 $j+1$ に企業が実行可能な価格セットを $R_j = \{p | x_j p - C(x_j)\}$ ≦0 と定める。）という段階を踏んで，達成される。このプロセスの反復は，前期の利潤マージンを奪いとり，ダイナミックな価格調整過程を通して均衡をもたらす。この企業の価格設定に制限を課しつつ，同時に利潤最大化を促すという発想が，リトルチャイルドの上限価格規制に引き継がれたのである。

$$x_j p - C(x_j) \leq x_j p_j - C(x_j) - \Pi_j = 0 \text{ の制約式を変形すると，}$$
$$0 = x_j p_j - C(x_j) - \Pi_j \geq x_j p - C(x_j) \to 1 - \Pi_j / x_j p_j > x_j p / x_j p_j$$

となり，V＝F モデルは，物価指数を使った上限価格制を帰結するのである。ここでは，企業は，その財のラスパイレス指数の制約を出ない限り，自由に価格を設定できることになる。実際の政策では，この物価指数に PRI（＝CPI，消費者物価指数）や GDP デフレータなどの外生変数が採用された。

4　リトルチャイルドは，英国政府への答申書 "Regulation of British Telecommunications Profitability" のなかで，5つの政策オプション―(1) 明示的な制約を示さない方式，(2) 最高報酬率規制，(3) 産出連動型の利益課税方式，(4) 利益上限規制，(5) 市内料金削減規制＝上限価格規制―を取り上げ，比較評価したが，「価格や報酬率に制限を設けないが，規制当局は収支均衡，反競争的な企業行動に監視の眼を配る必要がある」というオプション (1) は「消費者の保護」に問題を残すとして斥け，結局 (5) を採択した。PC 規制は，規制負担を軽減し，基本的な会計データと必要最小限の情報で最適規制を追求する点で優れているというのである。

方式を採用したものの，一部分野に自然独占性が残るが（不可欠設備），他には競争導入が可能なような公益事業ではバスケット方式（独占的なサービス集合をバスケットに入れ，そこに平均上限価格を設ける）を採用した。そうすることで政策の実行可能性を高めたのである。PC 規制はほとんどすべての英国の公益事業に適用され，一定の修正を加えられて米国に伝播したばかりか（GDP デフレータの使用），90 年代には EU 諸国にも普及した。我が国では NTT の市内電話料金に，やや変則的だが JR・大手民鉄の運賃にも適用された。

インセンティブ規制にはもう一つヤードスティック規制がある[5]。これは，地域独占の費用構造を横並びに比較することで（査定），事業者間に間接的な「疑似競争」を促すもので，我が国では事業者の値上げ申請を認可する基準として鉄道，電力・ガスなどのネットワーク型公益事業に導入されている。

PC 規制は規制ルールの簡素化，規制当局の裁量権の排除，および遵守コストの軽減に貢献した。その経済理論は，ノンベイジアン・モデルに立脚したシンプルなものだが，他面そうであればこそ政策立案者に力強いメッセージを伝え，改革を突き動かしたといえよう。

1-2 新しい構造規制

構造規制とは，産業組織そのものを制度的に制約する規制であり，その伝統的な手法は巨大企業を解体する競争政策と密接に関連し，産業組織論，とりわけ独占理論によって根拠づけられていた。実際にも，米国では大企業の水平（地域）分割が反トラスト政策によって実施されていた。構造規制の手法は，英国の大型国有企業の民営化を契機に広がり，EU 指令（＝オープン・アクセス政策）により欧州規模でも脚光を浴びることになった。だが，それは従来の米国型とは異なり，単に競争の促進というだけでなく，「不可欠設備」の所有と利用をどうするか，ネットワーク効果，その外部性をどう評価するかなど，一連の難問に対応するものでもあった。

---

[5] ヤードスティック競争の導入にもミクロ経済学を応用したシュライファー・モデルが大きな影響力を発揮した。

(1) 上下分離

　主要な公益事業（エネルギー，情報通信，公共交通，水道など）はネットワーク型産業であり，その財・サービスを最終消費者に供給するのに巨額の固定投資を要する。ネットワークはそれが一旦構築されるとそこに別の同類のネットワークを構築するのは二重投資となり，経済的に非効率ということになる。そこで，政府は自然独占性を受け入れ，その代償に規制を実施したわけだが，規制の失敗が顕在化すると，今度はネットワーク産業を効率化するには，それをどう再編すればよいのかが問われるようになった。

　この問題を最初に切開したのは，1994年の英国鉄道（British Rail）の民営化であった。そこでは非競争的な分野であるネットワークの基幹部分（＝鉄道網・軌道・駅舎などの不可欠設備）を分離し，それ以外の分野（生産部門と最終供給部門）に競争を導入するという大胆な政策がとられた。この考え方はいわゆる上下（＝垂直）分離と呼ばれ，欧州単一市場で鉄道ネットワーク網を築くというEUの理念に合致したこともあり，構造規制の主流となっていく（図1-1）。実際には，レールトラック（Railtrack PLC）が鉄道網を保有し，軌

図1-1　英国鉄道の上下分離

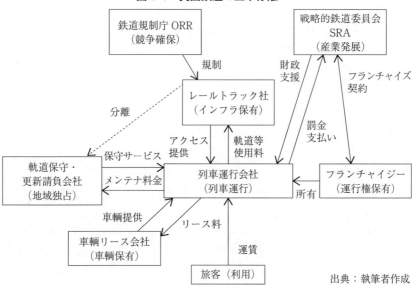

出典：執筆者作成

道保守・更新会社がそれを維持・管理し，旅客・貨物輸送サービスを希望する会社がフランチャイズ入札を通してフランチャジー（運行権保有者）となり，そのもとで列車運行会社が 25 の路線区で，車両リース会社から列車をリースし，運行サービスを展開することになった。

　だが，この鉄道システムはあまりうまく機能しなかった。競争は期待されたほど起こらず，政府の財政支出は増大し，駅舎を除き投資活動も不活発な状態が続いた。数年するとルーズな業務管理による事故の多発（安全性の低下），定時性の悪化，高速化投資計画の遅延など問題が顕在化し，2001 年にはレールトラックの経営破綻，2006 年にはイースト・コーストにおけるフランチャイジー（運行事業権者）の撤退と次々にその欠陥が明らかになっていった。失敗の主たる原因は，行き過ぎた水平分業と事業細分化（13 の軌道保守・更新請負会社＝地域独占，3 つの車両リース会社，14 の信号保守会社，およそ 100 の組織・機関），とりわけレールトラック社・運航会社・保守請負業者の縦割り分割と杜撰なフランチャイズ契約にあったといえる。結局，レールトラックの事業は，非営利団体のネットワーク・レールに引き継がれ（CGL，保証有限会社），その収益はすべて鉄道整備に充てられることになった。ほぼ同時期にスウェーデンもオープン・アクセスを理念に独自の上下分離を実施したが，こちらは，英国の「折れたレール」[6]の轍を踏まず，EU 鉄道改革の模範となった。留意すべきは，上下分離は，構想として誤っているわけではなく，当の英国でもこの方式は維持されたことである。フランチャイズ入札も，最適契約の在り方（列車運行計画，契約期間，運営会社への補助金，運賃のプライスキャップ規制，車両更新，駅舎改善などの資本計画）を探る先駆的な実験として評価できる。

(2) ネットワーク・アンバンドリング

　欧州を中心にオープン・アクセス政策が進展すると，行為規制＝アクセス

---

[6] 1997 年の高速ディーゼル列車 HST のロンドン近郊での貨物列車との衝突，また 99 年，2000 年に連続して起こった二つの事故は，いずれもレール・トラックの業務管理体制（線路・信号系の投資・設備更新）に問題があることを明確にしたが，クリシチャン・ウォルマー（Kuristian Wolmar）は「折れたレール」でその主要因が行き過ぎたインフラ関連事業の水平分業・細分化にあると指摘している。

規制の限界を超える措置としてネットワーク・アンバンドリングが注目され，その多様な在り方が検討されるようになった。公益企業自らが他社と競合する競争分野で「不可欠中間投入財」を提供する場合，当然アクセス料金（相互接続料金，託送料金など）で競争制限的なインセンティブを持つことになるが，それをどう解消するのかが問題であった。だが，アンバンドリングにも投資リスクの上昇，ホールドアップ問題の発生から規模・範囲の経済性の喪失，情報の経済性の喪失，取引費用の発生に至るさまざまなコストが発生する。したがって，公益事業の性質，それが置かれている環境に応じたアンバンドリング形態が検討され始めたのである。

アンバンドリングの形態には，（ア）所有分離（＝別会社化），（イ）クラブ所有，（ウ）運営分離，（エ）互恵的なパーツへの分離，（オ）非競争的分野のより小さなパーツへの分離，（カ）会計分離などがあるが，重視されているのは（ア），（イ），（ウ）である。（ア）は独占的な事業を分離し，独立の別法人にするというもの，（イ）はそれを関連事業者の共同所有にするというもの，そして（ウ）は非競争的な事業において「所有と運営・管理の分離」を図るものである。（エ）は情報通信分野などで自然独占を解体しながら，同時に分離されたネットワーク間に相互接続を促すものであり，（オ）は例えば，配電会社＝地域独占をより小さなパーツに分割することでヤードスティック競争を促し，またそれが川上市場に対して持つ独占力を弱めるものである。

ネットワーク・アンバンドリングは，電力分野では代表的な構造規制となっている。我が国も漸く電力分野の発送電分離に着手したが，改革の実をあげるためには，系統（＝送・配電）部門をどう分離するか，供給側と需要側の求めに応じスマート・グリッド化をどう進めるかといった諸問題を解決しなければならない。

構造規制に関しては，「新しい産業組織論」，ネットワーク・エコノミクス，契約理論，情報の経済学などの発展が，その背景をなしていた。政策実験による経験則と政策評価の技術（＝費用便益分析）の発展がこれを補完し，構造規制を支えているといってよい。とくにフランチャイズ入札に関しては，デムゼッツ（Demsetz, H），クリュー（Crew, M. A）らの理論的貢献があ

る。彼らは，地域独占に対しても事業ライセンスの競争入札を通して競争の導入は可能であると主張した（＝「入り口競争」）。規制当局（政府，自治体）が事業者に対しサービスの供給条件を提示し，事業者を競り合わせることで均衡価格を導けることを明らかにしたのである[7]。

2 社会的規制の改革

2-1 市場活用型規制

実際には，経済的規制と社会的規制その境界は曖昧で，医療分野や農業分野における規制のように二つの要素を兼ね備えているものも多い。社会的規制でも，公共財（教育，医療，福祉・介護），情報の非対称性に関わる分野（食品，保険）などは，経済的規制にも係わっている。ここでは，社会的規制を，主に社会生活に影響を及ぼす規制，すなわち安全性，健康・医療，教育・保育，公衆衛生および環境といった分野に関連する規制とし，それらは憲法を基幹とする上位法・下位法に根拠づけられているものとする。社会的規制は，憲法・人権概念に関わる分，それだけ長期的な規制となるが，他方同時に下位法規に基づくものは社会の変化に応じて改正され易くもある。

(1) 排出権取引市場

規制改革の進行は，先進国で多様な改革手法と規制のオルタナティブを生んだ（図1-2）。なかでも特筆すべきは，環境規制に従来型の規制（総量規制，環境税）に加え，排出権取引市場の創設という新たな手法が加えられたことである。

環境問題の背景には負の外部性の問題がある。外部性とは，経済主体間の関係の外でいわば市場取引の外で生じる効果を指し，誰もそれに責任を負わない。それが社会生活に負の影響を及ぼす場合，それを負の外部性という。

---

[7] デムゼッツの見解に対しては，新制度学派のウィリアムソン（W. A. Williamson）らから厳しい批判が寄せられ，論争になった。ヴィッカーズ（Vickers, J）やアームストロング（Armstrong, M）もフランチャイズ入札のメリットとデメリットの比較考量を行っている。

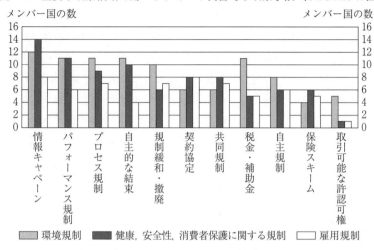

図1-2 主要な政策領域で用いられている代替的な政策手段（OECD28カ国）

出典：OECD（2001）, *Regulatory Policies*.

海洋，大気，河川等の汚染問題，騒音問題，飲食品による健康被害問題などが，その代表例である。負の外部性の解決（＝内部化）には，利害関係者による損害賠償の交渉もあるが，その原因が複合的で，発生源が地域拡散的な場合には，全国規模での対策が必要になる。先進国は，従来，環境関連法規を制定して，その予防・抑制・除去に取り組んできたが，指令型の直接規制には，規制当局と当該産業・企業との間の情報の非対称性もあり，汚染物質の排出量が人体・健康に及ぼす閾値を正しく決定できないなど，大きな限界があった。ここで規制代替策として登場したのが，いわゆる排出権取引市場の創設であった。

これは次のような考え方に立っている。現代の産業活動また市民生活は，多かれ少なかれ生産・消費のプロセスでバッズ（bads），すなわち環境を汚染し，健康に有害な物質を排出せざるをえない。誰も責任をとらないバッズに対し希少性を付与し，当該企業に排出権（＝財産権）の設定を認め，現代産業の維持に最低限必要な排出権を賦与したうえで，環境問題に対処しようというのである。温暖化ガスの問題では，どういう産業のどういった企業にどの程度の排出権を認めるかが具体的に問題となるが，これには一国レベル

の有害・汚染物質の統計から削減目標値を設定し，その大枠で定められた排出権の数量を排出実績に応じて関連産業に，それを介して各企業に割り当てる手法などが採用されている（EU方式）。一旦，排出権市場が創設されると，企業は割り当てられた排出枠のなかで生産活動を行うことになる。企業は，公害防止装置などへの環境投資で排出量の削減に努めるであろうが，限界公害処理費用が大きな負担になる場合には，取引市場で，排出量に余裕のある企業から排出権を購入することになる。こうして，この市場の創設は政策的に汚染削減目標値の達成を容易にするばかりか，企業に対しても投資負担を軽減する手法ということになる。

　排出権取引市場制度は，米国のEPA（環境保護庁）でいち早く採りいれられ，1980年代以降，二酸化硫黄SO_2（酸性雨対策），二酸化炭素CO_2（温暖化対策）の排出権取引市場が州レベルで創設された。1997年の国連気候変動枠組（UNFCCC）に基づく京都議定書でその制度化が正式に決定されると，21世紀初頭には英国，デンマーク，スウェーデンなどを筆頭に欧州規模で国内制度が整備され（先物，オプション，スポット市場），排出権取引市場U-ETSは取引量と取引対象（亜鉛化窒素N_2O，パーフルオロカーボンPFC）を拡大し，第三フェーズに入っている。米国では北東部8州でRGGI（広域グリーンガス・イニシアティブ）が稼働しており，最近のCO_2先物価格は，トン当たり英国で約1ユーロ，米国で1.9ドルとなっている。因に，我が国は京都議定書の当事国でありながら，排出権取引市場の創設についてはいまだ実験段階でしかない。排出権取引市場の創設の背景には，近年の環境経済学の著しい発展がある。

(2) 公共サービスの有料化

　地方自治体は，さまざまな公共サービスを提供している。地方公営企業が提供しているサービス（水道，ガス，バスなど）については，経済的規制と重複するので省力するが，自治体が提供している他のサービスは，法令（条例）を根拠にした社会的規制の下で提供されている。その多くは，市民生活に欠かせないものとして，従来無料で提供されていたが，近年その有料化が試みられるようになった。

例えば、ゴミの収集・処理は、従来自治体が無料で行ってきたが、最近では多くの自治体でその有料化が進行している。この有料化は、一部で不燃物等の不法投棄を招くのではないかとの懸念を生んだが、結果としては杞憂に終わった。これは住民の道徳・倫理感の問題でもあり、民度が高い自治体では、かえってゴミ処理量の減少とリサイクルの促進につながった。もう一つの例は、自治体が行っている救急医療サービスである。いわゆる救急車で救急患者（急患）を病院に搬送するサービスだが、これは高齢化の進行、自然災害の増加に伴い年々増加している。だが、急患ではないのにこのサービスを利用する住民は多く、それをどう防ぎ、真の重症急患を優先して搬送するかが重要な課題となっている。救急車の不適正利用は深刻な問題になると予想され、やがてはトリアージ（triage；災害・医療分野で使われて用語で、傷病者＝患者の治療や搬送を重症度と緊急性に応じて選び分ける作業を指す）の導入と同時に救急サービスの有料化が検討されることになろう。逆に、社会政策的な配慮から有料サービス（例えば、給食）を無料化する例もあるが、大勢は公共サービスの有料化の方向に向かっているといってよい。多くのサービスが住民の暮らしと直結しているだけに慎重な検討が望まれるが、情報の非対称性の問題に対処するために事後規制（罰金制度）を設けるなど、工夫があってよいところである。

公共サービスの有料化という考え方の背景には、公共財の供給を権利・義務の関係で見るというより、サービス提供者と顧客の関係で捉える「新しい公共経営（New Public Management 以下、NPM と略記）」の考え方があるが、我が国の場合には地方財政の悪化がこの流れを後押ししていると見てよい。

2-2　費用便益分析の導入
(1) リスク評価

社会的規制の改革は、多くの場合、現状の社会リスクをどう評価し、それにどう対処するかという問題に直面する。リスク愛好的であると規制の失敗を招き、逆にリスク回避的であると現状維持を指向することになる。この点、米国はガイドラインで「規制当局はリスク中立的であるべきである」と主張している。この背景には、リスク評価のさまざまな技法の発展がある。

規制当局がリスク評価の技法を使って社会的規制の改革を考えた例をいくつか紹介しよう。

第一は，環境規制（ダイオキシン排出規制）に期待値分析（expected value analysis）を用いた例である。規制による便益・費用が，社会経済状況によって不確実である場合，事象の発生確率にそれに対応して生起する状態（費用と便益）を乗じて，費用と便益を計算することになる。期待純便益（ENB）の式は，

$$ENB = p_1 \cdot (B_1 - C_1) + p_2 \cdot (B_2 - C_2) + \cdots + p_n(B_n - C_n)$$

となる。ただし，p_n は事象 n が起きる確率，B_n と C_n は状態 n が起こったときの便益と費用である。いま，ゴミ焼却炉にフィルターの設置を義務づける場合（案1）とそれをしないで排出量のみを規制する場合（案2）のどちらが有効か（社会的損害額が少ないか）決めかねているとしよう。このような場合，期待値アプローチが有効である。確率と損害額がわかれば，どちらの案の採択が望ましいか，判断できることになる。しかし，諸事象の加重平均を採るこの手続きは事象間に独立性があるときにかぎり認められるのであって，ある事象が過去に起きた事象に左右されるような場合には，この手法は成立しない。そういう場合には，意思決定のツリーを用いたゲーム理論や準オプション価値分析が用いられている。

第二は，予防接種の是非に感度分析（sensibility analysis）を用いた例である。一般的に用いられている部分的な感度分析は，他の変数の値を一定として，一つの変数の値のみを変えることで，最終的な純便益（＝便益－費用）の値がどのように変化するかを見る手法である。これは主要な仮定や入力数値に関しても実行可能であり，どのような仮定，条件ないし値をとるとき，当該規制案の純便益がプラスになるのか，また他の代替案に勝るのか，それを見定めるために使われることが多い。

ボーツマンらの分析によると，予防接種を行ったとき，基本ケース（統計的生命価値300万ドル，伝染病の流行確率を0.4とする）で，純便益は約771万ドルであった。だが，そこでの流行確率と生命価値の評価には若干の疑問が残るとし，彼らは他の条件をすべて一定としたうえで，伝染病の流行確率を0から0.5の幅で設定しなおし，その純便益を算出している。ついで，生命価値

の方も100万ドルと500万ドルに変化させて純便益を計算している。基本ケースで流行確率のほうが費用との対比で0.12以上であれば純便益は正となることがわかっているので、事前に流行確率が正確にわからない場合でも、それが0.12以上と確信できれば予防接種事業を行うべきだと判断できる。こうした感度分析による政策判断は、例えば自動車安全基準の変更問題（シートベルト着用規制）にも利用されている。将来事故死亡率の変化（高い、中位、低い）とシートベルトの設置・着用コストをともに感度分析にかけることで、適正な政策判断を導くことができるのである。

第三は、自然保護区域の規制などに用いられる準オプション価値分析（quasi-option value analysis）である。準オプション価値とは、ある政策や事業の意思決定を先送りするとき、後から入る情報がもたらす利益を指している。すなわち、後で入手される情報によって意思決定そのものが部分的に修正・変更され、それによって便益の改善がもたらされるとき、そうした情報の価値を準オプション価値と呼ぶのである。規制当局は、都市計画や自然保護区域の規制などでこうした問題（開発・部分開発・全面保護）に直面するが、その場合の政策決定は、通常、ゲーム理論（意思決定のツリー）のバックヤード手法を利用してなされている。

これ以外にも、米国で開発された「最悪・最善のケース分析（worst/best-case analysis）」が、アスベスト規制の改正で利用されるなど、リスク評価技法の発展が、社会的規制の見直しに多用されるようになり、それが規制改革を促す有力な手段にもなっている。また最近では、モンテカルロ分析、デルファイ法、およびシナリオ分析なども、リスクに対処する手法として利用されている。

(2) 顕示選好法と仮想評価法

社会的規制の多くは、国民の生活に密着し、慣習・慣行になっているため、その改革は国民の抵抗にあいやすい。また、この分野で「差別化」や「市場化」をはかり、「選択の自由」の幅を広げようとすると、さまざまな社会的格差を生みかねず、また「ユニバーサル・サービス」（全国一律サービス）に慣れ親しんでいる国民に不公平感を生み出しかねない。だが、ここでも準

公共財（例えば，医療・介護サービス，公園・公共施設サービス）に市場を創設できれば，民間事業者の参入を呼び，規制コストの縮減と新たな産業の創出が可能である。

これを導いたのが，顕示選好法と表明選好法である[8]。前者には，市場類似法（market analogy method），ヘドニック価格法（hedonic price method），トラベルコスト法（travel cost method），中間財手法（intermediate good method），資産評価法（asset valuation method），防御支出法（defensive expenditure method）などがある。規制との関連では，市場類似法（公営住宅建設計画，公共交通計画，公営施設の料金など），トラベルコスト法（自然公園・レクレーション施設の設置計画や料金設定など），資産評価法（都市計画法や風致地区など），防御支出法（防音壁，空気清浄機などへの支出額，騒音などの負の外部性を軽減する便益尺度として利用されている）が，利用されている。

顕示選好法の手法によって，準公共財についても利用者行動の観察を通して擬制的な需要関数の推計が可能になるが，政策・事業によっては，市場そのものが存在せず，そうした観察ができないケースもある。そうしたところで利用されているのが表明選好法であり，仮想評価法（contingent valuation method; CVM），コンジョイント分析（conjoint analysis），階層分化法（analytic hierarchy process; AHP），2次的情報源の利用（「影の価格 shadow price」を利用するプラグ・イン plug-ins，非集計行動分析 disaggregate behavioral model）など，多様な技法が開発されている。もっとも活用されているのは，CVM，「影の価格」のなかの統計的生命価値，犯罪の費用，時間の価値，諸弾性値（価格・所得・交差弾力性）などである。

環境規制で生態系などの環境財を保護するには，それの持つ価値を知らなければならないが，そうしたときに住民に環境財への支払意思額（willing to pay; WTP）をアンケート調査やヒヤリング調査で問い，集計した回答者の支払意思額（分析者がいくつかの価格をオファーし，回答者がイエス・ノーで答える2項選択方式では，$WTP = v\Sigma F(kv)$ になる）をある効用関数型で特定し（ランダム効用分析，生存分析，および支払意思額関数の3種のモデルがある），提示額と賛成確率

---

[8] これらの方法の解説と規制政策への適用については，山本哲三編『規制影響分析（RIA）入門』を参照せよ。

との関係を推定することによって，便益にアプローチするのが仮想評価法である。

この手法が用いられた著名な事例は，米国のエスコートシップ制度の政策評価である。この制度は，1989年に米国エクソン社の石油タンカー・バルディーズ号による石油流出事故の対策として導入された。そこでは，ランダムに抽出された1599世帯を対象に2項選択から成るダブルバウンドの質問方式で支払意思額を問う調査が実施され，生存分析モデルを用い回答者の支払意思額の中央値を推定し（生存確率0.5，支払意思額30ドル），これに全米の世帯数約984万世帯を乗じて，アラスカ沿岸の環境価値とした。すなわち，その環境保護対策に28億ドルの予算が充当されてしかるべきとの政策判断が下されたのである。

このように社会的分野の規制改革では，「新しい公共経営」という考え方と多変量解析などの数理統計学上の技法の利用が，その有力な推進手段となっている。我が国の社会的分野の規制改革は，小泉政権下の「官業の民業化」，一部医薬品の販売規制緩和，建築基準検査機関の民間開放，経済改革特区を利用した教育分野の改革から最近のアベノミクスによる農業・医療・雇用の「岩盤規制」改革まで，一進一退の状況にある。これは，規制官庁がいまだリスク回避的な立場を堅持し，数理統計的な技法をあまり利用していないことによるものであろう。

3 規制行政の制度改革

3-1 集権と分権

OECDは，加盟国に対し規制改革の理念を明確にしたうえで，「政策―制度―手段」のトリアーデで規制改革の体制を構築するよう提言している。規制改革を推進するには，立法府での政策立案・法改正だけではなく，それを着実に実行し，運営するための行政機構が欠かせない。

ここで，規制行政の改革を牽引した主導的な理論は公共選択論，とくに「新しい公共経営」の考え方であった。公共選択論は，従来型の中央集権行

政に対し，統治主体の分散・多様化（例えば，エージェンシー化）と分権型統治ガバナンスを対置していた。また，政府・行政は公的主体として「公共の利益」，「社会厚生の増進」を名目に行動するが，必ずしも「公正無私」ではなく，それぞれの組織・機関の利益を追求する利己的主体でもあると主張していた。政府組織はその人的資源を公務員制度によって，財源を課税等の財政制度で支えられているが，そこでの政策立案や権限・予算の配分には恣意性や利己性（「組織利益の重視」）が働いている，というのである。公共選択論はこうした現実を直視し，公共性を担う主体を政府等に限定せず，公権力の民間への分割・委譲・分割を含め，新しい公共概念を構築すべきであると主張した。この考え方は，規制制度の改革にも影響を及ぼしていく。従来の政府・公共部門は，ガバナンスの基本原理を法律に置き，その成果の達成度を法律の遵守でとらえ，国民を有権者と見なし，政府サービスの供給においても公正と公平を最重視していた。NPMの考え方は，こうした従来型の政府行動を企業型，市場型，およびネットワーク型の新たな公共経営方式に改めるべきだと主張し，成果志向，顧客志向，市場機構の活用，分権化を公共経営の基本原理に据えたのである。

(1) 規制改革本部の設置

　規制制度の改革の第一歩は，政府の中枢に規制改革の本部を設置することである。規制は，所管省庁・政府機関によって運営されているため，そこが財政予算や権限にこだわるかぎり，自主的な改革は望めないからである。規制改革本部は，こうした行政側の抵抗を排して政治的リーダーシップで改革を推進できるよう，必ず政権の中枢に設置されなければならない。そこでは，次の三つの条件が必要となる。

　第一に，改革本部が，関連省庁・政府機関と対等に交渉できるよう，そこに強い交渉権が付与されなければあらない。すなわち，そこには，既得権に固執する行政側の抵抗を排除できるだけの勧告・指令権限がなければならない。規制改革スキームは本部で決定するとしても，それがどこまで実際に進行するかは，この交渉権の強度にかかっている。因みに，多くの先進国でこの改革本部は同時に行政改革本部を兼務している。我が国の規制改革本部が

いまひとつ成果を出せなかった原因は，この提案・交渉権の脆弱さにあった。第二に，改革本部に専従スタッフを置くことである。省庁や民間からの出向スタッフで本部職員を構成すると，省庁の利害が反映され，改革が微妙に歪曲されかねないし，規制に精通した専門スタッフがいないと，主管省庁との交渉で優位にたつことができないからである。専門スタッフの仕事は，民間から規制に関する不満・苦情を汲み取り，現行規制の問題点を分析・検討することにある。第三に，規制行政の効率化のためにも，規制をコード化し，規制を全分野にわたり一括管理する必要がある。コード化の際の分類化にも諸種あるが，最低限，民間事業者や市民が一覧でき，かつ容易に理解できる産業分野別，範疇別（社会保障，医療，教育・保育，食品など）のコード化が欠かせない。

(2) 規制機関の独立化

　規制制度の改革の次のステップは，コア政府（省庁）から規制機関を分化・独立させることである。これまでのコア政府は，産業振興機能や福利厚生機能と規制機能を未分化のままに包括していた。だが，これは利益相反をうみかねない。そこで，コア政府の中に内包された規制機能を他の政府機能から分離し，独立した規制機関を設置し，そこに規制権限を移管するのが，規制行政の改革に不可欠とされたのである。

　独立規制機関には運営上の独立性が保証されなければならず，コア政府とは異なるガバナンス構造（政治介入の排除，専門的な意思決定と政策の一貫性・継続性，アカウンタビリティ）と柔軟な運営・管理手法（専門家スタッフの養成，ライセンス料・課金などによる独自の収入源の確保など）が求められる。独立規制機関が持つメリットには，（ア）政治家，政策担当部局による介入の排除，（イ）民間企業（＝業界）によるキャプチュアの回避，（ウ）規制の透明性と説明責任の向上，（エ）規制に精通した専門スタッフによる規制の品質向上などが挙げられるが，他面，独立規制機関自体の業績評価のために，評価基準を確立し，その責任を問う体制を築く必要がある。また，産業振興，競争の促進などで政府の関連省庁との調整も必要となろう。

　独立規制機関を設置する目的の一つは，専門知識に関する被規制産業への

情報依存度を減らすことにあるので、専従スタッフの知識とスキルの向上が非常に重要となる。関連コア省庁との人事交流で、新しい独立規制機関がその「植民地」とならないよう注意する必要がある。ほとんどの先進国がOECD原則に従い独立規制機関を設置しているが、我が国ではコア政府が相変わらず規制機能を担い続けている。情報通信分野で独立規制機関を設置していないのは、いまや先進国のなかでも我が国だけである。

3-2 新しい規制手続き
(1) 規制の簡素化

規制の簡素化には、次の2つの戦略が必要となる。一つは、負担の重い既存規制を見直すという戦略であり（ストック面）、もう一つは新規規制の負担を軽減するため、規制を事前にコントロールするという戦略である（フロー面）。前者では、省庁・政府関連機関が主管・運営している規制の一括コントロールが、またそのための規制のコード化が欠かせない。

規制の簡素化には、先進国の経験を集大成したベスト・プラクティスが存在する。そのマニュアルによると、まず（ア）規制コストを、すなわち規制行政に要するコスト（＝行政コスト）とそれが民間に課しているコスト（＝遵守コスト）を事前に測定すること、ついで（イ）コスト削減の目標値を設定すること、そのうえで（ウ）時代に合わない規制、重要度の低い規制、効果が疑わしい規制を改廃することである。

規制遵守コストの計測については、オランダで開発された標準コストモデルが欧州で一般的に用いられている。このモデルは、規制負担の定量分析を通して規制コストの削減目標値を設定するというものである。規制を、情報提供義務を持つ集合、各集合のなかのデータ提供義務の群、各群のなかの行政関連活動の束といった具合に順次分解していき、それぞれの要求を満たすのに必要なコストを価格、時間、頻度の3つの要素を掛けて計測することになる。標準コストモデルの基本公式は、

（民間側の）行政関連活動1単位当たりのコスト＝P（価格×時間）×Q（頻度）

で表される。例えば、ある規制を遵守するために、企業内の従業員が1日3時間、その時間価値が1万円、従業員数が10万人、情報義務に対応するの

が年2回ならば，標準コストは60億円ということになる。概して，税・財務・保険関係を除いては，製品の安全性，自然保護，労働条件などに関する規制が，標準コストの上位を占めている。

　また，事業者や市民にシームレスな規制情報サービスを提供するワンストップショップ制度の整備も重要である。これはもともと生活密着型の規制（結婚，出生，住民登録，税金，社会保障など）に関する国民の規制情報ニーズに対応したものであり，1990年代に先進国の地方自治体から始まり，地域，国へと広がっていった。この整備によって，情報サーチ・コストの節減，規制当局のアカウンタビリティの向上，および規制遵守の促進がもたらされた。我が国の整備は遅れており，ワンストップの「専門店」（ビジネス向け，とくに起業家向け）と「百貨店」（市民向け）の設置を加速すべきである。

　もう一つ重要な簡素化手段として，プロセス・リエンジニアリングが挙げられる。このアプローチは，行政手続数の削減，情報取引の見直しと不要な手続の廃止，および手続自体の簡素化を通して，規制行政手続のミニマム化を図るものである。とくにここで重視されているのがITの利用である。情報データの収集・分析，ライセンス取得手続きの簡素化でその役割が期待されている。これはより広い意味では電子政府の推進に関わる問題であるが，リエンジニアリングによる規制手続の簡素化（"less paper more fun"）も，電子政府も，ITインフラの整備にもかかわらず，我が国は他の先進国に比べ遅れをとっている。

(2) 規制影響分析

　規制簡素化のもう一つの手段は，規制を事前にコントロールするというフロー面の戦略である。ここで導入されたのが，規制影響分析（Regulatory impact Analysis，以下RIAと略記）である。

　上述のNPM理論は，政策効果と行政業績を重視し（＝成果志向），行政評価に政策プログラムの評価・格付けツール（Program Assessment Rating Tool）を採用し，政策・プロジェクト評価に費用便益分析を導入すべきであると提唱したが，規制影響分析（Regulatory impact Analysis）は，同じ考え方を規制行政に援用したものである。

RIA の出発点はベースラインの設定である。ベースラインとは，政策の良し悪しを測る基準となるものであり，事態が「不作為 doing nothing」ないし「現状維持 status quo」で推移したときの社会厚生水準を意味している。したがって，事態が現状維持のままでは悪化するか，政策で事態を良化する可能性がある場合にしか，規制政策は正当化されないのである。また，規制政策には従来型の規制以外に多くの選択肢があってよく，「非介入」，情報・教育キャンペーン，自主規制，インセンティブ規制，市場創設型規制，課税・報奨制度などの規制代替策を考案し，それらを比較衡量したうえで規制案を決定するというのが，次の重要なステップとなる。その際，各規制案の費用と便益を最大限定量化することが重要であり，定量分析と費用・便益の金銭価値化が RIA の核心部分をなしている。事前 RIA の義務づけは，規制当局の主観や憶測による新規規制の制定を抑止する効果を持っているのである。通常，費用は，行政コスト，規制遵守コスト，およびその他の社会的費用（生産性等に及ぼす費用）で計測され，便益は社会的余剰（とくに消費者余剰）で計測されている。

　もちろん，全産業に影響を及ぼす規制については応用一般均衡分析が，便益ないし費用のどちらか一方の数量化が困難な規制については費用（効果）対効果（費用）分析が，また経済的便益と社会的便益が必ずしも一致しないような場合には多基準分析が用いられるといった具合に，標準的な費用便益分析以外にも RIA のタイプは多様である。また，RIA のプロセスのなかのプブリックコメント手続（行政の意思決定に公衆の意見を反映させる制度，市中協議）も政策決定の透明化，民主化のために重要である。

　規制の定量分析は，いまやほとんどの先進国で規制の質の向上，規制効果の最大化，政策決定プロセスの透明化，および規制の説明責任の向上に欠かせない重要なトールとなっている。だが，我が国は RIA に関しても，その採用時期（2007 年の政策評価法改正），内容において，OECD 諸国のなかで後進性を脱していない[9]。RIA の品質については，すでに遵守テスト（国が定めた

---

[9] 内閣府社会経済総合研究所の報告書（2013 年）によると，我が国の規制影響分析で定量化ないし金銭価値化に触れているものの比率は，遵守費用で 29%，行政費用で 2.4%，その他の社会的費用 0%，便益で定量化で 8%（金銭価値化で 5%）である。

RIAガイドラインの要件をどこまで満たしているかを検証するテスト），成果テスト（ベースラインの設定，仮定の合理性，モデル・計算式の明確さ，分析の再現・点検の可能性などをチェックするテスト），機能テスト（RIAの施行が行政の意思決定プロセスをどのように変化させ，また規制の質をどこまで改善したかを評価するテスト）が少数の国で実施されているが，近年，米国で開発された「スコアカード制度」（RIAガイドラインの遵守度を点数化するもの）がRIAの品質評価において有力な手法になっている。

　以上，先進国の規制行政制度の改革は，主にNPMの考え方に主導され，費用便益分析の技法の開発・発展に支えられ，大きく前進してきたといってよい。ただし，我が国では硬直的な官僚制がこれに敏感に反応しなかったこともあり，結局他の先進国に対し大きく遅れてしまったのである。

おわりに

　1993年の細川政権の規制改革3カ年計画をもって，我が国の規制改革は本格的に始動し，今日までジグザグの軌跡を辿りながらも進展してきた。その結果，規制改革の進捗度は，1990年代初期にはOECDの最後進国であったが，小泉政権期には中進国へとその位置を上げ（OECDによる計量測），その成果を測るバロメータの一つである消費者余剰総額もこの間ゆうに約20兆円を上回っている。規制改革は，財政逼迫で政策自由度のない我が国では産業活性化の重要な手段として期待されているが，本来的には競争政策と消費者政策を両翼に持つ，いわば産業効率化と同時に消費者利益を増進するための公共政策でもあり，消費者厚生を重視する視点が軽視されてはならない。

　先進国レベルで比較したとき，我が国で一番遅れている規制改革分野は，規制行政制度に関わる部分である。これは弱体化したとはいえ，相変わらず官僚主導型経済が続いていることに，その一因がある。不確実性の時代にあって，規制は今後も増加し続けることが予想される。これに対処するために，今後は政治主導で英国のような規制の「1増1減」策を講じ，規制改革

を強力に推進する必要があろう。

参考文献

Vickers & Yarrow (1988), Privatization, MIT Press.
Armstrong, M., Cowan, S. and Vickers (1994), Regulatory Reform, MIT Press.
Harstad, R. M., and M. A. Crew (1999), 'Francise Bidding Without Holdups', Journal of Regulatory Economics, Vol. 15, March.
Williamson, O. E. (1978),The Economic Institution of Capitalism, Free Press.
W. J. Baumol, J., C. Panzar, and D. Willig (1982), Contestable Markets and Theory of Industory Structure, Harcourt Brace Javanovich.
Littlechild, S. C. (1983), 'Regulation of British Telecommunications Profitability', HMSO.
Vogelsang, I. and Finsingar, J. (1979),' A Regulatory Adjustment Process for Optimal Pricing by Multiproduct Monopoly Firms,Bell Jornal of Economics 10.
Shleifer, A. (1985), 'A Theory of Yardstick Competition', Rand Journal of Economics, Vol. 16.
OECD・山本哲三『プライスキャップ規制』, 日本経済評論社, 1997 年。
山本哲三『規制改革の経済学―インセンティブ規制, 構造規制, フランチャイズ入札』, 文真堂, 2004 年。
山本哲三編『規制影響分析（RIA）入門』, NTT 出版, 2007 年。
山本哲三編著「コンセッションの勧め」, 早稲田大学産業経営研究所, 2014 年。
K. E. トレイン（山本哲三・金沢哲雄監訳）『最適規制―公共料金入門』, 文真堂, 1998 年。
A. E. ボードマン他『費用・便益分析』, ピアソン・エデュケーション, 2004 年。
クリスチャン・ウォルマー「折れたレール―イギリス民営化の失敗」（坂本憲一監訳), ウェッジ, 2002 年。

（山本　哲三）

第2章　電力改革
──ネットワーク・アンバンドリング──

１　はじめに──ネットワーク・アンバンドリングとは──

はじめに

　電力産業のような公益事業では，その構造上，自然独占性などによる非競争的な事業分野（送電・配電）が，競争可能な事業分野（発電・小売）と垂直統合されてきた。これらに附随する基本的な問題は，非競争的な事業分野の所有者（通常の場合，ネットワーク所有者）が，競争的な事業分野での競争を制限するインセンティブ及び能力を持つということである。非競争的な事業分野の所有者は，競争的な分野にいるライバル企業が自分の持つ不可欠設備に接続する際，その料金や条件を制御することで競争を制限することが可能である。これらの競争上の問題は，既存業者と新規参入企業のイコール・フッティングの観点から，OECD等により常に問題視されてきたものである。自然独占企業のこうした能力を低減・あるいは消滅させる手法として注目されているのが，ネットワーク・アンバンドリング（構造分離）である。とりわけ，ネットワーク産業の中でも国民経済に重要な影響を及ぼすものは電力産業であり，本論では同産業の構造分離，すなわち発送電分離について論じる。

　ネットワーク・アンバンドリングの必要性については，第3次EU指令（DIRECTIVE 2009/72/EC, European Union (2009)）の (9) で端的に次のように述べられている。

　発電と小売からのネットワークの効果的な分離（アンバンドリング）が存在しなければ，ネットワークの運営においてのみならず，垂直統合企業がネットワークに十分に投資するインセンティブにおいても，差別（discrimination）を行う固有の

リスクが存在することとなる。

　では，この指令で取り上げられているような差別（discrimination）とは，どのようなものであろうか。また，それらを行使するインセンティブ問題に対処する手法には，いかなるものがあるであろうか。本論は，こうした問題を欧米の最新の事情から学び，我が国においてどのような分離形態が望ましいかを考察することにある。

　日本では現在，①安定供給の確保，②電気料金の最大限の抑制，③需要家の選択肢や事業者の事業機会の拡大を3つの目標とした「電力システム改革」が3段階に分けられて進行している。現在は，その第2段階にある（平成28年4月からの電力小売全面自由化）。構造改革を行うことなく自由化に踏み切る際の危険性は，既存企業が新規参入者を差別する能力を有し，競争を非効果的なものにさせる点にある。したがって，発送電分離（ネットワーク・アンバンドリング）の議論は自由化を行う際に最も注意深く論じられる必要があるものである。以上のことをまとめると，安定供給を制約条件として，最大限の効率性を達成するには，すなわち消費者に競争的価格を提示し，より質の高いサービスを達成するためには，どのような制度設計と規制的枠組みが必要なのか，それを検討するのが，ここでの課題となる。

2　アクセス規制を伴う垂直統合型と構造分離型の比較

　本節では，まず競争制限のインセンティブと，そのようなインセンティブに対処するための政策手段を検討する。次に，そうした政策手段のうち，行為的アプローチであるアクセス規制と，構造的アプローチである構造分離（アンバンドリング）の両者を，その相対的な長所と短所を評価するために詳細に検討する。その前提として，電力産業の構造を示し，発送電分離の具体的な概念を示すこととする。

2-1 電力産業の構造と発送電分離

電力産業では，伝統的に発電，送電，配電，小売が垂直統合され，ほとんどの国で，地域に分かれ，垂直統合企業が独占的に電力を供給してきた（図表2-1）。

しかし，いまや自然独占性が存在する分野はネットワーク産業のごく一部にとどまり，多くの事業分野は潜在的または現実的に競争が可能であることが明らかにされている。近年，図表2-2のように，発電，小売，そして電力の取引市場（卸電力市場）は競争的な分野であることが一般的に認められるようになり，ほとんどすべてのOECD諸国が何らかの形で電力分野に競争を認めるようになってきた。EU指令96/92/EC（The European Parliament（1996））は，送電系統が発電および配電事業から独立していない場合，少なくとも系統運用者はその運営条件において系統運用の独立性を維持しなければならないとしている。電力は，即時財という財の特殊性ゆえに，常に需給が一致し

図表 2-1　垂直統合型の産業構造

発電
送電
配電
小売

（出典：著者作成）

図表 2-2　電力産業の構造分離における産業構造の考え方

（出典：著者作成）

ていなければならず，送配電のシステムオペレーターは自然独占的な事業運営を委ねられるが，そのため事業運営に偏向があってはならないとされたのである。

また，送電には規模の経済性が存在し，配電には密度の経済性（economies of density）が存在する。密度の経済性は，特に家庭向けなど小規模顧客に対する給電で顕著である。したがって，電力産業で競争を促進させるための構造分離は，発電の送電・配電からの分離，小売の送電・配電からの分離，そして，配電の送電からの分離を組み合わせたものとなる。

それでは，こうした垂直統合型，また資本関係を有するアンバンドリングに潜む基本的な問題は何であろうか。それは，正に上述したインセンティブ問題にある。

2-2 競争制限的なインセンティブとは何か

既存企業は，不可欠設備（essential facility）を所有しつつ，同時に他のライバル企業と同じ分野で事業を展開している場合，ライバル企業による不可欠設備（例えば，送電網）へのアクセスに対し，アクセス料金を引き上げたり，アクセス・サービスの質を低下させたり，タイムリーな提供を制限することで，競争を制限するインセンティブを持つ。競争が制限されることのデメリットは，効率性の低下とイノベーションの可能性の低減，消費者に対する製品範囲の縮小と多様性の低下，とりわけ電気料金の高止まりである。これに対処する手法として，接続（アクセス）規制と構造分離が挙げられる。以下に詳しく見ていこう。

2-3 アクセス規制とは何か

接続（アクセス）規制とは，既存統合企業の非競争的な分野への接続（アクセス）に関する規制のことであり，ここでは規制当局は，競争分野のライバル企業が既存企業の非競争的な分野にアクセスするとき，当の既存企業が課す料金及び条件を規制することになる。同規制は，主として企業行為の規制に焦点を置くので，行為的アプローチ（behavioral approach）と呼ばれている。

ここで競争を促進するには，規制当局が，接続を拒否しようとする統合企

業のインセンティブに対処しなければならない。だが，アクセス規制の有効性をめぐるこれまでの議論が示しているように，この規制手法のもとで達成される競争水準は，規制当局の努力にかかわらず，構造分離のケースに比べ低いことが，実証的に明らかになっている（Steiner（2010））。

アクセス規制には，ある程度競争を促進でき，既存企業に統合から生じる範囲の経済性をあたえるというメリットがあるが，それを超えるデメリットがあるといわなければならない。すなわち，それにより規制当局は接続の拒否および差別化といった垂直統合企業が持つインセンティブに不断に対処しなければならず，モニタリングをはじめ多大な規制コストがかかるのである。

2-4 構造分離とは何か

そのようなインセンティブを構造的に断ち切ってしまおうというのが，構造分離（unbundling）である。構造分離とは，不可欠設備と産業の競争的な部分を切り離すことであり，それによって上述の既存企業のインセンティブを低減，消去しようとするものである。これによって，規制当局の行政コストは削減され，競争も進展することが期待される。電力事業に即していえば，構造分離とは，垂直統合型電力会社の事業を発電，送電，配電，小売に分離することを意味する。競争分野と被規制分野を明確に分け，送電と配電という不可欠設備に関わる事業に対してはオープンアクセスのための規制を行い，それにより発電と小売市場で自由競争を促し，発電コストの引き下げと小売料金の低廉化とサービス品質の向上を狙うものである。送・配電事業を共通の公共インフラと位置づけ，オープンアクセスの下，中立的かつ公平な規制を設けることで，既存事業者と新規参入者の間のイコール・フッティングを担保し，発電と小売に自由競争を促そうというのである。

問題は，発電部門をいかに分離し，市場支配力を持つプレーヤーにどのように対処し市場参加者の数を増やすかにある。競争が生じなかった事例に，英国の電力民営化がある。同国の系統（卸取引＝プール市場）から分離された発電分野では寡占が続き，非効率な発電会社が価格を望ましくない水準に引き上げる能力を有していた。その結果，後に見るように，英国の電灯・電力

料金を上昇させる一因となった。

　構造分離の特徴は、電力供給4事業が規制分野と市場自由化分野とに分かれるところにある。電力供給の大きな目標のひとつは安定供給であるが、現行の垂直統合型の制度では一般電気事業者がこれまでの経験に基づいて需要値を想定し、それに合わせて出力調整して需給均衡を行っている。これに対して、構造分離型においては市場メカニズムが需給を均衡させることになる。本来あるべき卸電力市場では、発電所、自家発電、再生可能エネルギー、大口需要家が参加し、透明性の高い取引を行い、卸価格が決められるが、我が国では卸電力取引所が需給調整に預かる市場として機能しておらず、供給側の出力調整市場になってしまっているというのが現状である。

　これらの問題をいかに解決するかを考察するため、まず構造分離の種類についての説明を試みよう。発送電分離の類型は、(1)会計分離、(2)機能分離（運営分離：米国の一部の州で採用）、(3)会社分離（法的分離）、(4)資本分離（所有分離：英国等で採用）の4つに分類することが可能である（詳細は OECD (2002)、経済産業省 (2013) を参考のこと）。

　このうち、(4)以外は構造分離の程度の強弱により行為規制などの補完的なアプローチが必要である。欧州では3次にわたる EU 指令で構造分離を義務化したが、その実施は3段階に分かれている。特に、発電と送電の分離に関しては、Pollitt (2007) が、図表2-3のような5つのモデルを提示している。

　上記の法的分離送電システムオペレーター（LTSO）が成功するか否かは、非常に強力な規制当局の監視にかかっている。また、この5つのモデルに関連して、Michael Brazai (2009) は、フランスのように TSO が垂直統合型である中で会社化している例では、以下の問題が発生していると指摘している。

・送電ネットワーク運用者が同族の小売会社を優先してネットワークにアクセスさせている。
・送電ネットワーク運用者が同族の小売会社に秘密情報を伝える可能性があり、情報への非差別的なアクセスが守られていない。
・垂直統合型に組み込まれた送電ネットワーク運用者は、統合会社の競争相手に有

図表2-3 送電線分離の5つの形態

モデル	採用例
独立送電システムオペレーター (ITSO: Independent Transmission System Operator)	英国のNational Grid Company
法的分離送電システムオペレーター (LTSO: Legally Unbundled Transmission System Operator)	フランスのRTE
独立システムオペレーター (ISO: Independent System Operator)	米国のPJM地域
ISOとTSOのハイブリッドモデル	アルゼンチンのCAMMESA/Transener
伝統的な垂直統合型	ドイツのRWEまたはEON

(出典：Pollitt（2007））

図表2-4 競争促進政策の長所と短所

政策	長所	短所
アクセス規制	範囲の経済性がある程度維持される。 コストを要する分離が回避される。	規制当局の積極的な介入を必要とする。 規制当局は反競争的な行為に対処する十分な情報ないし手段を持ってない可能性がある。
所有分離	競争制限的なインセンティブを消滅させることができる。 より軽い規制負担で済ませることが出来る。	範囲の経済性を消滅させる可能性がある。
運営分離	競争制限的・反競争行為を規制しやすくなる。	利潤動機が欠如しているため，消費者に対するより質の高いサービス提供，技術革新に対するインセンティブが弱い点がある。

(出典：著者作成)

利となるような，あるいは競争を激しくさせるような送電網の投資を避ける傾向がある。

以上を要約すると，図表2-4のようにまとめることができる。

2-5　構造分離のメリット・デメリット

　構造分離は，限定的な効果しかないアクセス規制の必要性を大幅に限定するというメリットがある。すなわち，構造分離，特に所有分離の長所は，非競争的な分野（送配電）の所有者が競争的な分野（発電・小売）で働く競争制限的なインセンティブを消滅させる点にある。その結果，規制の必要性，負担を軽減し，その質と競争の水準を高めることになる。このように所有分離の下にあるか否かは，差別インセンティブの解消にとって重要な意味を持つ。統合企業に対する規制は，既存事業者が持つ接続拒否のインセンティブに打ち勝たなければならず，そこでの規制は既存事業者が持つ行動上，情報上の優位に不断に対処する必要があるのである。これとは対照的に，所有分離は，より軽い規制を可能にし（例えば，プライスキャップ規制），企業側の裁量の範囲を拡大することになる。

　また，垂直分離は規制当局に対する情報を改善し，内部補助を消滅させる。それは当該企業以外の者にも情報上のメリットをもたらすことになる。従来公開されていなかった企業情報が開示され，規制当局に一段と正確な費用情報が伝えられることになる。コスト開示を電力会社が避ける傾向にあったことは，我が国の2011年の夏の経験で明らかとなったところである。以上，構造分離（垂直分離）には，ライバル企業を差別するインセンティブを消去するという利点，規制による監視（モニタリング）を軽減し，競争水準を高めるという利点，そして間接的に効率性とイノベーションを高め，消費者利益に資する利点が，あるといってよい。

　だが，構造分離は同時にそれまであった統合の利益を奪うことでもある。垂直統合の利益としては，取引費用の節約，範囲の経済性（技術の経済性，未利用資源の経済性），情報の経済性（不確実性，情報の不完全性への対処），投資リスクの回避（サンクコスト，ホールドアップ問題の回避）などを挙げることができる。

　このなかでとりわけ問題になるのが，規模と範囲の経済性である。規模の経済性は費用関数の推定によって，また範囲の経済性は費用の補完性の計測（劣加法性の確認）で実証分析が可能であるが，規模の経済性は確認されているもののその数値はそう大きくはなく，範囲の経済性についてもその存在を

認める実証は少ない（山本（2002））。これはいずれも電力供給サービス以外，そう多様なサービスを提供していないという電力産業の特性によるものと推測される。また，ホールドアップ問題については，統合が関係特殊的な資産への投資を改善する可能性があるものの，設備過剰気味の我が国では正の効果はそう大きくない。さらに，統合は独占企業を最終消費者に近づけることで効率的な価格差別を促す可能性もあるが，これは多分に独占価格差別的である。

そうであれば，垂直統合の不利益のほうがはるかに大きく，構造分離は規制政策として正当化されることになろう。統合の不利益には，生産の最小効率規模（生産技術）を反映しない生産体制，異質の経営資源の同一組織内への取り込みによって発生する不経済，市場競争圧力の低下による効率化インセンティブの喪失（経営者の努力水準の低下，従業員のモラルハザード，組織内部の非効率（X 非効率など））などがあるが，とりわけ競争の減退による効率化インセンティブの消失が問題となる（山本（2002））。とはいえ，垂直分離の手法については，慎重な政策評価（RIA）と費用便益分析が必要である。

電力産業のなかへの競争の導入は大きな便益をもたらすと期待されるが，これはそう容易ではない。米国では，連邦エネルギー規制委員会（FERC：Federal Energy Regulatory Commission）が送電系統への公正なアクセスの確保に最大限の努力を傾けたが，それにもかかわらず，垂直統合型電力企業の独立系発電事業者に対する差別は一向に止まらなかった。

2-6 卸市場の活性化

競争の増進に不可欠なのが，卸電力市場の活性化である。十分に活性化された卸取引市場が存在しなければ，発電への市場参入は大きく阻害される。小売業者が電力を購入する市場が存在しない限り，効果的な競争が起こるとは考えにくいのである。

この点，日本では卸電力市場はほとんど機能していない（2011 年度実績では，小売総販売電力量の 0.5％。出典：経済産業省（2013））。したがって，卸電力市場をどう創設し，活性化させるかが，重要な課題となる。この問題に関する欧米の事例を検討してみよう。

(1) 欧州の場合

ヨーロッパでは，各国に送電会社（TSO）が設置されている。そこでの電力の卸取引として，a. 市場参加者がそれぞれに相対で取引を行う相対取引（OTC：Over The Counter），b. 電力取引所（PX：Power Exchange）による取引所取引，c. TSO で行われるリアルタイム取引（または，最終需給調整取引），が存在する。これらは一般的に現物取引（Physical）と呼ばれ，さらに，先物取引（futures）が行われ，送電権の取引も行われている。また，送電網の広域連系に伴い電力取引所の統合による市場連動も起きている。例えば，ドイツの電力取引所（EEX：European Energy Exchange）はフランスの電力取引所（Powernext）と合弁会社を設立し，パリの卸電力市場でスポット取引を開始している。取引範囲は，ドイツ，フランス，スイス，およびオーストリアにまたがっている。これとは別に，北欧4か国にはノルド・プール電力取引所があり，1980年代から正確な価格シグナルを送る方法が確立され，現在ではノーダル・プライスと呼ばれている。現在では，西欧の電力取引所は，これに英国プール取引所を加えた3大勢力が優位な市場的地位を占めるようになってきている。さらに，欧州では卸売電力価格の地域間格差の縮小と平準化を目的として，国際連系線の協調運用が開始されている。

概していえば，卸電力市場は，相対取引で2日前まで，電力取引所（PX）で1日前から60分前までの需給調整を行い，TSO は最後の需給調整を行う。TSO と電力取引所はまた国際連系線の手配も行い，隣接する TSO と協調しながら広域均衡を図っている。ただし，フランスは，フランス電力（EDF）というドミナント企業が存在するため，卸電力市場における EDF の市場支配力を軽減するため，EDF の原子力発電の3分の1を市場に投入するよう義務化する法律（NOME 法）をつくり，それにより競争を促進している。

(2) 米国の場合

米国では広大な国土の中に8カ所の広域送電網の運用組織が存在する。これらは，独立システムオペレーター（ISO：Independent System Operator），もしくは地域送電機構（RTO：Regional Transmission Organization）と呼ばれ，ISO

は州内，RTOは複数の州をまたぐ送電運用機関である。アメリカでは，ISOの中に取引システムが内包されている。米国のISO/RTOと欧州のTSOの大きく異なる点は，前者が送電設備を所有していない点である。また，ISO/RTOはそれぞれ電力取引所を持つが，米国では現物取引の電力取引所は存在していない。だが，米国の主だったISO/RTOには3年後の発電設備の容量をオークションにかける市場や，周波数を瞬時に調整するアンシラリー・サービス市場が存在する。

米国に比較し，欧州のTSOモデルは，分社化などの過程に時間がかかり，効率性の向上の速度が遅いことが欠点としてあげられる。欧州の第3次エネルギー・パッケージでも，焦点は送電会社の情報遮断に置かれ，資本分離までのアンバンドリングを要求できず，会社分離と徹底した情報遮断の導入でフランスと妥協した経緯がある。

とはいえ，欧米では電力取引活性化の中心的な課題は市場の透明性の向上，市場参加者の拡大，取引市場への信頼性の確保であり，いずれも相互に深く関係している。電力の安定供給と料金低廉化を実現するためには，まず卸電力市場（market）の整備により需給調整のための価格シグナルを創り出すことが必須となるが，日本では卸電力取引市場は十分に機能しておらず，価格シグナルも生まれていないのが現状である。それどころか，原価に対する情報が事業者に偏在しており（情報の非対称性），古い規制のため，規制コスト（行政コストと事業者側の遵守コスト）が大きく，そのことが電力事業の効率性を大きく削いでいる。卸電力取引市場の改革が急務なのである。

2-7 小売市場とスマートメーター

価格シグナルを機能させる卸市場の制度設計と小売市場の自由化により，市場の失敗が存在しなければ，経済厚生を大きく改善できる。小売自由化に関しては，それと並行して需給均衡機能に資するスマートメーターの設置や，経済合理的なインセンティブ料金体系を備えたデマンド・レスポンスという考え方が重要となってくる。デマンド・レスポンスとは単なる需要抑制と異なり，常に変化する価格シグナルに対応して需給を調整するもので，節電による経済メリットが期待できる。小売市場の自由化のメリットは，エネ

ルギー利用の選択肢の拡大にある。すなわち，顧客は料金メニューを選択でき，合理的なエネルギー消費行動をとるようになる。電力は一般的に貯蔵不可能であるため時々刻々発電コストは変わるが，ICTを利用したスマートメーター等の導入でこの変化する料金に消費行動を対応させることができる。スマートメーターの長所は，電気料金の変化による需給調整を通してピークカットや負荷平準化などを可能にする点にある。

　EUの第3次エネルギーパッケージは，スマートメーターの費用対効果等について2012年までに検討を行い，結果が良好であれば，2020年までに需要家の少なくとも80%に対してスマートメーターを導入しなければならないと規定した。英国では，全ての家庭に2020年までにスマートメーターを取り付けることとしている。最もスマートメーターの普及が進んでいるイタリアでは，主要電力会社であるエネル電力会社が2001年以降先行的にこれに取り組み，これまで3000万台以上を設置してきている。また，米国でもエネルギー政策法（Energy Policy Act of 2005）によって，希望すればすべての需要家がスマートメーターの設置できるよう，各州の規制当局に要請がなされた。米国の一部の州・地域は，2009年のアメリカ経済再生法（ARRA：American Recovery and Reinvestment Act）を利用して，スマートメーターの設置補助を決定している。

　これに対し，我が国は，東日本大震災時の電力供給制約を受けた「当面のエネルギー需給安定策」（2011年8月）では2020年代に原則スマートメーターの全戸導入を目標としていたが，小売自由化の流れを受け，この目標を前倒しし，今後5年以内に総需要の8割をスマートメーター化することを決定している。

2-8　電力切り替え状況

　英国では，消費者の90%が電力供給者を一度は乗り換え，そのうちの10%は既存企業に戻っている。変更者の約80%が，電力とガスを同じ供給者から買い，ブリティッシュ・ガス（British Gas）が家庭用電力市場で最大のシェアを保持している。ブリティッシュ・ガスと地域の電力供給者は，最低料金よりも5%ほど価格が高いが，大きな市場シェアを有している。これ

は，マーケティング能力や顧客の慣行が重要な選択要因になることを示唆している。

我が国では2016年4月1日に電力小売全面自由化が始まったが，4か月が経過した8月現在の切り替えペース（離脱率）は自由化当初の4分の1となり，切り替え件数は全体の2.4%と，十分な競争が起きているとは言い難い。絶対数では，147万3千件であり，スイッチング・コストがかかったり，既存電力会社を通じた料金請求トラブルなどが問題となっている（日本経済新聞2016年8月11日）。

3 欧米における電力構造改革の歴史・現状

電力改革のためには構造分離が必要なことを述べてきたが，我が国の電力改革を成功させるためにも，現在欧米で進んでいるネットワーク・アンバンドリングについてより具体的な分析を行う必要がある。

多くのOECD諸国は1990年代から構造分離に着手してきた。その中でも注目すべきは，完全所有分離を行った英国・北欧諸国，運営分離を行った米国の諸州である。

3-1 先進諸国の電力構造改革

先進諸国では，早期から小売全面自由化，発送電分離が行われてきた。EUの当初の構造分離指令は，送電部門の機能分離・会計分離（段階1），会社分離（段階2），資本分離（段階3）を求めていた。

欧州諸国が採った具体的な対応は，以下の図表2-5のとおりである。

一般的に，OECD諸国の託送料金は総括原価方式により規制されている。一方，英国，イタリア，ノルウェーなどはプライスキャップ規制や収入キャップ（revenue-cap）規制を行っている。ここでの課題は，統合会社が託送費用を引き下げるよう，プレッシャーをかけることである。ほとんどの国が単一の送電会社を有する一方，複数の配電会社を有している。このことは規制当局に託送料金の比較を可能にし，より効率的な規制を導いている。各国の

図表2-5 各国の送電線分離形態，送電価格規制方式，小売全面自由化年度

国名	分離形態	託送料金規制方式	小売全面自由化年度
オーストラリア	所有分離	プライスキャップ	1990年から段階的
カナダ	所有分離	総括原価	部分的に実施
デンマーク	法的分離	事後（ex post）	2003
フィンランド	所有分離	事後（ex post）	1997
フランス	管理（management）	総括原価	2007
ドイツ	法的分離	非規制	1998
ギリシャ	法的分離	総括原価	2007
イタリア	法的分離	プライスキャップ	2007
オランダ	所有分離	プライスキャップ	2004
ニュージーランド	所有分離	事後（ex post）	1994
ノルウェー	所有分離	収入キャップ	1991
ポルトガル	所有分離	総括原価	2004
スペイン	所有分離	インセンティブ規制	2003
スウェーデン	所有分離	n. a.	1996
英国	所有分離	プライスキャップ	1999

（出典：R. Green（2006）等を元に著者作成）

電力の市場開放度は，その国の，または外国の独立系発電事業者（IPP：Independent Power Producer）にどれだけネットワーク・アクセスが許されるかで測定されている。

3-2 EU指令

　欧州のEU指令は構造分離を義務化したが，その実施は，段階1：会計分離，機能分離，段階2：会社分離（法的分離），段階3：所有分離の3段階に分かれていた。段階1では，垂直統合型の電力会社から発電と小売の自由化の部門を送・配電分野から会計分離，機能分離した。これは，米国の構造改革が進んでいない27州における電力会社の送電業務の会計分離，機能分離や，送電機関（ISO）への委託と同様の状況である。段階2で，発電，送電，

配電，小売をそれぞれ別会社とした（法的分離）。現在，EU 加盟国はここまでの構造分離を達成している。因みに，米国では 16 州がこの構造改革を終えている。欧州では，持株会社制度が認められ，これらの別会社は，垂直統合型の持株会社の子会社であってもよいこととなっている。例えば，フランス国営電力（EDF）は発電会社，送電会社（RTE），配電会社（ERDF），小売会社の株式を 100％所有している。段階 3（所有分離）では，持株会社による子会社株式の第 3 者への売却が目標とされている。持株会社が同じであるがゆえに，子会社が同じグループの発電会社や小売会社を優遇するといった差別的行動を防ごうというのである。2011 年 3 月の第 3 次エネルギー・パッケージでは，条件付きで段階 2 までの構造分離の実現で妥協したが，ドイツは 4 大電力のうち 3 大電力が送電会社の資本をすでに売却している。

EU が 2011 年 3 月 3 日に施行した第 3 次エネルギーパッケージ[1]は，2003 年の第 2 次 EU 指令（送電会社を「機能分離」，「会社分離」した後，その送電会社を電力の持株会社から売却する「所有分離」までのアンバンドリングを求めていた。）が，

1　第 3 次エネルギー・パッケージを構成する 1 つの指令と 2 つの規制から成っている。

　A．指令（DIRECTIVE）；独立規制当局とその権限を規定している。具体的には，規制当局は電力会社に対し情報開示を求める権限を持つべきであるとしている。また，透明な電力の売買メカニズムが必要であること，電力改革の便益を広く国民が享受すべきことを定めている。さらに，入札，モニタリング，およびユニバーサル・サービスについても考慮しており，消費者はデータへのアクセス権限を有し，それをもとに供給者を選定すべきであるとしている。他にも，顧客保護や競争のメリットを享受，消費者組織の設置，チェックリストの作成やエネルギー貧者（energy poverty）への配慮など，消費者保護の概念を打ち出し，紛争解決手段にも言及している。

　B．規制 1（Regulation 1）；EU コミュニティレベルで規制の枠組みを改善することは電力・ガスの EU 単一市場の創設という目標を達成するための最も重要な手段であるとし，欧州送電システムネットワーク機構（ENTSO-E: European Network of Transmission System Operator for Electricity）の創設を定めている。また，規制当局の独立性とモニタリングが重要であると明記している。商業上センシティブな情報と個人情報の保護も定めている。

　規制 2（Regulation 2）；効率的で，競争的な価格とサービスのより高い質，そして安定供給と持続可能性に貢献するために，域内マーケット（internal market）の形成が欠かせないことが明記されている。また，送電システムオペレーターと市場参加者に正確な経済シグナルを与えることで送電の混雑問題を制御すべきであるとし，その費用負担は市場原理に基づくべきであるとしている。条項 14（Article 14）は，混雑管理や安全性を考慮に入れたネットワークへの料金について記述している。

フランスの強い抵抗を受け，所有分離ではなく，情報遮断の下での会社分離を認めるに至ったものである。

この時点で，送電事業については，所有権分離（Ownership Unbundling），独立システムオペレーター（Independent System Operator），送電システムオペレーター（TSO）のいずれかを選択すればよいことになった。したがって，第3次指令は，その重点を，電力とガスのインターナル市場の機能改善，ヨーロッパ規制協力局（ACER：Agency for the Cooperation of European Regulators）の創設，送電会社（TSO）間の効率的な協力，安定供給の強化策などに置くことになった。送電分野での規制が各国で異ならないよう，EUレベルの規制当局ACERを設置し，EU全体での規制を行うとしているのである。送電会社の広域運用や協調運用には，電力卸価格の地域間格差の解消，需要地から離れた場所にある自然エネルギーの利用といった目的もある。また，欧州の配電会社はEU指令に基づき配電サービスを開始している。イタリアのエネル配電会社，フランスのERDF，ドイツのバッテンフォール配電会社などが，それにあたる。

(1) **市場支配力について**

スウェーデンは国内市場の50％のシェアを持つバッテンフォール社によって引き起こされる競争制限問題を回避するために，自由化の際，ノルウェーとともにノルド・プールをつくり，市場統一を行った。フィンランドとデンマークもノルド・プールに参加し，卸市場は活性化したが，送電系統能力の制約（混雑）により市場は小さいエリアに分割され，競争も限られたものとなった。それ以降，連系線の容量拡大が課題となっている。

一方，EUでは単一市場規模の競争的な枠組みを採用した。一般的に欧州では，ドイツやフランスで送電料金が相対的に高く，イギリスのそれは低かった。その結果，ドイツやフランスの電力持株会社は送電料金のより低いイギリスの電力ビジネスに進出し，イギリスの6大電力グループのうちの3社が大陸諸国の電力グループに属するようになっている（EDF，EON，RWE）。これに対し，イギリスのナショナル・グリッド・カンパニーは送電料金の低いアメリカ市場に進出している。英国の配電ビジネスは，運営上，完全に発

電と小売からアンバンドルされているのである。

　以上，欧州の構造分離は，発電会社と小売会社に対しては自由化の下で競争を促し，経営効率化と顧客サービスの向上を誘導する一方，送電会社と配電会社に対しては規制を強化するというものである。送電会社に対しては，オープンアクセスと公平性が求められ，また，送電網を使用した電力取引の円滑化のために，送電会社の中立性・透明性の維持が重視されている。EUの電力構造改革は，エネルギーの安定供給のためにコミュニティ規模で国際連系線を拡充している。EU全体を単一市場とするためには，送電網の広域化と隣接するTSOの協調運用が必要となるが，新たな送電会社の連携組織，ヨーロッパ送電システムネットワーク機構（ENTSO-E：European Network of Transmission System Operators for Electricity）の設立は，それに応えるものである。

3-3　米国の事例

　米国のいくつか地域では州の範囲を超えた広域送電網（RTO：Regional Transmission Organization）が進展・拡大している。米国の電力産業は州レベルと連邦レベルの2つで規制されている。主要な規制当局は，連邦エネルギー規制委員会（FERC：Federal Energy Regulatory Commission）であるが，規制当局は，当初，発電と送電の分離に関し機能分離の形態を課しただけであった。そこで，競争政策当局が，より強い分離形態を求めることになった。その結果，FERCは，垂直統合型電力会社の送電部門の他部門からの機能分離を義務づけ，他部門の社員は送電部門に一切のアクセスが出来ないという厳密な行為規制を制度の柱にした運営分離を実施し，卸電力市場の自由化，そして送電網のオープンアクセスに道を開くことになった。運営分離方式とは，非競争的な事業分野を独立した事業主体の管理下に置くという手法であり，その長所は非競争的な企業が反競争的な行動に出る能力を大幅に削減する点にある。これによりいくつかの地域で電力会社は送電機関（RTO/ISO）に送電サービスを任せるようになった。

　だが他方で，発電，配電，および小売制度の決定や，発電と小売の規制か，自由化かといった問題については，各州の公益事業委員会（PUC：Public

Utility Commission) に委ねられることになっている。つまり，FERC には発電，配電と小売の制度を決定する権限が与えられていないのである。

こうして，米国では電力会社の構造分離は各州の規制当局の判断に任されている。現在，50州のうちの比較的人口の多い23州で全面的・部分的な構造分離が進んでおり，残る27州では垂直統合型の電力会社が存続している。そのうち住宅部門まで自由化している州はニューヨーク州，テキサス州など16州である。ただし，電力事業のうち送電分野は FERC が託送料金規制に関与している。

米国には，前述のとおり，州をまたいで広域に送電業務を行う組織である地域送電オペレーター（RTO：Regional Transmission Organization）が存在する。ISO と RTO の違いは，州内の複数の電力会社の送電受託機関であるか，州をまたぐ複数の電力会社のそれであるかにある。ISO/RTO には，①発電所の運用を行うディスパッチ・コントロール機能，②送電網の運用を行うシステムコントロール機能，および③翌日物電力取引やリアルタイム電力取引を行うマーケットコントロール機能がある。これは，送電会社（TSO）が①と②の機能を，電力取引所が③の機能を有する欧州の電力卸市場と対照的である。米国の ISO はこれらの機能をすべて内包しているのである。実際，ペンシルバニア州では，送電業務は州を越えた地域送電運用組織（RTO）である PJM インターコネクションに委託されており，その規模は東京電力の約3倍で，北米最大の送電ネットワーク，卸電力市場を持つに至っている。

だが，米国の ISO は，EU 指令の段階1の構造改革に当たり，送電運用機関は送電設備管理と設備投資の権限を有しておらず，投資問題に懸念が残されている。

3-4 欧米の構造改革の比較

欧州では，2011年の第3次エネルギー・パッケージで，水平連携・水平統合を目指す EU 全体のエネルギー規制当局 ACER が新たに設置された。また，送電業務に関しては EU 全体ベースでの連携を高めるために，共通の系統規約の開発や10カ年投資計画がヨーロッパ送電システムネットワーク機構（ENTSO-E）により策定されている。電力規制の対象は送電と配電であ

り，自由化されている発電と小売には基本的に料金規制はない。

　欧州の電力改革のもう一つの特徴は，エネルギー政策と環境政策が一体化されている点にある。英国は現在，エネルギー管理改革（EMR：Energy Management Reform）を行っている。それは，再生可能エネルギーを既存エネルギーと競争できるようにするための差金決済取引（Contract for Difference）と容量市場（capacity market）という2本の柱から構成されている。英国エネルギー・気候変動省は，EMRは2014年から2030年にかけて，毎年，一般家庭の電力料金を平均して41ポンド，または6%削減すると試算している。EMRの送電機関はナショナル・グリッド・カンパニーである。

　だが，EC（2007）の報告によると，欧州ではいまだ，各国の電力市場は大企業の集中度が高く，クロスボーダーの競争が欠如しており，ネットワークと小売のアンバンドリングが不足しているとの指摘がなされている。

　米国では卸売と送電市場を連邦エネルギー規制委員会（FERC）が，発電，配電と小売ビジネスを各州の公益事業委員会（PUC）が規制している。米国ではノーダル・プライシングの導入を始めているが，各地域での市場支配力の問題や，送電線への新規投資へのインセンティブの不足から，送電オペレーターは地元会社に統合されており，広域規模で競争的な市場はいまだ存在しない。いずれも改革は道半ばの感がある。最後に，欧州と米国の送電網の扱いについてその特徴と相違点を纏めておく（図表2-6）。

図表2-6　米国と欧州の送電線の扱いの相違とその特徴

国・地域	米国	欧州
送電線	ISO/RTO （送電運用機関）	TSO/ISO （送電系統運用者）
特徴	送電設備はISO/RTOに加盟する電力会社が所有し，送電機関は運用だけを行う。 送電設備の投資計画はISO/RTOに参加する電力会社が決定する。	送電設備を所有し，運用する。 設備投資計画を立て，実施する。

（出典：著者作成）

3-5　OECD諸国の電力価格の状況

図表2-7は，2016年の第1四半期のOECD諸国における1MW/hの電力料金（産業用料金）と電灯料金（家庭用料金）とを米国ドル示したものである（USD/MWh）。

これによれば，北欧諸国で家庭用と産業用の料金格差が大きいことが分かる。また，ドイツは脱原発を進めていることもあり，再生可能エネルギーの固定価格買取り制度によって両者ともに高料金になっている。また，為替による影響もあるが，日本もドイツ同様料金が高い。注目すべきは英国であり，電力改革を先立って行ってきた国のわりには料金が高いことである。これについては，背景に国内炭使用義務政策やその廃止，CEGBの10年間にわたる市場支配力の行使，2008年からのエネルギー価格の上昇などがある

図表2-7　2016年第1四半期のOECD諸国の電灯料金と電力料金

国名	電力料金（USD/MWh）	電灯料金（USD/MWh）
オーストラリア	n. a.	215.79
カナダ	75.65	107.17
デンマーク	85.79	337.38
フィンランド	84.47	168.91
フランス	110.13	181.48
ドイツ	145.09	327.07
ギリシャ	105.32	196.23
日本	161.99	225.12
オランダ	88.46	206.9
ニュージーランド	n. a.	195.59
ノルウェー	33.34	94.52
ポルトガル	127.23	253.13
スウェーデン	58.8	170.59
英国	143.04	236.95
米国	68.95	126.71

（出典：IEA）

と考えられるが，さらなる分析が必要である。

4 日本の電力システム改革

それでは，我が国の電力改革はどのような状況に置かれているのであろうか。

4-1 日本における電力規制改革の歴史と問題点
我が国では，以下のように電力事業制度改革が行われてきた。

・1995 年　　電気事業法改正により，電力会社に卸電力を供給する独立系発電事業者（IPP：Independent Power Producer）の参入が認められる（発電自由化）。また，特定の地点を対象とした小売供給が特定電気事業者に認められる。
・2000 年　　特別高圧需要家（受電電圧 20,000 ボルト以上，契約電力 2,000kW 以上の需要家：需要電力量の約 3 割）に対して，特定規模電気事業者（PPS：Power Producer & Supplier）による小売が認められる。（電力小売の部分自由化）
・2003 年　　電源調達の多様性を目的とし，日本卸電力取引所が設立。
・2004 年　　2000 年に定められた基準を 500kW 以上に引き下げ。需要電力量の約 4 割が自由化。
・2005 年　　2004 年に定められた基準を，50kW 以上に引き下げ。需要電力量の約 6 割が自由化。

ここで，注目すべきは，発送電垂直統合型の制度が一貫して維持されてきたことである。東日本大震災後に経済産業省（2013）が述べているように，こうした一連の改革の後も一般電気事業者による独占という市場構造は変わっておらず，競争は極めて不十分であった（2011 年度は，自由化された需要の 3.6％）。一般電気事業者による直接的な競争も行われておらず，デマンド・レスポンスを促す料金メニューも提供されてこなかった。また，各一般電気事業者の供給区域ごとの需給管理が原則であったことから，全国レベルで需給調整を行う機能が不足しており，さらに，東西の周波数変換設備（FC：

Frequency Converter) や電力会社間の連系線の容量にも制約があった。電力は，同質性という物理的特性から，どの事業者から購入しても停電頻度や周波数安定といった品質は同一であり，代替可能であるにもかかわらず，これまで競争が生じなかったのは，家庭などの小口需要などの小売事業が規制され，送配電網へのアクセスの中立性確保が不十分であったことに主たる原因があったとされている（経済産業省 (2013)）。

中立性確保について，わが国は「会計分離」を 2003 年の制度改正で導入し，併せて情報の目的外利用や差別的取り扱いを禁じてきた。しかし，制度改正後役 10 年が経過した現在に至るまで，送配電部門の中立性の確保がなお不十分である。前述したように，アクセス規制には固有の問題があり，会計分離ではイコール・フッティングが確保できなかったのである。このことは，発電，小売分野での自由競争を促進するためには，系統（送配電網）の一層の中立的な運用が不可欠であることを示唆している。

4-2　日本の発送電分離の現状と予定（会計分離から法的分離へ）

経済産業省は，法的分離または機能分離によって送配電部門の中立化を図ることが必要であるとしている。法的分離は，送配電会社を別会社化するものであり，機能分離は送配電部門のうち運用・指令の機能だけを別組織（広域系統運用機関の地方支部である ISO：独立系統運用者）に移すものである。だが，送配電業務間の分離について，どこで線引きがなされるのか，具体的な方法がわかりにくい。また，法的分離の場合，企業グループ内に資本関係があることから，グループ内の発電・小売会社を有利に扱う誘因が残る。機能分離の場合には，資本関係がないため，グループ会社を有利に扱おうとするインセンティブは存在しないが，系統の独立性に問題が残る。

いずれも一長一短があるが，欧米の比較で議論となった適切な送配電投資という観点から見ると，法的分離のほうが，送配電会社が独立して送配電設備への投資や維持管理を行うため，発電部門，小売部門の収益の状況等に左右されないため，望ましいといえよう。

また両者は，規制制度変更に伴うコストにおいても比較検討される必要があろう。法的分離では組織分割に伴うコストが，機能分離の場合詳細なルー

ル策定に伴うコストが問題になる。これらの問題解決の難しさは，行為規制の詳細制度設計や，送配電に係る技術などの要素に左右される。経済産業省(2013)は，『各側面についてそれぞれの方式で得失があるが，送配電部門の一層の中立化を進めるにあたり，送配電部門の独立性の明確さ等の観点を踏まえ，法的分離の方式で実施に向けた作業を進めていくこととする』としており，所有分離については，『効果を見極め，両分離形態の効果が不十分な場合の将来的検討課題とする』としている。

(1) 送・配電部門の中立性確保

送・配電部門の中立性・独立性を確保するためには，情報の目的外利用禁止，発電・小売業務との兼職の禁止，送配電関連業務に関する文書・データなどの厳格管理（情報の符号化や，入室制限など），会計の独立性確保，差別的取り扱いの禁止などの，行為規制が必要となる。だが，独立規制当局が存在しない。欧米での経験からいって，早急に独立したエネルギー規制当局の設置が必要であろう。産業振興機能と規制機能が分離されなければならないのである。

4-3 電力改革のロードマップ

2016年4月の小売全面自由化後は，価格交渉力の弱い家庭部門も含めて，競争レビューを行いながら，一般電気事業者の料金規制を撤廃するためにも，送配電部門の中立性を確保し，競争状態を生み出すことが重要となる。我が国は，競争状況を監視しながら2020年頃に規制料金を撤廃する予定であるが，どの時点で小売料金規制を撤廃するかも大きな問題となる。米国の例を見ると，テキサス州の既存企業は小売自由化後の最初の3年間，市場シェアが40%を下回るまで，規制料金を課されていた。

5 電力産業の今後の枠組み

垂直統合型は1960～1980年代の高度成長期には適したシステムであった。

燃料費が安く，急速に成長する経済に合わせて次々と発電事業を立ち上げ，送配電の設備投資を行うときは，設備形成と設備稼働が早い垂直統合型はそのメリットを享受できた。だが，経済が成熟期に入った現在，電力産業の在り方も当然変化しなければならない。

電力自由化で構造分離が必要となっているわけだが，原子力が八割を占める垂直統合型の産業構造を持ちながら，ファイヤー・ウォール（人や資金の移動の制限，情報の遮断）と会計分離でアクセスの公平性を保証できると主張するフランスの規制当局もある。すべての国に適用可能な枠組みは無いといってよいのである（No one size fits all）。

とはいえ，OECD 諸国における電力産業の研究は，垂直分離の度合いを高めることが，住宅向け電気料金を相対的に引き下げ，事業の効率性とサービスの品質を高めることを明らかにしている。(Steiner（2010））。OECD 諸国では，弱い構造分離形態が試されたが，競争の促進に欠けることが判明し，より強い分離形態が指向されるようになっている（ニュージーランド）。OECD も，参加国に対して実施した規制改革審査の中で，より強い構造分離に向け特例措置を講じるよう勧告している。だが，強い構造分離がつねに最適な政策選択肢であるわけではない。ここには2つの問題がある。一つは独占的な分野と競争的な分野の構造分離に技術的，経済的な困難が伴うことであり，もう一つは営利性の薄い独占的な分野（ネットワークのインフラ部門）に適切な投資インセンティブを与える必要があることである。これは，欧州には送電網の広域化，それによる電力の需給調整という課題があるので，大きな問題となる。

6 おわりに

6-1 成功の要因

電力改革を成功させるためには，いくつかの条件が必要となる。それらを列記すると，以下のとおりである。

(1) 競争の促進

いかに発電や小売が自由化されようとも，送配電網が中立化され，十分な市場競争が起こらなければ，消費者は競争価格や選択の多様性など，改革の果実を享受することは出来ない。市場支配力を行使できるドミナント・プレーヤーが存在しない，競争的な市場構造を確立すべきである。

(2) 独立的で，専門性の高い規制当局のモニタリングと効果的な規制

構造改革において独立規制当局の存在は不可欠である。専門的知識を持ち，不断に市場の競争状態をレビューし，問題があるときには，効果的な規制を用いる必要がある。

(3) ガバナンス，透明性

規制当局や一般電気事業者には，すべての市場プレーヤーから見て公正なガバナンスや透明性が求められる。両者は積極的に情報開示を行い，市場の透明性の確保に努めるべきである。

6-2 ICTを活用した新規産業の創出と経済波及効果

これらの改革の結果，スマートメーター（情報通信技術）を活用したスマートグリッド，家庭内エネルギー管理システム（HEMS：Home Energy Management System），EUで行われているような電気自動車とインフラとの連携など，ICTを活用した新規産業の創設や技術革新が期待できる。ここでのイノベーションは産業連関を通じて様々な経済波及効果を生むであろう。制度改革の意義は，産業の中間投入財である電力価格の低廉化にとどまらず，こうした新規産業や新規需要の創出にある。

6-3 今後の課題

証拠に基づいた政策（EBP：Evidence-Based Policy）を進めるためには，実証分析などの計量分析が欠かせない。上述の産業連関分析と併せ，各国との比較を試みながら，パネル分析等を行うことで，我が国にとって最もふさわしい分離形態を探求することが，今後の課題となる。会計分離の限界が示され

た今,機能分離,法的分離へと進む方向性は正しいといえる。問題は,所有分離等,構造分離を我が国でどの程度まで進めることが最適であるかであり,これについて,計量分析から,また各国のケーススタディから検討する必要がある。

参考文献

Department of Energy & Climate Change, 2014 年, Implementing Electricity Market Reform

European Commission, 2007 年, "DG Competition Report on Energy Sector Inquiry"

European Union, 2009 年, DIRECTIVE 2009/72/EC Official Journal of the European Union

Hilmer, F, 1993 年, "National Competition Policy: Report by the Independent Committee of Inquiry"

Michael Brazai,, 2009 年, KPMG

Michael Pollitt, 2007 年, "The arguments for and against ownership unbundling of energy transmission networks" CWPE 0737 and EPRG 0714

Ocaña C, 2001 年, "Competition in Electricity Markets. Paris: OECD and the International Energy Agency"

R. Green, 2006 年, "Electricity deregulation in OECD countries" Energy, Volume 31, Issues 6-7, Pages 769-787

Steiner, F. 2000 年 "Regulation, Industry Structure and Performance in the Electricity Supply Industry" OECD Economics Department Working Paper No. 283. 2000

The European Parliament and the Council of the European Union, 1996 年, "DIRECTIVE 96/92/EC of the European Parliament and of the Council of 19 December 1996 concerning common rules for the internal market in electricity"

United Kingdom HP

経済産業省,2013 年,『電力システム改革専門委員会報告書』

日本経済新聞,2016 年 8 月 11 日,『電力会社,切り替え進まず』

山田光,2014 年,『発送電分離は切り札か』,日本評論社

OECD『構造分離』(山本哲三訳) 2002 年,日本経済評論社

（村岡 浩次）

第 2 部

岩盤規制に挑む

第3章　農業改革——産業としての農業——

1　農業をとりまく状況と産業化への期待

　わが国は，少子高齢・人口減少社会を迎え，地方の衰退が懸念されている。今後も持続的で活力ある地域経済社会を維持するためには，あらゆる分野において抜本的な改革が求められている。とりわけ，農業は食料の安定的供給にはじまり，食品産業などの関連産業とともに地域の経済を支える重要な役割を担っている。

　わが国の農業は，高度な生産技術に基づく高品質な農産物，世界に評価される伝統的な食文化など，高い潜在力を有する一方で，農業就業者の高齢化，農地集積の不足，農地の荒廃など課題も山積している。こうした状況の下，環太平洋連携協定（TPP）をはじめとする自由貿易協定（FTA）への参加についても賛否が分かれて議論が展開されている。FTAそのものは，自由競争を促進し，継続的な成長を目指すものであり，農業だけを取り上げてその是非を論じるよりも経済全体として考えていくべき問題である。ここでは，FTA参加の是非や時期を問うことはせずに，近年の外部環境の変化に対して，持続的な成長を図っていくための農業のあり方について考える。

　食料・農業・農村基本計画は，わが国の農業・農村が，経済社会の構造変化に的確に対応し，将来にわたってその役割を担っていけるように定められ，定期的に見直されている。平成27年3月に定められた新たな基本計画では，農業や食品産業の成長産業化を促進する「産業政策」と，多面的機能の維持・発揮を促進する「地域政策」を車の両輪として食料・農業・農村施策の改革を着実に推進していくとされている。また，その推進にあたっての基本的な視点として，農地の集積・集約化等による農業の構造改革や，新分

野への積極的なチャレンジを通じた国内外の需要の取り込み等による競争力の強化が挙げられている。様々な関連事業者が，新たな需要を取り込むための戦略的なパートナーとなることや，小規模な農家や地域住民，都市部の人材なども含め，農村の内外から幅広い人材や事業者等の参画を促すことも示されている。

　今後のわが国の農業を考えると，産業化は最重要課題のひとつと考えられる。農地集積による規模拡大によりどれだけ生産性が向上するのか，機械化や作業分担制の効果はどれほどなのか，等を探る必要がある。また，新たな需要を取り込むためには，商品開発や販売戦略も重要であり，6次産業化（農業や水産業などの第一次産業が，第二次産業である食品加工，第三次産業である流通販売にも業務展開している経営形態で，6は1から3を加算したものとされている）が注目されている。

　農業の産業化がどのように進められているのかを整理したうえで，産業化がどの程度進んでいるのか，産業化が競争力の向上に貢献しているか，貢献しているならばその要因を探ることで，今後の農業の産業化を促進する一助としたい。なお，本稿では，農業の産業化とは機械技術の適用，資源の最適配置，分業体制により組織的で効率的な生産活動を実現することを指し，その実現方法の軸となると考えられる法人化を念頭におくこととする。「日本再興戦略2016 ―第4次産業革命に向けて―」（平成28年6月）における「攻めの農林水産業の展開と輸出力の強化」では，重要業績評価指標（KPI）6項目のうち，1項目は法人経営体数，2項目は6次産業化に関するものである。また，経営体の育成・確保として，個人経営の法人化の推進や，法人の経営改善の支援が挙げられている。さらに，生産現場の周辺にある優れた知見の結集・活用として，農業法人が他産業のノウハウや経験を持つ人材を採用し，更なる経営発展に生かせるよう，人材マッチングの仕組みを整備するともに，農業分野の実態に即した実践的な人材育成プログラム検討等を進めるとある。農業経営全般にわたって法人化を中心に進展するものと考えられる。なお，法人化に着目するとしても，自営農家を否定するものではない。むしろ，自営農家の伝統や工夫によって高い品質が維持されている側面もあるため，小規模な自営農家を持続させるための方法としての法人化も考えら

れる。

　本章の概要は以下のとおりである。まず第2節では，農業の産業化に向けて展開されてきた政策を概観する。第3節では，農業構造の変化を見ることで，産業化がどの程度進んでいるかを把握する。第4節では，産業化による競争力の向上について，統計や効率性分析等により試算し考察する。第5節で全体をまとめるとともに，制約条件や今後の課題を示す。

2　農業の産業化に向けた政策展開

　農業の産業化に向けた政策について，「食料・農業・農村基本計画」（平成27年3月），基本計画に基づいて具体的に展開されている「食料・農業・農村施策」（平成28年5月（平成27年度 食料・農業・農村白書）），経済社会の構造改革を進める上で必要な規制改革を定めた「規制改革実施計画」（平成27年6月），規制改革会議資料（平成27年12月，平成28年3月）から抜粋して紹介する。

(1)　食料・農業・農村基本計画

　「食料・農業・農村基本計画」（平成27年3月）において，農業の産業化に関する施策のうち，企業や法人等が明示されている施策を中心に抜粋，整理する。

　地域の農業の担い手に加えて，小規模な農家や地域住民，都市部の人材なども含め，農村の内外から幅広い人材や事業者等の参画を促進する政策や，農地の集積・集約化を促進する政策で構成されている。

表 3-1　食料・農業・農村基本計画における農業の産業化に関する政策
（企業や法人等が明示されている政策を中心に抜粋）

分類・項目	内容
第3　食料，農業及び農村に関し総合的かつ計画的に講ずべき施策	
2．農業の持続的な発展に関する施策	
(1)　力強く持続可能な農業構造の実現に向けた担い手の育成・確保	
①　法人化，経営の多角化等を通じた経営発展の後押し	
	効率的かつ安定的な農業経営が農業生産の相当部分を担う農業構造を確立するため，認定農業者（効率的かつ安定的な農業経営に向けた経営改善の計画について市町村の認定を受けた農業者），将来認定農業者になることが見込まれる認定新規就農者（経営発展の目標を持って新たに農業経営を始めるための就農計画について市町村の認定を受けた農業者），将来法人化して認定農業者になることも見込まれる集落営農に対し，重点的に経営発展に向けた支援を実施する。 　その際，認定農業者等の担い手には家族農業経営，法人経営などがあるが，法人経営には，経営管理の高度化や安定的な雇用の確保，円滑な経営継承，雇用による就農機会の拡大等の面で，効率的かつ安定的な農業経営に向けてメリットが多いことから，農業経営の法人化を推進する。
ア　担い手への重点的な支援の実施	
	認定農業者等の担い手が主体性と創意工夫を発揮して経営発展できるよう，担い手に対する農地の集積・集約化の促進や経営所得安定対策，出資や融資，税制など，経営発展の段階や経営の態様に応じた支援を行う。また，担い手の育成・確保に向けた施策について，構造改革の進捗の状況を踏まえつつ，担い手の経営発展に資するよう，分析，検証を行っていく。
イ　農業経営の法人化等の加速化	
	農業経営の法人化を促進するため，大規模な家族農業経営や集落営農等を中心に，法人化のメリットや手続，法人経営に必要となる財務・労務管理に関する情報やノウハウ等の普及啓発を行うとともに，税理士等の経営に関する専門家による相談・指導体制の整備を推進する。また，労働力不足の状況に対応し，農業法人において，幅広い年齢層や他産業からの人材などの活用を図るため，他産業並みの就業環境の整備を推進するとともに，従業員のキャリアパスとして別の法人の経営者として独立する取組等を促進する。 　担い手が少ない地域においては，地域における農業経営の受皿として，集落営農の組織化を推進するとともに，これを法人化に向けての準備・調整期間と位置付け，法人化を推進する。
ウ　経営の多角化・複合化	
	雇用労働力の有効活用や農業機械等の経営資源の有効利用，価格変動や自然災害による経営リスクの分散等を図るため，経営の多角化や複合化を推進する。
②　新規就農や人材の育成・確保，経営継承等	
エ　企業の農業参入	
	企業の農業参入は，農業界と産業界の連携による地域農業の発展に資するとともに，特に担い手が不足している地域においては農地の受皿として期待されていることから，農地中間管理機構を中心としてリース方式による企業の参入を促進する。
(3)　農地中間管理機構のフル稼働による担い手への農地集積・集約化と農地の確保	
①　担い手への農地集積・集約化の加速化	
ア　人・農地プランの活用	
	各地域の人と農地の問題（担い手への農地利用の集積・集約化と荒廃農地等の発生防止・解消）を解決していくため，人・農地プランの作成と定期的な見直しを推進する。その際，認定農業者，新規就農者や企業等の新規参入者も含め，地域内外の幅広い関係者が参画した徹底的な話合いを進め，担い手を同プランに位置付けていくとともに，農地利用状況の電子地図システムを話合いの

分類・項目		内容
		ベースとして全面的に活用する。 人・農地プランに即して担い手が行う経営規模の拡大等の取組を融資等を通じて促進する。
	イ 農地中間管理機構のフル稼働	
		農地の公的な中間的受皿として各都道府県に整備された農地中間管理機構をフルに稼働させ、地域内に分散・錯綜する農地を借り受け、担い手がまとまりのある形で農地を利用できるよう配慮して貸し付けることで、担い手への集積・集約化を推進する。 この場合、地域の状況に応じ、「各地域の人・農地プランとの連動した取組」、「新規参入企業など公募に応募した受け手のニーズに対応した取組」、「農業法人等が分散した農地を交換により集約化するための取組」、「基盤整備事業と連携した取組」という4つのアプローチを推進し、農地中間管理機構のフル稼働につなげていく。 その際、都道府県ごとの状況を毎年公表するなどにより、各都道府県での取組を促進する。
②	荒廃農地の発生防止・解消等	
		農業者等が行う、荒廃農地（市町村及び農業委員会の現地調査において、現に耕作に供されておらず、耕作の放棄により荒廃し、通常の農作業では作物の栽培が客観的に不可能となっている農地）を再生利用する取組を推進するとともに、農地法に基づく農業委員会による利用意向調査、指導等の一連の手続を活用して再生利用可能な荒廃農地の農地中間管理機構への利用権設定を進めることにより、荒廃農地の発生防止と解消に努める。 有効かつ持続的に荒廃農地対策を進めるため、暗きょ排水等による農地の条件整備、放牧の活用等関連施策との連携の在り方について総合的に検討し、必要な施策を実施する。
③	農地転用許可制度等の適切な運用	
		国と地方の適切な役割分担の下、農用地区域内農地の総量確保の仕組みの充実を図るとともに、農地転用に係る事務・権限の地方への移譲等を行い、併せて農業振興地域制度及び農地転用許可制度の適切な運用を図ることにより、優良農地の確保と有効利用の取組を推進する。

注：表内の見出し番号、記号は出所に記載のとおりであるため連続していない場合がある。

出所：農林水産省『食料・農業・農村基本計画』（平成27年3月）

(2) 食料・農業・農村施策

「食料・農業・農村施策」（平成28年5月（平成27年度 食料・農業・農村白書））における農業の産業化に関連する施策のうち、「Ⅲ 農業の持続的な発展に関する施策」から企業や法人等が明示されている施策を中心に抜粋、整理する。前節での整理項目に対応させ、平成27年度の実績と平成28年度の計画の対比により、政策の継続性や変化を把握する。

基本的には平成27年度実績と平成28年度計画では、概ね同等の内容となっており、継続的に政策が展開されている。追加された点としては、①担い手への農地集積・集約化の加速化のための人・農地プラン活用において、農

表3-2　食料・農業・農村施策における農業の産業化に関する政策
（企業や法人等が明示されている政策を中心に抜粋）

分類・項目				平成27年度（実績）	平成28年度（計画）
1 力強く持続可能な農業構造の実現に向けた担い手の育成・確保					
	(1) 法人化，経営の多角化等を通じた経営発展の後押し				
		ア　担い手への重点的な支援の実施			
			（ア）	認定農業者等の担い手が主体性と創意工夫を発揮して経営発展できるよう，担い手に対する農地の集積・集約化の促進や経営所得安定対策，出資や融資，税制など，経営発展の段階や経営の態様に応じた支援を行いました。	認定農業者等の担い手が主体性と創意工夫を発揮して経営発展できるよう，担い手に対する農地の集積・集約化の促進や経営所得安定対策，出資や融資，税制など，経営発展の段階や経営の態様に応じた支援を行います。
			（イ）	担い手の育成・確保に向けた施策について，構造改革の進展の状況を踏まえつつ，担い手の経営発展に資するよう，分析，検証を行いました。	担い手の育成・確保に向けた施策について，構造改革の進展の状況を踏まえつつ，担い手の経営発展に資するよう，分析，検証を行っていきます。
		イ　農業経営の法人化等の加速化			
			（ア）	農業経営の法人化を促進するため，大規模な家族農業経営や集落営農等を中心に，法人化のメリットや手続，法人経営に必要となる財務・労務管理に関する情報やノウハウ等の普及・啓発を行うとともに，税理士等の経営に関する専門家による相談・指導体制の整備などを推進しました。	農業経営の法人化を促進するため，大規模な家族農業経営や集落営農等を中心に，法人化のメリットや手続，法人経営に必要となる財務・労務管理に関する情報やノウハウ等の普及・啓発を行うとともに，税理士等の経営に関する専門家による相談・指導体制の整備などを推進します。
			（イ）	労働力不足の状況に対応し，農業法人において，幅広い年齢層や他産業からの人材などの活用を図るため，他産業並の就業環境の整備を推進するとともに，従業員のキャリアパスとして別の法人の経営者として独立する取組等を促進しました。	労働力不足の状況に対応し，農業法人において，幅広い年齢層や他産業からの人材などの活用を図るため，他産業並の就業環境の整備を推進するとともに，従業員のキャリアパスとして別の法人の経営者として独立する取組等を促進します。
			（ウ）	担い手が少ない地域においては，地域における農業経営の受皿として，集落営農の組織化を推進するとともに，これを法人化に向けての準備・調整期間と位置付け，法人化を推進しました。	担い手が少ない地域においては，地域における農業経営の受皿として，集落営農の組織化を推進するとともに，これを法人化に向けての準備・調整期間と位置付け，法人化を推進します。
		ウ　経営の多角化・複合化			
				雇用労働力の有効活用や農業機械等の経営資源の有効利用，価格変動や自然災害による経営リスクの分散等を図るため，経営の多角化や複合化を推進しました。	雇用労働力の有効活用や農業機械等の経営資源の有効利用，価格変動や自然災害による経営リスクの分散等を図るため，経営の多角化や複合化を推進します。
	(2) 新規就農や人材の育成・確保，経営継承等				
		エ　企業の農業参入			
				企業の農業参入は，特に担い手が不足している地域においては農地の受皿として期待されることから，農地中間管理機構を中心としてリース方式による企業の参入を促進しました。	企業の農業参入は，特に担い手が不足している地域においては農地の受皿として期待されることから，農地中間管理機構を中心としてリース方式による企業の参入を促進します。

分類・項目	平成27年度（実績）	平成28年度（計画）
3　農地中間管理機構のフル稼働による担い手への農地集積・集約化と農地の確保		
(1)　担い手への農地集積・集約化の加速化		
ア　人・農地プランの活用	各地域の人と農地の問題を解決していくため，人・農地プランの作成と定期的な見直しを推進しました。また，人・農地プランに即して担い手が行う経営規模の拡大等の取組を，融資等を通じて促進しました。	各地域の人と農地の問題を解決していくため，人・農地プランの作成と定期的な見直しを推進します。その際，<u>地域内外の幅広い関係者が参画した徹底的な話合いを進め，担い手を同プランに位置付けていくとともに，農地利用状況の電子地図システムを話合いのベースとして全面的に活用します。</u> 人・農地プランに即して担い手が行う経営規模の拡大等の取組を，融資等を通じて促進します。
イ　農地中間管理機構のフル稼働	<u>26年度の各都道府県の農地中間管理機構の実績を評価し，その評価に基づき，同機構の機能強化に係る施策を講じ，同機構を通じた農地の集積・集約化を推進しました。</u>	<u>全都道府県に設立された農地中間管理機構を本格的に軌道に乗せることで担い手への農地集積・集約化を更に進めます。</u>
(2)　荒廃農地の発生防止・解消等	農業者等が行う，荒廃農地を再生利用する取組を推進するとともに，農地法（昭和27年法律第229号）に基づく農業委員会による利用意向調査，農地中間管理機構との協議の勧告等の一連の手続を活用して再生利用可能な荒廃農地の農地中間管理機構への利用権設定を進めることにより，荒廃農地の発生防止と解消を図りました。	農業者等が行う，荒廃農地を再生利用する取組を推進するとともに，農地法（昭和27年法律第229号）に基づく農業委員会による利用意向調査・農地中間管理機構との協議の勧告等の一連の手続を活用して再生利用可能な荒廃農地の農地中間管理機構への利用権設定を進めることにより，荒廃農地の発生防止と解消に努めます。
(3)　農地転用許可制度等の適切な運用	農地の転用規制及び農業振興地域制度の適正な運用を通じ，優良農地の確保を図るとともに，地方分権改革の一環として，<u>農地転用許可に係る国の権限を，国との協議を付した上で都道府県に移譲する等を内容とする農地法等の改正を行いました。</u>	農地の転用規制及び農業振興地域制度の適正な運用を通じ，優良農地の確保に努めます。

注：表内の見出し番号，記号は出所に記載のとおりであるため連続していない場合がある。
注：下線は平成27年度と平成28年度で異なる部分。
出所：農林水産省『食料・農業・農村施策』（平成28年5月（平成27年度 食料・農業・農村白書））

地利用状況の電子地図システムを話合いのベースとして全面的に活用すること，同じく，②担い手への農地集積・集約化の加速化における農地中間管理機構のフル稼働について，全都道府県に設立された農地中間管理機構を本格的に軌道に乗せることが挙げられる。なお，③農地転用許可制度等の適切な

運用において，農地法が改正されたことを受けて記載がなくなっている。

(3) 規制改革実施計画

国内外で激しく状況が変化する時代においては，豊かで活力ある国を維持するためにも，継続的に規制改革に取り組まなくてはならない。規制改革を総合的に調査審議する内閣総理大臣の諮問機関である「規制改革会議」が平成25年1月に設置され，規制改革に関する答申や規制改革実施計画が出されている。

ここでは，農業の産業化に関する事項が扱われている最近の資料として，規制改革実施計画（平成27年6月30日閣議決定），規制改革会議資料（第55回 平成27年12月21日，第59回 平成28年3月9日）から農業の産業化に関連する事項を中心に抜粋，整理する。

農地中間管理機構の機能強化，運用改善による農地の活用・集積・集約化，農業生産法人の設立要件の緩和，ファンドや保険等の金融商品の利用条件の拡大等が挙げられており，農業の産業化が重視されている。

表3-3　規制改革会議における農業の産業化に関する提案
（農業の産業化に関連する事項を中心に抜粋）

提案事項	提案の具体的内容	所管省庁	実施時期
規制改革実施計画（平成27年6月30日閣議決定）（①農地中間管理機構の機能強化）			
農地中間管理機構の実績等の公表	各都道府県の農地中間管理機構の農地の集積・集約化の実績をランク付けとともに公表する。	農林水産省	平成27年度以降順次措置
農地中間管理機構の体制の改善	農地中間管理機構・都道府県に対し，抜本的な意識改革と役職員等の体制整備を求めることとし，それを踏まえて改善した農地中間管理機構における役員や現地で農地集積のコーディネートを行う担当者の配置（業務委託先における担当者の配置も含む。）等の体制を公表するよう農地中間管理機構等に要請する。あわせて，農地中間管理機構等に対し，そうした改善状況を国に報告するよう求めるとともに，その内容を精査し，必要があれば一層の改善を要請する。さらに，市町村に対し，農地の集積・集約化に向けた人・農地プランの見直しなど，地域内の農業者の話合いを着実に進め，農地中間管理機構がまとまった農地を借りられるよう，都道府県を通じて協力を要請する。	農林水産省	平成27年度以降順次措置
農地の集積・集約化の環境整備	農地中間管理機構の農地の集積・集約化のインセンティブを高めるため，各都道府県の農地中間管理機構の優良事例を集めて，都道府県及び各農地中間管理機構の間で共有した上で，農業基盤整備との連携を強化	農林水産省	平成27年度以降順次措置

第3章　農業改革——産業としての農業——

提案事項	提案の具体的内容	所管省庁	実施時期
	するとともに実績を上げた都道府県について各般の施策に配慮する等、リーダーシップを発揮すべき都道府県知事に対して農地の集積・集約化を促す仕組みを構築する。		
	農地中間管理機構がまとまった農地を借りられるよう、農地の出し手の掘り起こしを行うため、市町村ごとの人・農地の状況に関する情報が適時に収集され、公表される仕組みを構築する等、市町村・農業委員会による出し手の発掘に向けた取組を促す。	農林水産省	平成27年度以降順次措置
遊休農地等に係る課税の強化・軽減等	農地を農地として効果的・効率的に利用する意思がない場合に、農地中間管理機構への貸出し等を通じて遊休農地を解消し、また、農業経営の規模の拡大等による農用地の利用の効率化及び高度化の促進を図り、もって農業の生産性の向上に資するため、農地の保有に係る課税の強化・軽減等によるインセンティブ・ディスインセンティブの仕組みについて、政府全体で検討する。	農林水産省	平成27年度検討、可能な限り早期に結論を得る
転用利益の地域農業への還元	農地転用利益の地域農業への還元等、公平で実効性のある方策について、①有識者からなる検討会を開催し、関係者へのヒアリング、アンケート調査等を行いつつ検討を進める。②検討会において①の検討を踏まえた論点整理を行う。	農林水産省	①平成27年度検討②平成28年度早期論点整理
農地の集積・集約化を担う組織の役割の明確化	農地中間管理機構と農地の集積・集約化を担う既存の組織の役割の明確化について、初年度における実績を精査し、農地中間管理事業の推進に関する法律の5年後見直しに向けて検討する。	農林水産省	平成27年度以降順次措置
規制改革会議資料（第55回 平成27年12月21日）			
農林漁業成長産業化ファンドの規制緩和	【制度の現状（現行規制の概要等）】 ・農林漁業成長産業化ファンド（以下本ファンド）は、農林漁業者（1次事業者）が主体となり、加工・流通（2.3次事業者）と連携して取り組む6次化事業体に対して、出資による支援を行うもの。 ・1次事業者の主導性確保の為、6次化事業体に対し、1次事業者の25％超の出資が必要。 【具体的要望内容】 ・1次事業者の25％超の出資条件を廃止していただきたい。 【要望理由】 ・25％超の出資に応じられる1次事業者数は極めて少なく、本ファンドを利用したいという希望があっても、使えないケースが多い為。	農林水産省	—
農業生産法人設立要件の緩和について	①農業関係者以外の議決権を25％以下から50％未満に緩和されたが、この要件を撤廃し、自由設定を可能としていただきたい。 ②規模農業経営をより可能とすることが、農業従事者への所得向上、農業従事者の減少や耕作放棄地拡大の改善に繋がる。大規模農業経営には耕作地の拡大、農機の購入、人員確保等の初期費用が必要である。そのためには資金調達が必要であり、より資金力のある企業からの調達が有効であると考える。	農林水産省	—
中小企業信用保険制度の対象業種の拡大	近年、生産のみならず加工・販売までを自ら行う企業的農業経営に参入する中小企業が増加しているが、取引先の中小企業が農業分野に進出しようとする場	経済産業省	—

提案事項	提案の具体的内容	所管省庁	実施時期
	合，農業分野に係る事業資金については中小企業信用保険制度を利用することができない。農業分野に関する信用補完制度としては農業信用保証保険制度があるが，中小企業にとってみると，事業用資金は中小企業信用保険制度，農業分野の資金は農業信用保証保険制度と両制度を併用しなければならず，煩雑でわかりにくい制度となっている。 　こうした問題点を踏まえ，政府が定めた農業分野に関する国家戦略特区（アグリ特区）では，商工業とともに農業を営む事業者の農業分野の資金を中小企業信用保険制度の対象とすることが可能とされている。農林水産業の成長産業化が喫緊の重点課題の一つとされる中，農業の6次産業化や商工業者の農業への新規参入の推進等が必要であり，このためには，商工業とともに農業を営む中小企業等に対して円滑に資金供給できる環境を整備することが極めて重要であり，また，その際には，商工業の部分と農業分野の部分を併せて全体を評価していく視点が極めて重要である。 　については，中小企業が農業に進出する場合や商工業とともに農業を営む場合の農業分野の資金については，アグリ特区に限定せずに，全国においても中小企業信用保険制度の対象とできるようにしていただきたい。		
規制改革会議資料（第59回 平成28年3月9日）			
農業生産法人（農地所有適格法人）の構成員要件の緩和等，農地規制の更なる見直し	【提案の具体的内容】 　農業分野への新規参入の促進，および参入法人の健全で安定的な経営・事業環境の整備等の観点から，農業生産法人の構成員要件等の農地規制の更なる緩和を迅速に進めることが必要。具体的には，企業による農業生産法人の過半の議決権取得を認めるとともに，企業による農地所有を可能とすべき。 【提案理由】 　2009年12月に施行された改正農地法により，リース方式による企業の農業参入は原則自由化されたものの，貸主に解除権があるなど，借主にとっては不利な内容となっている。農家の後継者不足の解消，および農業経営の大規模化による生産性向上を実現するためには，企業に農業参入を促進することが不可欠であり，農業生産法人の要件緩和等のさらなる見直しを行うことが必要。	農林水産省	－

注：特定の会社名が記載されたものは除外。

出所：規制改革実施計画（平成27年6月30日閣議決定），規制改革会議資料（第55回 平成27年12月21日，第59回 平成28年3月9日）

3　農業構造からみる産業化の状況

　わが国の農林業・農山村の現状と変化を的確に捉えるために，農林業セン

サスという大規模な調査が5年ごとに行われている。2015年の農林業センサスを概観しつつ，農業構造から産業化の状況を把握する。

農業経営体数を組織形態別にみると（表3-4），農業経営体の大部分を占める家族経営体の減少が加速している。2005年から2010年にかけて16.8％，2010年から2015年にかけて18.5％減少している。一方で，法人化している農業経営体は2005年から2010年にかけて13.0％，2010年から2015年にかけて25.3％増加している。そのうち，農事組合法人や会社の増加が顕著である。農協・森林組合等の各種団体は減少している。

経営耕地面積規模別にみると，10ha未満の経営体は減少傾向が続いており，10ha以上の経営体は増加傾向が続いている。特に100ha以上の経営体については，2005年から2010年にかけて41.2％，2010年から2015年にか

表3-4 農業経営体数（組織形態別・経営耕地面積規模別）

単位：経営体

	合計	法人化している					地方公共団体・財産区	法人化していない	
			農事組合法人	会社	農協・森林組合等の各種団体	その他の法人			家族経営体
2005年	2,009,380	19,136	2,610	10,982	5,053	491	505	1,989,739	1,976,016
2010年	1,679,084	21,627	4,049	12,984	4,069	525	337	1,657,120	1,643,518
2015年	1,377,266	27,101	6,199	16,573	3,438	891	228	1,349,937	1,339,964
増減率（％）									
2010年/2005年	−16.4％	13.0％	55.1％	18.2％	−19.5％	6.9％	−33.3％	−16.7％	−16.8％
2015年/2010年	−18.0％	25.3％	53.1％	27.6％	−15.5％	69.7％	−32.3％	−18.5％	−18.5％

	総数	1ha未満	1〜10ha	10〜50ha	50〜100ha	100ha以上
2005年	2,009,380	1,150,656	815,680	37,283	4,897	864
2010年	1,679,084	932,674	696,868	42,465	5,857	1,220
2015年	1,377,266	741,363	583,119	45,073	6,121	1,590
増減率（％）						
2010年/2005年	−16.4％	−18.9％	−14.6％	13.9％	19.6％	41.2％
2015年/2010年	−18.0％	−20.5％	−16.3％	6.1％	4.5％	30.3％

注：農業経営体とは，経営耕地面積30a（アール）又は農産物販売金額50万円相当以上の規模の農業経営を行うもの若しくは農作業受託を行うものである。
出所：農林水産省「2005年農林業センサス」「2010年農林業センサス」「2015年農林業センサス」

けて 30.3％増加している。

このように，法人経営や耕地面積の規模拡大が進んでいるものの，法人化している経営体，耕地面積の規模が大きい経営体の絶対数は少なく，更なる進展が期待される。

経営耕地面積規模別に経営耕地面積をみると（図3-1），10ha 未満の経営耕地が減少していることに対して，10ha 以上の経営耕地，特に 100ha 以上の経営耕地が増加している。経営耕地の集積が進展していると考えられる。

なお，経営耕地面積全体では，2005 年から 2010 年にかけて 1.7％の減少

図 3-1　経営耕地面積規模別面積

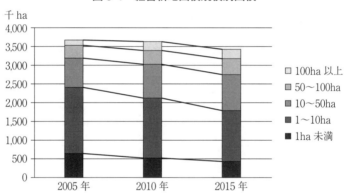

単位：ha

	計	1ha 未満	1〜10ha	10〜50ha	50〜100ha	100ha 以上
2005 年	3,693,026	641,460	1,791,029	778,919	319,657	161,961
2010 年	3,631,585	523,354	1,593,981	903,793	387,500	222,958
2015 年	3,451,444	410,996	1,397,642	954,014	406,602	282,189
構成比（％）						
2005 年	100.0％	17.4％	48.5％	21.1％	8.7％	4.4％
2010 年	100.0％	14.4％	43.9％	24.9％	10.7％	6.1％
2015 年	100.0％	11.9％	40.5％	27.6％	11.8％	8.2％
増減率（％）						
2010 年/2005 年	−1.7％	−18.4％	−11.0％	16.0％	21.2％	37.7％
2015 年/2010 年	−5.0％	−21.5％	−12.3％	5.6％	4.9％	26.6％

出所：農林水産省「2005 年農林業センサス」「2010 年農林業センサス」「2015 年農林業センサス」

であったが，2010年から2015年にかけて5%減少している。

耕作放棄地と借入耕地についてみると（図3-2），耕作放棄地は増加傾向が続き，2005年から2010年にかけての増加率よりも2010年から2015年にかけての増加率が高く，増加に歯止めがかかっていない。一方で，借入耕地の増加も続いており，2005年から2010年にかけての増加率よりも2010年か

図3-2　耕作放棄地と借入借地

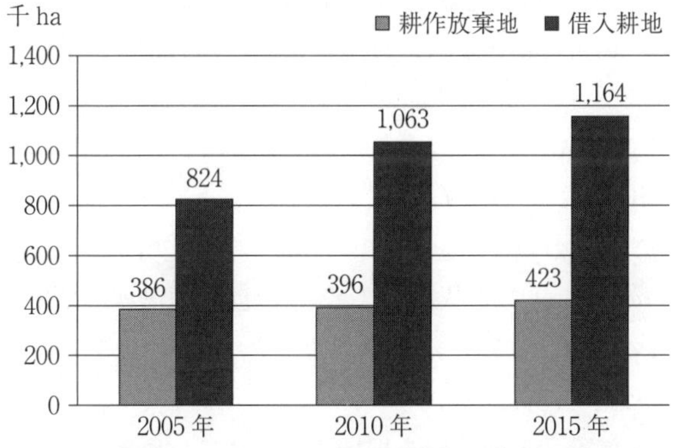

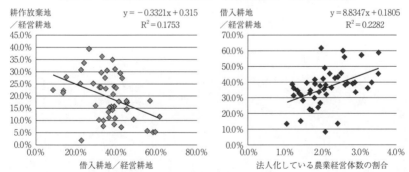

出所：農林水産省「2005年農林業センサス」「2010年農林業センサス」「2015年農林業センサス」

図3-3　都道府県別の借入耕地・耕作放棄地・法人化の関係

注：右図では法人化の割合が極端に高い北海道（法人化の割合9.4%，借入耕地の割合22.7%）は未記載で，近似直線も除外して算出。

出所：農林水産省「2015年農林業センサス」

ら 2015 年にかけての増加率が低いものの，増加分を実数でみると耕作放棄地の 4 倍近くとなっている。

2015 年の結果に基づいて，都道府県別に，借入耕地の割合と耕作放棄地の割合，法人化の割合と借入耕地の割合について関係をみると（図3-3），借入耕地の割合が高い都道府県ほど耕作放棄地の割合が低く，法人化されている都府県ほど借入耕地の割合が高くなっている。法人化によって，耕作放棄地とならずに借入耕地として転用できている可能性がうかがえる。ただし，決定係数は 0.2 程度に留まっており，耕作放棄地や借入耕地の割合の増減の一部を説明しているに過ぎない。立地や仲介機能の状況にもよると考えられる。

年齢別農業就業人口についてみると（図3-4），男性 65～69 歳を除いて，いずれの年齢区分でも減少が続いている。ほとんどの年齢区分において 2005 年から 2010 年の減少率と比べて 2010 年から 2015 年の減少率は低くなっているものの，75 歳以上人口においては 2010 年から 2015 年にかけて減少率が上がっている。高齢化が進展したことで 75 歳以上人口の減少が顕著になってきたと見受けられる。

経営体による就業状況の違いを把握するために，家族経営体と組織経営体別に雇用者の年齢構成や人数をみると（図3-5），組織経営体では家族経営体と比べて，若い年齢で構成され，雇用者の実人数や延べ人数が多くなっている。若年層を取り込んで就業環境を維持，改善するためには組織的な経営が果たす役割が大きいと見受けられる。

第3章 農業改革──産業としての農業── 69

図3-4 年齢別農業就業人口（自営農業に主として従事した世帯員数）

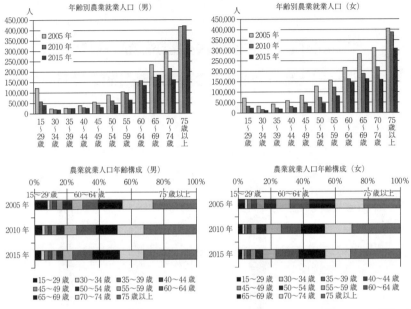

単位：人

		15〜29歳	30〜34歳	35〜39歳	40〜44歳	45〜49歳	50〜54歳	55〜59歳	60〜64歳	65〜69歳	70〜74歳	75歳以上
男	2005年	122,049	23,444	27,055	40,087	57,462	89,364	105,219	149,698	234,032	297,619	418,369
	2010年	58,232	22,786	25,280	28,964	41,695	61,246	100,284	157,144	173,221	216,174	421,192
	2015年	41,695	21,289	25,353	27,319	30,011	42,455	64,834	135,377	183,902	161,846	353,536
女	2005年	72,303	30,479	42,209	58,849	83,655	128,328	156,159	215,705	283,506	312,282	404,717
	2010年	31,841	15,803	23,218	30,562	45,424	73,880	122,463	161,878	186,850	219,999	387,600
	2015年	22,019	12,757	17,909	23,603	29,396	46,304	80,725	144,941	162,871	158,934	309,586
構成比												
男	2005年	7.8%	1.5%	1.7%	2.6%	3.7%	5.7%	6.7%	9.6%	15.0%	19.0%	26.7%
	2010年	4.5%	1.7%	1.9%	2.2%	3.2%	4.7%	7.7%	12.0%	13.3%	16.5%	32.2%
	2015年	3.8%	2.0%	2.3%	2.5%	2.8%	3.9%	6.0%	12.4%	16.9%	14.9%	32.5%
女	2005年	4.0%	1.7%	2.4%	3.3%	4.7%	7.2%	8.7%	12.1%	15.9%	17.5%	22.6%
	2010年	2.5%	1.2%	1.8%	2.4%	3.5%	5.7%	9.4%	12.5%	14.4%	16.9%	29.8%
	2015年	2.2%	1.3%	1.8%	2.3%	2.9%	4.6%	8.0%	14.4%	16.1%	15.8%	30.7%

出所：農林水産省「2005年農林業センサス」「2010年農林業センサス」「2015年農林業センサス」

図3-5 経営体別雇用者比較

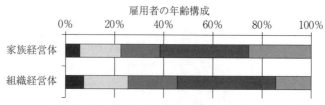

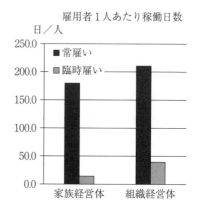

		常雇い						臨時雇い（手伝い等を含む）		
	雇い入れた経営体数	人数	年齢別人数					雇い入れた経営体数	人数	延べ人日
			15〜24歳	25〜34	35〜44	45〜64	65歳以上	延べ人日		
	千経営体						千人	千人日	千経営体	千人	千人日
家族経営体	40	99.6	5.7	16.7	16.0	35.8	25.3	17,861.4	274	1,299.2	18,618.3
組織経営体	14	120.6	8.8	21.9	24.3	48.1	17.5	25,353.7	16	157.3	6,202.2
1経営体あたり								人	人日		人	人日
家族経営体	—	2.5	0.1	0.4	0.4	0.9	0.6	444.6	—	4.7	68.0
組織経営体	—	8.6	0.6	1.6	1.7	3.4	1.2	1,801.3	—	9.8	387.5
1人あたり稼働日数（延べ人日／人数）											
家族経営体	—	—	—	—	—	—	—	179.4	—	—	14.3
組織経営体	—	—	—	—	—	—	—	210.2	—	—	39.4
常雇い年齢構成											
家族経営体	—	—	5.7%	16.8%	16.0%	36.0%	25.4%	—	—	—	—
組織経営体	—	—	7.3%	18.2%	20.1%	39.9%	14.5%	—	—	—	—

出所：農林水産省「2015年農林業センサス」

4 産業化による効率性向上の分析

わが国の農業は法人化を軸に産業化が進んでおり，更なる進展が期待されているところと考えられる。ここでは，産業化によってどの程度効率性が向上しているかを検証する。

4-1 統計からみた基礎的分析

ここでは，農林水産省「農業経営統計調査」をもとに，組織経営体別（個別経営，組織法人経営（全体），組織法人経営（集落営農），任意組織経営（集落営農））に，水田作について農業所得・農業粗収益の違いを見る。水田作を対象とするのは，わが国の農業において代表的であり，組織経営体別のデータが豊富であることによる。

組織経営体別に，「農業所得・農業粗収益」，「農業経営費」，「水田作営農規模」，「自営農業労働時間・農業投下労働時間」と，それらの値から算出される経営指標である「利益率」，「営農規模あたり利益」，「労働時間あたり利益」を整理した（表3-5, 図3-6）。利益率については法人組織経営が高いものの，営農規模あたり農業所得・農業粗収益は個別経営が法人組織経営を上回っている。農業固定資産額あたり農業所得・農業粗収益では任意組織経営（集落営農）が高くなっている。これは組合のような法人格を持たない任意組織において固定資産を各構成員が所有しているためと考えられる。労働時間あたり農業所得・農業粗収益では個別経営が低くなっており，労働集約型であることがうかがえる。

4-2 確率的フロンティアによる効率性分析

前節の基礎的分析では，経営指標によって各組織経営体の強み・弱みが異なる状況であった。そこで，各組織経営体の効率性分析を行い，比較を試みる。

効率性分析においては，生産関数や費用関数についてのフロンティア関数の推計を行う方法がよく用いられる。代表的な手法としては，ノンパラメト

表 3-5　組織経営体別収支・指標（水田作）

	2008	2009	2010	2011	2012	2013
①農業所得・農業粗収益	千円					
個別経営	2,131	2,094	2,260	2,332	2,569	2,424
組織法人経営	45,725	43,701	43,855	46,099	49,370	48,279
組織法人経営（うち集落営農）	38,611	38,410	38,220	40,110	42,862	40,951
任意組織経営（うち集落営農）	35,547	34,951	35,945	36,298	38,646	35,620
②農業経営費	千円					
個別経営	1,738	1,748	1,785	1,827	1,945	1,886
組織法人経営	30,591	28,760	28,844	28,948	30,149	31,495
組織法人経営（うち集落営農）	24,310	24,448	23,833	24,177	24,624	24,830
任意組織経営（うち集落営農）	27,532	27,684	27,988	27,593	28,150	26,217
③水田作営農規模	アール					
個別経営	138	143	149	150	157	162
組織法人経営	3,143	3,170	3,134	3,139	3,134	3,201
組織法人経営（うち集落営農）	2,928	2,932	2,890	2,909	2,949	3,018
任意組織経営（うち集落営農）	3,663	3,685	3,717	3,602	3,443	3,377
④農業固定資産額	千円					
個別経営	2,755	2,670	2,524	2,304	2,415	2,317
組織法人経営	28,337	25,992	25,499	27,803	24,447	25,406
組織法人経営（うち集落営農）	20,605	20,226	19,940	20,894	18,241	18,686
任意組織経営（うち集落営農）	8,043	7,958	7,683	7,103	7,273	7,547
⑤自営農業労働時間・農業投下労働時間	時間					
個別経営	852	836	854	837	882	909
組織法人経営	7,805	7,447	7,600	7,279	7,834	8,180
組織法人経営（うち集落営農）	6,988	6,973	7,268	6,821	7,156	7,414
任意組織経営（うち集落営農）	5,051	5,352	5,710	4,890	5,118	5,078
⑥利益率（（①－②）/①）	%					
個別経営	18.4%	16.5%	21.0%	21.7%	24.3%	22.2%
組織法人経営	33.1%	34.2%	34.2%	37.2%	39.0%	34.8%
組織法人経営（うち集落営農）	37.0%	36.3%	37.6%	39.7%	42.6%	39.4%
任意組織経営（うち集落営農）	22.5%	20.8%	22.1%	24.0%	27.2%	26.4%
⑦営農規模あたり農業所得・農業粗収益（①/③）	千円/アール					
個別経営	15.5	14.7	15.2	15.5	16.4	14.9
組織法人経営	14.6	13.8	14.0	14.7	15.8	15.1
組織法人経営（うち集落営農）	13.2	13.1	13.2	13.8	14.5	13.6
任意組織経営（うち集落営農）	9.7	9.5	9.7	10.1	11.2	10.5
⑧農業固定資産額あたり農業所得・農業粗収益（①/④）	（千円/千円）					
個別経営	0.8	0.8	0.9	1.0	1.1	1.0
組織法人経営	1.6	1.7	1.7	1.7	2.0	1.9
組織法人経営（うち集落営農）	1.9	1.9	1.9	1.9	2.3	2.2
任意組織経営（うち集落営農）	4.4	4.4	4.7	5.1	5.3	4.7
⑨労働時間あたり農業所得・農業粗収益（①/⑤）	千円/時間					
個別経営	2.5	2.5	2.6	2.8	2.9	2.7
組織法人経営	5.9	5.9	5.8	6.3	6.3	5.9
組織法人経営（うち集落営農）	5.5	5.5	5.3	5.9	6.0	5.5
任意組織経営（うち集落営農）	7.0	6.5	6.3	7.4	7.6	7.0

注：各組織経営体の平均値である（調査結果は総計ではなく平均値で示されている）。
注：組織経営体によって各項目の対象費目は若干異なるが概念上の整合が図られている。
注：個別経営のデータが公表されている 2013 年までとした（執筆時点）。任意組織経営（全体）は 2011 年までのため省略した。
出所：農林水産省「農業経営統計調査」（営農類型別経営統計（個別経営・組織経営）長期累年データ）

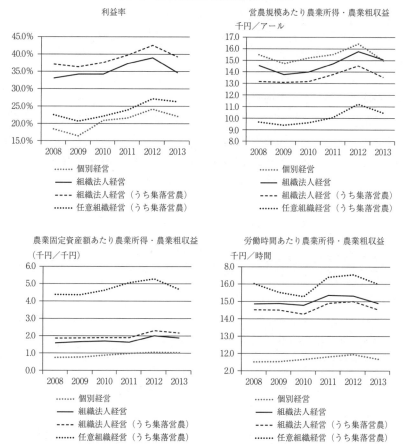

図3-6　組織経営体別指標（水田作）

出所：農林水産省「農業経営統計調査」（営農類型別経営統計（個別経営・組織経営）長期累年データ）

リックな手法であるDEA（Data Envelopment Analysis；包絡分析法），パラメトリックな手法であるSFA（Stochastic Frontier Analysis；確率的フロンティア分析）が挙げられる。DEAは，複数入力・複数出力に対応し，特定の関数型を仮定する必要がないことから，柔軟な対応が可能であるものの，制御不能な外的要因や誤差要素を考慮できない。一方，SFAはデータやフロンティア関

数が確率的に変動することを前提としており，外的要因や誤差要素に対応できることから，ここではSFAを用いる。

前節と同様に，農林水産省「農業経営統計調査」における組織経営体別の水田作のデータを用いる。

(1) 確率的フロンティアモデル

確率的フロンティアモデルとは，入力量に応じて可能となる最大出力量の集合であるフロンティア曲線と，観測される出力量との差異から，技術効率性を測る手法である。一般的な最小二乗法では誤差に含まれる技術非効率性を明示的に分離し，誤差と技術非効率性の分布を仮定することで，技術効率性を推定できる。

例えば，生産関数は以下のように定式化される。

$y_i = f(x_i) + v_i - u_i$
y_i：組織 i の出力
x_i：組織 i の入力（ベクトル）
v_i：誤差（正規分布）
u_i：技術非効率性（半正規分布または切断正規分布）

図3-7 確率的フロンティアの概念

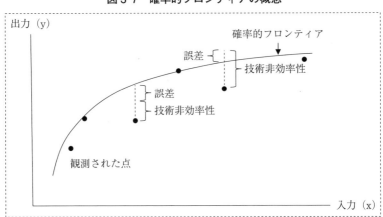

生産フロンティアは，$f(x_i)+v_i$ の部分であり，確率的に変動する。u_i は技術非効率性として生産フロンティアからの乖離を示し，半正規分布や切断正規分布等で仮定されると，その分布パラメータの最尤推定量を求めることができる。

確率的フロンティアモデルの考え方を図示したものを図3-7に示す。

(2) 関数型

生産関数としてよく知られ，取扱いも容易なコブ・ダグラス型生産関数を用いる。一次同次（規模に関する収穫不変）は仮定しないことと，サンプルサイズの制約から，CES型生産関数，トランスログ型生産関数は扱わない。技術非効率性の分布については，類似研究でよく用いられる切断正規分布とする。

以下のとおり定式化する。

$$\ln y_{it} = \beta_0 + \sum_{k}^{K} \beta_k \ln x_{kit} + v_{it} - u_{it}$$

y_{it}：組織 i，時点 t の出力

x_{kit}：組織 i，時点 t，要素 k の入力

v_{it}：誤差（$\sim N(0, \sigma_v^2)$）

u_{it}：技術非効率性（$\sim N(\mu, \sigma_u^2)$（切断正規分布））

また，組織 i，時点 t の技術的効率性は条件付き期待値として以下のとおり定式化する。

$$TE_{it} = E[\exp(-u_{it})]$$

(3) データ

農林水産省「農業経営統計調査」における水田作について，組織経営体別（個別経営，組織法人経営（全体），組織法人経営（集落営農），任意組織経営（集落営農））のデータをもとに加工して用いる。

生産関数における生産要素として代表的な資本と労働を取り扱う。

表3-6 確率的フロンティアモデルのデータ一覧

分類	データ名	データの内容（出典，加工等）
被説明変数	農業粗収益 （実質化）	「農業粗収益（単位：千円）」 （消費者物価指数（2010年基準）における「全国（品目別価格指数）」のうち「米類」を用いて実質化）
説明変数	経営耕地面積	「経営耕地面積（単位：a（アール））」
	農業労働時間	「農業投下労働時間（単位：時間）」 （個別経営については「自営農業労働時間（単位：時間）」）
	農業固定資産額 （実質化）	個別経営については「農業固定資産額（単位：千円）」 組織法人経営については「資産計うち農業（単位：千円）」 任意組織経営については「固定資産うち農業（単位：千円）」 （GDPデフレータ（2005年基準）のうち「民間企業設備」で実質化）

注：農林水産省「農業経営統計調査」（営農類型別経営統計（個別経営・組織経営）長期累年データ）における組織経営体別の統計表のうち「水田作経営（全国）」の表から主要項目を抽出した。

注：データの時点は，個別経営は2004～2013年，組織法人経営（全体）は2004～2014年，組織法人経営（集落営農）は2008～2014年，任意組織経営（集落営農）は2004～2014年とした。

注：各組織経営体の平均値である（調査結果は総計ではなく平均値で示されている）。SFAは個別組織経営体の効率性を分析できる手法であり，個票データを用いた分析が可能である。今回は，入手が容易なデータを用いた分析を示す方針とした。

注：組織経営体によって各項目の対象費目は若干異なるが概念上の整合が図られている。

(4) 推定結果

フロンティア生産関数の推定結果と効率性の算出結果を表3-7，図3-8に示す。計算には汎用データ解析ソフトウェアRのfrontierパッケージを用いた。

フロンティア生産関数の説明変数は農業労働時間を除いていずれも有意であり，符号も整合している。効率的な生産を行うためには，農業労働時間の投入よりも，経営耕地面積の規模拡大や機械化に代表される農業固定資産の増加が重要と考えられる。

経営組織体別の効率性をみると，いずれの経営組織も効率化が進んでいるものの，組織法人経営（集落営農）の効率性が高く推移し，生産フロンティアを維持，改善していると見受けられる。次いで，個別経営，組織法人経営

第３章 農業改革——産業としての農業——

表3-7 フロンティア生産関数の推定結果

	推定値	標準誤差	z値	p値	有意性
（切片）	1.322	0.286	4.629	0.0000037	***
経営耕地面積（LN）	0.893	0.098	9.139	<2.20E-16	***
農業労働時間（LN）	0.080	0.168	0.473	0.6361359	
農業固定資産額（LN）	0.147	0.056	2.600	0.0093347	**
time（時間効果）	0.329	0.050	6.551	5.72E-11	***
μ（非効率性分布平均値）	−0.136	0.051	−2.643	0.0082291	**
$\sigma u\hat{}2$（非効率性分布分散）	0.005	0.002	2.190	0.0285046	*
$\sigma v\hat{}2$（誤差分布分散）	0.003	0.001	3.816	0.0001355	***

***0.1％有意，**1％有意，*5％有意，.10％有意

対数尤度	51.41671
パネルデータ	
クロスセクション	4
時点	11
サンプルサイズ	39
欠損	5

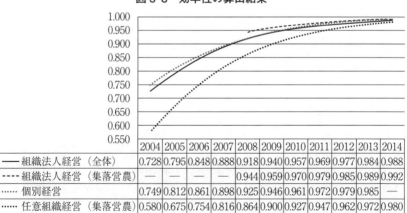

図3-8　効率性の算出結果

	2004	2005	2006	2007	2008	2009	2010	2011	2012	2013	2014
── 組織法人経営（全体）	0.728	0.795	0.848	0.888	0.918	0.940	0.957	0.969	0.977	0.984	0.988
---- 組織法人経営（集落営農）	—	—	—	—	0.944	0.959	0.970	0.979	0.985	0.989	0.992
…… 個別経営	0.749	0.812	0.861	0.898	0.925	0.946	0.961	0.972	0.979	0.985	—
…… 任意組織経営（集落営農）	0.580	0.675	0.754	0.816	0.864	0.900	0.927	0.947	0.962	0.972	0.980

注：時間効果の係数が大きく推定されたため，いずれの経営組織体も時間とともに効率性が改善している。

(全体)の順に高く,近年ではほぼ同水準となっている。

4-3 効率性の要因に関する回帰分析

組織法人経営特に集落営農は,他の組織経営体と比較して効率性が高いと考えられる。ただし,農業の産業化を考えるにあたっては,単に法人化を行えばよいわけではなく,法人化によって高まる効率性の要因を捉えることが重要である。そこで,組織法人経営において経営効率を高めている要因を探ることとしたい。

前節で推計した効率性を被説明変数とし,組織法人経営おける詳細な会計関連データを説明変数とした回帰分析を行う。サンプルをなるべく多く確保するために,組織法人経営(集落営農)ではなく組織法人経営(全体)のデータを用いて分析を行う。それでもなお11サンプル(1組織経営体・11時点(2004~2014年))であるため,重回帰分析は行わず,単回帰分析を網羅的に行う。

(1) 単回帰モデル

以下のとおり定式化する。

$TE_{it} = \beta_0 + \beta_1 x_{it} + v_{it}$

TE_{it}:組織 i, 時点 t の技術効率性

x_{it}:組織 i, 時点 t の財務関連データの各項目

v_{it}:誤差

(2) データ

農林水産省「農業経営統計調査」における組織法人経営(全体)の水田作について,経営,財産,投資と資金,損益に関するデータをもとに加工して用いる。

会計関連データとして主要な項目を取り扱う。

第3章　農業改革——産業としての農業——　79

表 3-8　単回帰モデルのデータ一覧（説明変数）

データ名	内容（統計表中の項目）	単位	実質化に用いた系列
農業労働時間	農業投下労働時間	時間	—
（構成員）	（構成員）	時間	—
（雇用）	（雇用）	時間	—
（生産）	（生産部門）	時間	—
（販売・管理）	（販売及び一般管理部門）	時間	—
関連事業労働時間	農業生産関連事業投下労働時間	時間	—
（構成員）	（構成員）	時間	—
（雇用）	（雇用）	時間	—
（販売・管理）	（販売及び一般管理部門）	時間	—
農業専従者数	専従換算農業従事者数	人	—
（構成員）	（構成員）	人	—
（雇用）	（雇用）	人	—
経営耕地面積	経営耕地面積	アール	—
（自作地）	（自作地）	アール	—
（借入地）	（借入地）	アール	—
資産	資産	千円	GDPデフレータ民間企業設備
流動資産	流動資産	千円	
（当座）	（当座資産）	千円	—
（棚卸）	（棚卸資産）	千円	GDPデフレータ民間在庫品増加
固定資産	固定資産	千円	GDPデフレータ民間企業設備
（有形）	（有形固定資産）	千円	
（無形）	（無形固定資産）	千円	
負債	負債	千円	—
流動負債	流動負債	千円	
固定負債	固定負債	千円	
期中投資額	期中投資額	千円	GDPデフレータ民間企業設備
（土地）	（土地）	千円	
（建物）	（建物）	千円	
（自動車）	（自動車）	千円	
（農機具）	（農機具）	千円	
期中借入額	期中借入額	千円	—
期中返済額	期中返済額	千円	—
事業支出	事業支出	千円	GDPデフレータ民間最終消費支出
（生産原価）	（生産原価）	千円	

データ名	内容（統計表中の項目）	単位	実質化に用いた系列
（労務費）	（うち労務費）	千円	GDP 総生産（支出側）
（地代）	（うち地代）	千円	GDP デフレータ民間最終消費支出
（減価償却費）	（うち減価償却費）	千円	—
（販売・管理）	（販売費及び一般管理費）	千円	GDP デフレータ民間最終消費支出

注：農林水産省「農業経営統計調査」（営農類型別経営統計（組織経営））における組織法人経営の統計表のうち「水田作経営（全国）」（「経営の概況」，「財産の状況」，「投資と資金」，「損益の状況」）の表から主要項目を抽出した。
注：データの時点は 2004～2014 年とした。
注：各組織経営体の平均値である（調査結果は総計ではなく平均値で示されている）。
注：時点によって費目の名称は若干異なるが概念上の整合を図った。

(3) 推定結果

単回帰分析の推定結果を表 3-9 に示す。計算には汎用データ解析ソフトウェア R（標準パッケージで回帰分析が可能）を用いた。

労働についてみると，農業労働時間は有意な変数が多く係数が正値となっている。労働時間が増えるほど効率性が高まることを意味し，手をかければ価値が高まるという農業的な側面があらわれていると見受けられる。一方，農業生産に関連する事業に該当する関連事業労働時間は有意である変数が少ないものの係数は負値となっており，労働時間を抑制しつつ効率性が高められている可能性がある。農業専従者数はいずれの変数も有意で，特に雇用の係数が高い。専従の雇用者を増やすことで効率性が高まると考えられる。

資本についてみると，経営耕地面積に関する変数はいずれも有意であり，自作地で係数が負値，借入地で係数が正値となっている。借入地の活用による農地の集約や規模拡大によって効率化が図られていることがうかがえる。資産については有意な変数が多く，流動資産については係数も正値となっており，資金が潤沢であると効率性が高まる結果となっている。ただし，固定資産の係数は負値となっており，固定資産が多いほど効率性が低くなる。固定資産を有効に活用できていない可能性がある。負債に関する変数はいずれも有意で係数も負値であり，負債が少ないほど効率性が高まる。投資については，有意な変数が少ないものの，建物についての投資は有意で係数も正値となっており，効率性への貢献が一定程度見受けられる。

第３章　農業改革──産業としての農業──

表3-9　単回帰モデルの推定結果一覧

説明変数	決定係数	係数推定値	係数 p 値	切片推定値	切片 p 値
農業労働時間	0.828	0.00009	0.000 ***	0.21925	0.054
（構成員）	0.918	0.00014	0.000 ***	0.23768	0.005
（雇用）	0.315	0.00015	0.042 *	0.50502	0.016
（生産）	0.568	0.00014	0.004 **	0.08366	0.712
（販売・管理）	0.003	0.00029	0.336	0.65438	0.028
関連事業労働時間	0.419	-0.00035	0.019 *	1.06025	0.000
（構成員）	0.136	-0.00138	0.143	1.08988	0.000
（雇用）	0.435	-0.00041	0.016 *	1.03194	0.000
（販売・管理）	0.080	-0.00052	0.204	0.96627	0.000
農業専従者数	0.827	0.18737	0.000 ***	0.22212	0.051
（構成員）	0.920	0.28526	0.000 ***	0.23960	0.004
（雇用）	0.316	0.30529	0.042 *	0.50599	0.016
経営耕地面積	0.570	0.00041	0.004 **	-0.38519	0.290
（自作地）	0.904	-0.00061	0.000 ***	1.07429	0.000
（借入地）	0.848	-0.00029	0.000 ***	0.07887	0.494
資産	0.276	-0.00001	0.056 .	1.34847	0.000
流動資産	0.411	0.00002	0.020 *	0.52098	0.004
（当座）	0.335	0.00003	0.036 *	0.47966	0.023
（棚卸）	-0.063	0.00004	0.538	0.81501	0.000
固定資産	0.622	-0.00001	0.002 **	1.20264	0.000
（有形）	0.622	-0.00001	0.002 **	1.20820	0.000
（無形）	0.396	-0.00121	0.023 *	1.05086	0.000
負債	0.716	-0.00001	0.001 ***	1.29634	0.000
流動負債	0.667	-0.00002	0.001 **	1.12564	0.000
固定負債	0.733	-0.00003	0.000 ***	1.58692	0.000
期中投資額	0.240	0.00008	0.072 .	0.64161	0.001
（土地）	-0.109	0.00002	0.909	0.90464	0.000
（建物）	0.198	0.00019	0.095 .	0.79545	0.000
（自動車）	-0.041	0.00018	0.455	0.87297	0.000
（農機具）	0.054	0.00006	0.241	0.74484	0.000
期中借入額	-0.041	0.00002	0.456	0.82124	0.000
期中返済額	-0.105	0.00001	0.835	0.87232	0.001
事業支出	-0.012	0.00001	0.371	0.47698	0.326
（生産原価）	0.140	0.00002	0.139	0.25342	0.547
（労務費）	0.451	0.00005	0.014 *	0.32900	0.120
（地代）	0.413	0.00029	0.020 *	-0.38066	0.424
（減価償却費）	-0.076	0.00011	0.599	0.54838	0.428
（販売・管理）	0.209	-0.00007	0.089 .	1.39570	0.000

注：サンプルはいずれも 11（1 組織経営体・11 時点（2004～2014 年））。
注：p 値に基づく有意性は ***0.1％有意，**1％有意，* 5％有意，. 10％有意。
注：決定係数は自由度調整済。

事業支出についてみると，有意となっている変数のうち，生産原価の労務費，地代については係数が正値であり，前述したように，雇用者や借入地を活用することで効率性が高まることと整合する。販売・管理については係数が負値である。6次産業化にみられるように加工や販売面での連携等により販売・管理の手間が減れば経営の効率化が期待できる。

5 まとめ

　本章では，農業の産業化への期待が高まっていることに対して，農業の産業化に向けた政策を概観し，農業の産業化がどの程度進んでいるかを把握したうえで，産業化による競争力の向上について，統計や効率的フロンティアモデル，回帰モデルにより分析した。なお，農業の産業化については，その軸となる法人化を念頭においた。

　農業の産業化に向けた政策については，地域の農業の担い手に加えて，農村の内外から幅広い人材や事業者等の参画を促進するとともに，農地の集積・集約化を促進する政策で構成されている。各種施策が継続的に展開されているなか，代表的な施策の一部として，担い手への農地集積・集約化の加速化のため，検討のための材料としての電子地図システムの活用や農地中間管理機構のフル稼働等が挙げられる。さらに，今後の規制改革として，農地中間管理機構の機能強化，運用改善による農地の活用・集積・集約化，農業生産法人の設立要件の緩和，ファンドや保険等の金融商品の利用条件の拡大等が挙げられており，組織的で効率的な生産活動を支援する姿勢が重視されている。

　農業構造からみた産業化の状況としては，法人経営や耕地面積の規模拡大が進んでいるものの，法人経営体の絶対数は少なく，更なる進展が期待される。経営耕地の集積も進展しているものの，いったん収束していた経営耕地面積全体の減少傾向が再び目立ってきている。耕作放棄地も増加が進んでいるものの，借入耕地の増加がより大きく，耕作放棄地とならずに借入耕地として転用できている可能性がうかがえる。農業就業人口は引き続き減少傾向

が続き，高齢化も著しい。ただし，組織的な経営によって労働環境が維持，改善される可能性がうかがえる。

　産業化による競争力の向上に関する分析では，まず，統計による基礎的分析を行い，経営指標によって各組織経営体の強み・弱みが異なる状況を確認した。次に，各組織経営体の効率性分析を行ったところ，組織法人経営（集落営農）の効率性が高く推移し，生産フロンティアを維持，改善していると見受けられる。次いで，個別経営，組織法人経営（集落営農）の順に高く，近年ではほぼ同水準となっている。さらに，組織法人経営において経営効率を高めている要因を探るために回帰分析を行った結果，専従の雇用者の確保による労働力の投入，借入地の活用，資金の投入，6次産業化等により効率性が高まると考えられる。これらの結果は，政府が注力している産業化に関する施策や課題と整合する。

　なお，今回の効率性分析や回帰分析では，入手が容易なデータを用いて分析を行う方針とした。主に用いた農林水産省「農業経営統計調査」は各組織経営体の平均値を公表するものである。安定した系列であるため，サンプルが少ない状態でも比較的良い結果を得ることができた一方で，個別の経営体の状況は反映できていないことに注意を要する。個票データを用いた詳細な分析は今後の課題としたい。また主に取り上げた水田作は規模が効きやすい側面をもっていると考えられるため，どの農作物にも適用できるものではないことに注意を要する。

参考文献

　Coelli, T. J., 1996 年『A Guide to FRONTIER Version 4.1: A Computer Program for Stochastic Frontier Production and Cost Function Estimation』（平成 8 年）

　竹村敏彦ら，2007 年『情報通信業における生産性・効率性分析―四半期財務データを用いた試み―』（RCSS ディスカッションペーパーシリーズ）（平成 19 年 12 月）

　内閣府，2014 年『規制改革実施計画』（平成 26 年 6 月）

　内閣府，2015 年『規制改革実施計画』（平成 27 年 6 月）

　内閣府，2016 年『日本再興戦略 2016―第 4 次産業革命に向けて―』（平成 28 年 6 月）

　21 世紀政策研究所，2012 年『農業再生のグランドデザイン― 2020 年の土地利用型農業―』（平成 24 年 6 月）

農林水産省，2015 年『食料・農業・農村基本計画』（平成 27 年 3 月）
農林水産省，2016 年『平成 27 年度 食料・農業・農村白書』（平成 28 年 5 月）
農林水産省，2016 年『2015 年農林業センサス結果の概要（確定値）（平成 27 年 2 月 1 日現在）』（平成 28 年 3 月）

（仲田　優）

本稿の作成において，エム・アール・アイ リサーチアソシエイツ株式会社の同僚諸氏にご協力頂いた。記して感謝したい。なお，本稿で示された見解は筆者の個人的なものであり，必ずしも属する機関の見解を示すものではない。

第4章　医療改革
──健康情報データバンクの在り方──

　この章では，まず最近話題になっているPHR（Personal Health Record）について説明する。次に，そのメリットとは何か，PHR活用においてデータバンクの役割は何かについて説明して，健康情報の取引の中核となるデータバンクの規制について論じる。最後に，データバンクの在り方について提案する。

１　PHRとは何か

　PHR（Personal Health Record；以下PHR）は「個人健康情報」と和文で訳することもできるが，それより広い意味を持っている。単なる健康情報ではなく，それを用いるツール，またはシステムを意味する。日本版PHRを活用した新たな健康サービス研究会によると，PHRとは，個人が自らの「生活の質（QOL＝Quality of Life）の維持や向上を目的として，個人が自らの健康情報を収集・保存・活用する仕組み」を指す[1]。「個人が持っている健康情報の活用」と言われても，すぐイメージが浮かばないかもしれない。しかし，生まれてから成人になるまで，私たちの健康に関してはすでに記録・保存されている。妊娠が確診されると，母子健康手帳（略して母子手帳）が支給される。（産婦と）胎児の健康に関する内容が，妊娠中から生まれて学校に入るまで記される。また（小・中・高）学校では健康手帳に生徒の健康が記録される。大学生になっても学生定期健診によって身長・体重・血圧などの健診結果が肥満・病気などの予防または相談等に用いられる。初期段階のPHRは，これらの記録（情報）をデジタル化して，必要に応じて医療従事者また

---

[1] 「個人が健康情報を管理・活用する時代に向けて」～パーソナルヘルスレコード（PHR）システムの現状と将来～, pp.3, 2008

は本人が閲覧し，それに基づいて患者状況の把握あるいは健康管理を行うことになる。

いくつかの国，特に欧州ではこの PHR を生涯健康医療電子記録（Electronic Health Record；以下 EHR）の一部として管理している。EHR は医療施設を超えて診療情報を蓄積し，それらを利用するツールである。レセプトのデジタル化の拡張版とも言える。PHR との共通点として，個人情報を含む診療情報を患者本人のみが利用すること，もしくは患者の許可の下で診療機関が閲覧すること，また匿名化されたデータを研究・教育・公衆衛生の目的のため 2 次医療として用いることであるが，PHR のほうが生活から得る様々な健康関連情報まで含まれ，本稿では PHR を EHR の上位概念として，あるいは拡張概念として見なしている。

健康関連情報とは，健診（診療）記録だけを意味しない。個人の健康に関係のある様々な情報とは，「医療情報だけではなく，遺伝子情報や健診情報，フィットネスクラブ等のサービス事業者が収集する運動情報，個人が測定した歩数・食事内容等のプロセス情報，家庭用測定機器から取得される血圧や体重などのバイタル情報など，多種多様な健康情報」を指す[2]。つまり，体温，血圧，血糖値，体重などのバイタル情報，歩数，睡眠時間，労働時間などの生活情報，レセプト，検診，処方箋などの医療情報，それにゲノム解析による遺伝子情報，健康に影響を与える社会・環境要因（例えば，勤務環境，所得等）まで含まれる。（図 4-1 を参照）

この PHR が話題になったのは，ごく最近のことである。それは IT 技術の発展と軌を一にしていると私は考える。母子手帳（また学校健康手帳等）は半世紀前から始まったが，医療に素人である個人がそれを活用することはできない。また医療従事者であっても極めて少ない情報量しかない（健康手帳の）健康情報のため，参照としてしか用いられなかったと考える。公衆衛生の観点から見ても，健康手帳やレセプトなどの紙ベースの膨大なデータを収集し，分析し，意味ある結果を導出することは時間的，費用的にほぼ不可能に違いない。しかし，ウェアラブル・デバイス，クラウド，ビッグデータ，

---

[2] 「個人が健康情報を管理・活用する時代に向けて」～パーソナルヘルスレコード（PHR）システムの現状と将来～，pp. 48, 2008

第4章　医療改革──健康情報データバンクの在り方──　　*87*

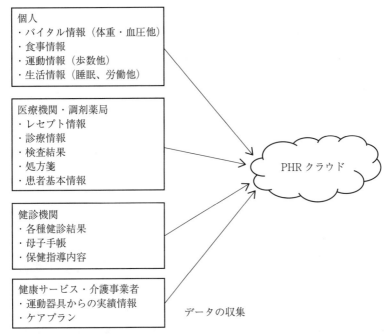

図4-1　健康関連情報の収集

出所：「個人が健康情報を管理・活用する時代に向けて」〜パーソナルヘルスレコード（PHR）システムの現状と将来〜，pp. 3，一部修正省略。

　モノのインターネット（IoT），人工知能（AI）のキーワードが貫くこの時代には，PHRを活用できる技術的な基盤が整えられていると考える。

　ウェアラブル・デバイスでは，日々の体温・血圧のようなバイタル情報がチェックされる。スマートフォンのアプリでは，歩数が数えられる。モノのインターネットを通して集まる健康情報，例えば部屋の照明情報を通して睡眠時間の情報がクラウドに伝送される[3]。そこに電子レセプトのような医療情報まで加わると，一人の健康情報のデータベースを作ることも比較的に簡

---

[3]　文部科学省の「革新的イノベーション創出プログラム」（COI Stream）では，さりげないセンシングで知らず知らずのうちに健康情報が蓄積されるよう，センサとシステムの構築を目指すことまで研究を行っている。

単である。何十万，何百万人の健康情報も個人の PC で処理できる時代に入っているから，一億サンプルの情報を分析することも不可能ではない。さらにその分析に人工知能を活用することができたら，公衆衛生のための意味ある結果を導くこともできる。

2 PHR 活用のメリットは何か

上記で説明したように PHR は健康管理ツールとしても受け入れることができる。自分の SNS やブログへアクセスするように，自分の健康記録にアクセスすることができ，体重や血糖の変化を見ながら，運動量やカロリー摂取量を調節することができる。無論，このような管理を通して一生病にかからずに暮らせるかと尋ねたら，その答えは否であろう。しかし，生活習慣病[4]の抑制（予防）と新産業の創出という観点から見る，と非常に魅力的な取り組みであると考える。

日本は超高齢社会[5]へ突入しており，高齢人口の割合は 2060 年に 39.9％ まで上昇すると予測される（平成 27 年版高齢社会白書）。高齢化に伴い医療と介護にかかる負担も共に上昇し，2014 年度の社会支出 116 兆 8500 億円の中で，保健（医療保険，公費負担医療給付等）の政策分野が占める額は 39 兆 5300 億円で，割合は 33.8％ である。高齢（老齢年金，介護保険等）の場合，54 兆 8747 億円で，その割合は 47.0％ である[6]。保健・高齢という二つの政策分野で 80％ 以上の社会福祉費が支出されている。さらに人口の高齢化と共にその割合（または額）は増加していくと考える。このような状況の下で政府は，治療重点の医療政策では医療費の増加を抑えることができないと考え，疾病予防重視の医療政策へ転換したと思われる。特定健康診査・保健指導の実施

---

4 糖尿病・脂質異常症・高血圧・高尿酸血症など，生活習慣が発症原因に深く関与していると考えられる疾患の総称である。

5 高齢化率（65 歳以上の人口が総人口に占める割合）が 14～21％ を高齢社会といい，21％ を超えると超高齢社会という。2014 年の高齢化率はすでに 21％ を超え，26％ になった。

6 国立社会保障・人口問題研究所「社会保障費用統計」，http://www.ipss.go.jp/ss-cost/j/fsss-h26/H26-houdougaiyou.pdf

の義務化にはそのことが背景にある。特に，死亡原因の6割を占める生活習慣病の予防を目指している。例えば，生活習慣病の一つである糖尿病の年間医療費は8兆円という調査結果もあり，その患者数は316万人に至る[7]。しかし，100年前は，糖尿病は非常に珍しく，ごく僅かな人だけが患った病気であった。すなわち今の患者のほとんどは遺伝的な要因ではなく，環境的な要因，生活習慣によって病気を引き起こしている。生活習慣を変え，食事・運動の面で行動変容を起こせば十分に予防できるし，治療できる病気である。

　この行動変容に，PHRを有効に用いることができる。まず健康（病気のリスク）の見える化があげられる。毎日，体重計で自分の体重を測る人にダイエット効果が見られるように，食事（カロリー）量，運動量，活動（睡眠，労働等）量をスマートフォンやPCなどを使って簡単に見ることができたら，管理・コントロールがより容易になるであろう。天気予報のように，健康予報，リスク診断，寿命予測などを定量（数字）で示せば，行動変容への動機となる。個人の健康管理に関してポイント制のようにインセンティブを上げるとその効果はもっと期待できる。T市のように歩数でポイントをもらい，ポイントがたまったら地元の野菜と交換できるような仕組みもよいであろう。

　生活習慣病と深い関係があると思われるメタボリックシンドローム（内臓脂肪症候群）の場合，該当者と予備軍者数は，それぞれ約960万人，約980万人，合わせて1940万人と推定される[8]。メタボリックシンドロームをもたらす不規則な食事・過食・運動不足に対して，適切な公的介入は難しい。40歳以上の人を対象にした特定健康診査での保健指導がその限界である。毎年，健診1回を追加するだけである。しかし，PHRを活用すれば，より若いうちから個人が自主的に健康管理に取り組むことができる。少ない公的介入で，病気，特に生活習慣病の予防が可能になる。それを通して，医療・介護支出の節減と共に，病気による労働損失など，間接的な費用まで減少させ

---

[7] 「平成26年　患者調査の概況」，厚生労働省，http://www.mhlw.go.jp/toukei/saikin/hw/kanja/14/dl/kanja-01.pdf

[8] http://www.mhlw.go.jp/bunya/kenkou/seikatsu/06.html

ることができる。

　またPHRを通して蓄積された健康情報は，医療・製薬・バイオ産業の創出の肥やしになるのは間違いない。医療関連支出は，先進国は高齢化と新興国の医療需要の拡大により増加している。製薬・医療機器などの医療市場は急成長している。世界銀行によると，2000年から2011年までの新興国の医療支出の増加率は，年間（平均）13.8％で，先進国の平均増加率も7.2％に至る[9]。世界保健機構によると，アジア（日本を除く）だけでも医療市場の規模が2010年の40兆円から2020年には122兆円へと3倍増加する見通しである。成長戦略として健康・医療分野の新産業創出への期待が高まっている[10]。

　PHRを通して収集された健康情報があれば，それにゲノム情報まで加えれば，個別の顧客に合わせた薬のマスカスタマイゼーション（個別大量生産）も可能になる。個々に最適な薬の製造ができ，治療を効率的に行うことができる。また時系列で何十年分の健康情報を追跡して分析できれば，認知症やガンのバイオマーカー[11]を見つけることもできる。すると，早期予防も可能であるし，個人においても社会においても大きな損失（費用）を未然に防止することができる。ビッグデータ，人工知能に代表される未来時代に医療市場を先導する新しい産業を興せる。

3　健康情報データバンクはなぜ必要なのか

　PHRを活用するためには，健康情報の取引が必要である。一般的に，事業者が個人の健康情報を収集することはできる。しかし，一つの事業者が全国民の健康関連情報を集めることは不可能である。また一種の情報を集めることができても，例えば，レセプト情報だけを集めてもシナジー効果を出さ

9　https://www.sbisec.co.jp/ETGate/WPLETmgR001Control?OutSide=on&getFlg=on&burl=search_fund&cat1=fund&cat2=none&dir=info&file=comment/fund_comment_140206.html
10　http://bizgate.nikkei.co.jp/special/emerging/topics/index.aspx?n=MMBIb4000023012013
11　薬学においてバイオマーカー（Biomarker）とは，ある疾病の存在や進行度をその濃度に反映し，血液中に測定されるタンパク質等の物質を指す。

図4-2 データの活用

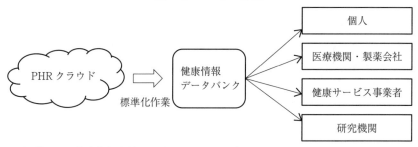

出所:「個人が健康情報を管理・活用する時代に向けて」〜パーソナルヘルスレコード（PHR）システムの現状と将来〜，pp. 3，一部修正省略。

せるには他のバイタル情報，遺伝子情報，生活情報等を加えて分析しなければならない。一人の健康情報のデータベースの構築も必要であるが，一人だけではなく，できるだけ多くの人，集団，グループ，ソサイエティーのデータを収集しなければならない。特定の職業，または特定地域の人たちのすべてのデータを分析できるような収集方法が必要である。例えば，鉱員の全員の健康情報を分析することが，作業環境と肺疾患との関係を証明することに効果的であろう。またA県民の寿命とその摂取している塩分量との関係を分析するためにも，県民の全体の食事情報を入手する必要がある（もちろん，対照群になる他県の情報も要るであろう）。一つの事業者がこのような膨大な情報を集めることはできない。何十年分のデータを集めることも難しい。従って健康情報に関連のある多くの機関より情報を集める特定の組織（本稿ではそれを，仮称，健康情報データバンクと言う）が必要である。本来，バンクは借り手と貸し手がお金を融通する役割を担う。データバンクも情報を提供する供給者（個人）と情報の需要者（事業者）が情報を取引する市場の役割を担わなければならない（図4-2を参照）。

　情報の利用者は，まず個人と家族である。蓄積されたデータに基づいて健康管理を行う。健康サービス事業者は個人の承諾の下で，健康コンサルタントや栄養指導を提供することができる。医療機関・製薬会社・研究機関等は匿名化された健康関連情報を活用して，新薬開発へ取り組むことが可能であ

図4-3　健康情報の需給曲線

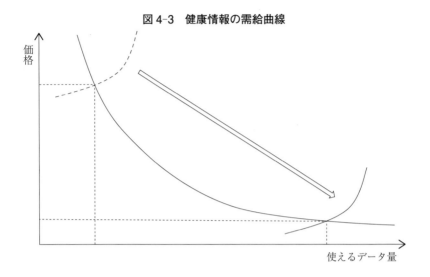

る。このすべての活用は，健康情報データバンクを通して行われる。

　その上で，健康情報データバンクは取引場としての役割に止まってはいけない。取引を促進させるための工夫も行わなければならない。PHR活用の成否はどれほどのデータを用いるかにかかっていると考える。

　医療産業への波及効果は，使えるPHRの量による。量が少なければ，使えないかもしれない。新薬開発の場合，最低，何百万のサンプルが必要かもしれない。それほどのデータがなければ，分析自体ができない。全体のサンプルの量が少なくては需要が消える。需要がなくては，供給もあまり増えない。結局，PHRを取引する市場が崩壊するかもしれない。

　費用のことを考えても，データセンター（データを物理的な媒体に記録し，保存する所）の設立，セキュリティの設定，分析のためのコンピュータの設置を考えると，固定費用が高く，1サンプルまたは最小単位のデータが追加されるときの限界費用は規模の経済が適用され，沢山のデータが収集・保存するほうが1サンプルまたは最小単位に当たる費用（あるいは価格）が下がると考える。そのため，できる限り，使えるデータ量を増やさなければならない（図4-3を参照）。金銭的な代価を含め，健康予報，ポイント換算などのインセンティブを供給者へ提供する仕組みの開発などが必要である。健康情報デー

タバンクの機能と役割の重要性をいくら強調してもしすぎることはない。

4 健康情報データバンク規制が必要な理由は何か

　健康情報データバンクはその機能と役割をあまり規制せずに，市場に任せてもよいのではないかと考えるかもしれない。しかし健康情報データバンクに関する規制は避けられないと考える。その理由として，データの標準化，セキュリティレベル，バンク（企業）の数，不平等の防止などをあげることができる。

　標準化は健康情報データバンクの設立において大きな課題になりうる。健康情報データバンクの成否は使えるデータの量による。しかし，データ規格が違えば互換が難しくなり，使える量が減る。標準化とはある意味で，重要性が低い情報を除外し，より重要な情報をまとめ，利用の効率を高める作業だと考える。ウェアラブル・デバイスで日々の体温・血圧の情報が伝送されるが，どれほどの頻度で保存するか，また心電図の場合，ファイルフォーマットとそのサイズの設定はどうすべきか，社会的要因でもどこまで健康関連情報を規定し，管理するかなど，様々なことに対応しなければならない。それが情報を提供する，また集まる主体ごとに違えば，混乱を招く。レセプトのように標準化が容易であるデータもあるが，ようやく商品化されたウェアラブル・デバイスによる健康情報と，それに基づいた健康サービス事業者によるデータは自律的な標準化が至難であろう。無論，家庭用ビデオの規格争いやメモリーカードの規格争いのように市場競争に任せる方法もあるが，時間等の社会的費用が高く，市場でもその争いの終止符を打てない可能性もあるので，健康関連データを集め，PHRを活用するという趣旨を踏まえて，規制当局等が先導的に標準化に取り組むのが望ましいと考える。

　市場で財・サービスを供給する企業の数によって，独占市場，寡占市場，（完全）競争市場と名付けられている。そして，企業の数が少なければ少ないほど，規制の必要性が高くなると考える。健康情報データバンクの場合，何らかの形で政府の介入（規制）が求められると考える。

もし，完全競争市場を仮定すると，数多くの健康情報データバンク（企業）が存在する。バンクの間の競争が激しくなると，データ保存に低いセキュリティレベルを適用し，情報漏れが発生する可能性が高まり，社会的問題になりうる。適正なセキュリティレベルを保つように，ガイドラインを提示することも可能であるが，企業の存続を脅かす状況や経営不振が続くと，必ずしもガイドラインが守られるとは言えない。費用削減のために，低いセキュリティレベルを適用するかもしれないし，それによって情報漏れが発生するかもしれない。そのため，公的機関の管理・監督や規制が求められる。

　またバンク（企業）はいつも破産・倒産のリスクを負っている。もし健康情報データバンクが破産・倒産すれば，健康関連情報もどうなるだろうか。すべての不動産を売却し，債務・債権関係を整理して，企業は解体される。もし健康関連情報が売却の対象にならないと，企業の解体と共にその情報はそのまま消滅する。長い時間，蓄積してきた健康情報が流失することになる。個人においても社会においてもそれは大きな損失になるであろう。個人の健康にまた産業を興すのに用いられる資源がなくなることになる。もし健康関連情報が売却の対象になると，またそれも問題である。その情報を預けた顧客の同意なしで，企業の経営上の事情によって情報が売却（あるいは譲渡）されるからである。その問題の延長線であるが，もし健康情報データバンクの間で合併や買収が行われたら，健康関連情報の管理が適切に行われるであろうか。その主体が外資系である場合，データが国外に漏れうる。情報という特性上，一度流出した情報を取り戻すことができず，どんな目的で利用されるか，把握できない。そのため，外資系による合併や買収を制限しなければならないかもしれない。また健康情報データバンクが倒産・破産しても政府がそのデータを保存できるように，適切な措置を取らなければならなく，規制の必要性が高まる。

　この他にも健康情報に基づいて社会的な不利益を受けることを防ぐため，規制が必要である。一般的に（生命）保険に加入する場合，保険者は被保険者の健康状況が分からない。情報の非対称性のため，健康（悪化）リスクが高い人だけが保険に加入し，健康リスクが低い人が加入しない逆選択の問題が起こりうる。従って，保険者はそれを防ぐために多様な措置を取る。しか

し，PHRが活性化し，多様な健康関連情報が収集され，分析されると，健康リスクを予測しやすくなる。健康予報も健康リスクに基づいて算出することにすぎないかもしれない。もし保険者がそのような情報を手に入れることができたら，健康リスクが高い人の保険加入を拒否するかもしれない。それだけではなく，雇用人が被雇用人を雇用する際に，健康情報を要求するかもしれないし，その情報に基づいて雇用を拒否するかもしれない。健康リスクの格差が（雇用機会の）不平等を生み出すことに繋がる。

このことを考えると，何らかの形で政府が介入せざるを得ない。完全に民間に任せてはいけない状況である。

5 健康情報データバンクの在り方について

PHR活用に関わっている省は国民の健康に関連のある業務を処理する厚生労働省だけではない。経済産業省も深く関わっている。それはPHR活用が新しい産業作りに繋がっているからと考える。PHR活用の中核が健康情報データバンクであり，健康情報データバンクの在り方が産業の動向を決めると考える。そこで海外の事例を見ながら，私の考えを提示する。

PHRを活用して患者（顧客）の健康増進に寄与している代表的な（医療サービス提供）企業として米国のカイザーパーマネンテ（Kaiser Permanente）がある。カイザーパーマネンテは米国の9州でネットワーク展開する広域医療機関で，IT投資により医療情報連携を行い，患者の検査結果や診療情報を共有する。患者はウェブアクセスを通して外来予約を行い，医師相談・処方箋などをもらうことが可能である。医療費削減と患者の健康増進という目的でITやPHRを適切に活用している例であろう。しかし，その利益を享受するのは，カイザーパーマネンテに加入している患者（組合員）のみである。800万人以上が加入していても特定企業が提供するサービスでは，シナジー効果を生み出す全国的なデータバンク（PHR活用）とは言えない。カイザーパーマネンテのような企業が米国には多数存在しているが，情報共有は行っていない。また民間医療保険がメジャーである米国の特殊な状況を考えると，カ

イザーパーマネンテの例を日本に適用することは難しい。

　日本と類似の医療伝達体系を持つ例に韓国がある。韓国の国民健康保険公団は，2012年3月から，「My Health Bank」という名でサービスを開始した。散らばっている個人の健康情報を統合して提供するサービスである。そのサービスにアクセスすると，健診結果に基づいて，五つの項目（高血圧，糖尿病，異常脂質血症，肥満，喫煙）のリスク度を表示する。また最近1年間，医療機関および薬局を訪問した内訳から，診療日，診療の種類，処方回数，投薬日数の情報を提供する。アクセスした人がさらに自分の健康情報を入力すると，個人別にカスタマイズされた健康管理プログラムが提供される。個人の生活習慣がチェックできる。個人の疾病状態を確認できる。疾病の危険予測もできる。アクセスした人は自己認識になる症状，健康，服薬に関する相談もできる（ウェブページを通して）。今後，血圧計・歩数計などを活用して，家で個人が直接に測定した健康記録と連携したサービスを開発する予定である。国家が管理する一つの健康情報データバンク（独占企業）として見なすこともでき，破産・倒産のリスクがなく，データが連続的に蓄積される。標準化の問題も比較的小さい。しかし，データバンク（国民健康保険公団）が持っている情報量を考えると，その利用量が非常に足りない。構築した「国民健康情報データベース」には，1兆5669億件のデータがある。国民一人当たり3万件を超える情報が収集されている。その活用のため，研究目的限定で審査を通してデータを提供しているが，それを活用したビジネス，すなわち商業的な利用には，あまりにも使われない。ビジネスモデルの開発に関するインセンティブが働かない。いくら良いシステムでも，また優秀な人材が集まっても，インセンティブがないと，成果を期待しにくい。カイザーパーマネンテのような民間企業の長所がアニマルスピリット（インセンティブ）とも呼ばれる成果（利得）に対する欲としたら，政府が管理するただ一つのデータバンクの在り方は，PHR活用をむしろ妨げるかもしれない。

　PHR活用は個人の健康増進，自律管理から産業育成までその影響が大きく，まだ誰も足を踏み入れなかった新領域の開拓とも考えられる。多くの難関があると考える。それを乗り越えるのに必要なのはアニマルスピリットであることも欠かせない。競争とインセンティブを活かせる在り方が求められ

る。

　個人の見解であるが，健康情報データを収集・保存する部門と，それを活用して営業する部門を分離して，複数の部門を置くことを提案する。韓国の「国民健康情報データベース」のように，データを収集・保存する役割を行う組織があり，その傘下にそのデータをビジネスと連携させる部門を複数設置することである。すると，破産等の企業リスクや標準化に対応できると共に，複数部門の競争によってビジネスモデルの開発も促進されるであろう。成果を比較する箇所があるだけで，インセンティブが働くと考えるからである。

　まとめると，PHRは高齢化社会，低成長社会の課題を乗り越える一つの施策であると考える。健康関連情報を含めるPHRをうまく活用すれば，個人の行動変容，財政逼迫の改善，新産業の創出への貢献が期待できる。そのため，健康情報の取引を円滑にするデータバンクが必要であるし，その在り方によってPHRの様子が大きく変わる。ビッグデータの時代に，個人の健康情報は新しいビジネスチャンスになるが，試行錯誤は避けられない。管理，取引等，難関も多いが，一歩を踏み出さないと試行錯誤より学ぶ所さえなくなる。市場を先導する機会を見逃し，エピゴーネン（亜流）になりたくないのであろう。関連業界の方や有識者の知見を集め，PHR活用の仕組み，つまり，プライバシー保護を含めた法整備・制度の見直し・ビジネスモデル開発，データバンクの在り方などに取り組むべきである。

参考文献

産業競争力懇談会（2015），「健康チェック／マイデータによる健康管理」（報告書），http://www.cocn.jp/thema82-L.pdf
クラウド時代の医療ICTの在り方に関する懇談会（2015），「超スマートなヘルスケア先進国を目指して」（報告書），htt://www.soumu.go.jp/main_content/000385949.pdf
吉田浩，井深陽子，陣鳳明（2015），「新産業と生活向上等のためのパーソナルデータの利活用に対する人々の意識に関するアンケート調査」（Discussion Paper），http://www.econ.tohoku.ac.jp/e-dbase/dp/terg/terg333.pdf
江藤宗彦（2009），「PHRサービスの動向—米国調査報告②—」（報告資料），http://www.fujitsu.com/downloads/JP/archive/imgjp/group/fri/events/conference/

090210eto2.pdf

日本版 PHR を活用した新たな健康サービス研究会（2008），「個人が健康情報を管理・勝代する時代に向けて〜パーソナルヘルスレコード（PHR）システムの現状と将来〜」（報告書），http://www.meti.go.jp/policy/service/files/phr_houkoku_honbun/pdf

（林　承煥）

　本研究（の一部）は独占行政法人科学技術振興機構（JST）の研究成果展開事業「センター・オブ・イノベーション（COI）プログラム」の支援によって行われた。

第5章　我が国の賃金の動向に関する考察
――多様な働き方に向けて――

1　問題意識

　減少する労働力人口は経済成長率の押し下げ要因となる。ロボット化やICTによる代替，将来的には人工知能による代替が進むとしても，どのような職種でも代替が可能なわけではないし，急速な高齢化の進展に見合った代替のペースとも考えにくい。

　このため，現在は非労働力人口にいるが就業意欲を持っている，もしくは様々な形態の非正規労働に従事している人々（女性や定年後の健康な人々が多く含まれる）が労働力人口の一員として最大限活躍できる社会を構築することが重要である。安倍政権では，こうした人々の多様な形での就業を促すため，「同一労働同一賃金」の政策を掲げ，その相対的な労働環境を向上させることで，働くモチベーションを引き出そうとしている[1]。

　一般的には，同一労働同一賃金とは，労働の内容が同一または同等であれば，同一の賃金を支払うべきとの考え方である。しかしながら，同一または同等の労働に従事する常用，フルタイム労働者とそれ以外の労働者（例えばパートタイム労働者）の間の待遇の違いに関する論点は本来賃金のみに絞られるべきではなく，on the jobトレーニングの機会や昇進機会など様々な就業時の待遇を，両者の間で均等化させることも重要であると考えられる。

　こうした制度改革は，非正規労働者などとして労働を供給する側にとっては相対的な待遇改善につながることから，労働供給のモチベーションが高ま

---

[1]　政府が2016年12月にとりまとめた「同一労働同一賃金の実現に向けた検討会　中間報告」では，「（正規・非正規間の）不合理な格差を是正し，非正規社員の待遇を改善させることが強く求められる。」としている。

ると考えられるが，労働を需要する側，すなわち企業にとってはどのような意味合いを持つのだろうか。日本の企業にとっては，しばしば正規労働者と非正規労働者の労働は同等ではなく，後者の平均賃金が安いことを前提に需要増などへの一時的な対応や，正規労働者の労働をサポートするような活用が中心であった可能性がある。他方，一部の職種，例えば専門的な資格を有することが要件の職種などでは，フルタイム，パートタイムの違いがあっても労働の内容は同等に近い場合も考えられる。しかしながら多くの場合，正規労働者は長期雇用制度の下，人的資本形成を通じてスキル形成を行うのに対し非正規労働者はそうした機会を持たず，このことが両者の間の賃金格差の背景とされることが多かったと考えられる。

　本稿では，こうした雇用形態の違いに伴う処遇の差を分析することを目的として議論を進める。あいにく，分析に用いることができたデータの制約から，賃金面での待遇の比較に焦点を絞らざるを得なかったが，今後様々な属性の人々が多様な雇用形態の下，労働市場で安定して活躍を続けるためには，賃金以外の待遇も重要な論点であることを最初に注意喚起しておきたい。また，本稿ではデータの利用可能性などの観点から，同一賃金の問題をフルタイム，パートタイム労働者の間の比較に限定して議論することとする。次節ではまず，本稿の分析に用いたデータについて説明する。3節では制度面及び既存研究について簡単に触れる。4節以降はこれらのデータを用いてフルタイム，パートタイム労働者間の賃金水準の比較を行い，現状と課題を把握する。

2　データ

　前節でも述べたように，本稿の主な目的は，日本の労働市場でのフルタイム労働者，パートタイム労働者の賃金面での待遇を比較検証することである。検証に際しては，定点での賃金水準の比較を行うのみならず，賃金の上がり方にも注目し，仮に同じ職場で勤続を続けた場合労働者の賃金はどのように変わっていくのか，などダイナミックな側面にも可能な範囲で目を向け

て議論する。

　同じ労働者の賃金の経年変化を調べるには，同一個人を一定期間にわたって追跡調査することが必要である。日本では個人の所得などを追跡調査したパネルデータの整備は2000年代に緒についたばかりで，蓄積が浅く規模が小さい。このため本稿では，神林・上野（2016）にならい，本来同一被用者を追跡できないはずの「賃金構造基本統計調査（厚生労働省）」（以下「賃金センサス」と呼ぶ）を用いて，疑似的に被用者のパネルデータを作成し，賃金の変化率を算出する[2]。データは1994年から2012年調査結果を用い，毎年の調査時点である6月の所定内給与をベースにした時給と，前年と比較した時給の変化率を求めた。

　最初に分析の対象とする労働者を限定する。具体的には，雇用形態が常用[3]であり，かつ正社員で雇用期間の定めがない者で，定年退職の影響を除くため60歳未満の者とした。なお，2005年より前は正社員か否かと雇用期間の定めの有無は調査されていないため，すべての常用労働者が分析対象となっていることに留意されたい。なお，本稿の分析では賃金センサスの「短時間労働者」，すなわち1日の所定労働時間が一般の労働者よりも短いまたは1日の所定労働時間が一般の労働者と同じでも1週の所定労働日数が一般の労働者よりも少ない労働者を「パートタイム労働者」とし，賃金センサスの「一般労働者」，すなわち短時間労働者以外の労働者を「フルタイム労働者」とする。

　賃金センサスは日本を代表する労働市場に関する政府統計で，毎年50,000を超える事業所の情報が集められている。経済センサスを抽出名簿としていることから，同一事業所を特定することができるものの，各年の個別被用者は特定することはできない。そこで，2か年にわたって連続して抽出された同一事業所に着目し，1年目と2年目で同一だと判断できる被用者の情報を接続することで，疑似的に被用者パネルデータを作成する。たとえば，1年

2　本稿の分析の一部は，平成24年度科学研究費助成事業基盤B（24330074）による研究プロジェクトで目的外利用申請を行った際の賃金センサスの個票データを用いて行った。

3　賃金センサスの「常用労働者」とは，期間を定めずに雇われている労働者，1か月を超える期間を定めて雇われている労働者，もしくは日々または1カ月以内の期間を定めている労働者のうち，4月及び5月にそれぞれ18日以上雇われた労働者のいずれかに該当する労働者を指す。

目に大卒30歳男性勤続5年目の被用者が事業所の中で一人しかおらず，2年目に大卒31歳男性勤続6年目の被用者がやはり一人しかいない場合には，両者を同一個人とみなして接続する。どちらかの年に候補者が複数名観察される場合には，誤って接続してしまう危険を排除するために接続対象から外し，被用者の疑似的接続にはかなり保守的な基準を設けた。

結果として接続できた被用者は，潜在的な接続対象者（2年目に勤続1年以上の一般労働者）に対して，おおむね15％程度で，1年あたり9万人から20万人の範囲に収まる[4]。横断面の標本数が数千程度にとどまるパネルデータと比較すると，賃金センサスならではの標本の多さが利点となっている。

但し，同一被用者と判断する基準に学歴情報を用いることから，接続対象は一般労働者に限定され，パートタイム労働者については考察できない。このため，個人レベルの賃金変化率については，フルタイム労働者についてのみの分析としている。パートタイムについては，同一労働者は識別できないものの，賃金変化率を観察できるフルタイム労働者がいる，33万弱の事業所で働く者のみに限定することで，分析対象の整合性を保つよう配慮した。

また，本稿の分析ではフルタイム労働者，パートタイム労働者それぞれの労働時間についても比較検証を行っている。賃金センサスでは，労働時間については所定内実労働時間数と超過実労働時間数の2項目を調査しているが，前者は「実労働時間数から超過労働時間数を差し引いたもの」と定義されている。なお，本稿の分析で「時給」とは，所定内労働時間1時間当たりの給与額を指し，調査項目のうち「きまって支給する現金給与額」から，内数である「超過労働給与額」を差し引いた値を，所定内実労働時間数で除したものを指す。数値はいずれも，調査年6月の実績について事業所に回答を求めた結果である。

---

[4] 接続の方法の詳細なプロセスについては神林（2011）を参照のこと。接続率は年によって異なり，とくに賃金センサスが抽出名簿を更新する際に著しく低下する。このことは，捕捉率の変化は，賃金センサス自体が同一事業所を連続して抽出するかどうかに大きく依存しており，事業所内の接続プロセスによるものではないことを示唆している。

3 我が国の法制度に関する議論と既存研究

同一労働同一賃金とは，一般には，同じ労働に対して同じ賃金を支払うべきという考え方（厚生労働省資料）で，EU 諸国では性別など個人の努力では変えることができない属性を理由にした差別的な取り扱いを禁止する原則として用いられてきた。

我が国では，同一労働同一賃金を構成する概念として，大別すると均等待遇と均衡待遇の2種類があると考えられている。均等待遇とは，通常の労働者と職務内容及び人材活用の仕組みと運用が同一のパートタイム労働者を対象として，その待遇について差別的な取扱いを禁ずることを指す（パートタイム労働法第9条）[5]。この規定の適用は行政指導の対象である。これに対し均衡待遇とは，すべてのパートタイム労働者，有期契約労働者を対象とし，通常の労働者との待遇の相違は，職務内容，人材活用の仕組み及び運用その他の事情を考慮して，不合理であってはならないとするものである（パートタイム労働法第8条，労働契約法第20条）。均衡待遇の方がはるかに対象となる労働者の範囲が広いが，規定の運用は行政指導の対象ではない。

均等待遇に係る規定は，2014年4月に公布された改正パートタイム労働法で明記された（2015年4月施行）。差別的取扱いの禁止はそれ以前の改正時（2007年6月公布，2008年4月施行）にすでにうたわれていたものの，14年改正時に無期要件が削除され，対象となるパートタイム労働者の範囲が拡大した。また，併せて均衡待遇，すなわちパートであることを理由とした不合理な待遇の相違の禁止が明記された。有期労働契約者の均衡待遇については，

---

[5] パートタイム労働法第9条の規定は以下の通り。「事業主は，職務の内容が当該事業所に雇用される通常の労働者と同一の短時間労働者（略）であって，当該事業所における慣行その他の事情からみて，当該事業主との雇用関係が終了するまでの全期間において，その職務の内容及び配置が当該通常の労働者の職務の内容及び配置の変更の範囲と同一の範囲で変更されると見込まれるもの（略）については，短時間労働者であることを理由として，賃金の決定，教育訓練の実施，福利厚生施設の利用その他の待遇について，差別的取扱いをしてはならない。」2014年7月の施行通知では，「賃金の決定，教育訓練の実施，福利厚生施設の利用その他の待遇」とは，休日や解雇も含む労働時間以外の全ての待遇を指す，とされた。

2012年8月に公布された改正労働契約法で，労働契約の期間の定めのあることによる不合理な労働条件の禁止が創設された（2013年4月施行）。判例の動向を初めとする法律の運用や先進各国の類似の制度などについては，すでに多くの文献が蓄積されている[6]。

　同一賃金同一労働に関する経済学者による実証研究の動向はどうだろうか。フルタイムとパートタイムの間にどの程度の賃金差が存在するか，定量的に検証することは難しい。そもそもフルタイムかパートタイムかを選択する時点で，両者の間には生産性と深く関係する特徴の差がある可能性が高い。こうした特徴を完全に観察することは難しいため，表面的に観察される賃金差のうちどれほどが，「全く同じ特徴を持った人に対して，パートタイムであるが故に低くなった賃金差部分」なのかを測ることは極めて難しい。内外の経済学者達はこれまで，さまざまな方法でこの問題に取り組んだ上で，賃金差はどの程度なのかを議論してきた。例えば欧州諸国でのパートタイム労働者の賃金差に注目したマテッチィ（Matteazzi et al., 2012）では，オーストリア，イタリア，ポーランド，及び英国の4か国のデータを用いた実証分析の結果，パートタイム労働者の差別的待遇を禁止した97年のEC指令後も賃金差は残り，その背景としてはセレクション（パートタイムを選ぶ人とフルタイムを選ぶ人の間に賃金差を生じさせる特徴の違いがあること）よりも待遇差の方が大きいこと，後者の要因は4か国の中ではオーストリアとポーランドで大きいことを指摘した。同様の問題意識でノルウェーのパートタイムの賃金差を分析したHardoy and Schone（2006）では，セレクションによる偏りは相対的に小さく，賃金差もそれほど大きくないことを指摘し，その背景にはパートタイムの差別的待遇を禁止する法律の厳格な運用や，寛容な家族政策があると論じている。また，観察できない個人属性による影響をコントロールするため，フルタイムとパートタイム間で仕事を変えた人のデータを用いた検証も行われている（Booth and Woods, 2008）が，サンプル数が限定的すぎるとの指

---

[6] 特に政策面からの様々な論点や問題意識，背景事情などは2016年3月より厚生労働省で開催されている「同一労働同一賃金の実現に向けた研究会」での資料を参照されたい（http://www.mhlw.go.jp/stf/shingi/other-syokuan.html?tid=339702）。

摘もある。

　こうした研究成果の蓄積を踏まえ，近年ではさらに，各個人の職歴を振り返り，仕事をしていた期間やタイミング，経験年数などを包括的に考慮に入れてパートタイム労働者の賃金を評価し，パートタイム労働者とフルタイム労働者の賃金差を評価する試みなど，実証分析がより精緻化されている。そうした研究例の一つであるFernandez-Kranz et al.（2015）では，スペインではパートタイム労働者が大きな負の賃金格差に直面していることや，パートタイム労働者の経験に応じたリターンはフルタイム労働者のそれより小さく，経験を重ねるほど賃金差が蓄積していくことなどを指摘した。

4　マクロで見た我が国の労働者を巡る環境

　フルタイム，パートタイム別の議論に入る前に，マクロの労働市場の動向を主に分配面から確認しておきたい。図5-1左は労働分配率の推移，図5-1右は労働分配率の業種間の比較を示している。図5-1左によると，1994年から2014年の間全業種平均では，労働分配率は2000年代半ばまでは緩やかな低下傾向，その後やや上昇しているが大きな変化はなく，0.5前後を推移している。製造業，卸小売業を個別にみると，世界金融危機までは概ね低下傾向，危機の際にいったん上昇し，その後危機以前の水準に向かって下落を始めるが2013年ごろから再び上昇している。2000年代半ばまでの労働分配率の下落は様々な業種に共通してみられ，図5-1右によれば金融業や通信業など技術革新（ICT）の影響が大きかったと考えられる業種で特に顕著だが，流通関係（卸小売業や運輸業），加えて製造業でも幅広く低下した。但しこうした業種ではその後の10年間で労働分配率は再び上昇する傾向にあり，特に金融業や運輸業では上昇幅が大きい。技術革新の影響は必ずしも一方向に継続的に働いたわけではない可能性がある。

　次に労働生産性と単位賃金の比率である単位労働コスト（ULC）の動向を示したのが図5-1下である。ULCは，言い換えれば，付加価値1単位を算出するために必要な労働コストであり，どの業種をとっても明確な低下トレ

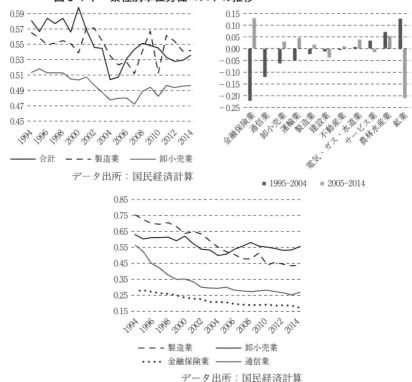

図5-1左　労働分配率の推移
図5-1右　業種別労働分配率の変化（1995-2004, 2005-2014）
図5-1下　業種別単位労働コストの推移

データ出所：国民経済計算

ンドがみられる。もともと水準が低い金融保険業や通信業でも低下が続いていることから，賃金の上昇と比較して生産性上昇が大きいことが示唆された。この背景には，ICTの活用の進展など生産性の上昇が考えられると同時に，時給が安いパートタイム労働者など非正規労働者の活用が進んだことも考えられる。

5 フルタイム労働者とパートタイム労働者の時給の比較

我が国のパートタイム労働者の時給は，フルタイムと比較して平均56.8%（2013年，厚生労働省資料より）とされている。図5-2は本稿のデータベースを用いて男女別にフルタイムとパートタイムの時給を比較した結果であるが，2012年時点で男性で49.8%，女性で38.0%の乖離がみられており，94年以降女性ではかい離率が拡大しているが，男性では大きな変化は見られない。これは時給が女性のフルタイム労働者でのみ上昇基調にあることによる。

こうした賃金差は，業種や職種によって異なるうえ，時点間でも変化している。以下では2節で説明したデータベースを用いた場合，業種，職種別にどのような傾向がみられるのか，90年代半ば以降両者の乖離はどのように推移しているのか，順に議論する。

5-1　業種間の違い

業種間の違いを議論するため，最初にすべての労働者数に占めるパートタイム労働者の比率を比較してみよう。図5-3は厚生労働省が公表する「毎月勤労統計調査」の結果を用いて業種別にパートタイム労働者の推移を示した結果である。ここでは，比較的パートタイム労働者の比率が高い業種として製造業，情報通信業，金融保険業，及び卸小売業を取り上げている[7]が，こ

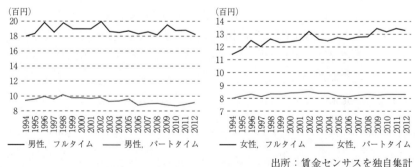

図5-2　男女別時給の推移（フルタイムとパートタイムの比較）

出所：賃金センサスを独自集計

図 5-3　業種別パートタイム比率の推移

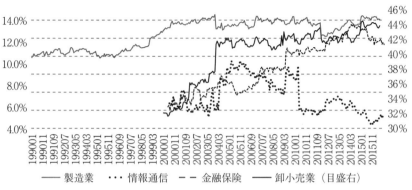

── 製造業　… 情報通信　-- 金融保険　── 卸小売業（目盛右）

のうち卸小売業のパートタイム比率が圧倒的に高い。また，情報通信業を除いた3業種では長期的にパートタイム比率が上昇する傾向にあることがわかる。これらの比率は景気循環的要因とははっきりした対応関係は見られない。例えば，世界金融危機時の景気後退期頃には，情報通信業や金融保険業では比率が一時的に上昇したように見えるが，パートタイム比率がもともと高い卸小売業や製造業では目立った変化があったとは評価しにくい。

これらの業種のうち製造業と卸小売業を例にとり，フルタイム，パートタイム労働者の平均時給[8]の推移を比較してみよう。図5-4は賃金センサスから作成した上述のデータセットを用いて業種別，フルタイムパートタイム別，男女別に平均時給の推移を比較したものである。データセットを作成する際，大幅にサンプルが落ちていることに留意が必要であるが，フルタイムの男性については金融危機までは業種間で平均賃金にはほぼ差がないのに対し，パートタイム男性では卸小売業の時給水準が製造業のほぼ8割とかなり低い。フルタイム女性については時系列でほぼ同様の上昇傾向にあるものの，卸売業の時給が製造業の時給より10％程度高く，パートタイムでも近年まで卸小売業の時給の方が高かったことが示されている。この結果，フル

---

[7]　製造業のみ，1990年以降のデータが利用可能であるがその他3業種は2000年以降の推移を示す。

[8]　分布の右裾の値の影響を除くため，正確には平均値ではなく中位値を用いた。

第5章 我が国の賃金の動向に関する考察——多様な働き方に向けて—— *109*

図5-4 業種別フルタイム，パートタイム時給比較（左：男性，右：女性）

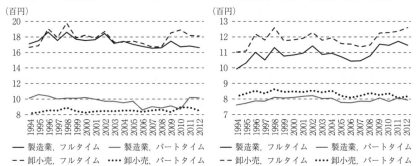

タイムとパートタイムの平均時給の差は卸小売業の男性労働者で最も大きくほぼ5割，製造業でも4から5割を推移している一方，女性労働者ではどちらの業種も25〜35％程度であり，フルタイムの時給上昇トレンドに伴い賃金差は拡大傾向にある。よく知られているように，パートタイムの有効求人倍率は景気動向に関わらず常にフルタイムの倍率を上回る[9]が，労働市場の需給がタイトな状態が続いても平均時給がほとんど上がらないことから，需要曲線の形状がフラットに近いか，フルタイム労働者の賃金との比較で何らか上限がある可能性などが考えられる。図5-4より，卸小売業では2000年代初めからパートタイム比率が製造業と比較してはるかに高かったことがわかるが，この時期からパートタイムの女性労働者が比較的高い時給条件で就業する環境であったことが推察される。なお，パートタイム女性労働者の勤続年数（中位値）は製造業で5.96年に対し卸小売業では4.96年とむしろ短いことから，時給の差は勤続年数の分布の差によるものではなさそうである。

フルタイム，パートタイム別の平均時給の動向にそれほど顕著なトレンドがみられないことから，業種全体の平均時給の変化にはパートタイム労働者比率の変化が反映され，パートタイム比率の上昇が顕著であれば時給は下がる傾向が予想される。

---

[9] 1990年以降，2009—2011年の3年間を除きパートタイム労働者の有効求人倍率は1を超えていた（「職業安定業務統計」厚生労働省）。但し，職種間でかなり差があることには留意が必要である。

5-2 職種間の違い

賃金センサスでは一定の職種の労働者を識別することができることから，以下では比較的労働者数が多い5つの職種（販売，機械組立工，タクシー運転手[10]，レジャーサービス，看護師）に焦点を当て，職種ごとにフルタイム，パートタイム労働者間の賃金差を調べた。図5-5は男女別，職種別にフルタイムとパートタイムの時給（中位値）差を比較した結果である。職種別の時給水準を比較すると，フルタイム男性では全体の平均より上記の5職種の賃金は低い傾向にあるが，パートタイムでは逆に平均より高い傾向がみられ，一般事務職よりも専門職の方がパートタイムでは賃金条件がよいことがわかる。フルタイムと比較した賃金水準も，タクシー運転手，レジャーサービス及び看護師ではフルタイムの75％以上と差が限定的である。女性でも，対象職種のパートタイムの賃金はフルタイムの7割以上と一般事務職よりも相対的に良い条件で働いていることが示唆される。

上記の比較は職種別，性別の平均であり，それ以外の属性の違いをコントロールしていない。このため，データが利用できる年齢と勤続年数に注目して，全体，レジャーサービス，及び看護師間での平均属性の比較を行った（図5-6）。女性労働者で全体平均より時給水準が高くフルタイムとパートタイムの間の差が小さい看護師，レジャーサービスの職種では，パートタイム労働者

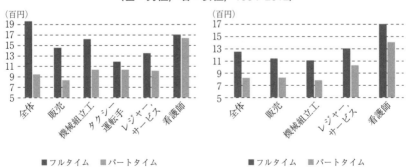

図5-5 職種別フルタイム，パートタイム時給比較
（左：男性，右：女性，1994-2012）

---

10 タクシー運転手については女性労働者数が少ないため，集計対象外とした。

第5章 我が国の賃金の動向に関する考察——多様な働き方に向けて——　111

の平均年齢，勤続年数ともに全体平均より小さく，勤続や潜在的な経験年数の上昇に伴い相対的に高い時給条件となっているわけではなく，当該職種でパートタイム労働者の時給が高い構造的な要因がある可能性が考えられる。

例えば看護師については免許取得のために国家試験に合格する必要があり，パートタイムでも実質的にフルタイムに近い職務内容である可能性が考えられる。なお，レジャーサービスを例外として女性のパートタイム労働者はフルタイム労働者より平均年齢が7歳以上高いが平均勤続年数は4年以上短い。この背景には子育て期間中パートタイム労働に切り替えたり，いったん労働市場から退出した後，パートタイム労働者として仕事を再開するケースなどが多いことなどがあると考えられる。これに対して男性では，中位値でみるとパートタイム労働者の時給はフルタイム労働者の時給の半分以下であるが，前者の平均年齢，平均勤続年数共に後者のそれより小さく（それぞれ，33.1歳と39.8歳及び2.8年と15.0年），若年層がパートタイム労働者の中心的な存在であり，そうした人々は短期間しか同一の事業所にとどまらない傾向が強いことが示唆される。今回データが利用可能であった1994年から2012年までの経年変化をみると，労働力人口の年齢構成のシフトに伴い，平均年齢はフルタイム，パートタイム共に上昇傾向にある。平均勤続年数もパートタイム男性労働者で若干長くなっているが，2012年時点で4年程度と非常に短い。上述の通り，パートタイム労働者は時給面でフルタイムより平均的にみて低いのみならず，教育訓練機会などでもフルタイム労働者と同等の待

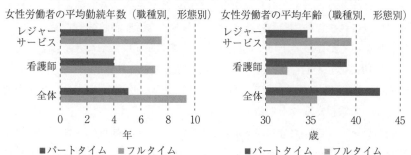

図5-6　女性労働者の平均属性（フルタイム，パートタイム別）

遇を受けていないケースが多いと考えられる。今後，こうした若年のパートタイム労働者が年齢を重ねていった場合，十分な教育投資を受けていないとすれば転職機会に恵まれることも少ないと考えられ，将来のステップアップも困難である可能性が予想される。

6 職種別にみた賃金差の詳細分析

　以上の結果から，フルタイム，パートタイム労働者間の賃金差も業種や職種の違いで多様であることが示唆される。そこで本節では，賃金センサスが大規模調査である特性を活かし，職種別，男女別に年功と賃金の関係を分析することとする。パートタイム労働者の男女別年功賃金カーブの推計はすでに蓄積があるものの，職種別にまで踏み込んだ分析例は限られている。同一職種，同一雇用形態のフルタイム労働者とパートタイム労働者の賃金差は非常に興味深い分析課題であるが，3節で指摘した通りフルタイム，パートタイムの選択には内生性の問題が大きい可能性がある。今回の分析に用いたデータセットからは，内生性の問題に対応するために必要なデータが利用できなかったため，以下の分析では，一部の既存研究でのサンプルセレクションバイアスがそれほど大きな問題ではないとの指摘を手掛かりに，内生性のコントロールを行っていない。このため，推計結果を詳細に紹介することはせず，職種ごとの大まかな特徴を捉えるための参考として提示することとしたい。推計された係数を用いて定量的な議論をすることも行わず，別のデータが利用可能となった際の分析課題としたい。焦点を当てる職種としては具体的には，これまでの議論も踏まえ，パートタイム労働者が数多く雇われている職種をいくつか取り上げ，同じ職種に従事するフルタイム労働者と比較して，年功に応じた賃金の上昇パターンを検証する。具体的には，[A]女性販売職，[B]男性機械組立工，[C]男性レジャーサービス，[D]女性看護師の4つの職種を取り上げる。

　個票データを用いた分析に入る前に需給バランスの観点から大まかな傾向を紹介しておきたい。前述のとおり，厚生労働省が職業安定所の登録データ

を基に労働市場の需給バランスを公表する「職業安定業務統計」によると，90年代以降常にパートタイム労働者の有効求人倍率がフルタイムのそれを上回る状況が続いているが，さらに詳細にみると，倍率は職業に応じてかなり異なる。2016年9月時点のデータを見ると，以下で取り上げる職種のうち，需給が非常にタイトなのがレジャーサービスを含む「接客・給仕の仕事」のパートタイムであり，逆に機械組立工を含む「機械組立の職業」は有効求人倍率が最も低く，フルタイム，パートタイム共に1を下回っている。看護師を含む「保健医療サービスの職業」及び販売職を含む「商品販売の職業」はフルタイム，パートタイム共に2を上回っている。こうした需給バランスも留保賃金の考え方に基づけば労働者の賃金水準や上昇率に影響を及ぼすと考えるのが自然であろう。但し，職種によって景気動向が需給バランスにより強く影響する職業とそれほどでもない職業が存在し，接客・給仕の仕事は前者に属すると考えられることから，推計対象とした期間中常に需給が非常にタイトであったとは考えにくい。

[A] 女性販売職

最初に，分析対象とする女性販売職労働者の基本属性などを表5-1に示す。フルタイム労働者よりパートタイム労働者のサンプルが多いのは，前述の方法でフルタイム労働者については疑似パネル化できる労働者のみを抽出したのに対し，パートタイム労働者は疑似パネル化が困難であるため，抽出したフルタイム労働者が働く事業所のうちパートタイム労働者がいる事業所で働くすべての労働者を分析対象としたためである。平均年齢で見るとパートタイム労働者の方が4.5歳程度高いが，平均勤続年数は2年以上短く，また当該職種での平均経験年数も同程度短い。

次に，これらのサンプルを用いてフルタイム，パートタイムそれぞれの賃金カーブを推計する。前述のとおり，パートタイム労働者について学歴情報がないため学歴をコントロールしないことに伴う推計上の問題が生じる可能性があることには留意が必要である[11]。推計は男女両方のサンプルを用いて

---

11 但し，学歴情報が利用できるフルタイム労働者について学歴をコントロールした場合としない場合の結果を比較したところ，勤続年数や年齢の係数にはほとんど差がなかった。

表 5-1 女性販売職に関する基礎データ

(賃金センサスデータ，1993-2012)

	フルタイム	パートタイム
入職時の平均年齢	26.32	30.92
平均勤続年数	6.88	4.64
平均経験年数	10.94	8.41
平均所定内給与（時給）	2.39	2.13
サンプル数	463,648	539,207
サンプル事業所数	38,382	30,487

(注)
1. 平均経験年数は，同一職種での経験年数。
2. 時給は対数ベース，百円。
3. サンプル事業所数は，サンプルとした労働者が働く事業所の総数。

行い，推計式は以下の通りである[12]。

$$\ln(w_{jt}) = a + \beta_1 \times age_{jt} + \beta_2 \times age_{jt}^2 + \gamma_1 \times tenure_{jt} + \gamma_2 \times tenure_{jt}^2 + \delta \times female_{jt} + \Psi \times year_t + \varepsilon_{jt} \quad (1)$$

サブスクリプトのjは労働者，tは時点（年），wは所定内時給，ageは年齢，tenureは勤続年数，femaleは女性ダミー（女性であれば1，男性であれば0），yearは調査年ダミー，εは誤差項，また$a, \beta_1, \beta_2, \gamma_1, \gamma_2, \delta, \Psi$はパラメータである。なお，このデータセットでは各サンプルが働く事業所を識別できるので，事業所固定効果もコントロールした。

なお，本稿で分析対象とした4職種に共通の結果として，フルタイム労働者の賃金関数の決定係数は高いもので0.5を超えるなど，勤続など観察可能で従来から人的資本の代理変数と見なされてきた変数で説明される部分が大きいのに対し，パートタイム労働者の決定係数は0.1前後とかなり低い水準にある。言い換えれば，勤続が長くなっても賃金が比例的に変化する傾向はかなり弱いと言える。こうした点を念頭に置いて，以下職種別の推計結果か

---

[12] また，上述の通り本来であれば (1) 式ではセレクションの影響をコントロールすることが必要であり，特にパートタイム労働者に関する推計結果は議論の参考として参照するに留める。

図5-7左　年功賃金カーブ（時給，女性販売職，22歳で働き始めた場合）
図5-7右　1年前と比べた賃金変化率（時給，女性販売職）

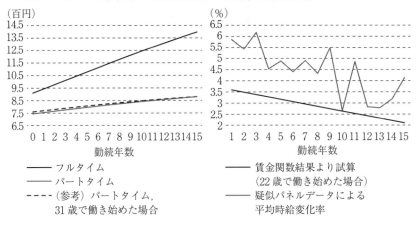

ら得られた含意を説明したい。

（1）式から推定されたパラメータを用いて，推計期間中（1993-2012年）の賃金カーブ（勤続年数と時給との関係）を描いたのが図5-7左である。フルタイム，パートタイム共に女性が22歳で働き始め，同じ職場で販売職として働き続けた場合の平均的な賃金変化の経路を描いている。また，女性パートタイマーの場合表1に示すように平均勤続年数が4.6年と短く，転職入職やいったん非労働力人口となった後復職するケースも多いと考えられる。パートタイム労働者の入職時の平均年齢は31歳であるため，31歳でパートタイム労働者として仕事を開始するケースの賃金カーブも点線で掲載した。同図からは，賃金関数の推計結果からもフルタイムとパートタイムの間には相応の賃金差がみられ，かつ勤続に応じた賃金上昇率もフルタイムの方が高いため，長く働くほど両者の賃金差が広がることが示されている。なお，パートタイムの場合入職時の年齢は勤続年数に関わらずほとんど影響を及ぼさないことも示唆された。図5-7右は（1）式の推計結果から示唆されるフルタイムの計算上の賃金上昇率と疑似パネルを使って推定した勤続年数別の平均時給変化率（いずれも1年前との比較）である。疑似パネルから計算される賃金上昇率の方が，いずれの勤続年数でも高くその差は2-3％程度と大きい。（1）

116 第2部 岩盤規制に挑む

式のような賃金関数推定では捉えられていない賃金上昇がある可能性が示唆されるとともに，疑似パネルを構成するサンプルが大企業に偏っているなどサンプルバイアスの可能性も考えられ，両者の乖離は今後の検討課題である。

[B] 男性機械組立工

次に男性機械組立工について同様の分析を行う。表5-2から，傾向として男性機械組立工のパートタイム比率は女性販売職と比較して低いことが見て取れる。また，女性販売職と比較するとフルタイム労働者の平均勤続年数は長いが，パートタイムはより短い。平均時給は男女間賃金差もあって表5-1と比較するとフルタイム，パートタイム共にかなり高めである。

他方，(1)の推計式を用いて賃金関数の推計を行い，女性販売職と同様に賃金カーブを描いた結果が図5-8左であるが，フルタイム労働者に関しては男女間賃金格差もあり図5-7左のフルタイムよりカーブがかなり上方に位置していることがわかる。パートタイムについては女性販売職と比較してもそれほど大きなレベルや傾きの差は見られない。図5-8右は勤続に応じた賃金上昇率を示すが，男性機械組立工の場合疑似パネルに含まれるサンプル数が女性販売職よりも少ないことから，勤続に応じた時給の変化率はやや不安定な動きになっているものの，大まかな右下がりの動向は賃金関数の推計結果

表5-2 男性機械組立工に関する基礎データ

(賃金センサスデータ，1993-2012)

	フルタイム	パートタイム
入職時の平均年齢	29.08	35.33
平均勤続年数	12.27	3.55
平均所定内給与（時給）	2.72	2.35
サンプル数	76,921	7,935
サンプル事業所数	6,579	1,315

(注)
1. 時給は対数ベース，百円。
2. サンプル事業所数は，サンプルとした労働者が働く事業所の総数。

図5-8左　年功賃金カーブ（時給，男性機械組立工，22歳で働き始めた場合）
図5-8右　1年前と比べた賃金変化率（時給，男性機械組立工）

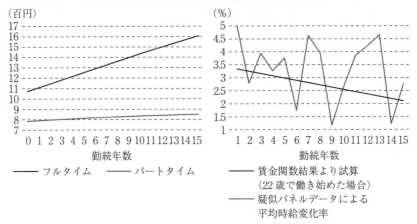

から示唆される水準とかけ離れてはいない。

[C] 男性レジャーサービス

続いてレジャーサービスの職業に就く男性労働者の動向を分析する。表5-3から［B］でみた機械組立工と比較すると，パートタイム労働者の入職時の平均年齢が10歳以上若く，かつフルタイム，パートタイム共に平均勤続

表5-3　男性レジャーサービスに関する基礎データ

（賃金センサスデータ，1993-2012）

	フルタイム	パートタイム
入職時の平均年齢	27.89	23.20
平均勤続年数	4.55	1.38
平均所定内給与（時給）	2.60	2.29
サンプル数	128,510	52,840
サンプル事業所数	9,078	5,921

（注）
1. 時給は対数ベース，百円。
2. サンプル事業所数は，サンプルとした労働者が働く事業所の総数。

年数が短いことから，専門性があって同じ職場に長くとどまる，もしくはパートタイムとして同じ職種で転職を繰り返す性質の機械組立工と対照的な性格の仕事であることが推察される。平均時給は低めであるが，平均年齢や平均勤続年数が少ないことを勘案すれば，機械組立工との比較ではそれほど低水準とは考えられない。

次に図5-9左が男性レジャーサービス従事者の年功賃金カーブ，図5-9右が賃金カーブ上及び疑似パネルベースの賃金上昇率である。ここでも機械組立工との比較を行うと，フルタイム労働者については勤続期間を通じて年功に応じた賃金の上がり方が大きく，結果として長く同じ職場で働くと高賃金になる傾向がみられる。但し，上述の通りフルタイム労働者の平均勤続年数はかなり短く，またその賃金関数の推計結果を比較すると，機械組立工の賃金関数の決定係数は 0.546 と年功や年齢で決まる部分が大きいのに対し，レジャーサービス従事者の決定係数は 0.263 と半分以下の水準であり，賃金関数に含まれない要因で賃金が決まる部分が大きいと言える。また，パートタイムレジャーサービス従事者については，男性の平均勤続年数が顕著に短いところに偏って分布していることが，低い決定係数（0.047）の背景にあると

図5-9左　年功賃金カーブ（時給，男性レジャーサービス，22歳で働き始めた場合）
図5-9右　1年前と比べた賃金変化率（時給，男性レジャーサービス）

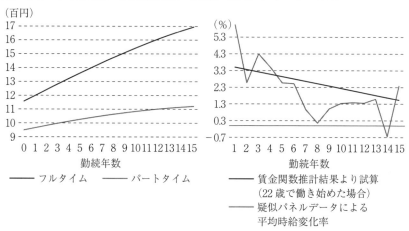

考えられる。従って、図5-9を解釈する上で実際には10年を超えて勤続するパートタイムのレジャーサービス従事者はほとんどいないことには留意が必要である。なお、疑似パネルからの平均時給変化率は、男性機械組立工の場合と同様、勤続年数によって乖離があるものの全体としては概ね、賃金関数からの変化率と整合的な水準が得られた。

[D] 女性看護師

最後に女性看護師についてその特徴を分析する。看護師は厚生労働大臣の免許を要件とする職業であり、入職時のハードルは相対的に高い職種と考えられる。専門性が高く資格要件が明確な職種であるため、フルタイム、パートタイム共に平均時給は高く、例えば［A］でみた女性販売職と比較すると所定内ベースの平均時給はフルタイム、パートタイム共に50％以上高い結果になっている（表5-4）。また、同一職種内でのフルタイム、パートタイムの時給差は大きいものの、全体と比較すればパートタイム労働者も相対的に高賃金なのが特徴といえよう。パートタイム時給が高いことの背景には、入職時の平均年齢が高く、従って年齢分布が高く経験を積んだ人がパート労働者の主力となっていることが指摘できる。見方を変えれば、相対的に高めの年齢でもよい賃金条件でパートタイマーとして転職や再入職しやすい職種とも言えよう。

表5-4 女性看護師に関する基礎データ

（賃金センサスデータ, 1993-2012）

	フルタイム	パートタイム
入職時の平均年齢	26.31	36.24
平均勤続年数	6.96	3.82
平均所定内給与（時給）	2.90	2.69
サンプル数	184,108	16,960
サンプル事業所数	13,938	6,332

（注）
1. 時給は対数ベース、百円。
2. サンプル事業所数は、サンプルとした労働者が働く事業所の総数。

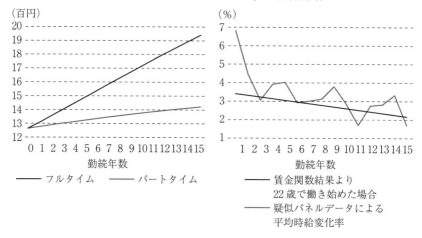

図5-10左　年功賃金カーブ（時給，女性看護師，22歳で働き始めた場合）
図5-10右　1年前と比べた賃金変化率（時給，女性看護師）

こうした特徴は年功賃金カーブの形状にも表れている。これまで見てきた3つの職種と性別の組み合わせのいずれのカーブと比較して切片が非常に高く，またフルタイムとパートタイムの切片がほぼ同一となっている（図5-10左）。但し勤続を続けた場合の賃金上昇率は他の職種とほぼ同じで，パートタイムの場合は例えば男性レジャーサービスよりも低く，賃金上昇のスピードはゆっくりで，勤続が長くなるとフルタイムとパートタイムの賃金差は拡大していく。但し，男性レジャーサービスなどと同様に，パートタイム労働者の時給が年齢や勤続年数で説明できる部分は限定的で，その他の要因で決まる面が強いと考えられる。なお，疑似パネルのデータと比較すると，入職直後の賃金変化率は疑似パネルデータの方がはるかに高いが，それ以降はかなり整合的な結果が得られた（図5-10右）。

[E] 職種別分析のまとめと職種横断的な特徴

ここまで4つの職種と性別の組み合わせに焦点を当て年功賃金カーブの分析を行ってきた。年功賃金カーブから示唆された結果を整理すると，①どのグループでもフルタイムとパートタイムの時給水準には相当の差があり，勤

第5章 我が国の賃金の動向に関する考察——多様な働き方に向けて——

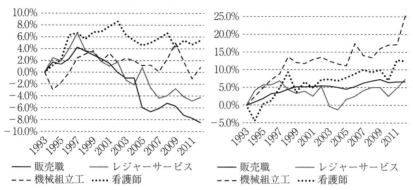

図5-11 職種別時給の時系列変化（フルタイム：左, パートタイム：右）

続年数が長くなると差は拡大する傾向にある。②①で指摘した差には職種間でもかなりの違いがみられ、入職時年齢の違いや仕事に必要とされるスキルの専門性の違いなどに依存する可能性がある。③どの職種でも、パートタイムでは年功や年齢など従来人的資本の代理変数と考えられてきた変数が時給の違いを説明できる部分はごく限定的であり、観察しにくい個人属性や勤務条件、責務の内容の違いなどを反映している可能性が高い。また、パートタイム労働者の同じ事業所での平均勤続年数は5年未満で、同じ事業所で長く働く傾向は見られない。繰り返しになるが賃金関数の推計結果を見る際には計量経済学的な課題があるため留意が必要だが、疑似パネルデータから推計したフルタイム労働者の賃金変化率との関係を見ると、女性販売職の場合を除き水準としては概ね整合的な結果が得られたと考えられよう。

最後に、こうしたフルタイム、パートタイム間の賃金差が時系列でどのように変化しているのか、職種別の推計結果を使って評価してみたい。下の図5-11左右はそれぞれ、賃金関数（1）の年次ダミー変数の係数をフルタイム、パートタイムについて時系列でプロットしたものである。係数の推移は、年齢、勤続年数、性別などの要因をコントロールした上で、1993年を基準にして時給が平均的に見てどのように推移してきたかを示すものであるが、フルタイムでは職種によって下落傾向（販売職とレジャータイム）とほぼ安定的（機械組立工と看護師）が分かれ、下落傾向が目立つ販売職で1993年と比

較して 2012 年に 8％強程度の下落であった。これに対しパートタイムでは，4 職種共通に上昇傾向が見られ，2012 年にはいずれも 5％以上の上昇，特に機械組立工では 25％程度の上昇と目立った変化になっている。但し，伸び率はもともとの賃金水準が低いパートタイムの方が大きくなることには留意が必要である。今回の分析では，データの利用制約から足元の動向は検証できなかったが，両者の対照的な動きは今後労働市場の需給がタイトな中，同一労働同一賃金の議論が進むに伴い，より顕著になる可能性も十分考えられる。なお，本稿の最初にも述べたが，パートタイム労働者の時給が時系列で上昇しているとの結果の背景には，パートタイム労働者として働く人々の特徴（年齢や性別以外の）が変化したことも含まれているため，結果を解釈する際には留意が必要である。

　以上を前提に，2000 年以前と世界金融危機以降の 2010 年以降の二つの期間に注目して，パートタイム労働者の労働時間と平均時給の動向を比較してみよう。以下では 4 つの職種のうち販売職と機械組立工に注目して比較を行った。

　図 5-12 は販売職，機械組立工それぞれについて，パートタイム労働者の月間所定内実労働時間の分布の変化を見たものである。金融危機以降，いずれの職種でも労働時間は短くなる傾向にあり，販売職では平均で 20 時間程度，機械組立工では平均で 9 時間程度短い。分布の左側の裾が厚くなった要因が需要側，供給側のいずれにあるのかわからないが，短時間労働の幅が広がったとの評価も可能であろう。図 5-13 は所定内労働時間の区分ごとに平均時給を示しているが，90 年代から危機以降まで共通してみられるのは，時給が最も低いのが月 120 時間程度働くパートタイマーで，120 時間超 150 時間の間では労働時間が長いほど時給も高くなる傾向にある。時点間の比較では危機以降は労働時間の長さに関わらず平均時給は上昇しているが，特に 140 時間を超えた区分での上昇率が高く，フルタイム労働者と時間的にほぼ遜色なく働くパートタイム労働者については，フルタイム労働者との時給でみた賃金差は縮小する傾向にある。これに対し，特に女性販売職では月 60 時間未満の労働時間下で働くパートタイマーも多いが，こうしたグループの時給上昇率は小さく，かつ時給ベースでフルタイム労働者との差が大きい[13]。パートタイマーと言っても労働時間だけ取っても相当なバラつきが見

第5章 我が国の賃金の動向に関する考察──多様な働き方に向けて── 123

図5-12 パートタイム労働者の月間所定内実労働時間の分布の変化（上：販売職，下：機械組立工）

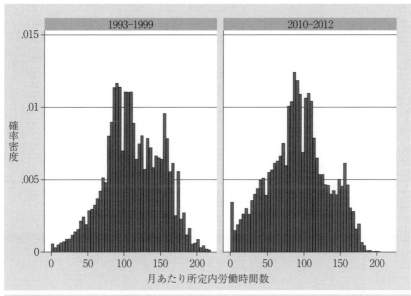
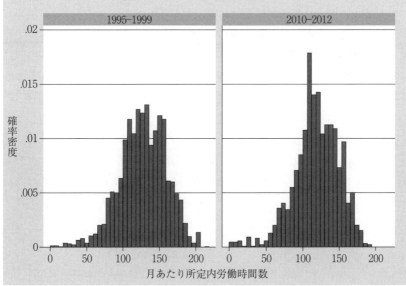

図 5-13　パートタイム労働者の労働時間別時給変化（左：販売職，右：機械組立工）

られ，職場での責務の重さも異なることが想像されることから，賃金差を議論するにはこうした点にも留意が必要であることが見て取れる。

7　終わりに

　これまで，データ制約の問題はありながら様々なアプローチで我が国のパートタイム労働者の賃金動向を中心に検証を行ってきた。マクロレベルで見てもマイクロレベルで見てもパートタイム労働者とフルタイム労働者の間には相当の賃金差がある。そのうちどれほどが不公平な人事管理によるものかを論じることはできなかったが，賃金の差は職種や業種によっても異なり，仕事の特徴に応じてパートタイム労働者が職場でどの程度定着，活躍しているかにも依存する可能性が示唆された。他方，年齢構成や勤続年数構成，性別内訳などを調整した上で時給の動向を時系列でみると，90 年代初めからの 20 年間でフルタイム労働者の時給は一部の職種では下落，もしくは概ね横ばいだったのに対し，パートタイム労働者については職種横断的に上昇基調であることが示唆された。この背景には，上述した改正パートタイム労働法や最低賃金の引き上げなどの制度的な要因がある可能性が考えられる。

13　フルタイム労働者の場合，職種を問わず所定内労働時間が長いほど時給は短くなる傾向にあるため，パートタイム労働者とは対照的と言える。

パートタイム労働者と一括りにしても労働時間，職場で果たす役割などは非常に多様であることが本稿の分析からも明らかになった。今後，働き方の多様化や柔軟化が進むに伴い，パートタイマーについてもさらにその多様性が拡がるものと考えられる。そうした中，働く人のモチベーションを損なわないような制度設計と職場環境の整備，そしてキャリア形成に係る幅広い機会の確保が鍵となるであろう。

最後に，パートタイムとフルタイムの労働者の賃金格差の分析を深める上では，データの整備と研究者のデータへのアクセスの確保が不可欠であることを改めて述べておきたい。既存研究のくだりで指摘したように，こうした賃金差をきちんと分析するには，各人の職歴や家族構成，特に子供の有無や年齢など様々な情報が重要であることが指摘されている。こうしたデータの整備は一部のヨーロッパ諸国などで最近進められているが，我が国でも，格差の度合いを政策担当者が認識したうえで今後の政策の企画立案を進めていくことが重要であろう。本稿では，エビデンスに基づいた政策立案が重要であるとの問題意識から，通常の経済分析の視点で見れば単純すぎる枠組みで一部の分析を行ったが，今後関連するデータ整備も含め，我が国でも様々な分析や議論が進んでいくことを期待したい。

参考文献

上野有子・神林龍（2016）「賃金は本当に上がっていないのか？―疑似パネルによる検証」近刊

神林龍，（2011），「日本における名目賃金の硬直性（1993-2006）―疑似パネルデータを用いた接近」『経済研究』第62巻4号，301～317頁

Booth, Alison L., and Margi Wood. "Back-to-Front Down Under? Part-Time/Full-Time Wage Differentials in Australia." *Industrial Relations: A Journal of economy and society* 47.1 (2008): 114-135.

Fernandez-Kranz, D. et al. (2015) "Part-Time Work, Fixed-Term Contracts, and the Returns to Experience," *Oxford Bulletin of Economics and Statistics*, 77, 4 (2015), pp. 512-541.

Fernández-Kranz, Daniel, and Núria Rodríguez-Planas. "The part-time pay penalty in a segmented labor market." *Labour Economics* 18.5 (2011): 591-606.

Hardoy, Inés, and Pål Schøne. "The Part-Time Wage Gap in Norway: How Large is It Really?." *British Journal of Industrial Relations* 44.2 (2006): 263-282.

Matteazzi, Eleonora, Ariane Pailhé, and Anne Solaz. "Part-time wage penalties in Europe: A matter of selection or segregation?." *Society for the Study of Economic Inequality Working Paper ECINEQ WP* 250 (2012).

（上野　有子）

第3部

オークション：理論と政策

第6章　オークションの基礎理論

はじめに

　民間競争市場は，財・サービスを効率的に配分し，社会厚生（＝社会的余剰）を最大化する価格機構をそのうちに備えているが，政府は経済主体の一つでありながら，そうした機構を持っていない。だが，ここにもある程度の効率性原理や厚生最大化原理が働かなければ，政府は不合理な経済主体になりかねない。政府（＝売り手）に合理的行動を導く方法の一つがオークションであり，大昔から伝統的に公的資産の所有・利用権は，オークションを通じて売却されてきた。オークションの最も重要な役割は，公共調達や政府資源の売却を容易にする点にある。公共工事の入札はいうに及ばず，今日ではオークションで売却される公的資産の範囲も電波周波数の利用権から空港の発着枠まで急速に拡がっている。

　政府による公的資産の売却も，公共調達も，その基本的な仕組みとプロセスに変わりはない。公的資産の売却では，買い手（＝ビッダー）は物件の購入権を競い最も高い入札額を提示した者が落札者になるのに対し，公共調達では売り手（＝民間事業者）が財・サービスの供給権を競い，最も低い入札額を提示した者が落札者になるのである。以下では，オークション理論の「金字塔」，V. クリシュナの『オークション理論』に基づき，公的資産の売却に焦点を合わせ，オークションの基本原理を検討する。

1 均衡と収入同値原理

1-1 オークション概論

　オークションは，売手が売却物件の価値を正確にわからず，ビッダー（＝買い手）にその評価を委ねざるをえない場合に用いられる。オークションの特徴は，売り手が入札という形で潜在的な買い手から支払意思額に関する情報を引き出し，入手した情報によって結果（つまり誰が落札し，いくら支払うかということ）を決定する点にある。その第二の特徴は，匿名性にあり，ビッダーの身元は誰が落札し，いくら支払うのかに何の役割も果たさない。

　オークションの代表的なフォーマットには，(1) 封印一位価格オークション，(2) 封印二位価格オークション，(3) 英国型オークション（＝公開の競り上げオークション），(4) オランダ型オークション（＝公開の競り下げオークション）の4タイプがある。(1) は一般的に広く普及しているオークション形式である。ここではビッダーは入札額を封印された封筒に入れ提出し，一番高い入札額を提示した者がその価格で落札することになる。(2) でも，同様な封印入札を行い，最高額を提示したものが落札するが，彼が支払う金額は2番目に高い入札額になる。(3) も広く普及しており，ここではオークション管理者が価格を公開でセリ上げていくかたちで入札が行われ，ビッダーが唯一人になったときに入札は終了する。落札者は最後から二番目に残った入札者が脱落した価格を支払うことになる。(4) は価格を公開でセリ下げていくものであり，ここではオークション管理者は始めに十分高い価格を告げ，それを徐々に下げていき，最初にその価格に反応したビッダーが落札者となる。

　ビッダーは，入札時に対象物件の価値を私的に評価しているはずである。だが，他のビッダーの評価値ついては分からないため，それらが彼の評価値に影響を与えることはない。だが，ビッダーの評価値が他のビッダーのシグナルや評価値によって影響を受けるような状況もある。そうした場合，ビッダーは相互依存的評価値（interdependent value）を持つという。そこではある特定のビッダーの評価値は他のビッダーの情報に依存することになる。この

特殊なケースが，すべてのビッダーにとって評価値が等しくなる，いわゆる純粋な共通価値（pure common value）と呼ばれるケースである。

　上述した4つのオークションのフォーマットのうち，2つは公開オークションであり，残る2つは封印入札オークションである。これらは異なる方法に見えるが，公開・封印の方式の違いのいくつかは表面的なものである。第一に，ダッチ公開競り下げオークションは，戦略的には一位価格封印オークションと同値である。公開のもとで行われるオランダ型オークションはビッダーになんら有益な情報をもたらさず，そこで唯一利用できる情報は自分の私的評価値でしかない点で，一位価格封印オークションと戦略的に同値である。第二に，英国型オークションは二位価格封印オークションと弱い意味で同値である。英国型オークションは他のビッダーがいつ脱落したかの情報を与えるので，それを観察することによって彼らの私的情報の一部を推察することができる。とはいえ，ビッダーにとって，入札額が自分の評価値を超えても入札に留まるのは損失を生み，逆に入札額が自分の評価値に達する前に降りるのは潜在的な利得の放棄につながる。したがって，評価値と同額の入札を行うのが最善となり，これは二位価格オークションの場合と同様である。

　図6-1はここで紹介した公開入札と封印入札との間の同値性を表したものである。

　オークション管理者がフォーマットを選択する際，通常，次の2つの基準が用いられている。一つは売手の観点からする収入ないし期待売却価格であり，もう一つは社会的な効率性である。前者では収入の最大化が，後者では最も高い評価値を持つビッダーへの対象物件の引き渡しが求められる。これ

図6-1　公開入札と封印入札フォーマットの同値性

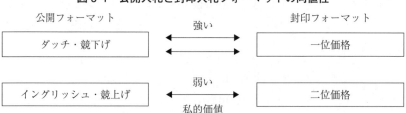

以外にも，オークション方式の持つ簡潔さや共謀の排除しやすさが，実務上，選択の重要要因になる場合もある。

1-2 封印オークションの均衡

封印型と公開型の同値性から，2つの封印入札オークションを検討すれば標準的なフォーマットはフォローできる。ビッダーの情報環境は，（ⅰ）彼が有する価値評価の構造（ここでは私的評価値）と（ⅱ）彼が利用できる情報の分布状況（ここでは独立・同一分布）で構成されている。

まず，次のように私的評価値モデルを設定しよう。（ア）単一財の売却に N 人の潜在的なビッダーがいる。（イ）ビッダー i は X_i いう評価値を持ち，それはある区間 $[0, \omega]$ 上に分布関数 F に従い独立・同一分布している。また，F は連続密度関数 $f \equiv F'$ を持ち，完全に台に支えられている。（ウ）ビッダー i は自分の評価実現値 x_i を知っているが，他のビッダーについてはその評価値が関数 F に従って独立分布していることしか知らない。ただし，評価値以外の要素（分布関数 F，入札者の数 N）については，ビッダー全員の共有知識になっている。（エ）ビッダーはリスク中立的であり，期待利益の最大化を追求する。（オ）ビッダーは十分な財源を持ち，その評価値 x_i まで支払い能力がある。最後に，（カ）ビッダーの戦略は関数 $\beta_i : [0, \omega] \to \mathbb{R}_+$ で表され，この戦略が彼の入札額を決定する。以上の枠組みで，一位価格・二位価格の封印オークションを検討しよう。

(1) 二位価格オークションの均衡

まず，二位価格オークションの検討から分析を始めよう。ここでは，ビッダーの入札戦略は単純明快である。二位価格オークションは公開競上げ方式と同値であり，ビッダーは自分の評価値で入札するのが最適となる。二位価格オークションで，評価値 x_i を持つビッダー i が b_i という価格で入札すると，その利得は，

$$\Pi_i = \begin{cases} x_i - \max_{j \neq i} b_j & \text{if } b_i > \max_{j \neq i} b_j \\ 0 & \text{if } b_i < \max_{j \neq i} b_j \end{cases}$$

になる。

命題1 二位価格封印オークションでは，$\beta^{II}(x) = x$ に従い入札することが弱支配戦略となる[1]。

この命題は，私的評価値の仮定があれば成立する。均衡におけるビッダーの支払額を見積るため，ビッダー1を固定し，確率変数 Y_1 で残りの $N-1$ 人のビッダーの評価値 $(X_2, X_3, \cdots, X_n)$ の中の最高入札額を，また関数 G で Y_1 の分布関数を表現しよう。すると，y に関し $G(y) = F(y)^{N-1}$ が成立し，評価値 x を持つビッダーの期待支払額 $m^{II}(x)$ (Expected payment) は，次式のようになる。

$$m^{II}(x) = \text{prob.}[\text{winning}] \times E[\text{second highest bid} | \textit{first highest bid} x]$$
$$= E[Y_1 | Y_1 < x] \tag{1}$$

(2) 一位価格オークションの均衡

ビッダー i は戦略 βi に従い b_i の封印入札を行い，その利得は，

$$\Pi_i = \begin{cases} x_i - b_i & \text{if } b_i > \max_{j \neq i} b_j \\ 0 & \text{if } b_i < \max_{j \neq i} b_j \end{cases}$$

となる。だが，ここではビッダー i は自分の評価値と同額の入札はしない（利得がゼロになってしまう）。他のビッダーの入札行動を固定すると，ビッダーは，入札額を引き上げることで落札確率を高めることができるが，同時に利得を減少させるというトレードオフに直面することになる。

まず，他のビッダー $j(\neq 1)$ が増加的かつ微分可能な均衡戦略 $\beta^I \equiv \beta$ に従

---

[1] （証明）ビッダー1を取りあげ，$p_1 = \max_{j \neq 1} b_j$ で彼以外のビッダーの最高入札額を表そう。x_1 の評価値を持つビッダー1が正直に入札した場合，$x_1 > p_1$ ならば彼が勝ち，$x_1 < p_1$ ならば敗北する。それでは，彼が $z_1 < x_1$ の額で入札する場合はどうか。$x_1 > z_1 \geq p_1$ ならば彼が勝ち，その利得は $x_1 - p_1$ となる。逆に，$p_1 > x_1 > z_1$ ならば彼は敗北する。$x_1 > p_1 > z_1$ ならば，ビッダー1は負けるが，x_1 を入札していれば正の利得を得ていたはずである。すなわち，彼にとっては x_1 での入札が最適であり，それ以外の額で入札しても特段，利得は得られないのである。

っているとき，シグナル $X_1=x$ を持つビッダー 1 は入札額 b を入札すると仮定しよう。ビッダー 1 は，$\beta(\omega)$ よりも大きい入札額 b を入れることはないし，評価値がゼロのときには正の入札額を入れない（$\beta(0)=0$）。彼は自分が最高額を入札したときに落札するが（$\max_{i \neq 1} \beta(X_i) < b$），$\beta$ は増加的なので $\max_{i \neq 1} \beta(X_i) = \beta(\max_{i \neq 1} X_i) = \beta(Y_1)$ と表記できる。先述したように，Y_1 は $N-1$ 人のビッダーの中の最高入札額である。ビッダー 1 は，$\beta(Y_1) < b$ のときに，逆関数で表現すると $Y_1 < \beta^{-1}(b)$ のときに落札でき，このとき期待利得は $G(\beta^{-1}(b)) \times (x-b)$ となる。ただし，G は Y_1 の分布関数である。b に関して上式の最大化を図ると，

$$\frac{g(\beta^{-1}(b))}{\beta'(\beta^{-1}(b))}(x-b) - G(\beta^{-1}(b)) = 0 \tag{2}$$

という一階の条件が得られる。ただし，$g = G'$ は $G(Y_1)$ の密度関数である。

対称均衡では，$b = \beta(x)$ であることから，(2) 式から微分方程式

$$G(x)\beta'(x) + g(x)\beta(x) = xg(x)$$

が，また同じことであるが，$\frac{d}{dx}(G(x)\beta(x)) = xg(x)$ が導かれる。$\beta(0)=0$ から，

$$\beta(x) = \frac{1}{G(x)}\int_0^x yg(y)dy = E[Y_1 | Y_1 < x] \tag{3}$$

となる。これは一位価格オークションがベイジアン・ナッシュ均衡をもつための必要条件にすぎないが，他の $N-1$ 人のビッダーも同じ戦略 β に従うと仮定しているので，評価値 x を持つビッダーにとって $\beta(x)$ での入札が最適ということになる。

命題 2 一位価格オークションでの対称均衡戦略は次のように与えられる。

$$\beta^{\mathrm{I}}(x) = E[Y_1 | Y_1 < x]$$

ただし，Y_1 は独立に引き出された $N-1$ 人の評価値の中の最高入札額である[2]。

1-3 収入同値原理

以上の分析から，売り手が受け取る収入の比較が可能になる。一位価格オークションでは，落札者はその入札額で支払うことから，評価値 x を持つ入札者の期待支払額 $m^1(x)$ は次のようになる。

$$m^1(x) = prob[\text{Winning}] \times Amount\ bid = G(x) \times E[Y_1 | Y_1 < x] \tag{4}$$

これは，二位価格オークションと同じである。売り手の期待収入はビッダーの期待支払額の合計なので，このことは２つのオークションの期待収入が

---

[2] （証明）均衡では最高評価値を持つビッダー１が落札するが，彼は $b (\leq \beta(\omega))$ より低い入札額 z を入れようとする。もしこのとき均衡が成立すれば，z は $z = \beta^{-1}(b)$ という逆関数で表現でき，彼の期待利得は，部分積分を利用し，

$$\Pi(b, x) = G(z)[x - \beta(z)] = G(z)x - G(z)E[Y_1 | Y_1 < z]$$
$$= G(z)x - \int_0^z yg(y)dy = G(z)x - G(z)z + \int_0^z G(y)dy = G(z)(x-z) + \int_0^z G(y)dy$$

となる。ここから，次式を得る。

$$\Pi(\beta(x), x) - \Pi(\beta(z), x) = G(z)(z-x) - \int_x^z G(y)dy \geq 0$$

一般に，X が分布関数 F に従い分布している場合，X の期待値は，

$$E[X] = \int_0^\omega x f(x)dx$$

で表される。ここから，$\gamma : [0, \omega] \rightarrow \mathbb{R}$ が任意の関数であるときには，$\gamma(X)$ の期待値は，

$$E[\gamma(X)] = \int_0^\omega \gamma(x) f(x) dx = \int_0^\omega \gamma(x) dF(x)$$

となる。そうなると，$X < x$ が与えられたとき，X の条件付き期待値は次式となり，

$$E[X | X < x] = \frac{1}{F(x)} \int_0^x t f(t) dt$$

これは，$F(x) E[X | X < x] = \int_0^x t f(t) dt = x F(x) - \int_0^x F(t) dt$

と書き直すことができる。この式を使うと，本文の均衡入札額は，

$$\beta^1(x) = x - \int_0^x \frac{G(y)}{G(x)} dy$$

と書き換えることができ，この式より入札額は評価値より低くなることが分かる。

$$\frac{G(y)}{G(x)} = \left[\frac{F(y)}{F(x)}\right]^{N-1}$$

であるから，入札額の評価値からの乖離度（＝ビッド・シェーディング bid shading）の度合いはビッダーの数に依存し，その数が大きくなればゼロに近づくのである。

同値であることを意味する。

命題3 独立かつ同一分布の私的価値モデルでは，一位価格オークションと二位価格オークションの期待収入は同値である[3]。

とはいえ，評価値の特定の実現値に眼を向ければ，一位価格オークションの収入 R^{I} が二位価格オークションの収入 R^{II} を上回ることもあれば，その逆も場合もある。例えば，ビッダーが二人で，評価値が一様分布している場合，一位価格オークションの均衡戦略は $\beta^{\mathrm{I}}(x) = \dfrac{1}{2}x$ となる[4]。したがって，

---

[3] （証明）最高評価値を持つビッダーが落札する標準的なオークションを A で表現すると，ある特定のビッダーの事前の期待支払額は，

$$E[m^{\mathrm{A}}(X)] = \int_0^{\omega} m^{\mathrm{A}}(x) f(x) dx = \int_0^{\omega} \left(\int_0^x y g(y) dy \right) f(x) dx$$

となる。ここで積分順序を入れ替えると，次式が得られる。

$$E[m^{\mathrm{A}}(X)] = \int_0^{\omega} \left(\int_y^{\omega} f(x) dx \right) y g(y) dy = \int_0^{\omega} y(1 - F(y)) g(y) dy$$

売り手が受け取る期待収入 $E[R^{\mathrm{A}}]$ は各ビッダーの期待支払額の N 倍であるので，

$$E[R^{\mathrm{A}}] = N \times E[m^{\mathrm{A}}(X)] = N \int_0^{\omega} y(1 - F(y)) g(y) dy$$

が得られる。ここで N 人の中で2番目に高い評価値 $Y_2^{(N)}$ の密度関数が $f_2^{(N)}(y) = N(1 - F(y)) f_1^{(N-1)}(y)$ となり，また $f_1^{(N-1)}(y) = g(y)$ であることに留意すると，上式は次のように書き換えることができる。

$$E[R^{\mathrm{A}}] = \int_0^{\omega} y f_2^{(N)}(y) dy = E[Y_2^{(N)}]$$

こうして，2つのオークションの期待収入は同一であると結論できる。

[4] 競争相手のビッダー2が，均衡戦略を採用し，$x_2/2$ を入札すると仮定しよう。すると，ビッダー1は，$b \geq x_2/2$ を入札すれば勝てるので，この評価値の期待値を求めれば，自分の余剰の期待値を計算することができる。この期待値は，評価値 x_2 に関して，$x_2 \leq 2b$ の範囲で，彼が得る余剰 $(x_1 - b)$ に一様な重みをつけて積分すれば得られる。すなわち，$\int_0^{2b}(x_1-b)dx_2 = 2b(x_1-b)$ となる。彼が余剰を最大にするような入札額を選択するためには，この式を b に関して一階微分してゼロと置けば良い。微分すると $2x_1 - 4b$ となるので，ビッダー1の最適入札額 b は $x_1/2$ となる。$F_X(z) \leq F_{Y_1}(z)$

売却額が $\frac{1}{2}x_1 > x_2$ のときには一位価格オークションの収入のほうが二位価格オークションのそれよりも大きく，逆に $\frac{1}{2}x_1 < x_2$ は，小さくなる。収入同値というのは平均値で成立するにすぎないのである。

これに対し，売り手は最高入札額が自分の予想額よりも低ければ対象物件を売却しない権利を持っている。この最低受諾価格を留保価格 r と呼ぶ。売り手がこれを設定すると，r より低い評価値しか持たないビッダーは入札に参加できない（排除原理）。このとき何が起こるのか，二位価格オークションから検討しよう。ここでは自分の評価値での入札が弱支配戦略となるので，r 以上の評価を行うビッダーの期待支払額は，

$$m^{\mathrm{II}}(x, r) = rG(r) + \int_r^x yg(y)dy \tag{5}$$

となる。落札者は 2 番目に高い入札額が r 以下でも留保価格 r を支払うことになる（右辺第一項）。それでは，一位価格オークションではどうか。まず，β^{I} が留保価格 r での対称均衡ならば $\beta^{\mathrm{I}}(x) = r$ となる。他のすべてのビッダーが r よりも低い評価値しか持たない場合，評価値 r を持つビッダーは r で落札できるからである。ついで，$x \geq r$ を持つ場合には，ビッダーの対称均衡戦略は，次のようになる。

$$\beta^{\mathrm{I}}(x) = E[\max\{Y_1, r\} \mid Y_1 < x] = r\frac{G(r)}{G(x)} + \frac{1}{G(x)}\int_r^x yg(y)dy$$

したがって，評価値 $x \geq r$ を持つビッダーの期待支払額は，

$$m^{\mathrm{I}}(x, r) = G(x) \times \beta^{\mathrm{I}}(x) = rG(r) + \int_r^x yg(x)dy \tag{6}$$

となり，これは (5) 式と同じである。このように，命題 3 は留保価格の下でも一般化できるのである。

留保価格 r が設定されたとき，ビッダーの評価値が x ならば，一位価格と二位価格を包括した標準的なオークションでの彼の事前期待支払額 $E[m^{\mathrm{A}}]$ は，次のようになる。

$$E[m^A(X,r)] = \int_r^\omega m^A(x,r)f(x)dx = r(1-F(r))G(r) + \int_r^\omega y(1-F(y))g(y)dy \tag{7}$$

ここで，売り手は自分でも評価値 $x_0 \in [0, \omega]$ を持っていると仮定しよう。評価値 x_0 は売り手が売却物件を自分で利用するときに引き出す評価値である。売り手は明らかに $r \geq x_0$ の留保価格を設定するが，そのときの売り手の期待利得は，以下のようになる。

$$\Pi_0 = N \times E[m^A(X,r)] + F(r)^N x_0$$

これを r に関して微分すると，次式が得られる。

$$\frac{d\Pi_0}{dr} = N[1 - F(r) - rf(r)]G(r) + NG(r)f(r)x_0$$

分布関数 F のハザードレート（hazard rate）関数は，$\lambda(x) = f(x)/(1-F(x))$ と定義できるので[5]，上式はつぎのように書き換えることができる。

5　区間 $[0, \omega]$ に値をとる確率変数 X と Y が分布関数 F と G に従い分布しているならば，任意の $Z \in [0, \omega]$ に関して，$F(z) \leq G(z)$ が成立する時，X は Y よりも一次確率優位にあるといい，累積分布関数についても F は G に対して一次確率優位にあるという。$\gamma:[0,\omega] \to \mathbb{R}$ が増加的で微分可能な関数であるとき，X が Y に確率的に優位し，かつそれらが分布関数 F と G に従うならば，その期待値の差は

$$E[\gamma(X)] - E[\gamma(Y)] = \int_0^\omega \gamma(z)[f(z) - g(z)]dz$$

となる。これを部分積分すると，$\gamma' > 0$ かつ $F \leq G$ から，

$$E[\gamma(X)] - E[\gamma(Y)] = \gamma(z)|F(z) - G(z)|_0^\omega - \int_0^\omega \gamma'(z)[F(z) - G(z)]dz$$

$$= -\int_0^\omega \gamma'(z)[F(z) - G(z)]dz \geq 0$$

となる。ここから，$E[X] \geq E[Y]$ を得ることができる。第二に，

$$\lambda_F(z) = \frac{f(z)}{1-F(z)} \leq \frac{g(z)}{1-G(z)} = \lambda_G(z)$$

が成立するとき，分布関数 F は分布関数 G に対しハザードレート優位性を持つという。もしこれが成立するならば，上式から対数の微分を用いることで直ちに

$$F(x) = 1 - \exp\left(-\int_0^x \lambda_F(t)dt\right) \leq 1 - \exp\left(-\int_0^x \lambda_G(t)dt\right) = G(x)$$

が帰結し，ハザードレート優位性は一次確率優位性と同値であることがわかる。第三に，二つの

$$\frac{d\Pi_0}{dr} = N[1-(r-x_0)\lambda(r)](1-F(r))G(r) \tag{8}$$

すると，$x_0>0$ ならば，$r=x_0$ で Π_0 の導関数は正の値をとるので，売り手は $r>x_0$ の留保価格を設けるべきことがわかる。こうして，売り手は収入最

分布関数 F と G が与えられたとき，$z \in [0, \omega]$ に関し，

$$\sigma_F(z) = \frac{f(z)}{F(z)} \geq \frac{g(z)}{G(z)} = \sigma_G(z)$$

が成立するとき，F は G に対し逆ハザードレート優位性を持つという。この場合，上式は直ちに次式を帰結する。

$$F(x) = \exp\left(-\int_x^\omega \sigma_F(t)dt\right) \leq \exp\left(-\int_x^\omega \sigma_G(t)dt\right) = G(x)$$

こうして，再び分布関数 F は G に対し一次確率優位を有することになる。最後に，すべての $x<y$ に関し

$$\frac{f(x)}{g(x)} \leq \frac{f(y)}{g(y)}$$

が成立するならば，分布関数 F は G に対し尤度比（Likehood raito）優位性を持つという。このとき，f と g は一度だけ「交差する」。尤度比優位性は，次式のように書き換えることができる。

$$\frac{f(y)}{f(x)} \geq \frac{g(y)}{g(x)}$$

ここから，すべての x に関し，

$$\int_x^\omega \frac{f(y)}{f(x)}dy \geq \int_x^\omega \frac{g(y)}{g(x)}dy$$

が成立する。上式の左辺は，

$$\int_x^\omega \frac{f(y)}{f(x)}dy = \frac{1}{f(x)}\int_x^\omega f(y)dy = \frac{1}{f(x)}[F(y)]_x^\omega = \frac{F(\omega)-F(x)}{f(x)} = \frac{1-F(x)}{f(x)}$$

となる。したがって，尤度比優位性はハザードレート優位性を意味しているのである。

逆に，上式を，

$$\frac{f(x)}{f(y)} \leq \frac{g(x)}{g(y)}$$

と書き換え，これを積分すると，

$$\int_0^y \frac{f(x)}{f(y)}dx \leq \int_0^y \frac{g(x)}{g(y)}dx$$

を得る。それゆえ，y に関し，

$$\frac{F(y)}{f(y)} \leq \frac{G(y)}{g(y)}$$

が成立する。これは，$\sigma_F(y) \geq \sigma_G(y)$ と同じであり，尤度比優位性は逆ハザードレート優位性をも意味している。表6-1は，この4つの確率順序の間の関係を要約したものである。

大化のため常に自分の評価値を上回る留保価格を設定しようとする。留保価格を上回る評価値を入札するビッダーが1人でもいれば，留保価格は十分その役割を果たすからである。

売り手が評価値の低い買い手を排除するもう一つ別の手段に参加料（entry fee）がある。これは，払戻しのない入場料のようなものである。留保価格や参加料の設定は売り手の収入増につながるが，効率性の点で問題を生む。それは常に対象物件が売れ残る可能性を生むからである。このように，効率性と収入最大化の間にはトレードオフがあるのである。

2 基本モデルの条件緩和

2-1 条件の緩和

収入同値原理はパワフルな結論であり，私的価値モデルのベンチマークをなしている。同原理の基礎をなす重要な仮定は次の4つであった。

1. 独立性 – ビッダーの評価値は独立に分布している。
2. リスク中立性 – ビッダーは自分の期待利潤の最大化を求める。
3. 非予算制約 – ビッダーはそれぞれの評価値まで支払う能力を持つ。
4. 対称性 – ビッダーの評価値は，同一の分布関数に従って分布している。

それでは，上の仮定が緩和されるとき，収入同値原理はどのような影響を

図 6-2 統計順序の概念

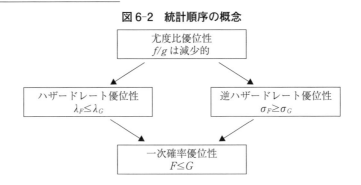

受け，また入札行動はどのように変化するのか。各仮定が持つ効果を特定するために，他のすべての仮定を一定としたうえで，その仮定の緩和ケースを検討しよう。ただし，命題の証明は極力簡素化し，その主たる結果を示すにとどめる。

(1) ビッダーがリスク回避的であるとき

ビッダーがリスク回避的であると，収入同値原理は成立しない。リスク中立的であるときに成立した期待利得関数の準線形性（quasi-linearity）―標準的オークションでは期待収入と期待支払額の差である利得関数のなかの期待支払額は線形をなしている―が，ビッダーがリスク回避的になると効力を失うからである。ここでビッダーは期待効用（価値評価額 - 支払額）の最大化を図るが，フォン・ノイマン―モルゲンシュテルン型効用関数はリスク回避的な時には凹関数になるので，最大化される効用値はビッダーの支払額に対し線形ではなくなるのである。

命題4 ビッダーが同じ効用関数を持ち，かつリスク回避的である場合，ビッダーが対称的で，私的評価値が独立分布しているかぎり，一位価格オークションの期待収入は二位価格オークションのそれよりも大きい。

なぜか。評価値 x を持つビッダー1を取りあげてみよう。他のすべてのビッダーの戦略を固定し，ビッダー1は利得を得るため入札額を b からわずかに引き下げ，$b-\Delta$ で入札すると仮定しよう。もしこれで彼がオークションに勝てば Δ の利得を得るが，他方この引き下げは敗北をもたらすかもしれない。リスク回避的なビッダーにとっては，敗北が引き起こす負の効果（＝損失）のほうが，入札額の引き下げで得る正の効果（＝利得）より大きいのである。ビッダーは，リスク回避的であるとき，より高い入札額を入れることで勝機の失うおそれに対しいわば「保険」を買うのである。

(2) ビッダーに予算制約があるとき

ビッダー i に予算制約 W_i の制約があるとき，そのタイプは (x_i, w_i) の組

(pair) で表わされ，私的情報は 2 次元になる。標準的なオークションのビッダー戦略を B^A の関数； $[0, 1] \times [0, 1] \to \mathbb{R}$ で表現すると，ビッダーは評価値と予算に依存しながら入札額を決定することになる。

 2 位価格オークションでは，ビッダーは弱支配戦略 $B^{II}(x, w) = \min\{x, w\}$ に従い入札する。ビッダーの評価値を $x'' = \min\{x, w\}$ と定義すると，タイプ $(x'', 1)$ のビッダーにとって評価値は 1 を超えないので，彼の戦略は $\min(x'', 1) = x'' = \min\{x, w\}$ から，$B^{II}(x, w) = B^{II}(x'', 1)$ ということになる。タイプ $(x'', 1)$ のビッダーは，$\min\{x, w\} = x''$ であるタイプ (x, w) の族 (family) のなかの最も豊かなビッダーである。$m^{II}(x, w)$ でタイプ (x, w) のビッダーの期待支払額を示せば，$B^{II}(x, w) = B^{II}(x'', 1)$ から $m^{II}(x, w) = m^{II}(x'', 1)$ を得る。ここで $(x'', 1)$ に届かない入札額を入れるこのタイプの集合を，

$$L^{II}(x'') = \{(X, W) : B^{II}(x, w) < B^{II}(x'', 1)\}$$

で，またタイプ $(x'', 1)$ のビッダーが他のビッダーに勝つ確率を

$$F^{II}(x'') = \int_{L^{II}(x'')} f(X, W) dX dW \tag{9}$$

で定義すれば，彼が落札する確率は

$$F^{II}(x'')^{N-1} = G^{II}(x'')$$

となる。ただし，$F^{II}(x'')$ は確率変数 $X'' = \min\{X, W\}$ の分布関数である。したがって，タイプ $(x'', 1)$ のビッダーが $B^{II}(z, 1)$ の入札を行う時，彼の期待効用は

$$G^{II}(z) x'' - m^{II}(z, 1)$$

となる。彼にとっては均衡で $B^{II}(x'', 1)$ を入札するのが最適なので，次式を得る。

$$m^{II}(x'', 1) = \int_0^{x''} y g^{II}(y) dy$$

こうして予算制約を持つときの，2 位価格オークションでのビッダーの期待支払額は，

$$R^{\mathrm{II}} = \int_0^1 m^{\mathrm{II}}(x'', 1) f^{\mathrm{II}}(x'') dx'' = E[Y_2^{\mathrm{II}(N)}]$$

となり，予算制約がない場合と同一になる．ただし，$Y_2^{\mathrm{II}(N)}$ は分布 F^{II} から引き出される N 個のなかの2番目に高い入札額である．

これに対し，1位価格オークションでは均衡戦略は $B^{\mathrm{I}}(x, w) = \min\{\beta(x), w\}$ となる．ここではタイプ $(x', 1)$ のビッダーは評価値よりわずかに低い入札額 $\beta(x) < x$ を入れることになる．ここで均衡の存在を仮定し，x' で $\beta(x') = \min\{\beta(x), w\}$ を定義しよう．すると，タイプ $(x', 1)$ のビッダーは，$\min\{\beta(x'), 1\} = \beta(x') = \min\{\beta(x), w\}$ から戦略 $B^{\mathrm{I}}(x, w) = B^{\mathrm{I}}(x', 1)$ を持つことになる．ここで，タイプ $(x', 1)$ に届かない入札額を入れるビッダー・タイプの集合を，

$$L^{\mathrm{I}}(x') = \{(X, W) : B^{\mathrm{I}}(X, Y) < B^{\mathrm{I}}(x', 1)\}$$

とし，先と同じように m^{I}, F^{I}, G^{I} を定義すると，同じ手続きで，

$$E[R^{\mathrm{I}}] = [Y_2^{\mathrm{I}(N)}]$$

が導かれる．ただし，$Y_2^{\mathrm{I}(N)}$ は確率分布 F^{I} から引き出された N 個の評価値のなかの2番目に高い入札額である．

この二つのオークションの期待収入を詳しく比較すると，$\beta(x) < x$ と $L^{\mathrm{II}}(x)$，$L^{\mathrm{I}}(x)$ の定義から，$L^{\mathrm{I}}(x) \subset L^{\mathrm{II}}(x)$ になり，(9) 式からすべての x に関し $F^{\mathrm{I}}(x) \leqq F^{\mathrm{II}}(x)$ が成立することになる．すなわち，F^{I} は ^{II} に確率的に優位しており，ここから

$$E[Y_2^{\mathrm{I}(N)}] > E[Y_2^{\mathrm{II}(N)}]$$

を導くことができる．

命題5 予算制約の下で，1位価格オークションの $B^{\mathrm{I}}(x, w) = \min\{\beta(x), w\}$ が対称均衡を持つならば，その期待収入は2位価格オークションのそれより大きい．

評価値と予算の組はビッダー間で独立・同一に分布しているので，予算制約がない場合には収入同値原理が当てはまる。だが予算制約がある場合には，2位価格オークションの収入Rに変化はないが，1位価格オークションの収入はRより大きくなる。これは，予算制約の効き目が1位価格オークションでやや緩くなることに由来している。

2-2 非対称的であるとき

ビッダーの評価値が異なる分布から引き出される非対称的なケースでは，一位価格オークションと二位価格オークションでは資源配分の在り方が異なることになる。2位価格オークションは相変わらず効率的であるが，1位価格オークションはもはや効率的ではない。また，両者はもはや収入同値でもない。

1位価格オークションにおける均衡入札戦略の検討から始めよう。評価値 X_1 と評価値 X_2 を持つ二人のビッダーがいて，彼らの評価値はそれぞれ $[0, w_1]$ 区間にある分布関数 F_1 と $[0, w_2]$ 区間にある分布関数 F_2 に従って分布しており，増加的かつ微分可能な戦略 β_1 と β_2 に従って入札するものとする。また，その戦略は $\phi_1 = \beta_1^{-1}$ と $\phi_2 = \beta_2^{-1}$ という逆関数を持ち，$\beta_1(0) = 0 = \beta_2(0)$ であり，$\beta_1(w_1)$ と $\beta_2(w_2)$ はいずれかが一方的に勝つことのない，そのような二人の最高入札額であるとする（$\bar{b} \equiv \beta_1(w_1) \equiv \beta_2(w_2)$）。ここでビッダー j ($=1, 2$) が戦略 β_j に従うとき，評価値 x_i を持つビッダー i が $b < \bar{b}$ の金額を入札すると，彼の期待利得は次のようになる。

$$\Pi_i(b, x_i) = F_j(\phi_j(b))(x_i - b) = H_j(x_i - b)$$

ただし，$F_j(\phi_j(b)) \equiv H_j(b)$ はビッダー j の入札額の分布である。上式の b に関する一階の条件は，

$$h_j(b)(\phi_j(b) - b) = H_j(b) \qquad (10)$$

となる。ただし，$h_j(b) \equiv H_j'(b) = f_j(\phi_j(b))\phi_j'(b)$ は，$H_j(\cdot)$ の密度関数である。これを再配列すると，

$$\phi'_j(b) = \frac{F_j(\phi_i(b))}{f_j(\phi_j(b))} \frac{1}{(\phi_i(b) - b)} \tag{11}$$

という微分方程式を得る。この解は特別なケースでしか得られないが，この均衡戦略が持つ属性については，間接的に推論できる。ビッダー 1 の評価値はビッダー 2 のそれより高く ($\omega_1 \geq \omega_2$)，とりわけ確率分布 F_1 は確率分布 F_2 に対し逆ハザードレート優位性を持つと強く仮定してみよう。すると，

$$\delta_{F_1(x)} = \frac{f_1(x)}{F_1(x)} > \frac{f_2(x)}{F_2(x)} = \delta_{F_1(x)}$$

となり，これは $F_1 \leq F_2$ と同値である（脚注5を参照）。ビッダー 1 を強いビッダー，ビッダー 2 を弱いビッダーと呼ぶことができる。$\phi_1(c) = \phi_2(c) \equiv z$ であるような c が，$0 < c < \bar{b}$ の間に存在すれば，(11) 式と上の過程により，$\phi'_2(c)$

$$= \frac{F_2(z)}{f_2(z)} \frac{1}{(z-c)} > \frac{F_1(z)}{f_1(z)} \frac{1}{(z-c)} = \phi'_1(c)$$ となり，$\phi'_i(c) = \frac{1}{\beta'_i(z)}$ なので，

$\beta'_1(z) > \beta'_2(z)$ ということになる。こうして，F_1 が確率的に F_2 に優位しており，ビッダー 1 の評価値がビッダー 2 のそれより確率的に高いときに，ビッダー 2 はビッダー 1 よりも高い入札額を入れるのである。すべての $b \in (0, \bar{b})$ に関し，$\phi_1(b) > \phi_2(b)$ なので，(10)，(11) 式から，

$$\frac{H_2(b)}{h_2(b)} = \phi_1(b) - b > \phi_2(b) - b = \frac{H_1(b)}{h_1(b)}$$

が成立する。ここで，弱いビッダー 2 が直面する競争相手の分布 H_1 は強いビッダー 1 が直面する分布 H_2 に優位しており，他のすべてが同一であれば，ビッダー 2 は，相手方（ビッダー 1）の確率優位な分布関数 H_1 と高い評価値 x_1 に直面し，攻撃的にならざるをえない。ビッダー 1 が b を入札するとすれば，より低い評価値 x_2 しか持たないビッダーは，同額の入札額を入れても勝ち目はないと感じる。均衡では二人の力がお互いに均衡しているはずなので，$\beta_1(x_1) = \beta_2(x_2) = b$ の仮定を置くと，ビッダー 2 はその弱さの分だけ攻撃的にならざるをえない。こうして，弱いビッダーの評価値は，強いビッダーが持っている評価値より高くなり ($x_1 < x_2$)，ビッダー 2 はビッダー 1 より高い入札額を入れるのである。

命題6 ビッダー1の評価値分布が，逆ハザードレートの意味で，ビッダー2のそれに優位すると，1位価格オークションでは弱いビッダー2のほうが強いビッダー1よりも積極的な入札行動を展開する。すなわち，任意の $x \in (0, \omega_2)$ に関し，

$$\beta_1(x) < \beta_2(x)$$

である。

　それでは台だけではなく，評価値の分布自体が非対称的である場合はどうか。その場合には，2位価格オークションのビッダーの期待収入のほうが1位価格オークションのそれを超えるという逆のケースもありえる。ただし，2位価格オークションには，たとえ評価値分布が非対称的であろうと常に事後効率的という優れた性質があるが，1位価格オークションにはそうした性質はない。1位価格オークションでは非対称的な分布が配分の非効率性をもたらす可能性がある。いま二人のビッダーがいて，そこで均衡 (β_1, β_2) が存在すると仮定すると，彼らの評価値は異なる分布から引き出されるので，通常，$\beta_1 \neq \beta_2$ となる。一般性を損なうことなく，$\beta_1(x) < \beta_2(x)$ であると仮定しよう。すると，両者の戦略は連続的かつ増加的であるから，十分に小さい $\varepsilon (>0)$ について，$\beta_1(x+\varepsilon) < \beta_2(x-\varepsilon)$ が成立するかもしれない。だが，これだとビッダー2がビッダー1より低い評価値しか持たなくても（$(x+\varepsilon) > (x-\varepsilon)$）落札できることになり，配分は非効率ということになる。

命題7 ビッダーの評価値が非対称的に分布している場合，2位価格オークションは常に効率的な配分をするが，1位価格オークションはそうではない。また，そこでの再販売も効率性をもたらさない。

　このことは，効率的な配分が重要視される場合には，政府は二位価格オークションを採用すべきことを意味している。だが，これについては，オークションが非効率に終わろうと後のビッダー間での再販売が最終的に効率性を実現するというシカゴ学派からの批判もある。はたしてそうか。二人のビッ

ダーの評価値 X_1 と X_2 はいずれも $[0, \omega]$ を台としているが，異なる分布関数 F_1 と F_2 に従い独立分布していると仮定しよう。すなわち，$F_1 \neq F_2$ であり，$E[X_1] \neq E[X_2]$ である。また，一位価格の均衡入札戦略 β_1 と β_2 は連続的かつ増加的であり，オークション後にその結果が公表されると仮定しよう。すると，彼らの評価値は入札額が b_1 と b_2 であれば，それぞれ $x_1 = \beta_1^{-1}(b_1)$ と $x_2 = \beta_2^{-1}(b_2)$ であることがわかる。ここでもし $b_1 > b_2$ であるにもかかわらず $x_1 < x_2$ であれば，オークションの結果は非効率的ということになる。だが，結果の公表によりビッダー 1 は $x_1 < x_2$ であることに気づくため，ビッダー 2 に対しその評価値か，それよりわずかに低い金額で転売を申し込むことになろう。それが受諾されれば，ビッダー 1 の利益は $x_2 - b_1$，もしくはそれよりやや小さな金額になり，ビッダー 2 のほうはゼロか，わずかに正の利得を得る。これとは逆にビッダー 2 のほうが買い手となってビッダー 1 に購入を申し込むことも考えられ，そこでもビッダーの利得には同様なことが起こる。再販売を伴う一位価格オークションの期待支払額は，二位価格オークションのそれと同じになるのである（＝収入同値原理の非対称的なケースへの拡張）。

だが，$\beta_1(\omega) = \bar{b}$ から $\phi_2(\beta_1(\omega)) = \omega$ となるので，ここで $x_1 = \omega$ と設定すると $\bar{b} = E[X_2]$ を得る。同様に，ビッダー 1 とビッダー 2 を入れ替えても，$\bar{b} = E[X_1]$ が得られる。しかし，これは最初の仮定 $E[X_1] \neq E[X_2]$ と矛盾する。このように，交渉による再販売は配分の効率性を保証するものではないのである。

2-3 相互依存的評価値のケース

ここでは，ビッダーの私的情報は「シグナル」として確率変数 $X_i \in [0, \omega_i]$ の実現値に要約されるが，彼の価値評価 V_i はすべてのビッダーのシグナルの関数として，$V_i = v_i(X_1, X_2, \cdots, X_N)$ で表される。関数 v_i はビッダー i の価値評価関数であり，すべての変数において非減少的かつ連続二階微分可能であると仮定する。すると，価値評価関数は彼が利用できる情報を条件とした期待価値評価として，次のように定義できる。

$$v_i(x_1, x_2, \cdots, x_N) \equiv E[V_i | X_1 = x_1, X_2 = x_2, \cdots, X_N = x_N]$$

ここで，$v_i(0, 0, \cdots, 0) = 0$ かつ $E[V_i] < \infty$ であり，ビッダーはリスク中立的で期待値 $V_i - p_i$ の最大化を図るものと仮定しよう。ただし，p_i はビッダー i による支払い額である。価値評価関数のこうした規定は，一方の極で $v_i(X) = X_i$ という私的評価値モデルを含むと同時に他方の極で $V = v(X_1, X_2, \cdots, X_N)$ という純粋な共通価値モデルを含んでいる。

評価値が相互依存的であると，あるビッダーの評価値は他のビッダーのシグナルに影響を受けるため，オークション期間中の，もしくはその後の結果によって事前の推定値の見直しが必要となる。ある特定のビッダーによる落札のアナウンスメントもこうした事象の一つであり，それはビッダーに有益な情報を運んでくれる。一位価格オークションで，評価値 x を持つビッダー 1 が落札者であると発表されると，他のビッダーが対称的で同じ戦略 β に従っているかぎり，これは彼に他の $N-1$ 個のシグナルの内の最高評価値が x より小さいことを知らしめる。その結果，彼はその価値評価に $E[V | X_1 = x, Y_1 < x]$ の推定値をつけるが，これは $E[V | X_1 = x]$ より小さい。アナウンスメントは，推定評価値を減少させるのである。ここでもし彼が既に $E[V | X_1 = x]$ で入札していれば，その落札により彼は必要以上の金額を支払ういわゆる「勝者の災い」に見舞われかねない。この現象は，各ビッダーのシグナルが $X_i = V + \varepsilon_i$ であるような純粋共通評価値モデルでもっとも顕著に現れる。ε_i が独立・同一に分布しており，$E[\varepsilon_i] = 0$ であると仮定すると，各ビッダーのシグナルは共通評価値の不偏推定量，すなわち $E[X_i | V = v] = v$ となるが，N 個のシグナルの中の最大値は，価値評価関数が凸関数なので，$E[\max X_i | V = v] > \max E[X_i | V = v] = v$ となり，最も高いシグナルを持つ買い手は過大な支払いをしてしまうのである。

第二に，ここでは英国型公開オークションと二位価格オークションはもはや戦略的に同値でなくなる。英国型オークションでは，入札に留まっているビッダーは，だれがいくらで退場したかを知ることができる。それにより，彼は入札から退場するビッダーの情報について推定でき，そうすることで自分の推定評価値を更新できる。これに対し，二位価格オークションは，こう

した情報を利用できない。

　第三に，シグナルが相互依存的になると，ビッダーのシグナルの結合密度関数 $f(X)$ はもはや各シグナルの密度関数 $f_i(X_i)$ の直積ではなくなる。そこでそれに代わり，シグナル $X_1, X_2, \cdots, X_N$ の間に，（セリ上げ）オークションに適合的な関連価値（affiliation）モデルを仮定しよう（以下，A関連と略す）。これは，一部のシグナルが高い評価値を示すならば，残るシグナルの方もまた高い評価値を示す可能性が大きくなるという関連を示すものである[6]。この関連は，直感的には，高い評価値を割り当てるビッダーにとっては，他のビッダーもまた同じように高い評価値を割り当てていると推論するのが合理的であることを意味している。

　ここでは，もはや収入同値原理は成立しない。まず，二位価格オークションから検討しよう。すべてのシグナル X_i は同じ区間 $[0, \omega]$ から引き出され，効用関数 u は同一であり，残りの $N-1$ 個の要素において対称的であるような，すなわちビッダー i の価値評価が $v_i(X) = u(X_i, X_{-i})$ で表わされるようなケースから検討しよう。シグナルの結合密度関数 f は区間 $[0, \omega]^N$ にあり，シグナルはA関連にあると仮定する。また，ビッダー1がシグナル x を持ち，他のビッダーの中の最高評価値のシグナル Y_1 が y であるとき，彼の期待価値評価を $v(x, y) = E[V_1 | X_1 = x, Y_1 = y]$ の関数で定義する。他のすべてのビッダー $j \neq 1$ が戦略 $\beta \equiv \beta^{II}$ に従うとき，シグナル x を持つビッダー1が金額 b を入札すれば，二位価格オークションでの彼の期待利得は，

6　確率変数 $X = (X_1, X_2, \cdots, X_N)$ が結合密度関数に従い，ある区間上に分布しているとき，確率変数は次のような条件を満たす場合，A関連にあると言われる。すなわち，すべてのベクトル $\mathbf{x}', \mathbf{x}'' \in X$ について，

$$f(\mathbf{x}' \vee \mathbf{x}'') f(\mathbf{x}' \wedge \mathbf{x}'') \geq f(\mathbf{x}') f(\mathbf{x}'')$$

が成立する場合が，それである。ただし $\mathbf{x}' \vee \mathbf{x}''$ は，

$$\mathbf{x}' \vee \mathbf{x}'' = (\max(x_1', x_1''), \max(x_2', x_2''), \cdots, \max(x_n', x_n''))$$

であり，$\mathbf{x}'$ と $\mathbf{x}''$ の成分に関する最大値を表し，$\mathbf{x}' \wedge \mathbf{x}''$ は

$$\mathbf{x}' \wedge \mathbf{x}'' = (\min(x_1', x_1''), \min(x_2', x_2''), \cdots, \min(x_n', x_n''))$$

であり，$\mathbf{x}'$ と $\mathbf{x}''$ の成分に関する最小値を表すものである。

$$\Pi(b, x) = \int_0^{\beta^{-1}(b)} (v(x, y) - \beta(y))g(y|x)dy$$
$$= \int_0^{\beta^{-1}(b)} (v(x, y) - v(y, y))g(y|\mathrm{x})dy \qquad (12)$$

となる。ただし，ここで $g(\cdot|x)$ は，$X_1 = x$ という条件付き $Y_1 \equiv \max_{i \neq 1} X_i$ の密度関数である。期待評価値 v は一番目の変数の増加関数なので，$y < x$ ならば $v(x, y) - v(y, y) > 0$ が成立する。それゆえ，期待利得 Π は彼が $\beta^{-1}(b) = x$ となるような b を，同じことだが $b = \beta(x)$ を選択することで最大化される。ビッダー 1 が $\beta^{\mathrm{II}}(x)$ で落札するとき，もっとも高い競合ビッドが同額の $\beta^{\mathrm{II}}(x)$ ならば，引き分けとなるので，彼は $Y_1 = x$ と推定し，この新しい情報ピースを入札の条件とすることになる。したがって，彼の条件付き期待評価値は $E[V_1|X_1 = x, Y_1 = x] = v(x, x) = \beta^{\mathrm{II}}(x)$ となる。

これに対し，英国型公開セリ上げオークションでは追加的な情報（入札から退場するビッダーたちの身元や価格）が利用できる。ビッダーの行動は全員に観察され，現行価格で購買意欲があるビッダーの集合は共通に知られることになる。英国型の対称均衡戦略は，それゆえ，$(N-1)$ 個の関数 $\beta^k:[0,1] \times \mathbb{R}_+^{N-k} \to \mathbb{R}_+$ の集合 $\beta = (\beta^N, \beta^{N-1}, \cdots, \beta^2)$ となる。ここで，$\beta^k(x, p_{k+1}, \cdots, p_N)$ は，まだ入札に参加しているビッダーが k 人いるが，ビッダー 1 は自分自身のシグナル x で入札から退場することを意味する。また，ビッダー N を価格 p_N で入札から最初に退場するビッダー，x_N を $\beta^N(x_N) = p_N$ となる一意のシグナルとすると，あるビッダーが価格 p_N で退場するとき，残る $N-1$ 人は次の戦略に従うことになる。

$$\beta^{N-1}(x, p_N) = u(x, \cdots, x, x_N) \qquad (13)$$

関数 $\beta^{N-1}(\cdot, p_N)$ は連続的かつ増加的なので，これを繰り返していけば，$2 \leq k < N$ であるような k に関し，ビッダー $N, N-1, \cdots, k+1$ は，それぞれ価格 $p_N, p_{N-1}, \cdots, p_{k+1}$ の順でオークションから退場し，残る k 人のビッダーは次の戦略に従うことになる。

$$\beta^k(x, p_{k+1}, \cdots, p_N) = u(x, \cdots, x, x_{k+1}, \cdots, x_N) \qquad (14)$$

英国型の戦略は顕示的なので，退場したビッダーのシグナル $x_{k+1}, x_{K+2}, \cdots,$ x_N は，他のビッダーたちの知るところとなる。いま，シグナル x を持つビッダー 1 が現行価格 p で退場するかどうかを決める局面にあるとしよう。このとき，彼が価格 p で落札できる状況は他の $k-1$ 人がこの価格で入札から退場する場合にかぎられる。ゆえに彼は評価値を，

$$u(x, y, \cdots, y. x_{k+1}, x_{k+2}, \cdots, x_N)$$

というように推定しよう。彼は自分の評価値が現行価格 p を上回っており，かつ上の勝機の推定に無理があると思えば，自分の評価値に至るまでオークションを継続する。だが，ここでの均衡戦略 β は価値評価関数 u にのみ依存し，基礎にあるシグナルの分布関数 f に依存していない。戦略 β でのプレイは，「後悔を伴わない (with no regret)」完全情報ゲームのベイジアン・ナッシュ均衡を形成することになる。オークションの中ですべてのビッダーのシグナルは勝者に顕示さるため，彼は勝っても後悔しないし，敗者も入札からの退場で後悔することはないのである。

それでは，一位価格オークションにあっては対称均衡はどうなるのか。$G(\cdot|x)$ で $X_1 = x$ という条件付きの $Y_1 \equiv \max_{i \neq 1} X_i$ の分布関数を，$g(\cdot|x)$ でその条件付き密度関数を表すと，シグナル x を持つビッダー 1 が $\beta(z)$ の入札額を入れるときの期待利得は，

$$\Pi(z, x) = \int_0^z (v(x, y) - \beta(z)) g(y|x) dy$$
$$= \int_0^z v(x, y) g(y|x) dy - \beta(z) G(z|x)$$

となる。この一階の条件は

$$(v(x, z) - \beta(z)) g(z|x) - \beta'(z) G(z|x) = 0$$

となる。対称均衡では，$z = x$ で最適となるので，上の一階の条件にこれを代入すると，

$$\beta'(x) = (v(x, x) - \beta(x)) \frac{g(x|x)}{G(x|x)}$$

という微分方程式を得る。ここでは，$v(x,x) - \beta(x) \geq 0$ が成立していなければならない。そうでなければ，ゼロ入札の方が厚生は良くなるからである。仮定により，$v(0,0) = 0$ から境界条件 $\beta(0) = 0$ が得られる。この境界条件を伴う微分方程式の解が対称均衡を形成する。この対称均衡戦略は，評価値が私的なときには $v(y,y) = y$ となるので，$\beta^{\mathrm{I}}(x) = \int_y^x v(y,y) dL(y|x)$ で与えられる。ただし，$L(y|x) = \exp(-\int_y^x \frac{g(t/t)}{G(t/t)} dt)$ である。これは先の命題2の一般化といってよく，シグナルが独立ならば，$G(\cdot|x)$ は x に依存しないので，$G(\cdot|x) \equiv G(\cdot)$ と書ける。それゆえ，

$$L(y|x) = \exp\left(-\int_y^x \frac{g(t)}{G(t)} dt\right) = \frac{1}{G(x)} G(y) \tag{15}$$

となり（$\log F(t)$ の微分を想起せよ），$\beta^{\mathrm{I}}(x)$ は先の私的評価値の均衡，すなわち $E[Y_1 | Y_1 < x]$ に帰着する。

命題8 二位価格オークションにおける対称均衡戦略は次式で与えられる。

$$\beta^{\mathrm{II}}(x) = v(x,x)$$

これに対し，英国型オークションの対称均衡戦略は（13）式と（14）式で定義された β によって与えられる[7]。さらに，一位価格オークションの対称均

---

7 （証明）シグナル $X_1 = x$ を持つビッダー1を取りあげ，他のすべてのビッダーは戦略 β に従うものと想定しよう。また，$Y_1, Y_2, \cdots, Y_{N-1}$ で評価値 $X_2, X_3, \cdots, X_N$ の中のそれぞれ最も高いもの，二番目に高いもの等と定義する。すると，ビッダー1が落札するには $x > y_1$ でなければならない。ビッダー1が支払う価格は2番目に高いシグナル Y_1 を持つビッダーが入札から退場するときの価格，$(y_1, y_1, y_2, \cdots, y_N)$ であるので，彼が得る利得は

$$u(x, y_1, y_2, \cdots, y_N) - u(y_1, y_1, y_2, \cdots, y_N) > 0$$

となる。ここで，ビッダー1は彼が支払う価格に何らの関わりも持たないので，彼は戦略 β に従う以外に自分の厚生を良くすることはできない。逆に，$Y_1, \cdots, Y_N$ の実現値が，ビッダー1が戦略 β に従うかぎり落札できない評価値であるとすると，彼が退場せずに落札するとすれば，それは $u(y_1, y_1, y_2, \cdots, y_N)$ という価格で起こることになる。だが，$x < y_1$ なので，この価格は彼の評価値を超えている。結局，彼は退場する以外に自分の厚生を良くできないのである。

衡戦略は，$\beta^{\mathrm{I}}(x) = \int_0^x v(y, y) dL(y|x)$ によって与えられる。

最後に，3つのオークション形式の期待収入を比較しよう。英国型は，評価値が相互依存的でシグナルがA関連にある時，その時に限り二位価格オークションよりも高い収入をもたらす。評価値が私的で，シグナルが独立ならば，両者は同値である。

次に，二位価格オークションの期待売却価格は，

$$E[\beta^{\mathrm{II}}(Y_1)|X_1=x, Y_1<y] = E[u(Y_1, Y_1)|X_1=x, Y_1<x]$$
$$= \int_0^x v(y, y) dK(y|x) \tag{16}$$

となる。ただし，$K(y|x) = \dfrac{1}{G(x|x)} \cdot G(y|x)$ であり，$K(\cdot|x)$ は台 $[0, x]$ を持つ分布関数である。

これに対し，一位価格オークションの期待収入は，ビッダーが「勝者の災い」を避けるため自分の入札額を削る分だけ低くなる。その均衡入札戦略 $\beta^{\mathrm{I}}(x)$ には，次のような性質がある。

$$\beta^{\mathrm{I}}(x) = \int_0^x v(y, y) dL(y|x) \leq \int_0^x v(y, y) dK(y|x) \leq \int_0^x v(x, y) dK(y|x)$$
$$= E[V_1|X_1=X, Y_1<x]$$

上式の最初の不等式は，$K(\cdot|x)$ が $L(\cdot|x)$ に確率優位すること（$K(y|x) \leq L(y|x)$）に，2番目の不等式は $v(\cdot, y)$ が増加関数であること（$y<x$）に関係している。一位価格オークションの均衡入札額は，落札を条件とした期待評価値より小さくなるのである。

命題9 英国型オークションでの期待収入は，少なくとも二位価格オークションのそれと同額である。また，二位価格オークションでの期待収入は，少なくとも一位価格オークションからのそれと同額である。したがって，相互依存的な評価値とA関連のシグナルを持つ対称モデルでは，3つのオークションの期待収入は

$$E[R^{\mathrm{Eng}}] \geq E[R^{\mathrm{II}}] \geq E[R^{\mathrm{I}}]$$

と順序づけることができる。

　以上の3つのフォーマットでは，落札者はすべて最も高いシグナルを持つビッダーであった。だが，最高のシグナルを持つビッダーが最高の評価値を持つビッダーであるとは限らない。それでは，最高のシグナルを持つビッダーが必ず最高の評価値を持つビッダーとなるには，どういう条件が必要なのか。それは，（ア）相互依存的評価値を持つ対称モデルが A 関連のシグナルを持ち，かつ（イ）単一交差条件が満たされるときである。（ア）が満たされると，3つのフォーマットはすべて効率的な対称均衡を持つことになる。また（イ）が満たされると，ビッダーのさまざまな評価値はそれらのシグナルと同じように順序づけられることになる。単一交差条件とは，他のすべてのシグナルを固定したとき，ビッダー i の価値評価関数のシグナル x_i での傾きがビッダー j のそれの傾きより大きく，二つの関数はせいぜい一回しか交差しないという条件を指す。価値評価は，すべての $i,\ j(\neq i)$，および x に関し，$\dfrac{\partial v_i}{\partial x_i}(x) \geq \dfrac{\partial v_j}{\partial x_i}(x)$ が成立するとき，単一交差条件を満たす。対称モデルでは，ビッダー i に対する評価値は，$v_i(x) = u(x_i, x_{-i})$ と書ける。ゆえに，u_1' で u の1番目の変数に関する偏微分を，u_j' で j 番目の変数に関する偏微分を表すと，対称的なケースでは単一交差条件は，$j \neq 1$ に関し $u_1' \geq u_j'$ が成立するというに等しく，これが評価値をシグナルと同様に順序づけることを保証するのである。

3　オークションのメカニズム・デザイン

3-1　私的評価値と顕示原理

　売り手の売却方法は多数あり，オークションはその中の一つにすぎない。だが，後述するように，オークションは相対取引よりも優れた売却方法であ

る。ここでは，最善の売却方法，とりわけ最善のオークション方式とは何かを検討する。以前と同様，私的評価値モデルを踏襲するが，ビッダー間には非対称性があると仮定する。ビッダー i 以外のビッダー集合を $X_{-i} = \times_{j \neq i} X_j$ で表し，$f(x)$ でベクトル $x = (x_1, x_2, \cdots, x_N)$ の結合密度関数を定義する。すなわち，$f(x) = f_1(x_1) \times f_2(x_2) \times \cdots \times f_N(x_N)$ である。また同様に，$f_{-i}(x_{-i})$ でベクトル $x_{-i} = (x_1, \cdots, x_{i-1}, x_{i+1}, \cdots, x_N)$ の結合密度関数を定義する。

売却メカニズム (B, π, μ) は，各ビッダーが発信できるメッセージ（もしくは入札額）の集合 B_i，配分ルール $\pi : B \to \Delta$，（Δ；買い手集合 N に係る確率分布の集合），および支払いルール $\mu : B \to \mathbb{R}^N$ の3つの要素からなっている。このメカニズムの中では，配分ルールがビッダー i の落札確率 $\pi_i(b)$ を，また支払いルールが彼の期待支払額 $\mu_i(b)$ を決定する。一位価格，二位価格オークションで発信されるビッドの集合 B_i は χ_i なので，両オークションにとって配分ルールは $b_i > \max_{j \neq i} b_j$ ならば $\pi_i(b) = 1$ となり，$j \neq i$ ならば $\pi_j(b) = 0$ となる。だが，両者の支払いルールは異なる。このメカニズムのなかで，他のビッダーの戦略 β_{-i} が所与のとき，ビッダー i の戦略 $\beta_i(x_i)$ が彼の期待利得を最大化するとき，N 組の戦略 $\beta_i[0, \omega_i] \to B_i$ はメカニズムの均衡にあるという。簡単化のために，メッセージ集合が評価値集合と一致する $(B_i = X_i)$ メカニズム，すなわちすべてのビッダーに直接評価値の報告を求める直接メカニズム (Q, M) を取りあげよう。このメカニズムは，$Q : X \to \Delta$ と $M : X \to \mathbb{R}^N$ のペアで構成される。$Q_i(x)$ はビッダー i の落札確率，$M_i(x)$ は彼の期待支払い額である。各買い手が自分の真の評価値を表明することで均衡が導かれるならば，この直接メカニズムは正直報告（truth telling）の均衡を持つといわれ，この組 $(Q(x), M(x))$ がメカニズムの帰結（outcome）になる。

命題 10（顕示原理 revelation principle）

メカニズムとその均衡が与えられれば，(1) 各ビッダーによる評価値の正直な報告が均衡を導き，(2) その帰結が元のメカニズムの均衡でのそれと同一となるような直接メカニズムが存在する。

顕示メカニズムを用い，ビッダーにメッセージ $b_i = \beta_i(x_i)$ を提出させる代

わりに自分の評価値 x_i を直接報告するよう求めれば，それは彼らがビッド $\beta_i(x_i)$ を入れたのと同一の帰結をもたらす．直接メカニズム (Q, M) が与えられたとき，買い手が対象物件を落札する確率は，

$$q_i(z_i) = \int_{\chi_{-i}} Q_i(z_i, \mathbf{x}_{-i}) f_{-i}(\mathbf{x}_{-i}) d\mathbf{x}_{-i}$$

となる．ただし，ここでは，彼は評価値を z_i と報告するが，他のすべての買い手は自分の評価値を正直に報告するものと仮定している．同様に，買い手 i の期待支払額は，

$$m_i(z_i) = \int_{\chi_{-i}} M_i(z_i, \mathbf{x}_{-i}) f_{-i}(\mathbf{x}_{-i}) d\mathbf{x}_{-i} \tag{17}$$

となる．

3-2 直接メカニズムと VCG メカニズム

評価値 x_i を持つビッダー i があえて z_i と報告するときの彼の期待利得は，$q_i(z_i)x_i - m_i(z_i)$ となる．直接メカニズム (Q, M) は，もしすべての i, x_i および z_i に関し，次式が成立するならばインセンティブ両立的 (IC) であるという．

$$U_i(x_i) \equiv q_i(x_i)x_i - m_i(\mathbf{x}_i) \geq q_i(z_i)x_i - m_i(z_i)$$

ここで U_i は均衡利得関数である．期待利得は，IC が成立すると，報告される評価値 z_i に関し，真の評価値 x_i のアフィン関数になる．すなわち，IC は，

$$U_i(x_i) = \max_{z_i \in \chi_i} \{q_i(z_i)x_i - m_i(z_i)\}$$

を意味する．この U_i はアフィン関数の族の最大値であり，それゆえ凸関数である．また，$q_i(x_i)z_i - m_i(x) = q_i(x_i)x_i - m_i(x_i) + q_i(x_i)(z_i - x_i) = U_i(x_i) + q_i(x_i)(z_i - x_i)$ なので，IC は $U_i(z_i) \geq U_i(x_i) + q_i(x_i)(z_i - x_i)$ と等しくなる．ここで $q_i(x_i)$ は，ポイント x_i で関数 U_i を支える線分の傾きであり，あらゆるポイントで微分可能であり，$U_i'(x_i) = q_i(x_i)$ となる．U_i は凸関数なので，ここから q_i は非減少関数ということになる．さらに，絶対連続関数は導関数の定積分になるので，

$$U_i(x_i) = U_i(0) + \int_0^{z_i} q_i(t_i) dt_i \tag{18}$$

が成立する。この式からインセンティブ両立的な直接メカニズム (Q, M) における買い手の期待利得は配分ルール Q にのみ依存していることがわかる。(Q, M) と (Q, $\bar{\text{M}}$) が，同じ配分ルール Q に従う，支払いルールだけが異なる二つのメカニズムであれば，期待利得関数 U_i と $\bar{U}_i$ は，高々定数で異なるにすぎない。期待利得関数の「形状」は完全に配分ルール Q によって決定され，支払いルール M のほうは定数 $U_i(0)$ の決定に関わっているにすぎない。ここでの期待支払額は $m_i(x_i) = m_i(0) + q_i(x_i)x_i - \int_0^{x_i} q_i(t_i) dt_i$ となる。$U_i(x_i) = q_i(x_i)x_i - m_i(x_i)$ であり，かつ $U_i(0) = -m_i(0)$ なので，(18) 式を書き換えると，この期待支払額の公式が帰結するのである。均衡期待利得が非負 ($U_i(x_i) \geq 0$) ならば，この直接メカニズム (Q, M) は個人合理的 (IR) ともなる。そのときには $U_i(0) \geq 0$ と $U_i(0) = -m_i(0)$ から，$m_i(0) \leq 0$ となる。

売り手がメカニズム・デザイナーとして直接メカニズムを利用すれば，彼は IC と IR の制約に従い，期待収入 ($E[R] = \sum_{i \in N} E[m_i(X_i)]$) の最大化を追求することになる。期待収入は，$E[m_i(X_i)] = \int_0^{x_i} m_i(x_i) f_i(x_i) dx_i$ なので，これに上の期待支払額 m_i を代入し，2重積分となる最後の項 ($\int_0^{w_i} \int_0^{x_i} q_i(t_i) f_i(x_i) dt_i dx_i$) の積分順序を入れ替えれば，売手の目的関数として

$$\sum_{i \in N} m_i(0) + \sum_{i \in N} \int_\chi \left(x_i - \frac{1 - F_i(t_i)}{f_i(x_i)} \right) Q_i(\mathbf{x}) f(\mathbf{x}) d\mathbf{x} \tag{19}$$

を得る。ただし，ここには IC (q_i が非減少的であるという)，また IR ($m_i(0) \leq 0$ であるという) 二つの制約条件が付いている。ここで，簡単化のために，被積分関数を

$$\psi_i(x_i) = x_i - \frac{1 - F_i(t_i)}{f_i(x_i)} \tag{20}$$

で表し，これを買い手 i の仮想評価値 (virtual valuation) と定義しよう。ま

た，その期待値はゼロとする ($E[\psi_i(X_i)]=0$)。デザイン問題は，この仮想評価値 $\psi_i(\cdot)$ が評価値 x_i の増加関数であるときに，正則的 (regular) であるという。上式を，簡単化のために，

$$\psi_i(x_i) = x_i - \frac{1}{\lambda_i(x_i)}$$

と書き直そう。λ_i は，$\lambda_i \equiv f_i/(1-F_i)$ であり，これは分布関数 F_i のハザードレート関数である。そうなると，正則性を確保するための十分条件は，$\lambda_i(\cdot)$ が増加的であるということになる。こうして，売り手は，

$$\sum_{i \in N} m_i(0) + \int_X \left(\sum_{i \in N} \psi_i(x_i) Q_i(\mathrm{x}) \right) f(\mathrm{x}) d\mathrm{x} \tag{21}$$

を最大化する (Q, M) を選択することになる。この第二項

$$\sum_{i \in N} \psi_i(x_i) Q_i(\mathrm{x}) \tag{22}$$

の関数 Q は重みづけ関数であり，$\psi_i(x_i)$ が最大となるように重みを与えるのが最善となる。メカニズム (Q, M) は，配分ルール Q が $\psi_i(x_i) = \max_{j \in N} \psi_j(x_j)$ となる時，またその時にかぎり正の確率でビッダー i の手に渡るように定められ ($Q_i(\mathrm{x}) > 0 \Leftrightarrow \psi_i(x_i) = \max_{j \in N} \psi_j(x_j) \geq 0$)，かつ支払いルール M が $M(\mathrm{x}) = Q_i(\mathrm{x}) x_i - \int_0^{x_i} Q_i(z_i, \mathrm{x}_{-i}) dz_i$ で定められるとき，最適となる。

ここで，$z_i < x_i$ を仮定すると，正則条件により $\psi_i(z_i) < \psi_i(x_i)$ となり，また x_{-i} に関しても $Q_i(z_i, \mathrm{x}_{-i}) \leq Q_i(x_i, \mathrm{x}_{-i})$ が成立し，q_i は非減少関数ということになる。こうして (21) 式の第二項を最大化するのが最適であるので，期待収入の最大値は，

$$E[\max\{\psi_1(X_1), \psi_2(X_2), \cdots, \psi_N(X_N), 0\}]$$

ということになる。より直感的には，買い手 i が自分以外の買い手の評価値 x_{-i} に対し勝つことができる最小の評価値を

$$y_i(\mathrm{x}_{-i}) = \inf\{z_i : \psi_i(z_i) \geq 0 \text{ and } \forall j \neq i, \psi_i(z_i) \geq \psi_j(x_j)\}$$

と書くこともできる。こうして，

$$Q_i(z_i, \mathrm{x}_{-i}) = \begin{cases} 1 & \text{if } z_i > y_i(\mathrm{x}_{-i}) \\ 0 & \text{if } z_i < y_i(\mathrm{x}_{-i}) \end{cases}$$

であり，これは次式を帰結する．

$$\int_0^{z_i} Q_i(z_i, \mathrm{x}_{-i}) = \begin{cases} x_i - y_i(\mathrm{x}_{-i}) & \text{if } x_i > y_i(\mathrm{x}_{-i}) \\ 0 & \text{if } x_i < y_i(\mathrm{x}_{-i}) \end{cases}$$

また，支払いルール M は，

$$M_i(\mathrm{x}) = \begin{cases} y_i(\mathrm{x}_{-i}) & \text{if } Q_i(\mathrm{x}) = 1 \\ 0 & \text{if } Q_i(\mathrm{x}) = 0 \end{cases}$$

となり，勝者のみが支払い，そのときの支払額は勝利をもたらす評価値の中の最小値ということになる．

買い手の評価値分布が対称的な場合には，すべての i に関し $f_i = f$ かつ $\psi_i = \psi$ となることから，$y_i(\mathrm{x}_{-i}) = \max\{\psi^{-1}(0), \max_{j \neq i} x_j\}$ が成立し，最適メカニズムは留保価格 $r^* = \psi^{-1}(0)$ を持つ二位価格オークションと等しくなる[8]．

---

8 仮想評価値に基づく配分が最適となる理由を，その評価値が関数 F に従い分布している，ある買い手を取りあげて検討してみよう．売り手が p という価格でこの買い手に二者択一の提案（take-it-or-leave-it offer）をすると，彼がこのオファーを受け入れる確率は $1-F(p)$ である．この購入確率を買い手による需用「量」と考え，「需要曲線」を $q(p) \equiv 1-F(\mathrm{p})$ と書くことにする．すると，逆需要曲線は $p(q) \equiv F^{-1}(1-q)$ となる．ここで q は購入される需要量（もしくは，購入確率である）なので，売り手が直面する「収入関数」は，$p(q) \times q = qF^{-1}(1-q)$ となり，これを q に関して微分すると次式を得る．

$$\frac{d}{dq}(p(q) \times q) = F^{-1}(1-q) - \frac{q}{F'(F^{-1}(1-q))}$$

すると，$F^{-1}(1-q) = p$ なので，限界収入は次式のようになる．

$$MR(p) \equiv p - \frac{1-F(p)}{f(p)} = \psi(p)$$

これが，$p(q) = p$ での買い手の仮想評価値 $\psi(p)$（＝限界収入）である．独占的な売り手は $MR(p)$（限界収入）$= MC$（限界費用）で留保価格 r^* を設定する．MC はゼロなので，$MR(r^*) = \psi(r^*) = 0$，もしくは $r^* = \psi^{-1}(0)$ となる．独占的な売り手は，多くの買い手がいると彼らに対し $r_i^* = \psi_i^{-1}(0)$ という差別的な留保価格を設ける．買い手の評価値が留保価格 r_i^* を超えない場合は売却物件が売り手の下に残るが，そうでない場合は最高の限界収入を有する買い手が落札し，自分がそれで勝てる最小評価値 $p_i = y_i(\mathrm{x}_{-i})$ を支払うことになる．

命題11 デザイン問題は正則的であると，

$$Q_i(z_i, \mathrm{x}_{-i}) = \begin{cases} 1 & \text{if } \psi_i(x_i) > \max_{j \neq i} \psi_j(x_j) \text{ and } \psi_i(x_i) \geq 0 \\ 0 & \text{if } \psi_i(x_i) < \max_{j \neq i} \psi_j(x_j) \end{cases}$$

かつ

$$M_i(\mathrm{x}) = \begin{cases} y_i(\mathrm{x}_{-i}) & \text{if} \quad Q_i(\mathrm{x}) = 1 \\ 0 & \text{if} \quad Q_i(\mathrm{x}) = 0 \end{cases}$$

が，最適メカニズムということになる。

　このメカニズムは競争が持つ価値を示唆してくれる。売り手と買い手の1対1の交渉では，買い手の評価値 X_1 が分布関数 F から引き出されている場合，取引の成否は買い手が売り手側から出される $r_1^* = \psi^{-1}(0)$ という二者択一のオファーを受諾するどうかにかかる。r^* を超える価値評価 X_1 を持つ買い手はオファーを受け入れるが，そうでなければ拒否しよう。したがって，売り手の期待収入は $E[\max\{\psi(X_1), 0\}]$ ということになる。だが，売り手はこの交渉に同一の分布関数 F に従う評価値 X_2 を持つもう一人の買い手を招き入れることもできる。このとき売り手が標準的なオークションを採用すれば，彼の期待収入は $E[\max\{\psi(X_1), \psi(X_2)\}]$ となり，買い手が一人の場合の収入を超える。売り手は，二人の買い手の評価値が同一の分布関数から引き出されていることさえ知っていれば，彼にとって多くの買い手を招き入れ競争を行わせる方が有利なのである。

　このメカニズムの下で買い手は，$E[X_i - y_i(\mathrm{x}_{-i})]$ の期待余剰値を持つ。これ

だが，このメカニズムは不利な買い手を有利に導く性向がある。同一の台 $[0, \omega]$ を持ちながら，その評価値が二つの分布関数 F_1 と F_2 から引き出されている二人の買い手を想定してみよう。このとき，F_1 にハザードレート優位性があるとすれば $(\lambda_1(x) \leq \lambda_2(x))$，買い手2はその評価値が買い手1のそれより低く，不利な立場に立っていることになる。だが，二人が同一の仮想評価値 x を持つとすれば，

$$\psi_1(x) = x - \frac{1}{\lambda_1(x)} \leq x - \frac{1}{\lambda_2(x)} = \psi_2(x)$$

から，買い手2の仮想評価値のほうがより高くなる可能性がある。仮想評価値を基準にしたメカニズムは，不利な買い手を勝たせる可能性があるのである。

は「情報レント」と呼ばれ，X_i の評価値を知っているものが買い手 i 本人しかいないことによるものである．だが，このメカニズムは，配分ルールも支払いルールも買い手の仮想評価値に，そしてそれはまた彼の評価値の特定の分布に依存している．それゆえ，最高の仮想評価値が負である場合には，買い手の評価値が非負，売り手の評価値がゼロであるにもかかわらず，正の確率では売却されないことになる．また，たとえ配分がなされても，非対称的なケースでは最高評価値を持つ買い手に配分されるとは限らない．このメカニズムは普遍性，匿名性を持たない点で，オークションの2つの重要な性質を満たしていないのである．

　実行可能性の点では，いわゆる「詳細フリーのメカニズム」（提唱者に因み「ウィルソン原則」と呼ばれている）が求められるわけだが，これに応えるのが常に効率的な配分を行う（留保価格を持たない）二位価格オークションである．買い手の評価値がある区間 $\chi_i = [\alpha_i, \omega_i] \subset \mathbb{R}$ の中にあるとしよう．ここでもし配分ルール $Q^*: X \to \Delta$ が「社会厚生」を最大化するならば，それは効率的である．すなわち，すべての $\mathrm{x} \in$ に関し，

$$Q^*(\mathrm{x}) \in \arg\max_{Q \in \Delta} \sum_{j \in N} Q_j x_j \tag{23}$$

であれば，この配分ルールは売却物件を最も高く評価する買い手に配分する．そしてこのとき，社会厚生の最大値は

$$W(\mathrm{x}) \equiv \sum_{i \in N} Q_j^*(\mathrm{x}) x_j$$

となる．これは，効率的な配分ルール Q^* と支払いルール $M^V: \chi$ ($M_i^V(\mathrm{x}) = W(\alpha_i, x_{-i}) - W_{-i}(\mathrm{x})$) を持つメカニズム ($Q^*, M^V$) であり，ヴィッカリ，クラーク，グローブスの研究に由来するので，VCG メカニズムと呼ばれている．ただし，$M_i^V(\mathrm{x})$ は，買い手 i が落札可能な最低評価値 α_i で達成する社会厚生と（彼が評価値を x_i と報告したときに）他のエージェントがもたらす社会厚生の差である．VCG メカニズムは，$\alpha_i = 0$ のとき二位価格オークションと同値となる．VCG メカニズムはインセンティブ両立的であり，二位価格オークションと同様，正直な報告（truth-telling）がそこでの弱支配戦略となる．このメカニズムは $x_i \geq \max_{j \neq i} x_j$ である時，またその時に限り正となる．また，

このメカニズムは，均衡において期待均衡利得関数 U_i^V が凸関数となり，かつ増加的になるという特性を有している。この関数は $U_i^V(x_i) = E[W(x_i, X_{-i}) - W(\alpha_i, X_{-i})]$ と表記できるが，明らかに $U_i^V(\alpha_i) = 0$ なので，U_i^V の単調性がメカニズムの個人合理性を保証している。

命題 12 効率的，インセンティブ両立的および個人合理的である売却メカニズムの中で，VCG メカニズムは各買い手の期待支払額を最大化するものである。また，この VCG メカニズムが期待余剰を帰結するとき，そのときに限り，予算を均衡させるような効率的，インセンティブ両立的，及び個人合理的なメカニズムが存在する。

この命題は非常に有力な分析道具であるが，VCG メカニズムにも問題は残っている。あらゆる評価実現値に関し，買い手の純支払総額がゼロとなるとき，メカニズムは予算均衡するが（$\sum_{i \in N} M_i(x) = 0$），VCG メカニズムはそうした特性を持ち合わせていない。こうした特性を持つメカニズムとして AGV（Arrow-d'aspremont-Gerard-Varet）メカニズム（「期待外部性」メカニズムと呼ばれる）があり，そこでは支払いルールは，

$$M_i^A(x) = \frac{1}{N-1} \sum_{j \neq i} E_{X_{-j}}[W_{-j}(x_j, X_{-j})] - E_{X_{-i}}[W_{-i}(x_i, X_{-i})] \tag{24}$$

で定義される。この式ではすべての x に関し，$\sum_{i \in N} M_i^A(x) = 0$ となる。

これを相対取引と対比してみよう。私的な生産コスト $C \in [\underline{c}, \bar{c}]$ を持つ売り手とその財の消費に関し私的な評価値 $V \in [\underline{v}, \bar{v}]$ を持つ買い手がいる市場を想定する。コスト C と評価値 V は独立に分布しており，それぞれの区間には完全な台があり，$\underline{v} < \bar{c}$ かつ $\bar{v} \geq \underline{c}$ であると仮定する。市場が買い手の支払額 P と売り手の受取額 R を決定していれば，財が取引される場合，買い手にとっての純利得は $V - P$，売り手にとっての純利得は $R - C$ となる。$V > C$ であれば，財は市場で清算され，メカニズムは効率的である。ついで，買い手と売り手がそれぞれ価値評価 V とコスト C を発表すると仮定してみよう。もし $V \leq C$ であれば取引は起きないが，逆に $V > C$ であれば取引がなされ，買い手は $\max\{C, \underline{v}\}$ を支払い，売り手は $\min\{V, \bar{c}\}$ を受け取る。

買い手にとっては $V=v$ を，また売り手にとっては $C=c$ をアナウンスすることが弱支配戦略となり，メカニズムは効率的である。買い手は評価値 $\underline{v}$ を持つとき期待利得ゼロとなるので，評価値 $v>\underline{v}$ を持ついかなる買い手も正の期待利得を得，売り手は費用 $\bar{c}$ を要するとき期待利得ゼロとなるので，費用 $c<\bar{c}$ を持ついかなる売り手も正の期待利得を得ることになる。こうしてメカニズムは個人合理的でもある。

だが，取引は $\underline{v}<\bar{c}$ でも起こる可能性がある。この場合には，売り手の受領額 $R=\min\{V,\bar{c}\}$ は，買い手の支払額 $P=\max\{C,\underline{v}\}$ よりも大きくなり，メカニズムは予算均衡しない可能性がある。$V>C$ である時にはいつでも取引が行われるが，$\underline{v}<\bar{c}$ であることは売り手の受領額 $R=\min[v,\bar{c}]$ の方が買い手の支払額 $P=\max[c,\underline{v}]$ よりも大きいことを意味している。ここではいかなる V と C の実現値についても，買い手の赤字額は $R-P=V-C$ となる。こうして，相対取引ではインセンティブ両立的，かつ個人合理的であっても，同時に予算を均衡させるメカニズムは存在しないのである。

3-3 相互依存的評価値とメカニズム・デザイン

以前と同様，対称的なモデルから検討しよう。$\chi_i (\chi = \times_i \chi_j)$ で買い手 i が受けとるシグナルの集合を，Δ で買い手集合 N 関わる確率分布の集合を，$Q_i(x)$ で買い手 i の落札確率を，$M_i(x)$ で彼の期待支払額を示すことにする。ここで顕示原理に立てば，買い手 i の価値評価に $v_i(y_i, x_{-i}) > \max_{j \neq i} v_j(y_i, x_{-i})$ かつ $v_i(z_i, x_{-i}) < \max_{j \neq i} v_j(z_i, x_{-i})$ の関係を成立させるようなシグナル y_i と z_i が存在すれば，彼は x_{-i} に対してピボット（pivot）の位置に立てることになる[9]。このシグナルで彼が落札できるかどうかが，メカニズムの効率性を決定する重要な要素となる。インセンティブ両立性は，彼の真のシグナルが y_i の時には y_i を報告することを要求する。したがって，$v_i(y_i, x_{-i}) - M_i(y_i, x_{-i}) \geq -M_i(z_i, x_{-i})$ である。同様に，真のシグナルが z_i である時には z_i を報告することを要求する。したがって，$-M_i(z_i, x_{-i}) \geq v_i(z_i, x_{-i}) - M_i(y_i, x_{-i})$

---

[9] 行列の左基本変形操作の「掃き出し法」で用いられるもので，(1, 1) 成分を中心として第一列を掃き出すやり方である。線形計画法では，このやり方を (1, 1) 成分をピボットとする変換とよび，n 次連立 1 次方程式の解に行き着く重要な解法をなしている。

となる。この2つの条件を結合すると，$v_i(y_i, x_{-i}) \geq M_i(y_i, x_{-i}) - M_i(z_i, x_{-i}) \geq v_i(z_i, x_{-i})$ となり，インセンティブ両立性の必要条件は，$v_i(y_i, x_{-i}) \geq v_i(z_i, x_{-i})$ ということになる。すなわち，彼が落札できるときの評価値は，少なくとも獲得できないときのそれと同じ高さでなければならない。インセンティブ両立性は評価値の単調性（monotonic）を要求するが，買い手 i の評価値は彼自身のシグナルの増加関数なので，そのシグナルの増加は，彼が初期に勝っていれば，もはや彼に敗北をもたらすことはない。

効率性は，買い手がシグナルの増加においても最高評価値を維持し続けなければならないことを要求する。すなわち，$v_i(x_i, x_{-i}) = v_j(x_i, x_{-i})$ となるような任意の x_i において，

$$\frac{\partial v_i}{\partial x_i}(x_i, x_{-i}) > \frac{\partial v_i}{\partial x_j}(x_i, x_{-i})$$

の式が成立することを，すなわち前述の単一交差条件を要求しており，この条件さえ満たされれば，上の VCG メカニズムを，買い手が相互依存的評価値を持つような環境においても一般化できる（＝一般化 VCG メカニズム）。

このことを直接メカニズムに即して検討しよう。ここでは買い手は自分のシグナルを正直に報告し，シグナルのなかで最も高い評価値を持つ買い手が落札する。公式的には，買い手 i の落札確率は，

$$Q_i^*(x) = \begin{cases} 1 & \text{if } v_i(x) > \max_{j \neq i} v_j(x) \\ 0 & \text{if } v_i(x) < \max_{j \neq i} v_j(x) \end{cases}$$

となり，彼の支払額は $M_i^*(x) = v_i(y_i(x_{-i}), x_{-i})$ となる。ただし，ここでの $y_i(x_{-i})$ は，

$$y_i(x_{-i}) = \inf\left\{z_i : v_i(z_i, x_{-i}) \geq \max_{j \neq i} v_j(z_i, x_{-i})\right\}$$

であり，他の買い手の報告値が与えられたとき，買い手 i が落札できる最小額のシグナルである。ここでは，$v_i(x_i, x_{-i})$ にかわり $v_j(y_i(x_{-i}), x_{-i})$ の支払いが買い手 i に求められる。重要なポイントは，彼の報告は落札に影響を及ぼすが，支払い価格には影響を及ぼさないことである。こうして，正直な報告は，価値評価 v が単一交差条件を満たしていれば，一般化 VCG メカニズ

ム（Q*, M*）の効率的な事後均衡となる。一般化VCGメカニズムは，私的評価値のケースでは二位価格オークションに還元され，買い手が二人のときには英国型オークションの均衡に対応する直接メカニズムになる。

だが，評価値が相互依存的である場合には，この一般化VCGメカニズムも「詳細フリー」の性質を持たない。メカニズム・デザイナーは各買い手の価値評価 v_i に関し知識を持つので，メカニズムに匿名性がなくなり，買い手は，独立・私的評価値モデルのように，正の情報レントを獲得できなくなる。

この結果は，買い手のシグナルが離散的な場合，簡単に導き出すことができる。ここでは，各買い手のシグナル X_i は，t_i 個のシグナルからなるある有限集合，

$$X_i = \{0, \Delta, 2\Delta, \cdots, (t_{i-1})\Delta\}$$

の中から，ランダムに引き出される。モデルの他のすべての特徴を変えなければ，買い手たちの評価値は，$v_i(0) = 0$ を満たす価値評価関数 $v_i: \mathcal{X} \to \mathbb{R}_+$ を介した結合シグナルによって決定されることになる。ここで価値評価関数を離散的な非減少関数に変換すれば，$v_i(x_j + \Delta, x_{-j}) \geq v_i(x_j, x_{-j})$ が成立する。ここでは $i = j$ で強い意味で不等式が成立することになる。したがって単一交差条件の離散型バージョンは，すべての i および $j \neq i$ に関し，

$$v_i(x_i, x_{-i}) \geq v_j(x_i, x_{-i}) \Rightarrow v_i(x_i + \Delta, x_{-i}) \geq v_j(x_i + \Delta, x_{-i}) \tag{25}$$

が成立することである。

このように，相互依存的評価値のメカニズムは一般化VCGメカニズムの修正版であり，シグナルが連続的ではなく離散的であっても，単一交差条件が与えられれば，このメカニズムは配分効率的であり，相変わらず正直な報告が事後均衡を形成する。VCGメカニズムの効率的な特性は，シグナルの分布ではなく，価値評価関数 v_i への依存にあったが，ここではそれはシグナルの分布に決定的に依存している。そして，このことが売り手の買い手からの余剰吸収を可能にするのである。売り手は，事実上，完全な価格差別独占者として振る舞うことで最善の成果を手に入れ，買い手の期待利得はゼロ

となる。ここで、シグナルの結合確率分布を Π で、X＝x となる確率を $\Pi(x)$ で表すことにしよう。これはまさに連続的な結合密度関数の離散型類似版である。また、Π_i でその要素が条件付き確率 $\pi(\mathbf{x}_{-i}|x_i)$ となる t_i 行、$\times_{j\neq i} t_j$ 列の行列を表すことにしよう。Π_i の各行は買い手 i のシグナル x_i に対応しており、各列は他の買い手のシグナル $\mathbf{x}_{-i}$ のベクトルに対応している。すると、上の $\pi(x_{-i}|x_i)$ は、ビッダー i が自分のシグナルを条件に入札するときの、他の買い手たちのシグナルに関する彼の信念（briefs）に相当するものとなり、Π_i は買い手 i の信念の行列ということになる。ここでシグナルが独立であるならば、買い手 i のシグナルは他の買い手のシグナルに影響を与えず、Π_i は同一で1行になるが、シグナルが相関的ならば、彼のシグナルは他のシグナルに影響を与え、Π_i 行はそれぞれ異なるものとなる。

命題 13 シグナルが離散的であり、かつ価値評価 v が単一交差条件を満たす状態を仮定しよう。すると、あらゆる買い手 i にとって、もし信念の行列 Π_i がフルランクを備えているなら、正直な報告が効率的な事後均衡となるようなメカニズムが存在し、そこでは買い手の期待利得は正確にゼロとなる。

このメカニズムの特徴は次の諸点にある。第一に、正直な報告がオークションの支配的な戦略を成すが、そこでの支払額は二位価格オークションの支払額に列ベクトルの項 $c_i(x_{-i})$ を加えたものとなる。第二に、最適メカニズム（Q^*, M^c）は、一般化 VCG メカニズムと関数 c_i によって決定される追加支払額という2つの要素から成る。後者は買い手 i が引く「くじ $c_i(X_{-i})$」であり、他の買い手の報告によって決定される。シグナル間に相互依存性があると、X_i の実現値に応じて「くじ」の期待支払額もさまざまに変わるのである。「くじ」は、買い手が一般化 VCG メカニズムの機構に参加するための料金ともいえる。第三に、シグナルの中のいくつかの実現値については、買い手の利得が負になる可能性がある。このメカニズムは、期待値はゼロだが、常に個人合理的ではないのである。最後に、この結果を生み出す条件は信念の行列が完全な階数を持つことを要求するが、買い手のシグナルが

ほぼ独立の水準にある場合，この「くじ $c_i(X_{-i})$」はまれに大きな支払額を帰結することがある。このため，買い手は利得の全範囲にわたりリスク中立的ではありえなくなる。

おわりに

　以上から，結論的には，厳しい4つの仮定（私的評価値，評価値の独立・同一分布，リスク中立性，非予算制約性）を緩和したときには，単一物のオークションでは，予算均衡に留意しつつ，VCGメカニズムに準拠してオークション・フォーマットを採用するのが最適ということになる。すなわち，政府は，メカニズム・デザイナーとしては，公開の場合には英国型セリ上げ方式を，封印の場合には留保価格の設定を考慮に入れながら二位価格オークションを採用するのが，効率的であり，収入的にも当たり外れがないといえる。実際のオークションの場が，4つの仮定の崩れる場所での取引となっている以上，この結論は有益な政策インプリケーションを与えてくれているといってよい。

　だが，現実のオークションの政策現場に対しては，この結論はいまだ微かな光明を与えているにすぎない。政策現場では，周波数オークションに代表されるように，複数財がパッケージで一挙に売却される場合もあれば，数次に分けられ連続的に売却される場合もある。また，売却される複数財も同質財とは限らず，代替もしくは補完の関係にある場合もある。もちろんシグナルも多次元となり，情報構造も複雑化する。とはいえ，枚数の制約もあるため，複数財のオークションの理論的研究については今後の課題としておく。

参考文献

Vijay Krishna (2010), Auction Theory (second edition), ELSEVIER

ポール・ミルグロム「オークション　理論とデザイン」（川又他訳）」，東洋経済新報社，2007年

ケン・ステグリッツ「オークションの人間行動学（川越他訳）」，日経BP社，2008年

（山本　哲三）

第7章　日本の電波政策
——電波の経済価値と周波数オークション——

1　はじめに

　マルコーニが1895年に無線通信を成功させて以来，人類は電波の利用から多くの恩恵を受けてきた。近年では，携帯電話の急速な普及によってわれわれのコミュニケーションのかたちは大きく変化した。さらに，スマートフォン（スマホ）の利用が数年の間に爆発的に広まって，便利なアプリケーションを自由に使えるようになるなど，われわれの生活は，無線技術から多くの恩恵を得ている。われわれが利用しているコミュニケーションサービスやコンテンツサービスの多くは，電波によって提供されている。また，新しい技術として爆発的な普及が起こると期待されているモノのインターネット，すなわちInternet of Things（IoT）も，その多くは電波を利用している。

　言い換えれば，電波はわれわれの暮らしそのものであり，電波なくしては，われわれの生活は成り立たなくなっている。人類が電波を利用しはじめてから120年ほどの間に，電波の重要性が飛躍的に高まったといえる。

　わが国では，電波の公平かつ能率的な利用を確保することにより，公共の福祉を増進することを目的として，1950年（昭和25年）に電波法が制定された。以来，電波に関する政策は，技術の発展を時に追認し，時に先駆けて，繰り返し検討されてきた。電波政策の基本的な目的は，電波法に基づき，電波を監理し，利用に関する諸制度を整備することにあるといえる。1985年（昭和60年）の通信自由化以降，通信の高度化が進み，電波政策の重要性が急速に高まった。放送においても，地上波デジタル放送の導入等により，利用の高度化が進んだ。こうした変化に伴い，電波法制自体の見直しを含む電波政策の検討が継続的に行われてきたのである（例えば，多賀谷一照；電波有効

利用政策研究会，2003, 参照）。

　わが国の電波利用制度の概要を述べておこう。まず，電波の割り当て（配分）については，原則として比較審査方式が用いられている。すなわち，配分の対象となる電波に対し複数の申請者がいる場合，免許人としての優劣を比較して，免許を付与する方式が採用されている。電波利用の対価は，電波利用料の徴収による。電波利用料の歳入総額が電波利用共益事務に必要な経費の負担額と等しくなるよう電波利用料の料額が算定される。近年の電波利用の拡大により，電波の逼迫が生じ，資源としての電波の希少性はますます高まっている。そのため，電波利用の一層の効率化，電波の経済価値を反映した電波利用料の徴収，および新たに利用可能な周波数の創出等が喫緊の政策課題となっている。

　電波は，いったん割り当てられると，排他的な利用が認められるため，割り当てにおいては，慎重な検討が求められる。特に，近年では，電波に対する需要が増大する一方で，割り当て可能な周波数が限られてきているため，効率的な利用を実現するうえで電波政策の重要性がますます高まっている。電波を利用したサービスには，社会や経済に革新的な変化，すなわち社会イノベーションを生み出す潜在力がある。そのため，伝統的な電波監理のみならず，電波の利活用の促進も電波政策の重要な課題となっている。同時に，電波を利用したさまざまなサービスは，国際的な競争にもさらされており，国際競争力を強化するために，いかに電波を効果的に活用するかといった視点も重要となる。

　本章では，現代におけるこのような趨勢を反映し，電波の経済価値に焦点を当て，わが国の最近の電波政策について解説を加える。

2 電波の価値と配分

2-1 電波の配分方法

　一部の免許不要の周波数帯域[1]を除き，電波を利用するためには免許が必

1　アンライセンスドバンド unlicensed band という。Wi-Fi 等で利用される 2.4GHz および 5GHz

図7-1　わが国の電波の利用形態

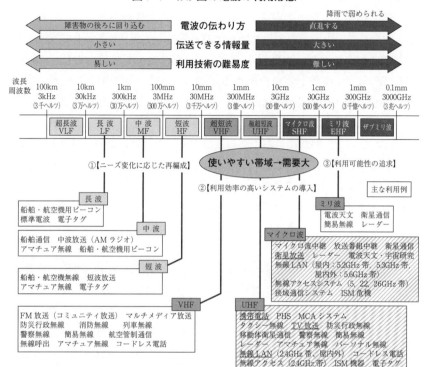

出典：総務省電波政策ビジョン懇談会第1回資料『電波利用に関する現状等について』
（総務省，2016b, p.11）

要となる。われわれが日常的に使用している携帯電話やスマホからテレビ放送に至るまで，電波を利用するシステムには専用の周波数帯が割り当てられている。したがって，携帯電話事業者，放送事業者，衛星通信事業者，アマチュア無線等はすべて無線局免許人である。図7-1には，わが国における周波数別の利用状況が示されている。携帯電話およびスマホの爆発的な普及をはじめ，あらゆる周波数帯で電波利用が急速に進み，電波需給は逼迫している。一般に，資源の希少性が高まると，資源の価値は上昇する。電波もその例外ではない。

帯，IoT等で利用される920MHz帯などがそれに当たる。

電波の割り当て方法には，表7-1に示されている通り，4つの方法がある。

先に述べたように，わが国では，原則として比較審査方式がとられている。すなわち，申請者の利用計画を比較考量の上，最良と思われる案を提示した者に周波数が割り当てらる。そして，割り当てを受けた者は，"対価"として，毎年，電波利用料を納める。他方，OECD加盟国等の先進諸国のみならず諸外国の多くが採用しているのは，周波数オークションである[2]。かつては比較審査方式を採用していた国々も，ほとんどがオークション制度に移行している。わが国において周波数がオークションという競争的手段によらず配分され続けているという事実は，その是非の判断はともかく，わが国の電波政策における特異性として認識されるに至っている。それゆえに，国際的な標準とは異なった，独自の発展を遂げているということができる。

比較審査方式には，事業計画の適切性や技術能力の優れた者に電波を使用する権利を与えることができるという利点はある。他方，審査のプロセスに関して透明性が確保されないために，恣意性を排除しにくく，また市場原理のような客観的に働くメカニズムがないために，電波の経済価値を適切に反映することができないといった欠点がある。さらに，免許を与える側の政策的な意図や配慮を反映することが可能であり，それゆえ，審査する側にとって都合の良い結果を導くことも可能である。また，審査される側にとってもロビーイング等によって結果に影響を与えることが可能であるといった問題もある。

他方，周波数オークションは，電波の配分をオークション参加者の付け値に基づいて決定するもので，最も高い価額で当該周波数の価値を評価するものを選定して，周波数を付与する。最も高い価値を見出す者が，その周波数の最も効果的に利用するであろうという前提に基づいている。電波の市場価値を反映することができ，その歳入を国民に還元することが可能となる。また，手続きにおいて，その透明性，公平性を確保でき，電波の割り当てに関する恣意性を排除することが可能となる。

---

[2] オークションの制度及びメカニズムに関しては，Krishna（2009），Milgrom（2004），Klemperer（2004）を参照のこと。また，情報通信におけるオークションの解説書としては，Dramitinos（2012）がある。

表7-1 電波の配分方法

電波の配分方法	内容
(1) 抽選方式	抽選により電波を割り当てる方式。
(2) 先願方式	先に申請を行った者に，電波を割り当てる方式。ビューティコンテストとも呼ばれる。
(3) 比較審査方式	複数の申請者がいる場合，免許人としての優劣を比較して，免許を付与する方式。
(4) オークション	電波の免許人の選定に際し，競売を実施し，最高価格を入札した者を有資格者とする方式。

ただし，その制度設計においては多くの要素を考慮に入れる必要があり，必ずしも単純ではない。諸外国においても，すべてのオークションが成功したとは言えず，経験を蓄積しながら，より効果的なオークション制度の確立に努めている。実際に，落札価格が高騰することにより，支払いが困難になる，あるいはサービスの開始や料金設定に悪影響が現れるおそれもある。逆に，魅力のない周波数や，開始価格が高すぎる場合には，落札者が現れない場合もある。

2-2 電波利用料制度

電波の利用者が支払うべき電波利用料は，電波利用料制度において定められている。総務省電波政策2020懇談会制度ワーキンググループ資料（総務省，2016c, p. 25）によれば，これまでの制度の概要は次のようになる（以下，同資料より引用）。

> - 電波利用料は，電波監視等の電波の適正な利用の確保に関し，無線局全体の受益を直接の目的として行う事務（電波利用共益事務）の処理に要する費用を，その受益者である無線局の免許人に公平に分担していただく，いわゆる電波利用の共益費用として負担を求めるもの。
> - 電波利用料制度は法律により少なくとも3年ごとに見直しており，その期間に必要な電波利用共益事務にかかる費用を同期間中に見込まれる無線局で負担するものとして，見直しごとに電波利用共益事務の内容及び料額を検討し決定。

> 電波利用共益事務の内容（電波利用料の使途）は電波法第103条の2第4項に具体的に限定列挙。

　すなわち，電波共益事務経費を賄うことが目的であり，電波監理に関する歳出の規模をあらかじめ想定し，歳出に見合った電波利用料を設定するのである。したがって，電波を資産と考えた場合，レントに相当する部分の価値は回収されていない。賃貸マンションで言えば，維持管理のための共益費は徴収するが，家賃は取らないのと同じである。しかも，負担を電波利用者に配賦する電波利用料負担額と，使途としての分配額が産業間でアンバランスとなっている。さらに，当該制度の枠組みの中で，電波の経済価値を反映するとしても，パイ（歳入総額）全体の大きさは先に定められているため，単に利用料負担の割合だけで調整が行われ，電波の真の経済価値を反映することはできないなどの問題を含んでいる。

　以上から，比較審査方式と現行電波利用料制度の組み合わせにおいては，政策的意図を反映した電波の割り当てを行いうる一方で，事業者側にとっても電波利用の経済価値に相当する対価を支払わずに電波の利用が可能となるといった，双方に都合の良い状況を築くことが可能である。電波が国あるいは国民の共有資産であるとすれば，特定の利用者が電波を排他的に利用するためには，その適切な対価を支払うことが求められると考えることは自然であろう。国が電波を割り当てた場合，電波の利用者はその経済価値に基づき対価として利用料を国に支払うべきである。諸外国では，プロセスの透明性および客観性を重んじた結果，市場メカニズムに依拠したオークション制度が導入されている[3]。だが，わが国では，この点において，電波の持つ経済価値の反映という電波の利用料金制度が持つべき本来の性格とは大きく異なった制度内容となっている。

3　鬼木（2016）はオークション導入の世界的な傾向について，『世界全体203国のうち，導入済が74国（うち完結47国）になりました。OECD加盟34国の中では33国が導入済で，日本が唯一の未導入国として残っています』（鬼木，2016，より引用）と述べている。

3 電波の経済価値

では，電波の経済価値はいかにして算定されるであろうか。株式会社野村総合研究所（2013）が行った研究では，携帯電話で利用される周波数について，以下に示す3種類の経済価値算定方法（表7-2参照）とその結果が示されている[4]。

(1) 比較法（ベンチマーク法）
(2) アドミニストレイティブ・プライシング法（以降，AP法）
(3) 収益還元法（ディスカウントキャッシュフロー法）

比較法は，これまでに行われた周波数オークションの結果に基づき，電波の価値を推定する方法である。野村総合研究所（2013）では，携帯電話で使用される代表的な周波数帯である800MHz帯，1.7GHz帯，および2GHz帯に関して，これまでに行われた代表的な周波数オークション結果がまとめられている。各国のオークションの平均落札価格をPPPレートに基づき日本の貨幣価値に変換し，ライセンス期間を調整した結果，15年ライセンスでMHz当たり・人口一人（pop）当たりの800MHz帯の経済価値は，およそ90円/MHz/popに相当する。その結果，わが国における800MHz帯の価値は，20MHzにつきおよそ2,304億円程度に相当すると推定される。比較法では，すでに実施されたオークション事例に基づいて推計が行われるため，特異値（オークション価格の高騰）などの影響を受けやすく，値の安定性に問題があるが，経験に基づいているという点で，理解を得やすい。ただし，オークションの先例のない周波数帯については，適用ができない。

AP法は，図7-2のような計算プロセスを通じ，『「周波数の獲得が出来た場合」と，「出来なかった場合」で，同じ水準のサービスを提供する場合，将来にわたる設備投資や運営費にどれだけの差異が出るかを算定し，その差異をもって周波数の価値とする，という考え方』（株式会社野村総合研究所，2013）をとる。すなわち，周波数を獲得でき，その周波数を用いてビジネス

---

[4] 著者が座長として参加した野村総合研究所『電波の経済価値に関する調査検討会』による試算。数値に関しては，2013年時点で計算されたものである。

図 7-2　AP 法による計算のプロセス

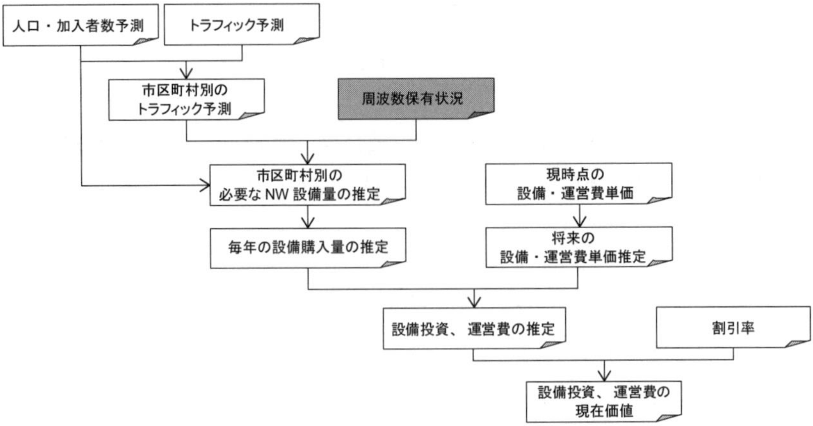

```
人口・加入者数予測    トラフィック予測
                         │
                    市区町村別の
                    トラフィック予測         周波数保有状況
                         │
                    市区町村別の            現時点の
                    必要な NW 設備量の推定   設備・運営費単価
                         │                    │
                    毎年の設備購入量の推定   将来の
                                           設備・運営費単価推定
                         │                    │
                         設備投資、運営費の推定      割引率
                                   │
                         設備投資、運営費の
                              現在価値
```

出典：株式会社野村総合研究所（2013），『我が国における周波数の価値の算定』, p. 8.

を行った場合と，周波数が獲得できずにビジネスを行った場合とのコストの差額を周波数の価値とする考え方である。将来については当然ながら未知であり，さまざまな仮定，前提の下で計算を行うため，その信頼性は設定されたシナリオの妥当性に大きく依存する。しかし，特定の周波数帯について，その価値を独自に算定することが可能である。推定結果は表 7-3 左欄に示されている。携帯電話会社別に推定されるため，周波数の価値は幅をもって示されている。

収益還元法では，周波数を得ることによる企業価値の上昇分を算定する。AP 法と同様に，特定の周波数帯について，その価値を独自に算定することが可能であるものの，設定されたシナリオに大きく影響を受ける。特に，すでに割り当てられている周波数を利用したビジネスとは独立に，獲得周波数だけを評価することは難しい。なぜならば，新たに獲得した周波数によって売り上げを増やすケースもあれば，新規の投資コストを削減することもありうるからである。野村総合研究所（2013）による推定では，新たな周波数が投資コストの削減のみに寄与するという，極端なシナリオを設定している。結果は表 7-3 右欄に示されている。AP 法の結果と同様に比較法に比べて高めの推定値となっている[5]。

表7-2　電波の経済価値の算定方法

電波の経済価値の算定方法	内容
比較法	他国における周波数オークションの落札価格を参考に，自国でオークションが行われた場合，どの程度の価格になるかを推定する方法。物価水準やライセンス期間などを調整した上で比較する必要がある。
AP法	周波数の新規割り当てを「受けた場合」と，「受けなかった場合」で，同じ水準のサービスを提供する場合，ライセンス期間中の設備投資，運営費などのコストを算定する。その上で，各年のコストを現在価値に割り引いた金額の差分が，その周波数の価値である，という考え方に基づく計算方法。
収益還元法	周波数の割り当てを受けた際の，毎年の売上，コスト等から毎年のフリーキャッシュフローを推定する。毎年のフリーキャッシュフローの現在価値から周波数の価値を計算する方法。

出典：株式会社野村総合研究所（2013），『我が国における周波数の価値の算定』に基づき著者作表。

表7-3　AP法および収益還元法によるわが国の周波数の価値の推定

	AP法（15年ライセンス）	収益還元法（15年ライセンス）
	携帯電話各社にとっての周波数の総価値（億円）	携帯電話各社にとっての周波数の総価値（億円）
800MHz帯	10,151～1,675	6,334～1,084
1.7GHz帯	9,325～1,114	5,832～729
2.0GHz帯	8,532～880	5,330～577

注：各周波数帯に20MHzの割り当てがあることを前提に計算。2013年基準の価値。
著者注：当時はイー・モバイルが独立した携帯事業者として存在していた。事業規模が小さいために推定額の幅が大きい結果（下振れしている）となっている。現状の3社体制では，この幅はより小さいと考えられる。
出典：株式会社野村総合研究所（2013），『我が国における周波数の価値の算定』に基づき，著者作表。

5　野村総合研究所（2013, p. 20）には，各手法による円/MHz/popの推定値が示されている。比較法の推定値と，AP法及び収穫還元法のそれぞれの推定値結果の下限値とが近接していることがわかる。すべての事業者にとって受け入れ可能な電波の経済価値を示すという点において，この結果は興味深い。

また，鬼木（2016）は，携帯電話で使用される周波数帯に着目し，海外におけるオークション結果に基づき，『日本で2012年以降において既存事業者に割当てた周波数帯（900MHz，700MHz，2.5GHz帯，3.6GHz帯，計235MHz）をかりにオークションで割当てた場合，その落札額を海外諸国オークションの平均値から推定すると2兆6,038億円になります。これは世帯（4人）あたりで8万1,923円の金額』（鬼木，2016，より引用）となると述べている。

電波の経済価値の計測は，単にその価値を推定するにとどまらず，周波数オークションにあっては，重要な指標を与える。すなわち，オークションの開始価格の設定において参考とすべきデータのひとつを提供し，さらにオークションの結果である最終落札価格が適切なものであるかどうかの判断基準となるのである。ときにオークション価格が高騰することがあるが，それが真の経済価値を超えているかどうか，言い換えれば，「勝者の災い（winner's curse）」[6] と呼ばれる現象が生じているか否かの判断を提供する。同時に，わが国のような，オークションを採用しない国においては，それによる国民の経済価値の損失を推し測ることも可能である。

4 わが国の周波数オークション導入議論

2017年現在，わが国ではオークションは導入されていないが，過去においては，オークションの導入が検討され，行政レベルでは導入が決定されたことがある。残念ながら，最終的には政治的判断により実現されなかった。ここでは，その経緯について述べたい。

4-1 電波利用料制度の見直し

電波行政は総務省（旧郵政省）によって行われている。「電波の公平かつ能率的な利用の確保による公共の福祉の増進」を実現するための重要な役割の

---

[6] 「勝者の災い（winner's curse）」とは，1）落札価格が真の価値を超える，あるいは2）真の価値が落札価格を下回ることが後にわかることによって，オークションの勝者があたかも敗者のようになることをいう（Thaler, 1992, p. 51）。

ひとつとして電波監理があり，電波の適正な利用を確保するため，「無線局全体の受益を目的として行う電波監理等の事務の費用を受益者たる無線局の免許人等に公平に負担を求める制度」として，電波利用料制度がある。すなわち，電波の管理者たる国（総務省）は，電波の適正な利用環境を確保する（これを「電波利用共益事務」という）ために，電波の利用者である無線局の免許人にその費用の負担を求める制度である。

この制度は3年ごとに見直しが行われている。2014～16年（平成26～28年）の期間において，制度に基づく電波利用料総額を無線局の免許人に配賦する仕組みは図7-3のようになっている。電波利用共益事務のために必要な歳出規模をあらかじめ算定する。14～16年の3年間の平均額は，年間700億円と見積もられ，この経費を賄うことが電波利用料徴収の目的となる。共益事務の性格により，「電波の経済価値の向上につながる事務（a群）」および「電波の適正な利用を確保するために必要な恒常的な事務（b群）」に分けられ，前者は周波数の逼迫状況に応じて周波数帯ごとに配分される。電波利用の公益性等を勘案して，放送等については軽減係数を適用したうえで，携帯電話，テレビなどの無線局の免許人に負担が割り当てられる。他方，後者については，原則として，無線局数による均等割りで算定される。

当然ながら，負担の公平性を維持することは難しく，3年ごとの電波利用料の見直しの場では，事業者間で，負担の押し付け合いが起こっている。総務省は，電波利用料の負担割合の算定においては，電波の経済価値を反映するとしていたが，これは電波利用料そのものに電波の経済価値を反映させるということではなく，負担割合の策定時に，使用している周波数の経済価値を考慮することを意味する。より具体的には，使用価値の高い周波数帯を多く使用している携帯電話事業者に，より多くの電波利用料を負担させることを企図していると言ってよい。

電波利用料制度が電波共益事務経費を賄うことを目的とし，他に電波の経済価値を反映した何らかの利用料制度が存在しないならば，電波の経済価値の反映という点において大きな問題を有している。再述するが，電波を資産と見なした場合，レントに相当する部分の価値は回収されず，したがって，電波の経済価値が回収されていないのである。電波の経済価値の反映は，電

図7-3 2014〜16年における電波利用料の配賦方法

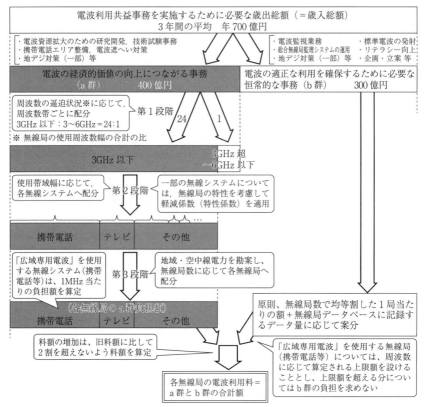

出典：総務省電波政策2020懇談会制度ワーキンググループ第1回配布資料（2016年2月4日）（総務省, 2016c, p.30）

波利用料負担の大小によってのみなされる。したがって，電波の経済価値が高まっても，パイ（歳入総額）全体の大きさは変わらないのである。さらに，電波利用料負担額の分配において，産業間の公平性を保つための理論的根拠に乏しく，恣意的な分配との批判を免れ得ない。

　加えて，携帯電話やスマホの急速な普及により，電波需給はいっそう逼迫し，周波数の再編の必要性に迫られている。周波数の再編のためには，既存利用者の立ち退き等のために多額の費用が必要となるため，その資金をいか

に捻出するかという課題も生じてきた。

そのため，わが国においても電波の割り当ておよび利用について，電波の経済価値を適切に反映しうる制度の導入の必要性が高まった。さらに，1990年代から欧米諸国を中心に周波数オークションが実施され，その広まりを見せていたため，わが国でも，オークション制度導入の機運が高まったのである。

4-2 周波数オークション制度導入の機運
(1) 総務省「電波利用料制度に関する専門調査会」(2010年)

2010年（平成22年）4月から8月にかけて開催された総務省「電波利用料制度に関する専門調査会」[7]では，電波利用料の性格（電波の適正な利用の確保に関し，無線局全体の受益を直接の目的として行う事務の処理に要する費用を受益者である無線局の免許人等に負担していただくもの）は引き続き維持することが適当であるとした一方で，電波の公平かつ能率的な利用，免許手続きの透明性確保等の観点から，市場原理を活用するオークション導入は検討に値するものとされた。

専門調査会の報告書である『次期電波利用料の見直しに関する基本方針案』（総務省，2010）では，オークションの導入について本格的な議論を行い，その必要性・合理性をオークション導入の目的・効果に照らして検証し，国民に示していくべきとの前向きな見解とともに，オークションの導入は免許人に新たな負担を課すことであり，十分な説明が必要であり，また，先行事業者との間で競争政策上の問題が生じないよう対象を選定すべきという慎重な意見も併記された。また電波の効率的な利用を促進するため，周波数の再編の費用負担についても，できる限り市場原理を活用することが示された。

(2) 総務省「周波数オークションに関する懇談会」(2011年)

これを受け，総務省では2011年3月に「周波数オークションに関する懇

---

[7] 2010年4月から8月にかけて，計6回の会合が開かれた。2011～13年度の電波利用料制度に関して検討が行われた。その内容および配布資料は，総務省のウェブサイト http://www.soumu.go.jp/main_sosiki/kenkyu/denpa_riyouryou/ に掲載されている。

談会」が設けられ，周波数オークション導入に関する議論が本格的に始まった[8]。同年12月までに15回に及ぶ会合が開かれ，周波数オークションについての現状分析，オークション導入に際しての課題及び具体的方策等について検討がなされた。有識者および事業者からのヒアリングから明らかになったことは，オークション制度に対する事業者の強い抵抗感である。極めて消極的な反応がほぼすべての既存の事業者から表明された。先に述べたとおり，レントに相当する価額を支払わずに済んでいた事業者にとって，周波数取得が競争によって行われ，かつ費用を要することに，強い抵抗を感じたのであろう。さらには，周辺産業からもこれに同調する意見が出され，電波関連産業における支配的構造を暗示する結果となった。また，周波数オークションは放送界にも関係しうるという懸念から，マスコミの反応も極めて鈍いものであった。

同懇談会報告書（総務省，2011）には，検討の結果として，「わが国での周波数オークションの導入のため，その制度の望ましい在り方」（同報告書p.1）が示された。報告書には，懇談会における結論として，わが国における周波数オークション制度の在り方を以下のように述べている（以下，1)～9) については，同報告書より著者抜粋）：

1) 制度の導入目的
周波数オークション制度導入の主目的を，電波の有効利用の推進及び無線局免許手続の透明性・迅速性の確保に置く。また，二次的な効果として，オークションの払込金収入により，国家財政に寄与することができる。さらに，無線局免許手続の透明性・迅速性の確保等を通じ，新規参入や市場競争を促進し，イノベーションの促進や国際競争力の強化につながることが期待できる。

2) 対象範囲
一定の周波数帯を排他的に利用して事業を行う無線システムであって，新たな周波数が割り当てられる際に競争的な申請が見込まれるものとし，当面

---

8 同懇談会に関するすべての資料は，総務省のウェブサイト http://www.soumu.go.jp/main_sosiki/kenkyu/syuha/ で閲覧することができる。

は電気通信事業用の移動通信システムを対象とする。放送など移動通信システム以外の周波数を排他的に利用するシステムについても，将来的にオークションの対象とすることの可能性を検討する。

3) 無線局免許制度との関係

オークション落札者の法的地位としては，オークションの落札者は，払込金を支払うことにより，対象周波数を一定の条件に従って使用するための無線局免許を申請することができ，審査の結果問題ないとされれば，排他的に無線局を開設，運用ができる地位を得る。周波数オークションの落札者が得る法的地位には一定の有効期間を付す。有効期間経過後の取り扱いとしては，①再度オークションを実施する，②周波数再編を実施し，他の用途に割当てる，③オークションを実施せず再免許を交付する，など対象周波数の用途・使用状況や情報通信技術の動向を踏まえ，各々のオークションにおいて事前に定める。

4) 払込金の位置づけ・会計方法

企業会計上の払込金の会計処理としては，基本的には，

・免許期間が無期限またはそれに相当する場合は非償却

・免許期間が有期限の場合は償却

であると考えられるが，個別のオークションの制度設計に応じ，会計基準に照らして各事業者において適切に処理すべきである。

5) オークション収入の使途

オークション事務経費やオークション対象周波数に存在する既存免許人等の他周波数への移行費用などオークションを円滑に実施するために必要な経費は，オークション収入から賄う。その上で，電波の有効利用に資するICTの振興に充てることにより電波利用者に利益を還元するとともに，国の財源として国民全体に還元する。

6) 電波利用料制度との関係

電波利用料制度の趣旨に照らせば，オークションの払込金は，落札者が周波数の経済価値に対して支払う対価であり，電波利用料とはその性格を異にする。したがって，オークションにより選定された免許人も，他の免許人と同様，電波利用共益費用を負担する。

7) 外国資本の位置づけ

我が国における電気通信業務用の無線局に係る外資の扱いは，WTO での約束を踏まえた上で，外資規制に係る一般法である外為法により適切に行われることとされていることから，周波数オークションを導入するにあたり，特段の措置を講じる必要はない。

8) 制度設計・運用の在り方

オークションの主目的は電波の有効利用の推進であり，広く国民の利益に資するよう，技術動向や参入希望者数の状況，市場の競争状況等に応じて入札対象とする周波数の幅や枠（ブロック）数を適切に設定するなど，情報通信産業の健全な発展に配慮した制度設計を図る。落札価格の上限・下限の設定は，オークションの実施経費にも満たない価格で落札されることを防止する観点等から，最低落札価格を設定することが適当である。

9) その他

検討の結果から，「第 4 世代移動通信システム（IMT-Advanced）に用いる周波数（3.4GHz～3.6GHz）の免許人選定において周波数オークションを実施することを念頭」に，導入する周波数オークション制度及びその運用について，十分な予見可能性を与えるため，速やかに 必要な法律案を国会に提出するとともに，オークション実施のための体制整備等を図っていくべきである。なお，制度整備後は，第 4 世代移動通信システム用以外の周波数を含め，オークションに適した周波数について速やかにオークションを実施する。周波数オークション制度の導入にあたり，こうした現行制度以上にネットワークの開放を促進する措置を設けるかどうかについては，移動通信分野における競争政策の推進や公正競争の確保の観点から，今後の MVNO[9] の参入状況や参入を阻害する要素の有無等について注視しつつ，各々のオークションを実施する際にその是非を判断する。

図 7-4 には，周波数オークション導入後，最初に対象となる予定であった第 4 世代移動通信システムに用いる周波数に対するオークションの制度イメ

---

9 Mobile Virtual Network Operator の略。自らネットワークを所有せず，既存の事業者（MNO）のネットワークを借り受けて事業を行う移動通信事業者をさす。新規参入の困難な移動通信事業において競争を促進するために，MVNO の発展が期待されている。

図7-4 我が国で検討された第4世代移動通信システムに用いられる周波数に対するオークション制度のイメージ

第4世代移動通信システムに用いる周波数に対するオークションの制度イメージ

I 前提条件

1. 帯域:国際電気通信連合(ITU)のWRC-07会合において,第4世代移動通信システムバンドとして特定された3.4-3.6GHz帯の内,最大200MHz幅。
2. 現状:同帯域は映像・音声の伝送(STL/TTL/TSL)及び移動音声の伝送(FPU)等に利用されており,移行が完了した帯域からオークションを実施。
3. スケジュール:2012年1月にITUで標準化。それ以降,技術基準の策定等制度化を実施。

II オークション方式

1. ブロック数:第4世代移動通信システムの特長となる光ファイバ並の高速伝送(低速移動時1Gbps)を実現するには,1ブロック20MHzに設定する必要があり,その場合は,最大10ブロック(20MHz×10,計200MHz)の割当が可能
   * ※ 各ブロックにガードバンドの要否や混信の有無について情報開示。
   * ※ エリアカバー率の義務付けやネットワークの他事業者への開放,地域ブロックの設定の是非については,市場環境や参入希望調査の結果を踏まえオークション実施前に判断。

2. 有効期間:事業者の投資回収期間を考慮しながら10〜20年の範囲内で設定
   * ※ 技術進歩によるシステムの高度化を妨げないよう考慮する。
   * ※ 要免許の際に再度オークションを実施する場合や他の用途に割当てる場合には,事前に十分な情報提供を行う。

3. 技術:第4世代移動通信システムの範囲内での技術中立性に配慮
   * ※ FDDを使用する場合は,上り下りの間に(情報通信審議会で問題ないと認められる程度の)ガードバンドを設ける必要がある。
   * ※ 隣接する周波数の干渉の調整等については,国際的な条件を満たす必要がある。
   * ※ 落札者がLTE-Advanced, WirelessMAN-AdvancedやFDD, TDDを自由に選択できることとした場合,上記2つの条件を満たした上で,落札後に事業者間で干渉の調整等を行う必要がある。
   * ※ 実際の割当に際しては,諸外国との周波数ハーモナイゼーション(おおよその割当帯域やFDDの場合,上り下りの間隔を合わせる)を考慮する。

4. 入札方式
   (1) 当該周波数帯の経済的価値を勘案して最低落札価格を設定
   (2) 同時複数ラウンド方式(SMRA)を中心に最適な入札方法を設定
   * ※ 複数の対象物を同時に競りにかけ,新規入札者がいなくなるまで複数ラウンドにわたり入札を行う方式。
   * ※ 公正競争の観点から,既存事業者が入札できるブロック数の上限を設定することや,新規参入者や後発事業者のための入札枠又は優遇策を設定することの是非については,オークション実施前に判断。

5. 払込金の扱い:一括払いを原則とする。

図7-4 （続き）

第4世代移動通信システムに用いる周波数に対するオークションの制度イメージ

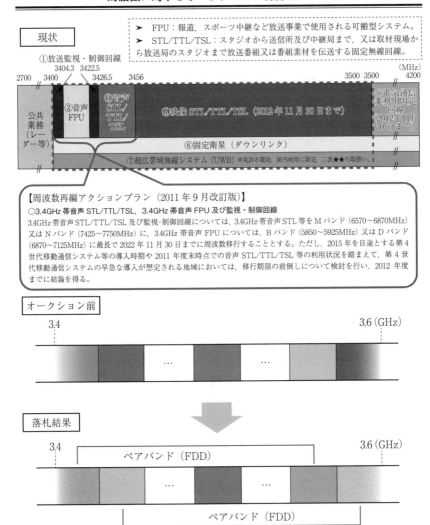

出典：総務省『周波数オークションに関する懇談会報告書』，（総務省，2011，pp. 11-12）

第7章　日本の電波政策――電波の経済価値と周波数オークション――　　*187*

ージが示されている。放送の地デジ化によって空き地となった700/900MHz帯についてもオークションを導入すべきという議論も懇談会ではあった[10]。電波法の改正やオークション制度の策定には相応の時間を要し，また，立ち退き等の手間の少ないこと，さらにはすでに一部割り当てが行われて事業者間の対等な関係が崩れている周波数帯は，最初のオークションには不向きであることなどが考慮された結果として，3.5GHz帯と呼ばれる上記周波数帯が選定された。

　当然ながら，周波数オークションにも問題点はある。先述のとおり，落札価格が高騰すれば，支払が困難になったり，サービスの開始や料金設定に悪影響があったりする可能性がある。逆に応札者がないケースもある。免許人の権利が強くなり，行政などの力が及びにくくなる。資金力の大きな者が落札する結果，産業の寡占化が進む。電波利用料制度とは異なり，継続的な歳入は望めない。オークション収入の分配面については何ら有効な手段を提供するものではない。また，必ずしも社会的に見て望ましい結果をもたらすものでもない。すでに割り当てられた周波数については，周波数再編や返還等がない限り，対象にならない。多数の入札者の存在が必要である。最も現実的には，関連業界の導入反対にどう対処するかといった問題もある。

(3)　実現しなかった周波数オークション制度

　総務省「周波数オークションに関する懇談会」は，2011年12月19日に最終回を迎え，第4世代移動通信システム向け周波数帯として特定された3.5GHz帯からオークションを実施することを結論として纏め，その役割を終えた。そして，電波法の改正等，オークション導入に向けた準備が始まった。2012年3月，「電波法の一部を改正する法律案」（総務省，2012）が第180回国会に提出された。『電波の公平かつ能率的な利用の促進を図るため，一定の要件を満たす電気通信業務用基地局について，その免許の申請を行うこ

---

[10]　この周波数帯については，すみやかに割り当てを行うべきとの判断もあり，オークションの適用は見送りとなった。ただし，その後，移動体向けのマルチメディア放送等の実施を前提に割り当てが行われたこれらの周波数帯を用いたビジネスの現状を見る限り，当該周波数帯が有効に利用されているとは言い難い。

とができる者を入札又は競りにより決定する制度を創設する必要がある』（内閣法制局，2012）ことがこの法律案の提出理由である．

　しかし，同法案は実質的な審議に入らないまま，いったんは実施が決まった周波数オークションは，結果的に導入が見送られることになる．法案提出後，政治の混乱の中で，第46回衆議院議員総選挙（2012年12月16日投票）が行われた結果，自由民主党が圧勝し，政権交代が起こったことによって，周波数オークションの導入は不可能になったからである．周波数オークションは，導入に積極的であった民主党の政策そのものであり，これを否定するところから自由民主党・公明党政権下の電波政策が始まったのである．

　以来，わが国に周波数オークションを導入すべきという機運はない．もちろん，オークションはオールマイティではないことは確かだ．しかし，電波の割り当てをいまだ人の判断にゆだねていることは，電波配分の客観性という点において諸外国とはきわめて異なった状況にある．

5　電波の高度利用に向けた電波政策と電波利用料

　他方で，IoTやAIなどの新しい技術トレンドが生まれ，国の発展を支える新たな社会基盤として，電波の果たす役割がいっそう期待されている．「日本再興戦略2016」（首相官邸　日本経済再生本部，2016）のなかで，わが国は，IoTやAIを中心とした情報通信技術による第4次情報通信革命を実現することで，2020年までに30兆円の国内総生産の追加を見込んでいる．

　実際に，機器と機器との通信（Machine-to-Machine, M2M）やセンサーネットワークなどによるIoTは，ビッグデータ解析に基づくAIと相俟って，産業の効率化や人々の生活の利便を飛躍的に改善する手段として期待されている．さらには，次世代の移動通信システムである第5世代移動通信システム（5G）の開発に伴い，超高速伝送を可能とするための新たな周波数帯の必要性が高まっている．これらの新しい領域において，電波へのニーズがさらに拡大することは確実であり，電波はますます希少な資源となることが予想される．

すなわち，電波は，社会経済に新たなイノベーションをもたらすための重要な社会インフラの役割を担うものであり，電波政策についても，従来の情報通信政策以上の役割が期待されている。すなわち，単に電波の配分や監理にとどまらず，利活用を促進し，またその効率性を追求することがますます重要となっているのである。

総務省では，2014年に「電波政策ビジョン懇談会」，2016年に「電波政策2020懇談会」を開催し，かかる電波利用の高度化に向けた電波政策の在り方を検討している。「電波政策ビジョン懇談会」では，以下の項目に関して検討が行われた（総務省電波政策ビジョン懇談会，2014年12月）。

(1) 新しい電波利用の姿
　①わが国における電波利用の将来，特に環境把握・道路交通・医療介護などの分野における活用を含めた電波利用の将来像
　②第4世代移動通信システム（LTE-Advanced）の実用化以降の，超高速ワイヤレスブロードバンドを中心とした2020年以降の新たな移動通信システム
　③次世代ITSやM2Mなどによる電波利用の進展や2020年東京オリンピック・パラリンピックに向けた電波利用の進展
(2) 新しい電波利用の実現に向けた目標設定と実現方策
　①「ワイヤレスブロードバンド実現に向けた周波数再編アクションプラン」（2010年11月策定）におけるワイヤレスブロードバンドのための周波数割り当て目標の評価
　②周波数の効率的利用を推進するための電波の利用状況調査と周波数再編の促進
　③新たな電波資源開発のための研究開発，ホワイトスペースの活用など周波数共用の促進，不適切な電波利用の防止などによる電波の有効利用のための方策
(3) 電波利用を支える産業の在り方
　①電波利用によって高度化・効率化が期待される産業や国際競争力強化のための方策
　② 電波利用の担い手となる人材の育成

「電波政策2020懇談会」では，さらに，IoTを柱とした電波の高度利用と無線インフラ・サービスを国際競争力のある有望ビジネスに育てるための方策などに関する検討と，IoTの進展等の新たな電波利用ニーズに応えるための制度見直しの方向性などに関する検討が行われ，以下の論点について議論

が交わされた (総務省, 2016a)。

① ワイヤレスビジネスの成長・海外展開を戦略的に推進するための方策
② 2020 年に向けたモバイルサービスの在り方
③ 周波数需要増大への対応方策
④ 新たな無線システム等の導入・普及に向けた制度上の課題を解決するための方策
⑤ 電波の監理・監督に関する規律やその在り方
⑥ 2017〜19 年度（平成 29〜31 年度）に必要となる電波利用共益事務の在り方
⑦ 次期電波利用料額の見直しの考え方

　IoT や第 5 世代移動通信システム，ITS など電波の高度な利用推進への電波政策の重要性が示された一方で，電波制度に関しては，次期の電波利用料制度の在り方が議論の中心となった。特に，地上波デジタル放送普及に関する費用負担が終了したことから，700 億円規模となっている 2014〜16 年度（平成 26〜28 年度）の電波利用料徴収額を低減すべきとの意見が事業者の一部から寄せられた。他方で，移動通信技術の高度化に伴い，電波利用形態の進展によって電波利用共益事務の重要性はますます高まることが予想される。「電波利用共益事務の範囲については，平成 5 年度 (1993 年度) の制度導入以降，『電波の適正な利用を確保する上で不可欠なもの』，『無線局全体の受益を直接の目的とするもの』等の要件に明確に合致することを前提として」(総務省, 2016a, p. 130) いる。そのため，電波利用共益事務は電波法第百三条の二第四項においてすべて規定されており，拡大適用には歯止めがかけられている。電波監理のますますの重要性に鑑みながらも，電波利用共益事務の範囲はどうあるべきかについて，以下のような方針が決定された (総務省, 2016a, p. 131)。

　平成 29〜31 年度（2017〜2019 年度）の電波利用共益事務の範囲は，電波利用共益事務としての妥当性の観点から，
　　・電波の適正な利用を確保する上で不可欠なもの
　　・無線局全体の受益を直接の目的とするもの
　　・民間や自治体だけでは進められず国による支援が必要なもの
という要件のいずれにも明確に合致することを前提とする。
　その上で，電波の公平かつ能率的な利用を推進することを目的としつつ，一方

表 7-4　次期電波利用料の使途の候補

電波の監理・監視	1. 電波監視の実施
	2. 総合無線局監理システムの構築・運用
	3. 周波数有効利用のための共用可能性の確認・調整システムの構築
	4. 国際条約に基づく周波数変更命令に係る補償措置
電波の有効利用のための研究開発等	5. 電波資源拡大のための研究開発
	6. 周波数ひっ迫対策のための技術試験事務 　➤ 5G 実現に向けた研究開発・総合実証 　➤ IoT の社会展開に向けた電波有効利用技術の研究開発・実証 　➤ 次世代 ITS の実現に向けた研究開発・総合実証 　➤ 4K・8K テレビジョン放送高度化に向けた研究開発・実証 　➤ 衛星通信の高度化に向けた研究開発 　➤ 安心・安全ワイヤレスビジネスのための無線システムの研究開発
	7. 無線技術等の国際標準化のための国際機関等との連絡調整事務
	8. 周波数の国際協調利用促進のための無線通信技術の国際展開
	9. 電波の安全性に関する調査及び評価技術
	10. 標準電波の発射
社会インフラとしての電波の有効活用と電波による社会課題解決のための普及支援事業	11. 携帯電話等エリア整備事業 　（1）携帯電話システムの高度化支援 　（2）離島等における高度移動通信システム構築のための光ファイバ網整備支援
	12. 電波遮へい対策事業
	13. 公的機関等の電波利用が制限される環境における携帯電話等利用環境整備支援
	14. 公衆無線 LAN 環境整備支援
	15. 地上デジタル放送への円滑な移行のための環境整備・支援
	16. 4K・8K 普及促進等のための衛星放送受信環境整備に関する支援等（BS/CS-IF 干渉対策）
	17. 民放ラジオ難聴解消支援事業
その他	18. 電波の安全性や適正利用に関するリテラシーの向上
	19. IoT 機器等の電波利用システムの適正な利用のための ICT 人材育成
	20. 災害医療・救護活動における適正な電波利用のための人材育成
	21. 電波利用料制度に係る企画・立案

出典：総務省電波政策 2020 懇談会報告書（2016 年 2 月 4 日），総務省（2016a, p. 137）

図 7-5　次期（2017～19 年度）電波利用料算定のための電波利用共益事務

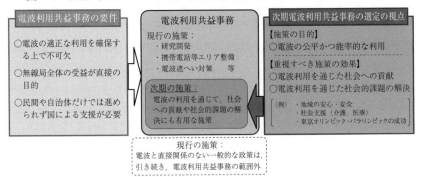

出典：総務省『電波政策 2020 懇談会報告書 概要』（2016 年 7 月）（総務省，2016d, p. 14）

で，今日において電波が社会インフラとして国民生活に不可欠となっていることを踏まえ，電波の利用を通じて，社会への貢献や社会的課題の解決にも有用な施策を，電波利用共益事務として積極的に採り上げていくこととする。

ただし，電波と直接関係のない一般的な施策は，無線局全体の受益を直接の目的としないものであることから，引き続き，電波利用共益事務の範囲外とする。

また，電波利用共益事務の要件と次期電波利用共益事務の選定の視点との関係は図 7-5 に示すとおりである。次期電波利用料の使途の候補については，表 7-4 に示すとおりである。

注記すべきこととして，電波利用料の負担額の配賦において用いられてきた電波の「経済価値」の反映という表現は，電波利用料額自体が電波の経済価値を反映して算定されるとの誤解を招くので，使用を控え，代わりに「利用価値」という表現が用いられた。

6　おわりに

本章では，電波の経済価値という概念を中心に，わが国の電波政策を概観し，その中核をなす電波利用料制度と，かつて導入が検討された周波数オー

クション制度について解説した。わが国では，依然，比較審査方式による周波数の割り当てが行われている。国民の共有資産である電波は，一部の免許不要帯域を除き，その経済価値が国民に直接還元されることなく，使用され続けている。

　わが国は，周波数の配分において，オークションを行っていない稀有な存在になりつつある。そのメリットとして，通信事業者の体力が温存され，結果として，わが国の無線通信システムが高度に発展したことを挙げる向きもある。しかし，かつてモバイルインターネットというわが国独自の社会イノベーションを生み出した技術とアイデアは，いつの間にか，世界的な通信技術と市場の発展の潮流の中に飲み込まれてしまった。この間，垂直的統合関係の中で自らの市場を開拓しえなかったわが国の携帯端末事業者の多くは，市場からの撤退を余儀なくされ，わが国のこの分野におけるプレゼンスは大きく低下した。

　他方，IoTやAIなどの新しい技術が開発され，経済や社会，人びとの生活の中で活用され，世界規模で新たな社会イノベーションが生じようとしている。無数のセンサーやデバイスから無線を通じて集められるデータによって，新たな価値が創造されることが期待されている。したがって，電波の価値と希少性はますます高まっており，電波の効率的な利用は一層重要となっている。そのため，新たな技術開発やサービスの創出，国際的なコラボレーションは，国の経済成長を支えるばかりでなく，国際競争力の源泉ともなるのである。

　わが国の情報通信技術が世界のトップレベルであることは，間違いない。しかし，諸外国から見たときに，経済的努力なしに割り当てによって獲得した電波を使ってビジネスを行っている国の発展は，どのように映るであろうか。確かに産業にとってオークションは苦難と言えるであろう。その苦難を乗り越えてビジネスをするためには，事業効率性を一層高めるなど，多くの努力を払う必要がある。周波数オークション制度は，単に周波数を配分する手段ではなく，結果的に産業の経済効率性を高める効果も持っているのである。国際的なビジネスのイコール・フッティングという点からも，わが国の周波数ビジネスに何が必要かを問うべきでる。周波数オークションを経験し

ている国や企業にとり，全くそうした苦難を経験しないまま事業を行っている国の産業の発展を見ても，対等な条件のもとでの成果とは考えにくい。そこに，わが国の企業が国際的コラボレーションに乗り遅れ，わが国の標準が世界の標準になりにくい原因の1つが隠されているように思われる。

　もちろん，周波数オークション制度も完璧ではないが，それでもなお，工夫と改良を加えながら，さらに多くの国が採用していることには，相応の意味がある。いまや，発展途上国においても，周波数オークションの導入が進んでいる現状に鑑みても，それが世界的な標準となっていることは間違いない[11]。

　周波数の配分方法の変化に伴い，電波に関する権限が変化することへの政策側の抵抗感については，政策側内部の問題として処理されるべきである。周波数オークションには制度デザインが必要であり，より間接的とはいえ，そこには政策側の意図が反映される。また，周波数オークション制度は必ずしも現行の電波利用料制度とトレードオフではない。オークション制度を採用しながらも，別途，電波利用料を徴収している国は存在する。したがって，電波利用料の徴収を認めれば，電波の割り当てに関する影響力を除き，現行の電波共益事務に関する裁量の範囲に大きな変更がもたらされることはない。

　電波利用のさらなる高度化を目指しつつ，国際競争力を増し，そして国の財政に寄与する点からも，国際的なトレンドを参照したうえで，それに整合的な電波政策を構築する必要があると言えよう。実現が待たれている第5世代移動通信システムに対する電波の配分は，1つの契機となるのではなかろうか。

---

[11] 例えば，タイではすでに実施されている移動通信システムのための周波数オークションや地上波デジタル放送のチャンネルのオークションのみならず，携帯電話番号までオークションによって配分することが計画されている。国民の共通の資産は，最も高い経済的評価を顕示した者に使用権を与え，その対価を徴収するという考え方に基づいている。

参考文献

Dramitinos, M. (2012), *Auction Theory for Telecoms*, Nova Science Publishers.
Klemperer, P. (2004), *Auctions: Theory and Practice*, Princeton University Press.
Krishna, V. (2009), *Auction Theory*, Elsevier.
Thaler, R. H. (1992), *The Winner's Curse: Paradoxes and Anomalies of Economic Life*, Princeton University Press.
Milgrom, P. (2004), *Putting Auction Theory to Work*, Cambridge University Press. 邦訳　ポール・ミルグロム（2007），『オークション理論とデザイン』，川又邦雄他訳，東洋経済新報社．
株式会社野村総合研究所（2013），『我が国における周波数の価値の算定』，株式会社野村総合研究所．https://www.nri.com/jp/opinion/r_report/pdf/201306_shuhasu.pdf.
鬼木甫（2016），『海外諸国における電波オークションの導入状況』（改訂第9回，2016年6月），（株）情報経済研究所ページ．http://www7b.biglobe.ne.jp/~ieir/downloadAucDB/AucDB.html.
首相官邸日本経済再生本部（2016），『日本再興戦略2016—第4次産業革命に向けて—』．http://www.kantei.go.jp/jp/singi/keizaisaisei/pdf/2016_zentaihombun.pdf.
総務省（2010），『次期電波利用料の見直しに関する基本方針案』，電波利用制度に関する専門調査会．http://www.soumu.go.jp/main_content/000079475.pdf:
総務省（2011），『周波数オークションに関する懇談会報告書』，総務省周波数オークションに関する懇談会．http://www.soumu.go.jp/main_content/000146432.pdf.
総務省（2012），第180回国会（常会）提出法案『電波法の一部を改正する法律案』．http://www.soumu.go.jp/menu_hourei/k_houan.html.
総務省（2014），『電波政策ビジョン懇談会最終報告書～世界最先端のワイヤレス立国の実現・維持に向けて～』（2014年12月），電波政策ビジョン懇談会．http://www.soumu.go.jp/main_content/000334592.pdf.
総務省（2016a），『電波政策2020懇談会報告書』（2016年7月），電波政策2020懇談会．http://www.soumu.go.jp/main_content/000430220.pdf.
総務省（2016b），『電波利用に関する現状等について』，「電波政策2020懇談会」第1回配布資料．http://www.soumu.go.jp/main_sosiki/kenkyu/denpa_vision/02kiban09_03000214.html.
総務省（2016c），『電波に係る制度の概要について』，「電波政策2020懇談会」制度ワーキンググループ第1回配布資料（2016年2月4日）http://www.soumu.go.jp/main_content/000397757.pdf.
総務省（2016d），『電波政策2020懇談会報告書 概要』（2016年7月），電波政策2020懇談会．http://www.soumu.go.jp/main_content/000430218.pdf
多賀谷一照；電波有効利用政策研究会（2003），『ユビキタスネットワーク社会に向けたこれからの電波政策』，電気通信振興会．
内閣法制局（2012），『電波法の一部を改正する法律案の提出理由』．http://www.clb.

go.jp/contents/diet_180/reason/180_law_061.html.

各ウェブサイトは，2016年11月1日現在で存在と内容を確認。

（三友　仁志）

第8章 空港とオークション

1 はじめに

　オークションと空港との関連でいれば2つの大きなトピックがある。「発着枠」と「コンセッション」である。

　前者はこれまでも航空関係者を大いに悩ませてきた問題であり，その配分につき，どうすれば公正かつ公平な配分の制度設計ができるかが繰り返し論じられてきた。そこでは，公共性や国益という側面も加味しなければならないという難しさもある。

　後者は最近になって進められているものであり，まだまだその取組みは端緒についたばかである。しかし，現在進行形であるがゆえに注目度も高く，その成果を最大にすることの社会的意義まで含めた議論と実施がなされていく必要がある。

　本章では，上記の2つの観点から，混雑空港をめぐるオークション方式の導入の可能性とその問題性，ならびにコンセッションの売買におけるオークション方式について，日本における現状を例として検討していく。

2 発着枠の配分とオークション方式

2-1　発着枠をめぐる歴史的経緯

　情報化が進み，情報の質・その価値が非常に重要となっている現代の国際社会において，その情報の信憑性を保障し，またその機密性を保持するために，e-mailなどの情報技術手段を介さず，直接的にコミュニケーションを

とることの重要性もそれに伴って高まっている（文字によって伝達できる情報量は，全体の1割から2割程度と言われている）。そして，それは国際的移動手段に対する利便性の向上を希求させ，特に航空輸送体系は，その高速性をもって現代の国際経済活動を支える極めて重要なインフラストラクチャーとなっている。

　航空輸送が効率的・効果的なものとなりうるかどうかは，航空会社そのものの努力だけに留まらず，航空機が離発着する空港のあり方によっても大きく左右される。特に需要の高い国の基幹空港では，航空会社にとってその空港をどこまで自由に利用できるかが当該航空会社の収益性に大きな影響を及ぼすことになるし，ひいてはその空港が属する国の国際競争力をも左右することになる。

　空港において飛行機を飛ばすことのできる権利を「発着枠」という。これをどのように配分するかという問題は，航空会社の収益を大きく左右すると同時に公共政策的な性質を併せ持つが故に，常に関係者の間で激しい議論の的となってきた。

　たとえば，国の基幹的存在となる国際空港では，伝統的に1：1のルールが暗黙のうちに提唱されてきた。その空港がある国の航空会社が全体の半分の発着枠を使用し，残りを他国の航空会社に配分するというものであり，国家間の機会均等の考え方に基づくものである。

　ただ，これは全くの理念にとどまっており，実際にはどちらかの方に偏った配分がなされている。実際，日本の成田空港の場合など，むしろ海外の航空会社の保有する発着枠の方が本邦航空会社よりも多くなっている。

　その配分の仕方については，これまで概ね国がその配分の権利を持ち，それを行使してきた。そしてその背景には，二国間の航空交渉に基づいた合意に基づいて発着枠の配分を決定するという仕組みがある。

　近年に至るまで，国際航空体制は二か国間の航空条約が組み合わさることによって形成されてきた。第二次世界大戦が終結する直前の1944年，シカゴで戦後の国際航空体系をどのような形にしていくのかが話し合われ，多国間条約によって空の自由化を図ろうとしたが，総論ではある程度の合意が得られたものの各論になると各国の国益をめぐって対立が生じ，結局は，根本

的に二国間の交渉によって航空輸送の在り方が規定されてきた。具体的には，機会均等によって乗り入れる航空会社の数と空港の数を双方同等とし，便数も同じにして輸送量の均等化を図った。これは，第二次世界大戦の直接の舞台とならず，戦後圧倒的な航空輸送力を保有していたアメリカに対して，ヨーロッパ諸国が強い警戒心をもって対処したことによっている。

こうした二国間での交渉形式が大きく変化したのが1993年のEU統合と，それに伴う同地域における航空政策の大きな変化であった。EU統合とともに航空市場も域内で自由化が進められ，従来のような主権対等の原則に基づく平等主義から，実際の需要に即した供給の体制へと制度が改革されていった。つまり，従来の形式的な平等主義が廃棄され，実需に基づいた運送体系の構築を図っていこうとしたのである。ただし，こうした方向転換によって急激な変化が市場にもたらす混乱を避けるために，経過期間が設けられ，この期間に何等かの問題が生じた際には，それに対処できるような権限を行政側に保留した。そしてその経過期間を終えた1997年から，自由化が本格的にスタートした。

これに伴い，航空会社間の競争も激しくなり，そこに新たにLCC（Low Cost Carrier：日本では「格安航空会社」と訳されている場合が多いが，正しくは「低コスト航空会社」とでもすべきである）というプレイヤーも出現して競争はさらに激化した。その際，巨大な後背地需要を持つ大規模空港に対する乗り入れ需要は増大し，発着枠の配分のあり方が問われることになった。

その中でも特に問題となっている空港の1つが東京国際空港（羽田空港）である。日本の国内線の中心であり，国際線についても，再国際化以降そのプレゼンスは急激に高まっているものの，これに近接して米軍の横田基地があり，その上空には広大な通過禁止空域が設定されている。そのため，羽田空港への侵入空路，あるいは羽田空港からの出発空路が狭溢になっており，また成田空港の空域も重なっているため，非常に混雑した空域となっている。その結果，増大する乗り入れ需要に効果的に対応する形で発着枠を増加させることが極めて難しい状況になっている。

最近羽田空港における国際線の発着枠の増枠をめぐる配分が行われた際には，限られた発着枠の配分をめぐって，米国の大手3社の中で激しい争奪戦

が展開された。そして，その結果に不満をもったデルタ航空は，中国へハブ機能をシフトさせるような動きを見せている。

　アジア域内では空港間で，国を挙げた激しい生き残り競争が展開されている。タイやマレーシアなど，広大な敷地を確保し，大型機が離発着できる滑走路を多く備えたものがほとんどであり，規模だけで比較すれば日本の首都圏空港はかなり見劣りすることは否めない。

　こうした状況下で，航空会社に対して納得のいくような形で発着枠の配分が行われなければ，今回デルタがとろうとしているような動きが加速し，日本の空港は世界の航空ネットワークの中で「周辺化」してしまうだろう。

　そして，このことは日本の経済活動にも大きな支障を与えることになる。情報化が進み，人流も物流もその速度が求められている中，効率的な航空輸送はその国の経済力に大きな影響を与えうるものとなっている。真の国益を考えるのであれば，透明性があり，かつ公平な配分方式を呈示することで，日本の空港政策に対する信頼性を高め，首都圏国際空港の地位が低下しないように努めていかなければならない。その1つとしてオークション方式の導入の是非をもっと真剣に検討していく必要がある。

2-2　地方優先枠の設置

　発着枠の配分においては，国内線の分野でも難しい調整が強いられている。

　国内線でも，国際線同様，羽田空港に対する乗り入れ需要は極めて高い。さらに2012年以来，日本でもLCCが誕生し，そのシェアを確実に伸ばしてきている。現在は，LCCについては，首都圏では成田空港において発着枠を与える方針を政府は示しているが（これを「羽田縛り」と業界では呼んでいる）こうした政策もいつか限界がくるはずである。というのは，何よりも利用者の利便性を第一義的に考えなければならず，LCCを利用する人の数が増加していけば，当然，そのLCCに最寄りの利便性の高い空港から利用したいという需要も増加するからである。その場合に，羽田空港の発着枠をどのように公平に配分するかをめぐって，国際線と同様の問題が生じてくる。

　また，近年羽田空港の発着枠の配分をめぐっては，地域振興の観点から，

地方からの発着枠活用の提案を受け，すぐれたものについて発着枠を配分するという方式が導入された。航空会社と地方自治体が協力して，観光政策などと連動させ提案するコンペティション形式である。数人の有識者による評価によって配分先が決定されるが，その評価にはばらつきもみられ，どこまで合理的な判断が下されたのかについては大いに疑問の余地が残る。

　また，その後の成果についても十分な検証がなされなければならない。配分を受けた結果として，事前の計画通りの成果が得られたかどうか，その結果を厳しく問う必要がある。そうでなければ，配分を受けた結果だけで満足し，仮に失敗しても何のペナルティーも課されないというのであれば，その取組の姿勢にもかなりの違いが出てくるはずだからである。政策的に優先配分するのであれば，必ずその結果については厳格にコミットしなければならない。それだけ対象となっている発着枠の経済的価値は大きいのであり，それが有効に活かされないことによる社会的損失は相当に大きなものとなり，「政府の失敗」として批判されることになるからである。

　こうして考えると，オークション方式によって，貴重な発着枠を真にやる気のある企業に配分する方式はより妥当なものと考えられる。民間企業のもつノウハウの方が，公的部門よりも高いことが一般的であるからだ。ただし，オークション方式の効果を最大化するためには，先述のように，すでに配分されている発着枠についてどのように取り扱うべきかが大きな問題となる。既得権益化してしまえば，先行企業に不当な利益を与えることになるからである。

　また，発着枠の価格が高騰した場合に，それを取得した企業は航空運賃にその負担分を転嫁することは容易に想像できるが，公共性の観点からそれが過度に航空運賃に転嫁されないように監視も行っていかなければならない。その場合には，何をもって「過度な」と言えるのか，という難しい問題に再度直面することになる。さらにいえば，その転嫁は羽田の発着枠を利用した路線ではなく，その他の路線に対して転嫁されるかもしれないのである。

　最適な航空運賃をめぐっては，航空会社の外部からはなかなかそのコスト構造が明確に見えないがゆえに判断が難しいところである。

2-3　発着枠の配分にオークション方式を取り入れる際に生じてくる問題点

　発着枠の配分については、政府の恣意的な判断は公平性を歪める危険性があるとして、オーディション形式を取り入れるべきであるという主張もなされてきた。

　これに対しては、資金力のある航空会社がこれを不当に買い占め、発着枠という貴重な社会的資源が有効に活用されなくなるという危険性が指摘された。ただ、これに関しては、現行の配分方式でもすでに実際に、既存の航空会社が余分な発着枠を保有している問題として顕在化している。航空会社はいったん発着枠の配分を受けると、たとえ余剰が生じても、競争相手にそれを渡すことを望まず、何等かの口実を設けてそれを保持し続けることが常態化してきた。いわゆる既得権益化しているのである。

　一方、オークション方式を導入すれば、市場での競争環境が正常に機能しており、航空会社が採算性に見合った合理的な投資行動を行うとすれば、発着枠も正当な価格で取引されることになり、無駄な保有などは生じないという期待は持てる。競争環境をどうとらえるかによっては、オークション方式はむしろ望ましいということができる。

　発着枠がどの程度の価格が妥当なのかは難しい問題である。

　オークション方式を導入し、ある発着枠に対して高額の価格が設定された場合、その支払い負荷が旅客に転嫁されることになることにも留意しなければならない。そして、その負荷分を競争が激しい路線の運賃に転嫁してしまえば競争に勝てなくなり大きなダメージを被りかねない。そこで、独占路線、あるいは占有率の高い路線にその負荷が転嫁されることになりかねない。そのような路線は生活路線であることが多く、住民の生活に大きなマイナスの影響を与える可能性が出てくる。

　そこで、イギリスのヒースロー空港は、オークション方式を導入するに際してはプライスキャップ規制を導入し、航空輸送の持つ公共性を維持するために、入札価格の上限値を設定した。

　しかし、プライスキャップを導入する場合には、上限値をどのように設定するかという問題が生じてくる。

　一方、航空会社としては、発着枠を獲得しても、それが収益を挙げるよう

な路線に自由に設定できなければ意味がない。日本では，国内線においてそれも制度的には可能であるが，これまでの現実では，政治的な圧力がかかり，生活路線とはいえないながら，十分な収益が見込めない様な路線でもこれを運航しなければならない場合が存在した。2010年1月にJALが会社更生法の適用申請をして再建過程に入って以来，こうした不採算路線の運航を強いられるという圧力は弱まったが，路線選択の自由度は確保されなければならない。

　一方，国際線においては，先述のように国際関係への配慮もある。収益性が高いからといって自由に路線が引けるわけではない。基本的には未だ二国間の航空協定の下で運航の在り方が規定されているからである。そうなると，発着枠も，獲得後それがどの路線において使用されるかを想定できる状態でなければ価格付けが難しくなる。

　また時間帯によってもその価値は異なって来る。国内線であれば，航空会社にとって，日帰りができる時間帯の発着枠が望ましい。つまり，早朝と18～19時くらいの時間帯である。ビジネスパーソンにとっては日帰り出張が可能となり，コストを掛けず効率的に仕事を行う上で望ましい。また，宿泊を伴う観光利用についても，目的地での滞在時間を有効に活用できるし，無理のないスケジュールを組むことができるので，旅行会社にとって旅行商品を造成しやすいというメリットがある。逆に昼間便は中途半端で航空会社にとっては販売しにくいものとなる。

　国際線について見れば，その発着枠を使用して飛行機を飛ばした場合，目的地である国において何時に到着するかが問題となる。ビジネス目的であれば，相手国に朝方に到着し，すぐに仕事に入ることができる時間帯が望ましいとされる場合が多い。これは観光の場合でもそうであろう。すぐに観光に繰り出すことができれば，その行動範囲も広がる。その結果，時間帯によって発着枠には需要の強さに差が生じることになる。事実，成田空港の場合，その発着枠には総体的に強い需要はあるものの，時間帯によってはまだまだ余裕のあるところがある。こうした実情を踏まえた上で，需要の弱い時間帯についてはある程度入札側にインセンティブをもたせるような措置も必要になってくる。

2-4 すでに配分された発着枠についてはどう取り扱うか

　そして，そもそもの問題として，どのような状態からオークションをスタートするかということもある。つまり，大半の発着枠はすでに航空会社に配分してしまっているという現実があり，その配分によって企業間格差が生じているという事実があることだ。

　これには歴史的背景がある。日本では，第二次世界大戦後，決定的に出遅れることになった航空輸送産業をできるだけ早く国際市場に復帰させ，他国の航空会社に対して競争力をもつことができるように，需給調整規制のもとにその育成政策を行ってきた。その結果として，発着枠に関しても，その役割分担に応じて振り分けられてきた経緯がある（昭和45年閣議了解，47年運輸大臣示達という，いわゆる「航空憲法」の下，日本航空は主に国際線と国内幹線，全日空は国内幹線と一部国内ローカル線，東亜国内航空は一部国内幹線と国内ローカル線という事業領域の棲み分けが政策的に遂行された。詳しくは拙著『航空の規制緩和』を参照のこと）。

　こうした，すでに配分されているものを対象外とするのならば，既存事業者の保有する発着枠は全くの既得権益化し，公平な配分政策とはいえなくなる。その観点からすれば，現在までにすでに配分されているものもすべてオークションの対象とするよう，一度オークションの実施主体がすべての発着枠を回収して行うのが理想的ではある。とはいえ，実際にこれを行うとすれば，当然ながらこれまでそれを使用してきた航空会社からは猛烈な反発があるだろう。そして，それは利己的な面もあるが，それと同時に，社会的貢献として正当に評価しなければならない面もある。すなわち，従来発着枠を使用して航空機を運航させてきた航空会社は，公共交通輸送サービスを担うという地域への貢献を果たしてきたのであり，その成果を無視して新規参入しようとしている事業者と同等のベースで争わせるのが妥当か，ということである。配分された発着枠をきちんと使用し，実績を挙げてきたかどうかは，新たな配分を考える上で重要な判断基準であり，実際，日本で現在行われている評価方式では，地方路線への貢献が，新たな発着枠の配分を行う上ための評価基準として大きなポイントを占める項目となっている[1]。

1　これと同様の問題が日本の地方の公共交通にも生じている。地方ではマイカーに対する依存度が増加するのと反比例して公共交通に対する需要が減少している。その中でもバス事業への影響

またオークション参加者に対する国籍制限の問題もある。本来は自由競争の原則の下に，どの国の航空会社であれ，平等に参加資格を与えられることが理想である。しかしながら，空港運営，特に基幹空港においては，国益という大きな問題が関わって来る。入札の結果，海外の航空会社が発着枠の大部分を占有することに対する抵抗感が存在する。

海外の航空会社が運航スケジュールを組む場合，どうしても自国の利用者にとって利用しやすい時間帯での運航スケジュールを選択することになる。それは，日本人にとっては逆に使いづらいものになることが多くなる（これは国内線にとっても同じことが言える。発着地のどちらの利便性を優先するかによって運航スケジュールは変わって来る。観光であれ，ビジネスであれ，優先される側は，到着後できるだけ有効にその日の活動を行うことができ，かつ発地に戻る際には，できるだけ長く目的地で滞在できるような運航スケジュールを望むことになる。これは，反対の側から見れば，航空機は折り返しの運航となる場合が多く，目的地での滞在時間が短くなるような運航スケジュールとなってしまう）。

このため，心情的には，あるいは自国の企業の便宜性を考えれば，どうしても自国の航空会社を優先したいということになる。しかも，基幹空港は公共財としての性質を有する。その資本形態がどのようなものであれ，国益という観点を抜きにしては語ることが難しい。ここに，発着枠においてオークション形式を導入することの難しさがある。

は大きく，乗合タクシーなどの形でタクシー会社への事業移管が進められているが，その際，タクシー事業者に対して入札制度が行われることになる。地域によっては，タクシー会社が自主的に乗合タクシー事業を先駆的に行い，それが経験を積み重ねることによって住民からの信頼を得るまでに至り，事業が軌道に乗り始めた段階でこうした入札のタイミングに遭遇することがある。そして，その場合にはそれまでの地域への貢献は正当に評価されず，提示金額の安い新規事業者に事業認可が与えられることになる。しかし，その新規事業者は十分なノウハウもなく，ただコストを抑制することだけを行って参入してくるため，全く地元に根付かず，すぐに撤退してしまう。こうして，せっかく築かれた先行事業者のノウハウが生かされることなく，公共交通体系はさらに弱体化していくことになってしまうのだ。事実，こうした事例は富山県などで報告されている。

3 空港の運営権（コンセッション）の売却とオークション方式

3-1 空港運営にコンセッション方式が導入されることになった背景

　最近になってその考え方が紹介され，そして政策が実現され，広く社会的な注目を集めているのが空港の運営権（コンセッション）の売却である。これを民間に売却し，その運営効率を高めようとするものである。

　なぜ空港のコンセッションを売却することが政策として進められたのか。その背景には，従来の空港建設と維持をめぐる社会的不信感といったものがある。

　空港は，戦後，国際的に遅れをとった航空産業をいち早く世界の舞台に立たせるためのインフラとして，さらには地域振興のための公共事業の1つとして，積極的にその建設が全国的に進められてきた。その財源としては「空港整備特別会計」として，特別会計が組まれたのである。

　特別会計の下では，安定的な財源のもと，建設が積極的に進められていくことになる[2]。国は空港整備5か年計画を数次において実施していき，国内空港は整備されていった。

　とはいえ，空港を建設することにおいては，基本的には当該地域からの要請を受けてその是非を審議することになる[3]。しかし，高度経済成長期には

---

[2]　特別会計の場合，安定した税収が入ってくるために，長期にわたる政策を実行する上で効果的ではある反面，毎年その税収を完全に消化していかなければならないという性質も持っている。使い残しが発生するということは，それだけ必要性がないということになり，税額は減額されることになる。それは，その予算を担当する諸官庁にとっては組織の縮小化につながりかねず，到底受け入れることのない事態である。年度末になると，公私を問わず，ほぼあらゆる組織において予算消化のための措置がとられるのはこのためである。

[3]　地方が自らの地域に空港の建設を求めるのは，公共事業による経済活性化の手段としての空港建設を望むこと以外にも，この機会を逃せば損だという心理が働くこともある。地方空港（空港種別でいう第3種空港）の場合，総建設コストの半分は国から支給される。そのため，地方自治体としては，空港をつくらなければ，せっかく国からもらえるはずの資金がもらえなくなり，大きな機会損失になると考えるのだ。ただし，その反面では，地方自治体側もその半額を負担することになるので，多額の負債を抱えることになり，その返済負担が将来にわたって長期に生じることも確かである。財政学では，国の補助金が入ることによって公共サービスが割安に見えることを「財政錯覚」と呼び，ここに過剰需要が発生することに警鐘を鳴らしている。地方空港の過

基本的にどの申請も否定されることなく建設されていった。そしてその最終的な整備目標は「一県一空港」とされた。

空港建設の是非は，将来の需要予測に基づいて審査されるが，空港の建設には長い年月を要するため[4]，正確な予測をすることがそもそも難しい。その上，地域振興としての効果が期待されることに加え，需要予測を行うコンサルタントとしては，将来の仕事につなげるよう，概ね建設することを前提とした予測数値が「作られ」る。その過程では，無理な仮定条件が設定されることが往々にしてあり，後にそれを検証しようとしても資料の所在を明確にできないようにして情報が公開されないようにしてあることが多い。その結果，実際に運用を開始すると，実際の需要との乖離が激しく，赤字経営に陥ることになる。

さらには，その赤字の実態が明らかにならないという問題も指摘されていた。特別会計は，財源が一括してプールされたのち，個々の空港に配分されるが，その配分額が明示されない。そのため，空港ごとの個別収支が計算され，公表されることはなかった。

それに，空港ごとにその運営形態に違いがある。たとえば，空港ビルや駐車場はどこが所有しているかが違う。そのため，横並びでの比較が難しく，それが経営努力を怠る一因となってきた。

空港経営陣が短期的に入れ替わることも問題となる。空港の経営陣は大抵が県職員などからの出向やOBであり，一定期間で交代することがほとんどといっていい状況にある。その結果，空港経営に関する経験と知識がなかなか蓄積せず，とりあえず任期を無事に全うすることに関心が置かれ，長期にわたって経営改革，事業推進を行おうというインセンティブがなかなか生じ

去の建設経緯を見れば，この財政錯覚の状況が大いに顕在化していることが読み取れる。このこともあって，地方で過剰ともとれるほどの空港が建設されてきたといってよいだろう。

[4] 日本では，過去に大阪伊丹空港をめぐる騒音訴訟，そして成田空港における土地の強制収容をめぐる問題など，空港建設に関してマイナスのイメージが建設予定地の住民に広がる傾向がある。また周辺アジア諸国のように，開発独裁的でないために，周辺との空港建設に向けた合意形成において，他国よりも時間がかかることになる。その結果，10年から20年のスパンをかけての空港建設となる。しかし，10年，20年後の経済情勢を正確に予測することはほぼ不可能である。ここに日本における空港建設の難しさがある。

てこない。外部から空港経営のプロを呼んで来ようとしても，そうしたプロ的な人材自体がなかなか存在しないのも事実である。

こうした状況に関しては，早い段階から批判の声が上がっていた。国としてもこうした状況を放置することができなくなり，国が保有する29空港について，その収支採算性について試算を行うことになった。その結果，ほとんどの空港が赤字になっているという結果が示された。そこで，この問題に対して改めて改善を図る必要性が痛感されることになった。

改善策の中には，民営化を進めることも含まれるが，一気にそこまでいくことは見解をまとめていく上で極めて難しい。そのため，まずその前段階としてのコンセッション方式が採用され，実施されていくことになった。

3-2 仙台空港の場合

その1号案件となったのが宮城県の仙台空港である。2011年に起こった東日本大震災の舞台の1つともなった仙台空港を活性化させることは震災復興のシンボルとも位置付けられるため，1号案件になったものとみてよい。

コンセッションの取得のためのオークションにはいくつかの有力なグループが参加した。特に有力だと思われたのが全日本空輸（ANA）と，羽田空港のターミナルビルを運営している日本空港ビルディングなどが組んだコンソーシアムであった。

しかし，最終的に東急グループが落札した。同グループが提出した事業計画がもっともすぐれているとされたからである（ただ，この選定結果については，なぜ同グループが他のグループよりも優れているのか，よく理解できない部分がある）。

仙台空港の民活による運営は，2016年度に入ってすでに実際の段階に入っている。

仙台空港の場合，国内線の運営については，航空会社にとって，確実に収益を見込むことができるという羽田空港との間の路線を設定できないという大きな弱点を抱えている[5]。

---

[5] 仙台空港と羽田空港との距離は航空路線としては，収益性を挙げる上では短すぎる。なぜなら，航空輸送のオペレーション・コストを考えるとき，もっともコストがかかるのが離発着の時

また，仙台空港アクセス鉄道の収益性をどう挙げていくかという大きな問題もある。この点，鉄道会社である東急電鉄が中心となっている運営主体がどのような経営政策を打ち出していくのか大いに期待される。

3-3 関西空港の場合

すでに動き出しているもう1つの案件が関西国際空港である。

関西では，長らく大阪の伊丹空港が国際・国内の中心空港として機能してきたが，容量が限界にきたこと，また長らく騒音が問題となってきたことから，他の場所に新たな空港を作って，そこに関西の中心空港としての機能を全面的に移管するという前提の下で検討が進められることになった。

その場所の選定は紆余曲折を経たのち，現在の和歌山県泉州沖で海を埋め立て，そこに海上空港を建設することに決定した[6]。

この埋め立てが多大なる負債を関西国際空港にもたらすことになる。地盤が想定よりも軟弱であったことから，当初の想定以上に埋立地の地盤が沈下し，一時は滑走路にまで影響を与えるのではないかとの懸念まで広がった。こうした状況を改善するために膨大な費用がかかることになる。民間会社としてスタートした関西国港空港会社はその他の費用も含め，膨大な有利子負債を抱えることになった。

さらには，当初は伊丹空港を完全に閉港した上で関西国際空港が運営されるはずであったが，閉港に対する伊丹空港周辺住民の強い反対があり，結局は両空港が並存することになった。

この結果，需要が分散してしまう。さらには伊丹空港の方が大阪の中心地

に要する燃料費であり，1回の離発着に対する輸送距離が長ければ長いほど採算性がよくなる。もちろん，その路線がビジネス利用中心なのか観光中心なのかということも大いに関係してくるが，当面その区別を無視すると，仙台―羽田線は，新幹線との競合も激しいこともあり，収益を挙げるのは至難のわざであり，その分，どれだけしっかりとしたマーケティングを行って収益性の期待できる路線を開発していけるかどうかが仙台空港のこれからにとって重要となってくる。

6 当初は神戸沖に建設することでほぼ最終合意の状況にまで至っていたものの，最後の段階になって神戸の議会が反対し，現在の場所に落ち着いた経緯がある。この間の詳細については，佐藤章『関西国際空港』（中公新書，1994年）を参照されたい。このことは，神戸での建設を推進してきた人々にとっては，その後神戸大震災からの復興政策の一環として神戸空港が建設されるまで，強い「遺恨」として残ることになった。

から近く，利便性が高いがゆえに，利用者からの選択肢としては劣位に置かれる傾向があった。それが関西国際空港の収支をさらに圧迫することになる。

　国としては，関西国際空港の利用を促すべく，様々な誘導政策がとられたが，それも限界がある。そこで，最終的に構想されたのが，伊丹空港と関西国際空港を経営統合し，その上で運営権を売却しようということである。その際，運営権の売却で得た資金で1兆円を超える有利子負債を返済することになった。

　そのため，売却価格は2兆円を超える高額が設定された。入札するには，空港は公共性に大きく関わるものであるがゆえに外資の出資制限があることから，日本の企業が主体となり，それに空港の運営実績があることが求められた。ただ，日本の企業の中で空港を運営した経験があるところは極めて限られてくるため，その部分の役割は，海外の企業に期待された。

　入札に向けた当初の説明段階では，複数の企業，コンソーシアムが関心を示したものの，事業期間が44年間と長期にわたること，また空港運営の経験がないためのリスクの判断が難しいことから脱落していった。その中には，海外の企業は積極的であったものの，その受け皿となる日本側の企業が見つからないがゆえに，入札を断念するところもあった。そして，最終的には1社のみの入札となり，オリックス・グループとフランスの空港運営会社であるヴァンシが運営権を取得した。

　入札が成立した1つの背景としては，ここ数年のインバウンド観光客の急増があった。当初，関西国際空港の収支構造がぜい弱なために，売り出し価格の設定を債務の返済を行うのに十分な水準に設定することが難しい状況にあった。しかし，ヴィザの発給条件の緩和によってインバウンド観光客の来日の勢いに火がつき，2015年度には2000万人を超え，アウトバウンドの数を超えるまでになった。関西国際空港にも中国人観光客を中心に多数の外国人が押し寄せた。この追い風によって関西国際空港の収益も急速に改善され，売却価格の維持ができたのだった。

　入札を行ったのが1グループだけだったことについては，売却する側にとって競争的な交渉ができず，望ましい価格での契約ができなかったのではな

いかという批判の声も上がった。これに対して空港側は，相手方との間で落ち着いて交渉することができ，良い面の方が大きかったと強調している。ここは判断の難しいところである。複数のグループを競合させてよりよい条件を引き出していく方がいいのか，あるいはお互いの信頼関係をしっかりと醸成していく中で最善のものを目指すのがよいか，入札制度の抱える1つの問題性が顕在化した形となった。

今後は，いつまでも中国を中心とするインバウンド需要頼みの政策に頼るだけでは成長に限界が出てくる。従来の空港の概念を超え，どのような斬新な発想のもとに多角的に収益を挙げるようにできるか，特にヴァンシが提案してくる斬新な案に期待したい。

3-4 その他の空港

仙台，関西国際空港以外にも多くの空港がコンセッションの売却を行うことを考慮していると発表している。北海道は道内にある空港をまとめてコンセッションの対象としようとしている。その他，神戸，高松，広島，福岡などが候補に挙がっている。

ただ，地方空港になると，どこまでその価値を投資家に対して納得させることができるかは，実際にはとても難しいことになる。実際に民活によって刺激を受け，経営を改善する必要があるのはむしろ地方空港の方であるが，当の空港側に売却のためのノウハウ，そして将来価値を最大化するためのビジョンづくりを行う力があるかどうか疑わしい。

それに，日本は他の諸外国に比べて新幹線という極めて競争力の高い移動手段が存在する。人口が減少する中，国内の航空需要の今後の伸びにそれほど大きな期待が望めない状況下において，国内線がどうしても中心となる地方空港にとっては，国際線をどう拡張していくかにその成長の方向性を求めざるを得ないが，国際線を誘致し運航を維持していくというのは容易いことでは全くない。実際，地方空港で国際線を誘致し，維持していくことは現段階でも相当困難な状況であり，航空会社に対してよほど魅力的な条件を提示しないと難しいだろう。よくあるパターンは航空会社に対して何等かの補助金を与えるとか，着陸料を減免するといった誘致策をとることだが，これは

どこの空港も行うものであり，他空港の政策との差別化には全くつながらないと考えた方がよい。誘致しようとする航空会社とどこまで緊密なマーケティング戦略を策定し，それによって共存共栄ができるようなプランを提供できるかどうかが問われることになる。

　これは相当に高い壁ではある。しかしながら，自らではどうしようもないからといってコンサルティング会社に丸投げするようなことになれば，地元の政策能力は向上せず，根本的な問題解決にはつながらない。オークションを自ら取り仕切れるようになることこそが，地元の自律的な発展に寄与すると同時に，自らの抱える問題を明確に自覚し，コンセッション譲渡後のチェック機能も果たせることになる。

参考文献
　佐藤章『関西国際空港』中公新書，1994 年
　戸崎肇『航空の規制緩和』勁草書房，1995 年
　井上泰日子『最新　航空事業論』日本評論社，2013 年
　塩見英二、小熊仁『国際航空自由化の制度的展開』文真堂，2016 年
　轟一博『空港は誰が動かしているのか』日経プレミアム新書，2016 年

（戸崎　肇）

第4部

コンセッションの勧め

第 9 章　欧米のコンセッション

1　はじめに

　コンセッションは非常に重要な政策ツールとなっており我が国でも平成26年6月の産業競争力会議の中で，12兆円の公共調達市場を創出し，その中で2兆円をコンセッション方式で達成するという目標が打ち立てられている。さらに，このコンセッションに関する目標は繰り上げされ，平成26年から平成28年を強化期間として設定されることとなっている。

　我が国でコンセッションと言及される場合，その要件として強く認識されているのは，（ⅰ）民間事業者による公共設備への投資，（ⅱ）公共設備を利用することで発生する収益を獲得する権利の確保，（ⅲ）エンドユーザーが支払う料金をその収入の源泉とするなどといったものである。そこでは，将来不足すると予想されている公共設備への投資を民間が担い，その一方で公共サービスの提供を民間事業者にゆだね，民間事業者の創意工夫を取り入れ，かつ独立採算制を求めることでより効率的な産業を実現し，新たなマーケットを創出することを期待されているのである。

　このように，我が国ではコンセッション方式には高い期待が寄せられているが，他面，海外では長年のコンセッションの経験があり，その機能や成功のための条件が徐々に明らかになっている。海外でのコンセッションの議論で，最も重視されることの1つはオークションを中心とした「競争原理の導入」である。つまりコンセッションは公益事業など，「市場の中での競争」が困難な場面において，「市場に向けた競争」を利用できるという，単純に民間事業者に公共サービスを任せることで効率性が実現できるということ以上の意味が含意されている。

本章ではコンセッションを発展させた欧州の議論に加え，米国や発展途上国を含めた海外の経験を踏まえ，コンセッションに期待される機能を明確にしていく。コンセッションに関する議論の多くは公民連携の議論と重複しており，またその各論は相互に関連したものになっているので，類似の議論を繰り返すこともある。しかし，このような議論を海外の経験をふまえて整理することによって，我が国のコンセッションの発展の一助になると考える。

2　コンセッションの定義と構成要素

2-1　コンセッションと競争効果

コンセッションの歴史は比較的古く，一例として19世紀にエドウィン・チャドウィック（E. Chadwick）が英国の葬儀事業において用いたことが知られている。しかし，コンセッションの機能が注目されたのはデムゼッツ（Demsetz, 1968）によって提案されたオークションと一体になった考え方にあるといえる。彼はその論文の中で「公共サービス料金をオークションにかけることによって，オークションの競争効果を通じて収支均衡となるような料金が実現でき，このことを利用すれば規制は必要ない」と主張した。このことはつまり，コンセッションはオークションを用いれば「市場への競争」が実現できるので，規制の代替になりうるということである。このデムゼッツの主張に対してウィリアムソン（Williamson, 1976）の批判がある。それは端的に言うと，サービスの水準や，コンセッション契約者（Concessionaire）の経済活動の監督の必要性など，オークションの入り口ではコンセッションは規制の代替となりうるが，契約期間中の行動に対しては結局のところが規制が必要であるというものである。このデムゼッツvsウィリアムソンの入札・契約論争については，現在両方の主張を反映させる形でコンセッション政策は展開されているといえる。例えば，OECD（2010）の「競争法とコンセッション：Competition Law and Concession」では運営権を運営事業者に与える手段として，オークションを強く勧めている。運営権授与の方式として「競争的対話」や「美人コンテスト」などといった方式の可能性も提示して

いるが，この方式は「公民談合」といった腐敗問題をより顕著にすること，また競争のテーブルに立つ候補者の人数が少ない場合，競争効果が弱まるという点で，オークションに優位性があると評価している。

またOECD（2010）ではオークションだけでなく，コンセッション契約がなされた後にも，十分な競争環境の確保を競争法に関連する当局に求めている。これは，コンセッション契約を設計する段階でも重要となり，市場の垂直分離，水平分離は競争が機能するように適切に設計されているか，またコンセッション契約者がネットワーク設備を運営する場合，そのネットワークを利用する事業者に対して平等にアクセスを認めるといったオープンアクセスの原則を担保しているかといったことがこの内容に含まれる。このようにOECDはコンセッションの運用についてデムゼッツが主張する入札による競争原理の導入と，ウィリアムソンの主張するオークション後に競争環境を確保するための契約条項を盛り込むこと（＝規制）を行うことを推奨しており，その意味で両者の主張がともに取り入れられ，運用されているといえる。いずれにせよ，国際的には「競争原理の導入」がコンセッションに期待されている効果であるといってよいのである。

2-2 コンセッションとPFI

前節では，コンセッションと競争効果の親和性について言及した。前述したようにコンセッションはフランチャイズ契約などといった業務委託契約として，比較的古くから活用されてきた手法である。しかし，今日，コンセッションに期待される効果は競争効果だけに留まらない。ここではその機能をPFIと関連させて議論していく。コンセッションもPFIも公民連携の一形態であるが，公民連携の議論は近年，「民間投資」と「効率性」の二つのキーワードを中心として展開しているといえる。コンセッションに求められる機能はここで議論していく公民連携の機能も同時に求められているのである。

近年の公民連携における重要な発展は英国で開発されたPFI（Private Finance Initiatives）である。PFIは2つの意味で画期的なものであった。1つは，公共サービスの供給を委託する際に，民間事業者にその活動に関連する公共施設に対して投資を行うという要件を求めることであり，もう一つは設

計・建設・運営・保守といったサービス供給業務のライフサイクル全部を一括して（バンドリング：boundling）委託するといったことである。PFI が開発された背景としては，サッチャリズムに基づく民営化に代表される規制緩和が大きく影響しているといってよいであろう。法的な制約，もしくはユニバーサルサービス義務といった公共性が重視される場面では，公共設備の所有権を民間にゆだねることが難しく，あるいは強い公的関与が求められるので，その代替的な手段として PFI が開発された。つまり PFI は完全な民営化を行うのではなく，従来の公共調達と比べより広範囲の業務を委託することによって民営化の代替的な手法として取り入れられ，この意味で第二の民営化であると言えよう。

　このような公共政策の実務的な経験にけん引されたこの新たな公民連携に対して，特に不完備情報モデルの経済理論からその効果が議論されることとなった。不完備契約とは，公民連携を行う場合，その契約の当初においてすべての経済事象を想定することは不可能である（不完備性）ということであり，このような特性の下，契約後に経済的ショックが起きるような場合，どのような契約形態が望ましいかを分析するための経済モデルが発展していった。この議論の先駆的な議論は Hart, Shleifer and Vishny（1997）によって展開されている。ハートらは設備の所有権を「契約外の経済事象が起きたとき，契約外の設備投資や設備の利用についての取り決めをする権利」という残余コントロール権として規定した。その上で，投資を費用効率的な投資とサービス向上させるといった公共性に関連する投資の二種類にわけ，公共と民間のどちらが設備を所有することが望ましいか，またどちらがより投資を促進させるような事業形態であるかを分析した。そこでは，民間の費用削減行動が公共性に関する社会便益の減少に及ぼす影響が少なければ，設備は民間が所有することが望ましく，また民間の費用削減行動の余地が少ない場合には公的主体が公共設備を保有することが望ましいと主張している。また，投資行動については，公的主体が契約後に運営事業者を変更できるという仮定の下で分析している。民間が設備を所有するケースでは費用削減への投資と公共性に対する投資はともに最適水準と比べて過少になり，また公的主体が所有する場合には，運営事業者は契約のキャンセルの恐れから民間所有の

ケースと比べてより投資が過少になる可能性があることを指摘している。

　設備の所有権と投資問題の議論のあと，契約のバンドリングに関する議論が展開されることとなった。この契約のバンドリングに関する代表的な論文としては Bennett and Iossa（2006）を挙げることができる。ベネットらはハートらの残余コントロール権の概念を踏襲しつつ，次のようなモデルを設定し，バンドリングの効果を分析している。まず，（ⅰ）契約を所有・建設・運営の3つの段階で考える。（ⅱ）経済主体は公的主体，企業1，企業2の3つを考える。（ⅲ）投資は建設段階と運営段階の2つの段階でなされる。建設段階の投資は運営費用に影響を及ぼし，建設段階の投資によって運営費用が低くなるならば「正の外部性」が存在するといい，逆ならば「負の外部性」が存在するという。最後に（ⅳ）契約終了時に設備は残余価値を持つと考える。つまり設備は契約終了時にも経済的な価値を持ち，これが契約形態の選択に影響を与えるのである。この仮定により，契約終了時に所有権が移転するような公民連携の形式を考察できる。このようなモデル設定の下で，ベネットらは「正の外部性が存在する場合はどのような場合でも建設と運営を一括して委託することが望ましい」ことを明確にし，「建設段階の投資が運営費用を低くし，設備の残余価値の向上に大きく影響し，契約後に，その設備の価値が民間に帰属するならば，残余コントロール権は民間が持つことが望ましいことを明らかにした。このことが持つ含意は契約終了時に関連設備の老朽化が大きな問題になる場合には，残余コントロール権も含め，多くの業務および権限を民間に移譲することが望ましいことを示唆しており，公民連携の場合にあっても可能な限り民間の関与を高めることが望ましいことを示唆している。

　以上のように英国で PFI が開発されて以降，公民連携においては，（1）公と民どちらが設備の所有権を持つかという所有権の選択，そして（2）業務範囲はどこまで委託するかといったバンドリングの問題を変数としてその設計がなされることになった。コンセッションを考えるときも，この公民連携に期待されるのと同様の効果が期待されている。実際，EU のコンセッション指令（2014）ではコンセッションを事業コンセッション（work concession）とサービスコンセッション（service concession）の二つに分類して規定してい

る。事業コンセッションは業務の遂行に関して契約主体（contract authority or contract entity）が運営主体（economic operator）に業務の遂行を，事業より得られる収入もしくは，政府からの支払を対価として委託する金銭的契約であると規定されている（コンセッション指令第5条項）。ここでの事業とはそれ自体で経済的，もしくは技術的な機能を十分に遂行されうるような建設および土木業務全体の実施を意味しており，事業を遂行する（execution of works）とは設計を含めて遂行されることであると規定されている。一方で，サービスコンセッションは事業コンセッションで言及されている事業の執行を除いた，サービスの供給と管理を委託することであると規定している。このように考えると，事業コンセッションは上で議論したような新たな公民連携を包含する考え方であり，サービスコンセッションは従来の公共調達における業務委託を指しているといえる。このように欧州においても，コンセッションは広義には公民連携と同一として考えられているといえる。

2-3　コンセッションとサービス料金

　内閣府（2016）は，コンセッション方式は「利用料金の徴収を行う公共施設について，施設の所有権を公共主体が有したまま，施設の運営権を民間事業者に設定する方式」として言及しており，このことは，コンセッション方式はその収入をユーザー料金に求めるという意味している。欧州でもコンセッションをこのようにとらえる場合があり，例えばeurostatではコンセッションを，公民連携の中でその事業収入の大部分がユーザーの料金によって賄われているケースであるとしている。このように多くの場合，コンセッションはサービス料金を運営事業者が徴収する権利を認める方式であるとして認識されている。

　その一方で公民連携の方一つの形式であるPFIは政府から運営事業者への支払いによって事業者の収入は構成されている。運営者の収入をサービス料金によるのか，政府からの支払いによるのかということは，需要変動リスクをどちらが担うのかということに関わっている。もし，政府からの支払いが需要の変動と関連がない場合，需要の落ち込みによる収入の減少，翻ってはプロジェクトの実現価値の減少のリスクは政府によって負担されることに

なる。もし，運営事業者の収入がサービス料金によって賄われる場合，需要の減少による収入減は運営事業者に負担されることになる。このような意味で，コンセッションを利用するのかもしくは PFI を利用するのかといった選択は将来の需要リスクをどのように配分するのかということに関わっている。

さらに，コンセッションを行う場合には，料金規制の議論と類似した議論が発生する。つまり適正料金とは何かという問題である。料金規制は大きく公正報酬率規制とプライスキャップ規制に分類される。公正報酬率規制の場合，レートベースの設定によって，設備投資インセンティブを高めることができるがその一方で，認められる利潤が固定されているために，運営費用を削減するといった経営効率を促すインセンティブが弱いという特徴を持つ。プライスキャップ規制は CPI-X 方式で代表されるように，価格指数（消費者物価指数：Consumer Price Index）から生産効率項 X を引いた価格を上限価格として設定する。プライスキャップ規制の場合，利潤は直接規制されていないので，事業者の費用削減努力が直接利潤として繁栄されることになり，高い経営効率化インセンティブを付与することになる。また，X 項は産業に期待される生産性向上分として規定されるので，経年ごとに上限価格が低くなり，事業者の経営効率化行動はさらに低い価格となって市民に還元されることになる。他面，強い費用削減インセンティブのため，短期的な費用削減が重視され，長期的な投資行動を行わず設備投資へのインセンティブが弱くなる可能性が指摘されている。

公民連携の主題が民間活力の活用であるという考え方からすれば，プライスキャップ方式が望ましいといえようが，実際に，どのような方式が望ましいかは各プロジェクトの性質に依存するであろう。公衆衛生などの安全基準が強く求められるようなプロジェクトなどに関しては公正報酬率規制が望まれるかもしれない。また，事業者の立場からすると，将来のプロジェクトの見通しが不明瞭である場合には，政府からの固定支払契約を望むかもしれない。実際に米国の有料道路事業に関するプロジェクトに関しては，当初の見積もりほどの需要がなく，そのプロジェクトのために設立されたコンソーシアムが破産するといったことが起きている（米国財務省 2015）。このことを受

けて，2012年と2015年の公民連携の比較では，サービス料金徴収型の契約よりも政府支払型の契約の割合が増加するという傾向が確認されている（米国財務省2015）。これはつまり，民間事業者のリスク回避的な性質がコンセッションの設計に影響を与えているということである。この事実を踏まえると，コンセッションを実施するためには需要リスクをいかに配分するかということが重要であるといえる。もし，契約当初に想定されていた需要から大きくかい離する場合，料金を見直すといったこともこの中に含まれよう。

ただし，このような料金の見直し条項はコンセッションの実行費用に大きな負担を強いることになるかもしれない。公民連携の契約は特に設備投資と関連したものになると長期の契約になり，その内容は不完備なものにならざるを得ない。そのために，需要の変動だけでなく，経済的なショックのために費用構造が変化し，それを反映した料金契約を運営事業者は望むというケースも考えられる。このようにコンセッションにおいて，サービス料金をどのように設定するかという問題はリスクを公と民の間でどのように配分するかということに関わっている。

3 海外におけるコンセッションの経験

民間による公共設備への投資という意味での広義のコンセッションを考えると，海外では1990年代から数えて20年あまりの経験があることになる。そのような経験を踏まえて実証研究の立場からコンセッションにおいて，いくつかのテーマが重要であると認識されている。それは腐敗問題と再交渉問題であり，ここではその各々のテーマに関する実証研究を紹介しつつ，その背景にある構造を考察していく。

3-1 腐敗問題

腐敗は例えばコンセッション契約を結ぶ事業者を政府が選定する場合に，特定の事業者を合理的な理由なしに優遇するなどといった癒着問題に関連するものである。欧州ではPwC and Ecorys（2013）によってEUメンバー8

表 9-1 欧州における腐敗コスト

	人材育成サービス事業	道路建設事業	鉄道建設事業	水処理事業	空港滑走路事業	研究開発事業
腐敗の発生率（EU Fund データ）	0-46%	11-21%	9-18%	28-43%	37-53%	10-32%
腐敗の発生率（TED データ）	23-28%	11-14%	15-19%	22-27%	11-13%	11-14%

ヶ国について2010年の192のプロジェクトが（ⅰ）人材育成サービス事業，（ⅱ）道路建設事業（ⅲ）鉄道建設事業（ⅳ）水処理事業（ⅴ）空港滑走路事業（ⅵ）研究開発事業の6つに分類され，分析されている。ここでの腐敗コストは国庫負担や民間事業者が獲得できなかった金銭的な結果という意味での直接的なコストとして計測している。そして，その直接コストは無効性（ineffectiveness）と非効率性（inefficiency）から構成されており，無効性は当初プロジェクトが想定していた効果に達成していないことから発生するコストであり，非効率性は競争入札で実現できたであろう価格よりも高い価格水準でサービスが供給されることによって発生するコストである。PwCの分析をまとめたものが表9-1になっている。ここでTEDとはTender Electronic Dailyの略称であり，EUにおける公共調達に関連する事業のデータベースである。PwCによると腐敗コストの総額は公共調達の総価値の2.9%から4.4%にあたる14.7億ユーロから22.5億ユーロに上ると推定している。

このような腐敗コストが発生する背景には政府が公民連携を選好するというインセンティブ構造上の問題があるといえよう。長期の公民連携契約を行う場合，運営事業者は運営権料を政府に支払うことになり，加えて当初，政府が行うべきであった設備投資は運営事業者が行うことになる。そのため，コンセッションを行うと，これに関連する投資がなくなるので，政府は短期的な財政の健全化が可能となるのである。図9-1はコンセッションによるキャッシュフローを記したものである。棒グラフがコンセッションを行わなかったときの政府のキャッシュフローであり，もしコンセッションを行わなければ，初期に大きな投資を行い，その投資を後の収入によって市民からの料金によって賄うことになる。しかし，コンセッションを行うとこのような初

図 9-1 コンセッションとキャッシュフロー（横軸：期間，縦軸：金額）

期の投資が必要でなくなり，これに関連する投資を計上しなくてよくなるのである。

しかし，短期的な財政の健全化が可能になるからといって，すべてのプロジェクトが認められるわけではない。公民連携においては，契約を結ぶ前にそのプロジェクトが社会的な便益を生み出すことを確認するために Value for Money（VfM）を算定することが求められる。これは現在の政策と比較してプロジェクトの価値＝正味現在価値（Net Present Value：NPV）が高くなるような事業であることを事前に確認する手続きである。しかしの VfM の算定については，大きな問題があると言える。それは，多くの場合，VfM を算定する主体が政府自身であり，また数値算定のモデルには多くの選択肢があるため，政府の恣意性が介在する余地が多くあるという点である。正味現在価値はプロジェクトの期間が N 期まで続くとすると，$(\mathrm{NPV} = \sum_{t=1}^{N} V_t/(1+r)^{t-1}$

V_t：第 t 期の事業価値，r：割引率）として定義される。このことから割引率をどのように設定するかということが数値に大きな影響を与えることになる。割引率の考え方は社会的割引率や市場のノーシステマティックレート（例えば長期国債利回りなど）など様々あるが，この割引率を操作することで正味現在価値の数値を変更させることができる。また，特にプロジェクトの収入の大部分がサービス料金によって賄われている場合には，VfM は需要量に大き

く影響を受けることになるであろうが，この需要量についても事前の過大な見積もりがされているということが指摘されている（米国財務省 2015）。

このように，公民連携を選好する傾向がある政府自身が VfM を算定しているという構造は，共謀問題について脆弱性を持つ可能性があるかもしれない。この傾向は公民連携契約が政府支払型の場合にもっとも顕著になるといえる。市場が事前の見積もりからかい離するというリスクは政府支払型の契約の場合，そのほとんどを政府が被ることになる。運営事業者は費用面に関するリスクが安定している限り，安定した利潤を上げることができ，こうしたプロジェクトを獲得するために政府にロビイングを行うといった，腐敗行動を起こす誘因が強くなるのである。一方で，もし契約がコンセッション方式でなされる場合，収入に関する過大な見積もりというリスクは運営事業者自身が担うことになる。そういった意味で，コンセッション方式の場合，運営事業者によりそのプロジェクトが正の余剰を生み出すかのモニタリングが行われることになる。その意味で公民連携において，コンセッション方式は PFI 方式と比べてプロジェクトが社会厚生を増大する可能性が高いと言えよう。

3-2 再交渉問題

これまで公民連携における，需要などの事前の見積もりと実際の経済環境が異なることに起因するいくつかの問題に触れてきた。前に触れた様にこのような考えは経済理論においては「契約の不完備性」という一般化された概念で考察されている。コンセッションの発展の議論の中で不完備契約の問題に簡単に触れたが，実にこの概念は公民連携においてもっとも根幹的な問題である再交渉問題を引き起こすことになる。不完備な世界においては，契約に規定されていない経済ショックが起きた場合，再び政府と運営事業者が新しい環境下で最適となるような契約を結ぶことで，新しい経済環境下での厚生を高めることができるかもしれない。その意味で再交渉自体は，社会厚生を高めるために必要な一つのプロセスであるといえよう。

しかし，再交渉は2つの意味で大きな問題を抱えている。1つは運営権を与える事業者を選定する段階で行われるオークションなどといった競争手続

きの効果が弱められるかもしれないということである。これは，もし新しい環境下でオークションを行えば別の事業者がより効率的なプロジェクトの運営を行うことができ，その事業者がプロジェクトを獲得した方が望ましいかもしれないということに由来している。しかし，運営事業者を選定した後で，経済環境が変化したからと言って契約を解除し新たにオークションを行うということは，コンセッションプロセスに関わる費用やまた賠償金問題などといった追加的な費用が掛かるために実行することは難しいであろう。そのためにコンセッションでは，契約を設計する段階で可能な限り多くのリスクを考慮することが非常に重要であるといえる。

　もう一つの問題は，契約当事者の機会主義的な行動である。もっとも極端な例としては，民間事業者が公共設備を建設した後に，契約を解除してその設備を接収するといったことがあげられよう。また民間側も，もし公共サービスを供給することができる主体が自分たちしかいないと確信している場合には，契約の直後にサービス料金を引き上げるといった自分たちに有利な契約内容に変更するような再交渉を行うかもしれない。このような事例は非常に極端であり，それは法整備や司法判断によってある程度は回避できるかもしれない。しかし，このような機会主義的行動はより微妙なケースでも起きうる。

　公共サービスなどの委託を行う場合，それは規制の議論と同じく情報の非対称性が不可避的に存在することになり，運営事業者が市場に関する情報優位に立つことになる。もし経済ショックが起きて市場の費用構造に変化が起きた場合，代替的な投入財を利用することによって費用を削減するといったコントロールが不可能ならば，そのような費用を価格に転嫁することによって運営事業者の経営効率的なインセンティブは保たれるであろう。しかし，このような費用が果たしてコントロール可能であるのかということは事業者の私的情報であるし，経済的なショックがどの程度費用構造に変化をもたらしているのかということを確認するという実証可能性の問題も発生することになる。

　ここで，情報の非対称性および経済環境の変化の実証可能性が再交渉にどのような影響を及ぼすかを図9-2を用いた簡単なモデルで考察する。

図9-2 不完備性と再交渉

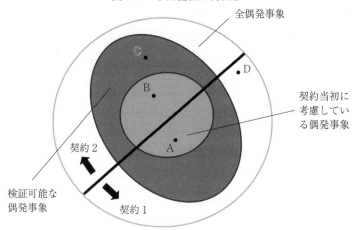

　経済環境は全偶発事象の中の各点に確率でシフトすることになる（経済的ショック）。契約当初で想定している経済事象は内部の薄い丸の中の事象だけとなり，すべての偶発事象を考慮することはできない＝不完備契約（⊂全偶発事象）。また以下の仮定を設ける。

モデル設定
i．現在の経済環境（全偶発事象の各ポイント）を考慮して契約1契約2を決定する。
ii．経済的ショックが発生すると，再交渉により再び契約1，契約2を決定する。
iii．各経済環境について，図9-2の右下は契約1が社会厚生からみてに最適である。その一方で左上の場合は契約2の方が最適である。
iv．太い黒線の右下全体の費用は同一である（つまり点Aと点Dが含まれている領域）。同様に左上全体の費用も同一である（つまり点Bと点Cが含まれている領域）。
v．ただし，契約2が最適となる領域の方は，契約1が最適となる領域と比べ費用は高くなり，政府からの支払額は契約2＞契約1となる。
vi．検証や再交渉に関する費用は0と想定する。

　当初は点Aにいると想定しよう。ここで次の3つのケースを考える。そ

れはケース1：点Aから点Bへの経済的ショック，ケース2：点Aから点Cへの経済的ショック，3：点Aから点Dへの経済的ショックである。ケース1は非常に単純であり，このような経済的なショックは当初の契約で想定されているので，契約は1から2へと変更され最適な社会厚生が達成される。ケース2の場合，経済環境は点Aから点Cへと変化する。このような変化は当初の契約では想定していないが，政府がその影響を検証した後，契約は1から2へと変更されることが望ましいということがわかり，社会的に最適な契約が達成されることになる。問題になるのはケース3である。ケース3では経済環境は点Dへと変わる事になるが，これは当初の契約では想定していないものであり，かつ政府による実証も不可能なケースである。このようなケースでは運営事業者はどのような行動を行うであろうか。もし，運営事業者は点Dのコストは契約2で賄われるべきであると再交渉し，これを実現できたら，経済ショックが起きる前と同じ費用でより高い支払額を引き出すことができ，このように行動することによって正の情報レントを獲得できるのである。これはプロジェクトの収入が政府からの支払いではなくサービス料金によって賄われている場合であってもサービス料金の引き上げという形で実現されるであろう。このようにして，運営事業者には契約の不完備性とそれに関連する情報の非対称性，実証可能性という公民連携の根本的な性質によって，社会厚生から見て望ましい再交渉を行わないという機会主義的な行動を行うとういインセンティブ構造があるのである。

　表9-2は各国の再交渉の頻度を記している。これを見るとほとんど半数において再交渉が発生していることが分かる。さらに，再交渉の内容を調査したものとしてGausch（2004）の研究がある。ゴーシュはラテンアメリカ・カリブ海地域の1990年から2000年の間の公共事業，約1000のケースを用いて大規模な再交渉の調査を行っている。そこでゴーシュは再交渉に至るまでの平均年数が2.2年と非常に短い期間に発生していることを指摘している。また，同時に再交渉によって契約がどのように変更されたかのデータも提示しており，それが表9-3である。

　表9-3をみると，再交渉の結果として高い頻度で発生している項目は，投資ターゲットの延長，サービス料金の上昇，料金への転嫁費用項目の増加，

表9-2 世界の再交渉の頻度

地域	セクター	再交渉の頻度
Latin America and the Caribean	All sector Electricity Transport Water	44% 10% 55% 74%
United States	Highways	40%
France	Highways Car parks	50% 73%
United Kingdom	All sector	55%

出典：Estache and Saussier, 2014

表9-3 再交渉の結果

再交渉の結果	再交渉の数に対する割合
投資ターゲットの延長	69%
投資義務の促進	18%
サービス料金の上昇	62%
サービス料金の低下	19%
料金への転嫁費用項目の増加	59%
コンセッション期間の延長	38%
投資義務の軽減	62%

出典：Guasch, 2004

投資義務の軽減など運営事業者にとって有利な項目であるといえる。このことから，公民連携において運営事業者による機会主義的な行動が大きな問題であることが懸念される。このことはゴーシュ自身も言及しており，そこでの調査結果では政府から持ち掛けた再交渉の割合は26％にとどまっているのに対し，運営事業者から持ち掛けた再交渉の割合は61％に上っていることを明らかにしている。このことからも運営事業者の機会主義的行動が非常に大きな問題になるといえよう。

ここまでは，公民連携における再交渉の経験を紹介してきた。ゴーシュの調査ではこれに加えサービス料金の規制方式と再交渉の関係も調査してい

る。そこではプライキャップ方式の場合の方が再交渉の割合が高く，プライスキャップ方式を行った場合，42.1％が再交渉に至っており，公正報酬率方式では12.9％にとどまるなど大きな差が見られている。このことに関してゴーシュは公正報酬率方式では投資に対するリターンが確保されているので，その意味で十分な情報レントを獲得しており，再交渉を行う誘因が弱くなっている可能性を指摘している。このように，公民連携およびコンセッションでは情報の非対称性と実証可能性から発生する機会主義的な再交渉が発生する可能性が高く，また運営事業者が情報レントを獲得しているということが実証研究の面から指摘されているのである。

4 よりよいコンセッションのために

　これまで，主に実証データを基にして海外でのコンセッションの経験とその論点を見てきた。それらを腐敗問題，再交渉問題として言及してきたが，その背景には（ⅰ）政府のコンセッションへの選好と脆弱な耐共謀性（ⅱ）契約の不完備性による経済ショックの影響に関する実証可能性の問題（ⅲ）情報レントの獲得という構造があることを指摘してきた。このような問題に対しても，海外ではいくつかの対策が提案されている。まずは（ⅰ）と（ⅱ）に関することであるが，例えば独立規制機関等の設置といった公民連携の枠組みをモニタリングする主体を作ることである。プロジェクトの価値を正確に測ることは，過去の経験から困難であることが分かっている。そのため，これらの技術を向上させるには専門家集団によってノウハウを蓄積し，レビューを行うことでそのモデルをより精緻にするような仕組みが必要であろう。このようなノウハウの蓄積は市場分析といった，いわば実証可能性の問題においても同様に重要である。市場に関して専門的な知識を持つ集団を育成することによって，より実証可能となる偶発事象の範囲を広げることができれば，運営事業者の機会主義的な行動を行う余地を縮小することができるであろう。独立規制機関が再交渉の抑制に大きな影響を与えることは実証研究の面からも明らかになっている。前述したゴーシュの調査によれば

規制当局が設置されていない場合には再交渉の割合は61％に上っているが，規制当局が設置されている場合には17％と大きく減少している。このような独立規制機関の存在は，例えばVfMを算定するといった，プロジェクトの事前の評価や設計の質を高めることにも大きな役割を果たすであろう。このことからも，コンセッションをモニタリングするための専門的な機関を設置することが望ましいことが分かるであろう。また同じ調査によれば，再交渉の頻度を軽減するための手段として，投資義務や料金設定などの規制枠組みを契約だけでなく，より上位法によって規定することが有効であるとしている。規制枠組みが契約によって定められている場合，再交渉の頻度は40％，行政命令である場合には28％，法律である場合17％と各々なっており，このことから再交渉の問題から言えば規制の枠組みは可能な限り法律で定めることが望ましいといえる。

次は耐共謀性の問題である。運営事業者を選定する段階では，価格による競争入札を行うことが競争という観点からはもっとも望ましい。しかし，安全基準やサービスの供給範囲のカバー率など，公共性の観点から政府は多くの要素を考慮して事業者を決定したいというケースもあるであろう。このようなケースに対しても，EUのコンセッション指令（2014）では，あらかじめコンセッション公示（concession notice）において重視する項目のランキングを定めるべきであると明言している。これにより事業者が行う提案（tender）に対して，どのような要素があらかじめ重視されるのかが事前に明確になり，入札参加者が平等に扱われて，客観的に評価されるように試みているのである。さらに，事業者が行う提案の中で新規性のあるものが存在し，その評価基準が変更されるようであれば，改めてコンセッション公示を行い，プロセスをやり直すように要求している。このようにして，イコールフッティングという意味で，プロジェクトに関心のある潜在的な参加者全体を平等に扱う等の仕組みを整備することが重要であると言えよう。

最後に，運営事業者が獲得する情報レントについて考察する。事業者は需要の変動や市場構造の変化などを理由に再交渉を迫り，その再交渉の内容は自分自身がレントを獲得できるような内容かもしれない。しかし，運営事業者がこのようなレントを獲得する余地を減少させる手段として，Engel,

Fisher and Galetovic (2001) によって「プロジェクトの収入の現在価値」に対してオークションを行うという方式が提案されている。この方式の特徴的な点は，通常のコンセッション契約においては契約期間が事前に定められているが，エンゲルらは契約期間を事前には定めず，オークションによって決定された現在価値を獲得した時点でコンセッション契約が終了するという方式を提案しているのである。この方式は，事業者があらかじめ獲得できる収入が事前にオークションという競争手続きで定められているので，もし，事業者が想定と異なり，ある期間で大きな収入を得たとしても，それは早期に契約が終了するということを意味する。反対に，ある期間において，想定よりも収入が低かったとしても，その分契約期間が延長されるので，運営事業者は長期的な投資を行いうことで経営体質を改善し，十分な収入を獲得することを担保するのである。またこの現在価値はオークションによって決定される。その意味でもっとも収入が低くなるような，つまり効率的な事業者を選定でき，この意味で運営事業者が獲得するレントを最小に抑えることができるのである。

5 おわりに

本章ではコンセッションに関して，海外ではどのように考えられているかを制度面や経済理論面から紹介し，そして海外における経験やその経験から明らかになった論点を紹介してきた。現在のコンセッションは運営権による業務委託というだけでなく，民間による公共設備を誘発し，その投資を回収するために十分に長い契約期間が設定されていることが多い。また，事業リスクについても，サービス料金の設定などを通して政府と運営事業者に配分されることになろう。しかし，公民連携においては，規制理論と同様の情報の非対称性を中心とした問題が発生する。それらは腐敗問題や再交渉の問題と関わっているが，このような問題を考慮しないコンセッションの設計は共謀や運営事業者が獲得するレントといった公民連携における構造上のコストを増大させ，コンセッションが民間活力の利用によって社会厚生を増大させ

第9章　欧米のコンセッション　　*233*

るというよりもむしろ，社会的な費用を増加させるといったように，社会により負担を強いるものになるかもしれない。

海外の経験はこのような問題に対して，EUのコンセッション指令の様にプロジェクトに関心のある潜在的な入札参加者がより平等にアプローチできるように求めたり，また，新たなオークション形式を開発したりといった不断の努力が続けられている。わが国においても，今後，コンセッションがより有効な政策手段となるにはこのような公民連携における構造的な費用を減少するような取り組みを続けていくことが重要となるであろう。

参考文献

- Antonio Estache and Stéphane Saussier (2014), "Public Private Partnerships and Efficiency: A Short Assessment", CESifo DICE report, Vol. 12, pp. 8-13
- Demsetz, Harold (1968), "Why regulate Utilities?" *Journal of Law and Economics*, vol. 11, pp. 55-65.
- Engel, E., R. Fischer and A. Galetovic (2001), "Least-Present-Value-of Revenue Auctions and Highway Franchising", *Journal of Political Economy* Vol. 109, 993-1020.
- the European Parliament and the Council of the European union (2014) DERECTIVE 2014/23/EU OF THE EUROPEAN PARLIAMENT AND OF THE COUNCIL of 26 February 2014 on the award of oncession contracts.
- Guasch, J. Luis (2004),「*Granting and Renegotiation Infrastructure Concession: Doing It Right*」, WorldBank Institute Development Studies.
- Hart, O. D., A. Shleifer, and R. W. Vishny (1997), "The Proper Scope of Government: Theory and Application to Prison", Quarterly Journal of Economics, Vol. 92, pp. 1127-62.
- John Benett and Elisabetta Iossa (2006), "Delegation of Contracting in the Private Provision of Public Service", *Review of Industrial Organization*, Vol. 29, pp 75-92.
- OECD (2010), "Competition in bidding market", *OECD Journal: Competion Law and Policy*, Vol. 10 (1), pp. 69-151 (山本哲三監訳，2013年，『コンセッションの勧め―理論と事例から学ぶコンセッションの成功事例』，産経シリーズ48，早稲田大学産業経営研究所）.
- PwC and Ecorys (2013), Identifying and Reducing Corruption in Public Procurement in the EU, prepared for the European Commission.
- U.S. Department of the Treasury (2015), Expanding the Market for Infrastructure Public‐Private Partnership: Alternative Risk and Profit Sharing Approaches to Align Sponsor and Investor Interests. (https://www.treasury.gov/resource-

center/economic-policy/Documents/2_Treasury%20Infrastructure%20White%20Paper%20042215.pdf　10月30日閲覧）

Williamson, Oliver (1976), "Franchise Bidding for Natural Monopolies -In General and with Respect to CATV," *Bell Journal of Economics*, vol 7, pp. 73-104.

内閣府，2014年「PPP/PFIの推進について」(http://www.kantei.go.jp/jp/singi/keizaisaisei/bunka/ricchi/dai2/siryou3.pdf　10月30日閲覧）

（吉本　尚史）

第10章　わが国のPFIの現状と課題

1　PFI概説

1-1　PFIの目的と対象

　PFI（Private Finance Initiative）事業は、1999年に施行された、民間資金等の活用による公共施設等の整備等の促進に関する法律（PFI法）によって日本に導入されたものである。表10-1に示した通り、PFI法は事業の活用状況を踏まえ数度の改正が行われてきた。内閣府の資料によると、2016年3月31日時点までに、527件の事業で実施方針が公表されており、事業費累計も約4兆9千億円となっている[1]。

表10-1　PFI事業に関する年表

年月	主な内容
1999年7月	PFI法成立
2001年12月	PFI法改正法施行 ○PFI事業者への行政財産の貸し付け可能化など
2005年8月	PFI法改正法施行 ○総合評価落札方式の原則化など
2011年6月	PFI法改正法施行 ○公共施設等運営権（コンセッション）の導入など
2013年5月	PFI法改正法施行 ○株式会社民間資金等活用事業推進機構の設立など
2015年9月	PFI法改正法施行 ○コンセッション事業の円滑かつ効率的な実施を図るための公務員の退職派遣制度創設など

（出所：内閣府（2014）などを基に筆者作成）

PFI法の第一条によると、PFI事業の目的は、「民間の資金、経営能力及び技術的能力を活用した公共施設等の整備等の促進を図る」ことにより「効率的かつ効果的に社会資本を整備するとともに、国民に対する低廉かつ良好なサービスの提供を確保」することである。政府が閣議決定した『PFI事業の実施に関する基本方針』は、「公共施設等の管理者等は、公共サービスの提供を目的に事業を行おうとする場合、当該事業を民間事業者に行わせることが財政の効率化、公共サービスの水準の向上等に資すると考えられる事業については、できる限りその実施をPFI事業として民間事業者に委ねることが望まれる」とも述べている。すなわち、PFI事業とは、財政健全化が必須となっている状況下での公共施設等の整備の促進のために、民間の資金やノウハウを最大限に活用して効率化を図るものである。

PFI事業の対象となる公共施設は、「道路、鉄道、港湾、空港、河川、公園、水道、下水道、工業用水道等の公共施設」、「庁舎、宿舎等の公用施設」、「賃貸住宅及び教育文化施設、廃棄物処理施設、医療施設、社会福祉施設、更生保護施設、駐車場、地下街等の公益的施設」、その他として、情報通信施設、熱供給施設、新エネルギー施設、リサイクル施設（廃棄物処理施設を除く。）、観光施設及び研究施設、あるいは、船舶、航空機等の輸送施設及び人工衛星などが挙げられている（PFI法第2条）。

内閣府の資料から作成した図10-1によると、これまでの実績で最も多くを占めているのが「教育と文化」分野で、累計で182件となっている。ここには、校舎や給食センターなどの学校施設や美術館、体育館などの文化施設などが含まれる。次いで、病院や廃棄物処理施設、斎場などの「健康と環境」分野の89件、道路（駐車場）や公園などが含まれる「まちづくり」分野の87件となっている。

1-2　PFIの分類

PFI事業では、対象施設の所有形態による分類がなされる。代表的なものとしては、建設した公共施設の所有権を公共側に移転した後、公共所有の施

1　内閣府民間資金等活用事業推進室（2016）「PFIの現状について」http://www8.cao.go.jp/pfi/pfi_genjyou.pdf。

図10-1 分野別実施件数（内閣府民間資金等活用事業推進室（2016）より作成）

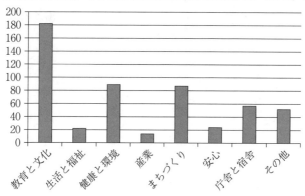

教育と文化（文教施設、文化施設等）	182
生活と福祉（福祉施設等）	22
健康と環境（医療施設、廃棄物処理施設、斎場等）	89
産業（観光施設、農業振興施設等）	14
まちづくり（道路、公園、下水道施設、港湾施設等）	87
安心（警察施設、消防施設、行刑施設等）	24
庁舎と宿舎（事務庁舎、公務員宿舎等）	57
その他（複合施設等）	52
合計	527

設の運営を行うBTO（Build-Transfer-Operate）方式、建設後の対象施設を民間事業者が所有したまま運営を行い、事業期間終了後に公共側に所有権を移転するBOT（Build-Operate-Transfer）方式、建設した公共施設を民間事業者が所有したまま運営を行い、事業期間終了後も施設を民間事業者が保有し続けるBOO（Build-Own-Operate）方式、民間事業者が既存の公共施設の改修を行った後、その運営を行うRO（Rehabilitate-Operate）方式などがある[2]。

---

2 「PFI事業導入の手引き」（内閣府民間資金等活用事業推進室ホームページ http://www8.cao.go.jp/pfi/tebiki/kiso/kiso11_01.html）や東洋大学PPP研究センター編著（2015）「公民連携白書2015〜2016」など参照のこと。

これまでの日本のPFI事業では、公共側が建設後の施設の所有権を有するBTO方式が主流であった。例えば、日本PFI・PPP協会発行の「PFI年鑑2015年版」は、これまでの事業の約71％がBTO方式で行われているというデータを示している。要藤ら（2015）による研究では、庁舎などの事業ではBTO方式で公共側に所有権を移転した方が望ましく、浄水場や下水道などのサービス系の事業ではBOT方式で民間事業者が所有権を有したまま運営を行う方が望ましいという結果が得られている。これを踏まえ、どのような所有形態で事業を実施するかを検討する際には、事業分野や内容を考慮して決定する必要があると指摘している。

　この他に、PFI事業では、民間事業者の収入の源泉の違いに応じた三分類があり、それぞれ、サービス購入型、独立採算型、ジョイントベンチャー型と呼ばれる。サービス購入型は、公共側が民間事業者によって提供された公共サービスの対価（サービス購入料）を支払う方式である。独立採算型は、公共側からのサービス購入料の支払いはなく、公共サービスの利用者からの支払いによって事業費を賄う方式である[3]。ジョイントベンチャー型は、サービス購入料と利用者からの支払いで事業費を賄う方式で、サービス購入型と独立採算型の混合型と言える。

　「PFI年鑑2015年版」のデータによると、過去のPFI事業の87％がサービス購入型で行われ、ジョイントベンチャー型は7％、独立採算型は6％を占めるに過ぎない。このように、多くの事業がサービス購入型で行われてきたという点が日本のPFIの特徴と言える。言い換えると、民間事業者が需要リスクなどに直面することのない事業方式が主流であったということである。これについて山内（2014a）は、これまでのサービス購入型中心のPFI事業は、民間事業者の介在による公的施設の整備の早期化などの意義はあったとしつつも、公的負債の民間への付け替えに過ぎないとの批判があることや事業者からも革新的な事業の提案がなされていないことなどを指摘し、民間の革新性や効率性を現実のものとすることが課題であると述べている。

---

[3] 公共側から施設整備費の一部負担や事業用地の無償貸与がなされる場合もあり、純粋な独立採算ではないということから、「いわゆる独立採算型」などと呼ばれる（内閣府民間資金等活用事業推進室（2016）「PFIの現状について」）。

1-3 従来型公共事業との違い

　山内（2014b）は、従来型公共事業とPFI事業の違いについて、前者が「「業務ごとの発注」、「単年度主義」、「仕様発注」であるのに対し、PFIは、「一括発注」、「長期契約」、「性能発注」である（pp. 13-14）」と述べている。

　「業務ごとの発注」とは、公共施設の設計、建設、運営、維持管理といった各業務段階について、それぞれの業務を担当する事業者に個別に発注する方式である。契約期間も、「単年度主義」であったために、年度ごとに業務を発注することになっていた。PFI事業では、そうした各業務段階を統合（バンドリングと呼ばれる）し、一体の契約として民間事業者と契約する「一括発注」という方式が採用されている。また、それに伴い、契約期間も「長期契約」となっている。

　PFI事業では、複数の業務段階を統合した一括発注が行われるので、各業務段階を担当する事業者の連合体である企業コンソーシアムが新たにSPC（special purpose company）を設立し、事業を受注する事例が多い。このSPCは、コンソーシアム参加企業からの出資の他、銀行などからプロジェクト・ファイナンスの仕組みを用いて融資を受けることで資金調達することが多い。山重（2014）は、こうした資金調達を通じて、事業に対する金融機関の審査や継続的なモニタリングが行われることがPFI事業のメリットであると述べている。

　整備する施設の概要についても、従来型公共事業では細かな仕様を決めて発注する「仕様発注」であったが、PFI事業では求められた性能を満たしていれば細かな仕様までは問わない「性能発注」が採用されている。これによって、民間事業者の技術やノウハウを活用した施設整備を可能とすることも、PFI事業導入の狙いの一つである。

2　PFIの評価

2-1　評価基準

　本節では、これまでに実施されたPFI事業の評価を行う。先述の通り、

図 10-2　本来の VFM の概念図

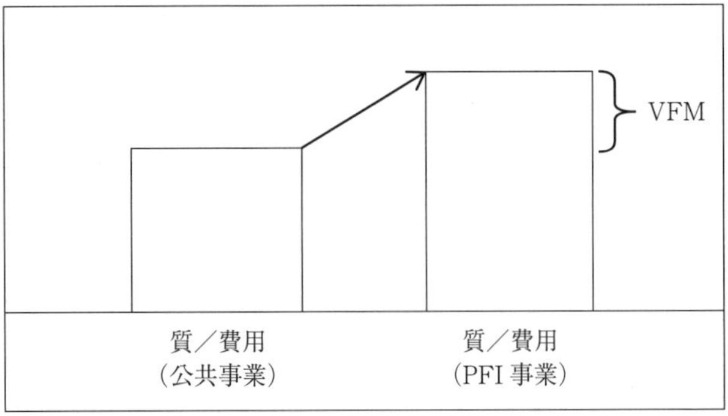

```
           質／費用        質／費用
          （公共事業）    （PFI 事業）              } VFM
```

これまでの日本の PFI 事業はサービス購入型が中心であったので、主にサービス購入型の事業を扱う。

PFI 事業の評価には、VFM（Value for Money）という指標が用いられることが多い。『VFM（Value for Money）に関するガイドライン』によると、VFM とは、「支払に対して最も価値の高いサービスを供給する」という考え方である。図 10-2 に示したように、従来型の公共事業として実施した場合と比べて、PFI 事業で実施した方が要した費用に対する質が上回っているならば、PFI 事業に「VFM がある」ということになる。PFI 事業として実施することを決定する（これを「特定事業として選定する」と言う）ためには、従来型公共事業に対して PFI 事業に VFM があることが必要である。

この概念で説明される VFM を計測することができれば、PFI 事業の評価が可能となる。しかし、現実には事業の質を測ることは困難である場合が多い。そのため、特定事業の選定にあたっては、「同一の公共サービス水準の下で評価する場合」には、費用（価格）面を主に考慮して判断することがガイドラインによって定められている[4]。

---

[4] 「同一の公共サービス水準」を設定せず、「公的財政負担が同一の水準にある場合」のサービス水準の向上を示す VFM での評価をすることも必要だが、公共サービスの水準を同一尺度で定量化することが困難であることや、特定事業の選定の段階では民間事業者の計画がまだ明らかではないことなどを踏まえ、現実には費用を比較した評価が行われている。

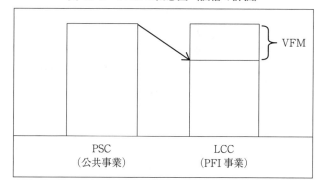

図10-3 VFMの概念図（価格で評価）

ガイドラインに基づく、特定事業選定時のVFMの概念は、図10-3に示した通りである。PSC（Public Sector Comparator）は、公共が自ら公共事業として実施した場合の事業期間全体を通じた公的財政負担の見込額の現在価値を表す。PFI事業のLCC（Life Cycle Cost）は、PFI事業として実施した場合の事業期間全体を通じた公的財政負担の見込額の現在価値を指す。この両者を比較して、LCCがPSCを下回る場合に、PFI事業での実施にVFMがあるという判断がなされる。

ここからは、筆者によるこれまでの研究などを踏まえ、費用と事業の質の両面からの評価を紹介する。それにより、図10-2に示したような本来の意味でのVFMの有無を明らかにすることが狙いである。

2-2 費用面での評価

2014年に内閣府民間資金等活用事業推進室が発表した「PFIの現状について」によると、2013年上期までに公共による財政負担額が決定している事業（事業数408件、事業規模約4兆3千億円）で実現してきたVFM（費用面で評価）は、7,954億円となっている。このことから、PFI事業は「国、地方公共団体等を通じた国全体の財政再建に寄与」していると述べている。

筆者は過去に、特定事業で実施することが決定された段階で見込まれたVFMと入札で実現したVFMの差に着目した研究を行った[5]。以下では、そ

図 10-4 特定事業選定時の VFM 別の事業数

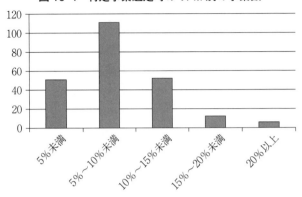

図 10-5 入札後の VFM 別の事業数

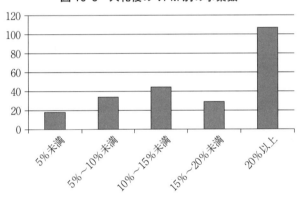

の研究成果を基に、これまでの PFI 事業で実現してきた VFM について分析を行う。使用するデータは、サービス購入型で実施された事業に限定し、2011 年度末までに実施方針が公表された事業から入札不調として特定事業の選定が取り消されたものなどを除いたものである。サンプル数は 232 事業である。

今回対象とする 232 事業の、PFI 事業での実施を決定した時点（特定事業として選定された時点）で公共が見込んだ VFM の平均は、8.2％であった。すなわち、公共事業として実施するよりも PFI 事業として実施する方が 8.2％

5　詳細は、原田（2013）、原田（2014）、Harada（2015）を参照のこと。

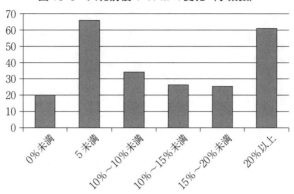

図 10-6　入札前後の VFM の変化（事業数）

　の公的財政負担の縮減が見込まれたということである。当然、全ての事業でVFM は正となっている（特定事業選定の条件）が、最小で 1.0％、最大で29.0％となっている。VFM 別の事業数を示した図 10-4 を見ると、特定事業の選定時には多くの事業で 10％ 未満の VFM が見込まれていたことが分かる。

　次に、入札を実施した結果として実現した VFM（落札した事業者が提示した落札価格を基に計算）を見ると、232 事業の平均が 20.2％ となった。入札前の 8.2％ から ＋12％ となり、大幅に上昇している。図 10-5 に示した VFM 別の事業数を見ても、10％ 未満の VFM に留まる事業数が少なくなり、20％ 以上の VFM となった事業数が 100 件を超えて全体の半分近くを占めていることが分かる。さらに、図 10-6 のデータは、入札前後での VFM の変化を捉えている。これを見ると、特定事業選定時の VFM を下回った事業（VFM の変化が 0％ 未満となった事業）も 20 事業ほど存在するものの、一方で入札によって 20％ 以上の VFM の上昇が見られた事業も 60 事業以上あることも分かる。

　以上のデータから、これまでのところ、日本では PFI 事業を実施することによって一定の公的財政負担の縮減が実現していることが明らかとなった。また、民間事業者選定の過程で実施される入札によって、VFM がさらに上昇していることも確認できた[6]。

2-3 事業の質での評価

　本来の意味での VFM で PFI 事業を評価するためには、費用面だけではなく、事業の質に関する検証も必要である。従来型公共事業と比較して事業の質が高くなったことをデータなどから客観的に証明することは難しいが、以下では先行研究での評価の試みを紹介する。

　まず、坪井ら（2016）は、地方公共団体等へのアンケートを行い、公的支出削減以外の効果を明らかにしている。それによると、設計、建設、運営、維持管理の各段階で、「顕著な工夫がある」、あるいは「ある程度工夫がある」と回答された事業が全体の 90％ を占めている。例えば、設計段階では「既存施設を有効活用した改修」、建設段階では「契約後にメーカーの最新技術導入」、運営段階では「予約システムの導入」や「人が集まる工夫」があること、維持管理段階では「長期修繕計画による建物保守管理業務」がなされることなどが挙げられている[7]。

　筆者による過去の研究では、入札時の価格以外の入札項目（非価格要素）の得点を、事業の質を代理する指標として用いて分析を行った[8]。以下では、その分析結果を紹介する。

　原田（2016）は、サービス購入型で実施され、かつ入札で複数事業者による応札があった 100 事業について、落札者の決定に至るまでの審査過程を記した審査講評を個別に入手し、落札事業者の非価格要素での得点率などに関する分析を行った。発注者は、事業者からの提案を可能な限り定量的に評価することが求められており、審査講評には各入札事業者の非価格要素での得点とその根拠が示されている。

　非価格要素の入札項目（評価項目）は、事業によって異なっている。例えば、設計の工夫や建設の安全性、環境性能、施設の性能、技術提案の有無、運営時のサービス水準に関する事項、資金調達面の評価（確実性など）のよう

---

[6] 原田（2013）など筆者による一連の研究では、入札に参加する事業者数と VFM 変化との関係を分析し、入札での競争が VFM 上昇に寄与していることを実証している。

[7] 設計や建設段階では数 % ではあるが「従来型より劣る点が見られる」という回答があることも併せて指摘している。これについては、プラント事業の運転技術に関する不満などが例として挙げられている。

[8] 分析の詳細は、原田（2016）参照のこと。

図 10-7 落札事業者の非価格要素得点（100点満点換算）別事業数

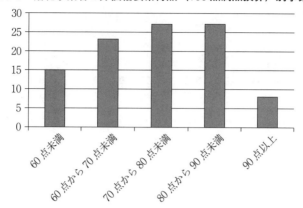

な多様な項目が含まれる。こうした各評価項目の得点を合計したものが非価格要素の得点となり、価格要素での得点と合わせて総合評価で落札事業者を決定するのが総合評価一般競争入札の方式である[9]。

図10-7は、落札事業者の非価格要素の得点を100点満点に換算した得点別の事業数を示している。100事業の平均は72.7点で、最低点は22.8点、最高点は99.1点であった。図を見ると、多くの事業が60点以上となっている。今回対象とした事業の多くで、非価格要素の得点は加点方式となっている。これは、発注者側が想定する最低限の要求水準をクリアした場合を0として、それ以上の優れた提案に対して得点を加点していく方式である。多くの事業で60点以上の得点となっているということから、要求水準を満たしたうえで、それを十分に上回る提案がなされていることが明らかとなった。

以上から、アンケートや非価格要素の入札結果といった間接的なデータによる検証ではあるが、事業の質についてもPFI事業での実施によって向上した可能性があることが示唆された。2-2での分析と合わせると、PFI事業で実施することで、費用に対する質という本来の意味でのVFMの上昇が確認できたと言える。

---

[9] 価格要素と非価格要素の得点を加算して最も得点の高い事業者を落札者とする加算方式と、非価格要素の得点を入札価格で割って価格当たりの非価格要素得点を求め、その値が最も高い事業者を落札者とする除算方式がある。

③ 今後の課題

3-1 今後の拡大に向けた政策
(1) PPP／PFI の抜本改革に向けたアクションプラン（2013 年）

2013 年のアクションプランでは、これまでに実施された事業の多くがサービス購入型であり、その費用が税財源で賄われていることを踏まえ、「法の本来の目的が必ずしも十分に達成されているとは言い難い状況にある」と指摘した。その上で、コンセッション方式（公共施設等運営権制度）の活用など各種施策によって、2013 年から 2022 年までの 10 年間で PFI 事業の規模を 12 兆円へと拡大させることを目標として掲げた。

コンセッション方式での PFI 事業は、2011 年の法改正で導入された。これは、空港や道路、下水道などのような公共が所有権を有する既存施設の運営権を民間事業者に与え、民間事業者が公共施設の利用者からの料金収入などによって独立採算で事業を運営していく方式である。

(2) 成長戦略における PFI の位置付け

政府が策定した成長戦略においても、PFI 事業の活用は明記されている。例えば、2014 年 6 月に閣議決定された「日本再興戦略」の改訂版では、日本産業再興プランの一つとして立地競争力の更なる強化を掲げ、PFI 事業の活用にも触れている。コンセッション方式は「民間企業に大きな市場と国際競争力強化のチャンスをもたらす」という認識を提示し、2016 年度末までの 3 年間を集中強化期間と位置付け、数値目標を明示し事業環境の整備などの施策に言及している。

2015 年 6 月に閣議決定された「経済財政運営と改革の基本方針 2015」、いわゆる「骨太の方針」では、2013 年のアクションプランで掲げた目標の更なる拡充を目指すこととなった。その上で、優先的検討の仕組みの構築や地域プラットフォームの整備推進によって、地方公共団体での案件形成促進を図ることなどが明記されている[10]。

(3) PPP／PFI 推進アクションプラン（2016 年）

「骨太の方針」を受けて、民間資金等活用事業推進会議は 2016 年 5 月にアクションプランの見直しを決定した。そこでは、2013 年から 2022 年までの事業目標を 12 兆円から 21 兆円へと上方修正した。目標達成のための施策として、空港や水道、下水道、道路など重点分野を選び、コンセッション方式での事業を着実に推進していくことに加え、実効性のある優先的検討の推進、地域プラットフォームを通じた案件形成の推進、民間提案の積極的活用、情報提供等の地方公共団体に対する支援、株式会社民間資金等活用事業推進機構の活用、などの項目を挙げている。

こうした一連の施策は、コンセッション方式など独立採算型で実施される事業の活用による公的負担の抑制と、これまでに PFI 事業を実施していない地方公共団体も含めたさらなる地方での活用という 2 つの課題に対するものであると考えられる。特に、地方での展開は、国や比較的規模の大きな地方公共団体（人口 20 万人以上）を先行事例としてノウハウを蓄積し、優良事例の横展開によって全国での PFI 事業の更なる活用を目指すという意図がうかがえる。以下では、以上の 2 つの課題についてより詳しく解説する。

3-2 今後の課題

(1) コンセッションなど独立採算型事業の拡大

PFI 事業の今後のさらなる活用に向けた 1 つ目の大きな課題は、コンセッションなど民間事業者が独立採算で事業を行うスキームの活用である。先述の最新の「PPP/PFI 推進アクションプラン」でも、基本的な考え方として「民間の経営原理を導入するコンセッション事業を活用することが重要」であると述べている。そのためには、「運営費等一部の費用のみしか回収できないようなケースであっても、混合型 PPP/PFI 事業として積極的に取り組むことにより、少しでも公的負担の抑制等を図るという姿勢が重要」であると指摘している。

コンセッション方式は、これまでに、仙台空港や愛知県の有料道路などで

---

10 優先的検討とは、公共施設等の整備等の方針を検討する際には、PFI 事業での実施を従来型の公共事業としての実施よりも優先して検討する仕組みのことである。

導入されているが、最新のアクションプランでの目標は2022年度までの10年間に7兆円とされている。また、政府の財政制度等審議会による答申（2016年10月20日発表）では、赤字空港を含めたすべての国管理空港に拡大していくべきと述べられている。

既に述べたように、日本のPFI事業はこれまで、事業者が収入リスク（需要リスク）を負わないサービス購入型が主流であった。今後拡大が目指されるコンセッション方式などは、事業者が利用者からの収入を得て事業を行う事業方式であり、民間事業者が需要変動に伴う収入リスクを負うことになる。PFI事業に関する海外の先行研究では、需要変動に伴う収入リスクの存在が、従来型公共事業に対してPFI事業が優位性を発揮する源泉であるとの議論がある。以下では、交通分野でのPFI事業を念頭に置いた理論モデルを用いた分析であるイオッサら（Iossa and Martimort, 2011）の研究成果を紹介する。

イオッサら（2011）のモデルの帰結については、表10-2に示した通りである。この帰結をモデルの前提などを踏まえて整理すると、以下のようになる。建設と運営を個別に発注する従来型公共事業の場合、建設段階を請け負う事業者はインフラの質が最終需要に与える影響を考慮しないため、インフラへの投資が過小となる。建設と運営を統合（バンドリング）して発注するPFI事業が採用されると、受注した民間事業者は建設段階でのインフラの質を高めるための投資が最終需要に与える影響を考慮するため、インフラへの投資が促進される。すなわち、事業者が需要リスクに直面すると、多段階の業務を統合するPFI事業が従来型公共事業に対して優位なスキームとなる（Result 2）。ただし、事業者自身の努力とは無関係な需要変動（外生的な需要変動）が大きい場合には、過度な需要リスクの負担は民間事業者のPFI事業への参加のインセンティブを低下させるため、制度設計にあたっては外生的需要リスクの程度を考慮する必要がある（Result 1）。

続いて、実際のPFI事業の制度設計では、どのように需要リスクが考慮されているかを確認する。理論的には事業者自らの投資でコントロール可能な需要変動の影響は事業者が負担し、事業者がコントロールできない外生的な需要変動の影響は公共側が負担することが望ましいとされる。実務では、

表 10-2　イオッサら（2011）モデルの帰結

Result 1 ・外生的需要リスクが小さい場合は、需要リスクの負担を民間に移転する契約が望ましい（high-powered incentives）。 ・外生的需要リスクが大きい場合は、需要リスクの負担の多くを公共側が負う契約が望ましい（low-powered incentives）。 **Result 2-1** ・バンドリング（PFI）は常にアンバンドリング（従来型）よりも望ましい。 （インフラの質が最終需要に与える影響を考慮するので、インフラへの投資が促される。） **Result 2-2** ・インフラの質が最終需要に与える影響が大きくなるとバンドリングの有効性が高まる

（出所：Iossa and Martimort（2011）を基に筆者作成）

需要変動を含め、PFI事業の実施で想定される様々なリスクの官民での負担のあり方に関して、『PFI事業におけるリスク分担等に関するガイドライン』が定められている。その中で、維持管理・運営に係るリスクとして「公共サービスの利用度の当初の想定との相違」が挙げられている。そして、契約に当たっては、民間事業者の収入について「個々の選定事業の態様を勘案して、どのような方法を採用するかを検討し、公共サービスの利用度の当初の想定との相違が生じた場合の適切なリスク分担がなされるよう取り決めておくことが望ましい」とされている。すなわち、事業ごとに、官民で適切なリスク分担となるような取り決めを契約時に行うよう求めている。

また、民間資金等活用事業推進委員会の「VFM・リスク分担ワーキンググループ」による中間とりまとめでは、「運営権対価の算定にあたっては、PFI事業における収入や、その根源となる需要をどのように予測するかが重要である」とし、需要予測に当たっては、事業者が「どの程度需要をコントロールすることができるか否かを考慮」して需要データを調査することを留意点として挙げている。

このように、今後、コンセッションなど事業者が収入リスクを負って事業を行う独立採算型を拡大していく際には、事業者によってコントロール可能な需要変動とコントロール不可能な需要変動を分けて考えることが、制度設計上必要となる。理論の示唆を踏まえ、外生的な需要変動要因（世界的な経済

情勢の影響など）によって生じる収入リスクを過度に事業者に負わせないような仕組みを取り入れ、事業者は、自らの行動（投資や努力）によってコントロール可能な需要変動のみに責任を負うことで、社会的に望ましい投資の実現が可能となる。

(2) 地方での活用

PFI事業の今後のさらなる活用に向けた2つ目の大きな課題は、地方への広がりである。先述した、最新の「PPP/PFI推進アクションプラン」でも、PFIのさらなる活用によって、「新たなビジネス機会を拡大し、地域経済好循環を実現する」ことが期待されると明記され、地域プラットフォームを通じた案件形成の推進や地方公共団体に対する支援といった具体的取組が示されている。

ここで、筆者が『PFI年鑑2015年版』を用いて集計したデータから、現在までの地方公共団体におけるPFI事業活用の状況を整理する。まず、図10-8は、これまでのPFI事業の実施主体別の割合を示している。それによると、国や独立行政法人による事業が21％、都道府県による事業が19％、市区町村による事業が57％、その他（広域組合など）が3％となっている。こ

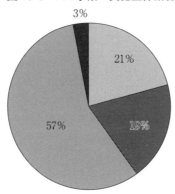

図10-8　PFI事業の実施主体割合

■国・独立行政法人　■都道府県　■市区町村　■その他（組合など）

こから、半数を超える事業が市区町村によって実施されていることや、都道府県を含めると地方公共団体によって実施されている事業が全体の4分の3を占めていることが分かる。つまり、これまでのPFI事業も事業数で見れば地方での活用がなされてきていると言える。

次に、どのように地方で活用されているのかを見るために、より細かいデータを確認していく。図10-9は、これまでに実施方針が公表されたPFI事業の所在地となった都道府県別の件数を縦軸に、各都道府県の人口を横軸に示したものである。なお、このデータには、実施主体が国や独立行政法人のものも含まれている。これを見ると、都道府県別の実施件数と人口の間には、正の比例関係があることが見て取れる（相関係数は0.95である）。続いて、実施主体が地方公共団体のものに限定したデータから作成した図10-10を見ると、これもやはり正の比例関係が見て取れる（相関係数は0.89である）。

ここから、実施主体が国か地方公共団体かに関わらず、人口規模の大きな都道府県で多くの事業が実施されてきたことが分かる。金ら（2016）が行った分析においても、事業実施回数を被説明変数とした回帰分析で人口の係数

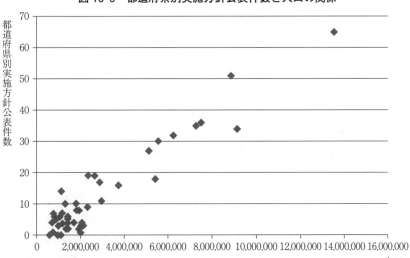

図10-9　都道府県別実施方針公表件数と人口の関係

図 10-10　都道府県別実施方針公表件数と人口の関係（実施主体が地方公共団体に限定）

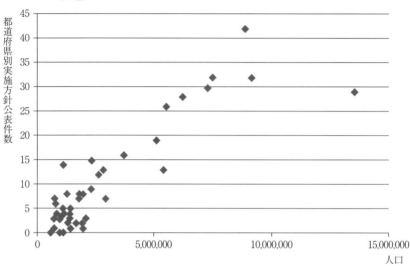

は有意に正の値をとっており、整合的である。

次に、実施主体の財政状態との関連をデータから確認する。図 10-11 は、都道府県が実施主体となった事業に限定し、これまでに実施方針が公表された PFI 事業の都道府県別の件数を縦軸に、各都道府県の財政状態の指標として経常収支比率を横軸に示したものである。経常収支比率は、毎年度経常的に収入される一般財源に占める毎年度経常的に支出される経費の割合を示したもので、この数値が高いと財政の硬直化が進んでいる指標（経常的な収入の多くを経常的な支出に回していることを示す）である。今回は、総務省ホームページより 2014 年度の数値を入手した。

図 10-11 を見ると、都道府県別の実施方針公表件数と経常収支比率の間には特別な関係は確認できない（相関係数は、0.08 である）。PFI 事業は、本来の目的から考えると、財政難に直面した政府が公共施設等の整備を効率的に行うために民間を活用するものであるため、財政状態の悪化した地方公共団体での活用が期待される。しかし、これまでのところ、多くの PFI 事業がサ

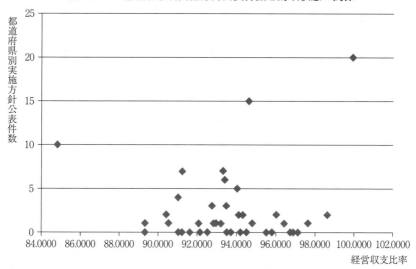

図 10-11　都道府県別実施方針公表件数と財政状態の関係

ービス購入型で行われてきており、実質的には公共側が事業費を長期的に負担していることになるため、実施には良好な財政状態が必要とされる可能性もある。データからは、少なくとも現在までの PFI 事業は，実施主体である都道府県が直面している財政的な要因が重要なファクターとなって推進されてきたわけではないことを示唆している。

最後に、市区町村での活用についてもデータを確認する。筆者による集計では、市区町村が実施主体となって実施方針が公表された事業は 326 件ある[11]。その実施主体となった市区町村数は、201 である。総務省によると、2014 年 4 月現在で日本の市区町村数は 1,741 なので、PFI 事業を経験している市区町村は全体の約 12% に過ぎないということになる[12]。

既に PFI 事業を実施している市区町村の中でも、2 回以上実施している市

---

[11] 国や都道府県との共同で実施された事業を含む。また、326 事業には実施方針公表後に入札不調などで実施が断念された事業 (25 事業) が含まれている。
[12] 実施主体となった市町村の中には、2014 年時点で既に他市町村との合併によって存在していない事例もあるため、あくまで目安の割合である。

区町村が50あり、さらに3回以上実施している市区町村も25ある。PFI事業の活用を進めている市区町村にはどのような特徴があるかを確認するために、3回以上実施している市区町村について表10-3にまとめた。10回の実施があった横浜市（神奈川県）など、上位には人口が100万人以上の大都市が並んでいる。一方で、西宮市（兵庫県）や豊橋市（愛知県）のような人口30万〜50万人の都市でもそれぞれ6回、5回のPFI事業が実施されている。さらに、人口が10万人以下の複数の市や町も一覧表には挙がっている。例えば、みやき町（佐賀県）や東根市（山形県）は、人口10万人以下だが、既に4回のPFI事業を実施している。3回以上のPFI事業を実施している市区町村は、人口や財政状態（経常収支比率）を見てもそれぞれの置かれている状況は多様であり、それぞれの事例調査などを通じて、地方公共団体でのPFI事業の拡大について知見を得ることが今後の課題となる。

データから、1度でもPFI事業を実施した市区町村の約25％が2度目を実施しており、さらにその半数は3回以上の事業を実施していることや、その中には人口規模の小さな市や町が含まれているということが明らかとなった。今後の地方での活用を考えると、こうした市区町村の導入事例やノウハウを類似の地方公共団体へ展開していくことが重要であり、地域プラットフォームの活用や情報提供等の支援といった、最新のアクションプランに掲げられた施策の着実な実行がそれに寄与すると期待できる。

4 終わりに

日本では、国・地方問わず財政難に直面する中で公共施設等を効率的に整備していく必要があることから、今後PFI事業の重要性はさらに高まっていくことが予想される。それを踏まえ、本章では、これまでに実施されたPFI事業の評価と今後のさらなる活用に向けた課題を整理した。

これまでのPFI事業は、多くがサービス購入型で行われ、公的財政負担の軽減や事業の質的上昇に一定の貢献を果たしたことをデータから示した。今後の課題は、コンセッション方式など独立採算型の事業の拡大による民間

表 10-3　PFI 事業を 3 回以上実施している市区町村一覧

実施件数	市町村名	人口	経常収支比率
10	横浜市	3,726,167	97.4
9	福岡市	1,538,510	93.3
8	京都市	1,474,570	99.8
8	神戸市	1,537,860	96.3
7	川崎市	1,475,300	99.7
6	西宮市	488,147	94.3
5	豊橋市	374,883	89.0
5	北九州市	961,815	96.9
5	千葉市	972,639	97.4
5	仙台市	1,082,185	98.2
4	みやき町	25,296	88.7
4	東根市	47,865	88.6
4	川西市	156,481	96.4
4	岡崎市	381,031	86.6
3	紫波町	32,626	89.0
3	野々市市	55,122	86.4
3	鯖江市	68,337	89.8
3	米沢市	86,010	98.1
3	稲城市	87,645	86.3
3	浦安市	164,086	83.3
3	富山市	418,900	90.0
3	市川市	481,492	94.9
3	杉並区	564,846	79.8
3	静岡市	705,238	91.9
3	名古屋市	2,296,014	99.3
平均			92.46
（全国平均）			91.30

の資金やノウハウのさらなる活用や、これまであまり実施されていない地方も含めた PFI 事業の活用による地域経済活性化への貢献などである。

参考文献

Harada, S (2015), "Bidding for private finance initiative projects: an analysis," Journal of Financial Management of Property and Construction, Vol. 20, Iss 2, pp. 188-202.

Iossa, E. and Martimort, D. (2011), "The Theory of Incentives Applied to the Transport Sector," Palma, Lindsey, Quinet, Vickerman (ed), A Handbook of Transport Economics, Edward Elgar Pub.

金銀河・前川俊一（2016）、「PFI事業の実施に影響を与える要因に関する研究」、『計画行政』、第39巻第2号、pp. 39-48。

坪井薫正、宮本和明、森地茂（2016）、「英国での改革の論点を踏まえてのわが国におけるPFIの実態分析」、『会計検査研究』、第53巻、pp. 49-70。

東洋大学PPP研究センター編著（2015）『公民連携白書2015～2016』、時事通信社。

原田峻平（2013）、「PFI事業の入札プロセスに関する実証研究」、『公益事業研究』、第65巻第2号、pp 9-18。

原田峻平（2014）、「PFI入札過程におけるVFM変化要因分析」、山内弘隆編著『運輸・交通インフラと民力活用　PPP/PFIのファイナンスとガバナンス』、慶應義塾大学出版会、pp. 301-318。

原田峻平（2016）、「PFI事業における非価格要素と入札競争」、『公益事業研究』、第67巻2・3号、pp. 1-7。

山内弘隆（2014a）「交通社会資本と民間活力」山内弘隆編著『運輸・交通インフラと民力活用　PPP/PFIのファイナンスとガバナンス』、慶應義塾大学出版会、pp. 1-10。

山内弘隆（2014b）「市場と組織の経済学―取引費用と範囲の経済」山内弘隆編著『運輸・交通インフラと民力活用　PPP/PFIのファイナンスとガバナンス』、慶應義塾大学出版会、pp. 13-350。

山重慎二（2014）「所有形態と資金調達コスト」山内弘隆編著『運輸・交通インフラと民力活用　PPP/PFIのファイナンスとガバナンス』、慶應義塾大学出版会、pp. 13-350。

要藤正任、溝端泰和、林田雄介（2015）「PFI事業におけるVFMと事業方式に関する実証分析―日本のPFI事業のデータを用いて―」、KIER Discussion Paper No. 1501。

（原田　峻平）

第11章　コンセッションと地方再生

1　はじめに

　地域間の経済格差が問題視され，人口の地域的偏在が進むわが国において，地方再生は重要かつ喫緊の課題として注目されている。地方再生の主体となりうる地方自治体においては，人口減少に伴う税収減が見込まれているなど，財政制約が一層厳しくなっている。一方，地方自治体は，社会資本の老朽化と更新対応，公共サービスのアクセシビリティの確保など，公共サービスの品質と量の維持・向上が求められている。また，経済的基盤が弱い地域においては，公共サービスを中心とする財政に依存する傾向にあり，一段と厳しい状況にある。地方再生には，公共サービスの供給のあり方の見直しが重要であるといえよう。

　ここで，井堀（2009）に従い，公共サービスの供給主体による分類を改めて確認しておく。民間が供給する場合は，利用者負担が原則であり，政府が供給する場合は税金が原則である。政府が税金で財源を調達して，政府が無償で国民に供給するのが，一般的な行政サービスの供給方式である。しかし，こうした方法以外の手法で公共経済がかかわる分野も多い。

　税金を税源として民間から調達した公的サービスを国民に供給する場合でも，政府が民間にその業務を委託することは可能である。たとえば，ごみの収集，学校給食などがある。公立学校の運営や刑務所の運営についても民間事業者への委託が部分的に行われている。

　民間委託のメリットは，競争原理をある程度導入できる点である。特に，行政サービスの評価を数量化しやすい分野では，どの民間業者に委託するかに関して，その業績を数量的に評価できるために，入札を用いることで，か

表 11-1 公共経済と民間経済

	利用者の負担	税金
民間が供給	私的財	民間委託
政府が供給	公営企業	公共財

出典：井堀（2009）

なりの程度競争原理を導入できる。

逆に，政府が私企業と同じように，利用者から料金を徴収して財やサービスを供給する場合もある。これは，政府が無償で行政サービスを供給するのではなく，公企業の形をとって，利用料金を徴収して行政サービスを供給する。表11-1は，以上の関係をまとめたものである。

従来，公的部門によって担われてきた分野でも，民間の資金や経営手法を導入して，民間企業主体で効率的な社会資本の整備を行う手法である PPP（Public and Private Partnership，公民連携）が注目されている。これは，公共施設等の建設，維持管理，運営等を民間の資金，経営，技術により行う手法である。

本章では，地方再生のための有力な手法である PPP を用いた公共サービスの供給を考えることにする。まず，第2節で，PPP の効果や課題を確認する。次に第3節では，様々な PPP について，その主な手法を類型化して説明する。続く第4節では，PPP を行う手続きに関する制度とその問題点について考察する。さらに，第5節で，PPP の重要論点である資金調達について論じる。最後に，第6節で，PPP の中でも近年注目が集まっているコンセッションについて，地方財政への導入可能性について言及する[1]。

2 PPP の特徴

2-1　PPP の特徴

　PPP は，公的主体による直接供給と比較して，いくつかの特徴が存在す

1　なお，本章の意見にわたる部分は私見であることをあらかじめ申し添えておく。

る。委託の形態は，公的主体が民間事業者に対して委託する業務の裁量，誰が決定権限を有するかによって違いが生じる。以下では，サービス品質，料金設定，資金調達，施設の所有権，契約期間に分けて論じる。

(1) サービス品質

　従来の業務委託では，一般的に，公的主体が業務内容について詳細な内容を決定して委託を行う。この場合，受託者は決められた仕様に従って業務を行い，契約内容と異なる業務を行った場合は，違約金などのペナルティが課されることになる。

　一方で，PPP は，相対的にその委託範囲が広く，比較的規模が大きいため，性能発注の考え方が取り入れられている。ここでいう性能発注とは，業務によって達成されるサービス水準や成果のみを明記して，その達成のための手法は受託者の裁量とする手法である。

(2) 料金設定

　外部化される業務の内容によっては，料金収入が得られるものがある。たとえば，水道事業や下水道事業，ホールや美術館等の文化施設などが挙げられる。通常，委託者側がその料金を設定するが，業務委託の設定によって，受託者側が料金の設定権限を有することも可能である。料金の水準や体系を，従来と変更することにより，需要や収入の増加に繋がる可能性も生じる。しかし，地方自治法では，こうした公共施設の使用料金については条例により定めることとされており，民間事業者が料金を自由に設定できるためには，地方自治法の改正が必要となる。

　ただし，PPP の一手法である指定管理者制度では，地方自治法第244条の2において指定管理者による利用料金制度が例外的に規定されている。また，PFI 法では，独立採算型 PFI と呼ばれる形態において，料金収入を事業者が収入として計上し，事業経費に建てることも可能となっている[2]。

2　しかし，公的主体が本来利用してほしい住民が利用できなくなるリスクも生じることに留意する必要がある。

(3) 資金調達

公的主体の直接供給においては，事業のための財源を，公的主体が調達するが，PPPでは，民間事業者が調達する。民間事業者が財源を調達する場合，最終的に公的主体が支払う費用にはその資金調達費用が含まれることとなる。この点については，第4節で触れることとする。

(4) 施設の所有権

公共サービスに関する資産は公的主体が所有することが一般的である。また，PPPにおいても，民間事業者がサービスを供給しても，公的主体が資産を所有することが多い。しかし，PPPにおいては，民間事業者が所有して，事業を行う形態も考えられる。たとえば，PFI事業におけるBOT方式は，民間事業者が施設を整備（Build）し，運営（Operation）している期間は民間事業者の資産となる。その後，移転（Transfer）した後に，地方自治体の所有となる。

(5) 契約期間

地方自治体の予算は，会計年度ごとに策定され，執行されている。つまり，1年間で予算を管理するという単年度主義が原則とされている。しかし，PPPにおいては，年度をまたいだ複数年度による契約が多く実施されている。長期間の契約により，コストダウンが可能となる。一方で，契約期間の長期化は，委託を行う地方自治体の業務ノウハウの低下を招くことになり，地方自治体と民間事業者の間の情報の非対称性が大きくなる。このことは，地方自治体のモニタリング能力の低下が生じることから，事業によっては適していない場合がある。

2-2 PPPの効果

民営化を含むPPPの主なメリットとして，以下のように整理できる。

(1) 維持管理費及び建設・更新費用の縮減

民間事業者が公的主体よりも費用削減のノウハウを有している決定権限を

有する場合，その事業者はサービス供給に当たって，費用を削減することができる。これは，維持管理費用のみならず，建設や投資といった投資費用も削減することができる。

(2) 範囲の経済性

投資費用と運営費用が相関している場合，受託事業者が，建設・更新といった投資と維持管理などの運営の両方について決定権限を有していれば，より効率的な運営ができる。これは，経済学における範囲の経済性によるメリットである。

(3) 金利調達コストの縮減

民間事業者は，公的主体よりも低い金利で資金を調達できれば，その分利益を得られることになる。以上のPPPによるコスト削減分は，バリューフォーマネー（Value for Money, VfM）と呼ばれる。

(4) サービス品質の向上

受託事業者がサービス品質の水準の決定権限を有しており，サービス品質を向上させた割合に応じて報酬が得られる契約となっている場合，その事業者がサービス品質を向上させることが期待される。

(5) 労働力の効率化と人材の確保

地方自治体が職員により，直接サービスを供給する場合，職員は地方公務員法による制約がある。このため，人員の配置や運用に制約が生じる。また，現在の公務員制度上の一般行政職は，部門を超える人事異動が定期的に行われ，専門性を深めることができない。一方で，民間企業では，フルタイムとパートタイムの人員を比較的自由に変動させることができるほか，特定の業務に精通した専門人材を継続的にその業務を行わせることが可能である。

(6) 予算の平準化

地方自治体が直接公共サービスを供給する場合，新規投資や施設の更新を行う時期に多額の予算が必要となる。このことは，安定した財政運営を困難にし，他の事業やサービス供給を延期するなどの対応が求められる可能性がある。一方で，民間事業者に公共サービスを供給される代わりに，毎年度そのサービス供給量に応じた金額を支払う契約形態を採用する場合，公的主体の年度間の予算額の変動は少なくなる。

(7) 財源確保

地方自治体が事業を実施する場合，原則として，予算を計上する必要がある。地方自治体の予算は，その首長が予算を策定し，議会による議決を必要とする。その予算の策定段階では，地方自治体全体の予算は，財源の制約を受けている。このため，その地方自治体にとって優先順位の低い事業は，実施が不可能となる。一方で，民間事業者が利益が見込めると判断する場合，民間事業者が自分で財源を調達し，その事業を実施できることがある。

また，民営化の場合，民間企業の経済活動になることにより，税収が見込まれる。また，民営化の場合，出資した地方自治体が所有する株式を売却することによって，株式譲渡による収入を得ることができる可能性がある。

2-3　PPPの課題

PPPについては，上記のメリットが期待されるが，一方で，以下のような課題も指摘される[3]。

(1) 公共部門のノウハウの喪失

地方自治体が業務を委託することによって，業務を行うノウハウは受託した民間事業者に移転する。すなわち，自治体側も契約初期においては，業務ノウハウを民間事業者に教える立場にあるが，履行期間が経過するにつれ，民間事業者のノウハウが蓄積される一方で，自治体側のノウハウは失われていく。このことは，委託者が受託者をモニタリングし，その運用状況をチェ

---

[3] 以下の課題の整理は，山本（2009）を参考にしている。

ックする能力を低下させることにつながる。

(2) 参入事業者の不存在

委託業務の場合，受託者には専門的知識に加えて，対象施設の状況に詳しいことが効率化を進める上で重要となる。しかし，地域によって，事業を履行できる事業者が存在しない可能性がある。その入札の参加事業者が少ない場合，競争が働かないことがある。これにより，費用が上昇するだけでなく，サービス品質の低下を招くおそれがある。

地理的制約や供給可能な事業者が少ないため，競争原理が働かない。実際に供給者が少数であると，寡占状態になり，費用の上昇を招く恐れがあるだけでなく，品質の低下に結びつく恐れもある。

(3) 資源の配分非効率性

PPPにより，技術的効率性すなわち生産性の改善は見られるが，配分効率性は改善されない。供給手法の変更であるPPPは，政府がどのようなサービスを委託するかを決定した後での技術的効率性についてのみ改善が可能である。他方，より優先度や効果が高いサービスを供給するという配分効率性の改善には別の手法が必要になる。

(4) モニタリングコスト

公的主体が民間事業者に業務を委託する場合，その業務の成果を監視する必要がある。この取引費用をモニタリングコストという。成果を事前に明確に定義でき，かつ事後的に観察し，測定可能でないと，手続きや過程に監視や規制が必要になる。この場合の受託者側のコストをモニタリングコストという。

(5) 外部経済性

PPPにおいては，契約外の外部効果を取り入れることができない。供給者が民間事業者になると，契約以外の業務については，無関係となる。公共サービスは，在宅介護サービスと老人ホーム，路線バスと乗合タクシーの関

係などにみられる代替的なサービスや，失業保険と職業訓練，学校と学童施設の関係などにみられる補完的なサービスが存在する。一つのサービスを民間事業者に委託する場合，民間事業者は，相関性のある別のサービスへの影響を考慮せずに，サービスの品質や供給量を変えることがある。このとき，他の公共サービスに負の影響を与えることがある。

(6) **透明性の低下**

　民間事業者に業務を委託する場合，住民や議会に対する説明責任として，その業務内容を明らかにすることが多い。しかし，事前に公的主体と民間事業者の間の契約で公開する情報を定めない場合，契約内容以外の情報を公開する義務は生じない。また，受託者によって，受託者以外のものが知らないノウハウや情報を得ることは，利益を確保するうえで重要である。この場合，受託者は，営業上の利益のため，情報を公表することはなく，透明性が低下することになる。

(7) **サービス品質の低下**

　地方自治体は，契約時に，供給すべきサービス水準を明示する。このため，受託者である民間事業者は契約に明記された一定のサービス品質を確保する必要がある。しかし，裏を返すと，契約に明示された内容以外の品質については問われないことから，従来のサービス水準を落とす可能性がある。また，サービス内容によっては，事前に契約で明示することが困難な要素も多い。こうした要素は，契約変更によって，ある程度対応可能であるが，地方自治体と受託した民間事業者とで再契約交渉が持たれることがあり，追加の取引コストが発生することになる。

　また，安全対策や従業員の労働条件など，利用者が識別できないリスクへの投資を怠る可能性も指摘されている。

(8) **不要人員の配置転換**

　これまで地方自治体が直接サービスを供給していた事業を民間事業者に移転する場合，サービスを供給していた人員は当然不要となる。こうした人員

にとっては，労働条件が不利益になる可能性が生じることになり，これに対応するための移転コストが生じることになる。具体的には，職員の配置転換が行われることが通例である。しかし，バス事業の民間譲渡におけるバス運転手など，他部門に異動させることができない場合もある。こうした場合は，民間事業者との契約（協定）により，いったん地方自治体を退職し，民間事業者へ優先的に雇用することがある。この場合，雇用保障や退職金などの労働条件を巡って，交渉が行われることになり，業務委託が円滑に進まない要因となる可能性がある。

(9) 責任分担の不明確化

公的主体が，民間事業者に業務を委託する場合，その責任を明確にしておく必要がある。たとえば，自然災害による被害負担をあらかじめ明示しておく必要がある。

しかし，予測が困難な不確実性に対しては，責任分担を事前に明示できないため，問題が生じた時点で，公的主体と民間事業者のどちらが負担を負うかについて議論となる。また，民間事業者による履行不能リスク，さらには，民間事業者が破綻するリスクについては公的主体が新たに負担しなければならない。

3 PPPの類型

3-1 PPPの多様化

地方自治体によるPPPは，従来から第三セクターといった形態が存在している。第三セクターは，自治体からの出資比率が25％又は経営層の過半数が自治体出身者である。また，その他の出資者や経営層も地元企業や金融機関などの地域関係者によって担われている。このため，第三セクターは財政面でも運用面でも，自治体の業務を円滑に受託することができる。一方で，事業運営によって得られる利益は出資した自治体や地元関係者に帰属するため，第三セクターの経営層には，経営効率化に向けたインセンティブが

ほとんど働かない。さらに，経営責任をだれが負うのかについて不明確であり，経営状況が悪化した場合でも，責任が問われず，自治体により赤字補てんがなされることが多い。こうした経営効率化に向けたインセンティブが働かない状況は，ソフトな予算制約（Soft budget constraint）と呼ばれ，第三セクターの失敗の要因の一つとされている。

しかし，1990年代後半から行政改革やNPM（ニューパブリックマネジメント）の進展により，経営効率化を志向した様々なPPPの制度が導入されることとなった。まず，PFIについては，1999年に「民間資金等の活用による公共施設等の整備等の促進に関する法律（以下「PFI法」という。）により制度化された。

次に，指定管理者制度は，2003年6月に地方自治法の一部が改正され，公の施設の管理に関して，自治体が条例を制定することにより，民間事業者を含む法人その他の団体を指定して施設の管理に当たらせる制度が導入された。

地方独立行政法人に関しては，2003年7月に地方独立行政法人法が制定され，翌年度から施行された。現時点において，地方独立行政法人を適用している組織は，公立大学と病院がほとんどである。

市場化テストについては，2006年に，「競争の導入による公共サービスの改革に関する法律」（公共サービス改革法）が成立し，公共サービス供給に関して官民が競争する制度が導入された。

地方公営企業の経営改革の関する研究会（2016）では，地方公営企業の抜本的な改革として，(1) 事業廃止，(2) 民営化・民間譲渡，(3) 公営企業型地方独立行政法人，(4) 広域化・広域連携，(5) PFI，(6) 指定管理者制度，(7) 包括的民間委託の7つの類型を示している。これを参考に，以下では，包括的民間委託，指定管理者制度，地方独立行政法人，PFI，民営化・民間譲渡を具体的に取り上げ，その特徴や課題を論じていく。

3-2 包括的民間委託

業務委託のうち，施設の警備や清掃，出版物の印刷業務など，従来から行われている定型的な業務がある。これに加えて，業務範囲を拡大した包括的

業務委託が見られる。従来の定型的業務委託は，他のPPPの手法と比較すると，単純な業務や調査業務などが中心であり，契約期間も単年度であることがほとんどである。

一方，包括的業務委託は，維持管理・運営に係る業務や，技術やノウハウを要する幅広い業務を一括して委託する手法である。その契約の性質上，複数年度契約が多い。従来，個別の業務単位に外部に委託していたものを一括して委託することから包括的業務委託とも呼ばれる。複数の関連する業務をまとめて委託することにより，範囲の経済性によるコスト削減効果が見込まれる。

地方自治体が当該事業の収入を十分に確保できないような場合，人件費の削減が主な目的である場合，サービスの品質を確保しつつ，民間の創意工夫を生かした効率的な運営業務が期待される場合に用いられる。

具体的には，水道事業の水質管理委託業務やバス事業の路線バスの管理の受委託が挙げられる。

コスト削減の点から，どの程度効率化が図られるかは，委託する業務内容により大きく変わる。ごみ収集業務を委託する場合には，大きな費用削減につながっている例も多い。これは，包括的民間委託が，一般的に，委託の規模が大きく，複数年度契約が取り入れられていることによるものであると考えられる。

3-3 指定管理者制度

従来は地方自治体やその外郭団体に限定されていた公の施設の管理を，株式会社などの民間法人等である地方自治体が指定する管理者に行わせる制度である。一般的な業務委託やPPPと異なり，法的には，発注者と受注者の関係が契約関係ではなく，行政処分である。多様化する住民ニーズに，効果的・効率的に対応するため，公の施設の管理に民間の能力を活用しつつ，住民サービスの向上を図るとともに，経費の削減を目的としている。

導入事例としては，病院や社会福祉施設などのほか，図書館，美術館などの文教施設，レクリエーション・スポーツ施設などが多い。

3-4 PFI

　民間の資金，経営能力及び技術的能力を活用した公共施設等の整備である。PFI法では，実施方針を定めた事業について，入札等により民間事業者を選定し，契約に基づき選定した事業者が施設の整備や管理などの事業を行う。PFI法に基づく実施方針が公表されたものが，法律的なPFI事業と定義されているが，PFI法に基づかなくてもPFI的手法により事業を実施する形態をPFI的事業と呼んでいる。

　公共施設の設計・建設・維持管理及び運営に民間の資金や技術ノウハウを活用することで，効率的かつ効果的な社会資本整備及び公共サービスの提供を行うことが期待される。

　PFI法に基づく事業は，一定額の大型プロジェクトにより実施されている。導入施設としては，庁舎のほか，廃棄物処理施設での導入が多い。

　PFI事業の特徴は，施設の整備と運営を包括して民間に委託することである。これにより，効率的な施設運営を目的とした施設整備が可能となる。PFI事業の費用削減は，整備段階でも発揮される。

3-5　民営化・民間譲渡

　地方公共団体が事業や資産を民間企業に売却し，これまで地方自治体が行っていた公共サービスを継承することが民間譲渡である。介護事業やバス事業，ガス事業，電気事業などで民間譲渡が広く行われている。

　また，民営化は，地方自治体が，新たに株式会社等の法人を設立し，その会社が事業を継承する方法である。国の民営化の事例としては，1980年代に，国鉄が分割されJR各社に，電電公社がNTTに，専売公社がJTとして民営化された。さらに，2005年には，日本道路公団が東日本，中日本，西日本の各高速道路会社に，首都高，阪神高速，本四公団がそれぞれ，郵政公社が日本郵政株式会社に民営化された。しかし，収入の安定性やノウハウを持った一定数の職員の確保が求められることから，地方自治体が単独で民営化を行うケースは少ないといえる。

　民営化のメリットとしては，特別法や事業譲渡に当たっての協定等に制約が生じる場合を除き，附帯的な事業や営業活動の自由度が高まり，収入の増

加が見込まれる。また、利潤の追求に向けた意思決定手続きが簡素であり、不採算部門からの撤退等のリストラがより容易になる。これによって、効率的な事業運営が可能となる。

また、資金調達面において、公的な保証は受けられないため、リスク評価に対する融資条件が悪くなり、相対的に金利は上昇するものの、財務状況に応じて、金融機関からの借り入れや株式・社債の発行による柔軟な資金調達が可能となり、予算制度に縛られることもない。

一方で、民営化・民間譲渡では、サービスの低下のほか、事業の縮小や撤退の可能性もある。公共サービスの低下を防ぐための手法として、路線バスの運行サービスでみられるように、協定の締結が考えられる。地方自治体は民間事業者と協定を締結し、一定のサービス水準を提供することを契約する。この協定締結の条件として、サービス供給により発生する赤字を補てんするための補助金を交付することが多い。また、その公共サービスの縮小や撤退を抑制するため、法令等による規制措置がとられることもある。

4 PPPの手続き

PPPについては、その手続きや制度移行についても、多くの論点が存在する。本節では、契約期間、事業者の決定方法について論じる。

4-1 契約期間

地方自治体の予算は、単年度主義が原則とされる。毎年の執行額が予算よりも少ない場合、不必要な予算であったとして、翌年度以降の予算が減らされることになる。このため、予算よりも効率的な執行により、費用を削減することができたとしても、翌年度以降の予算がなくなることになる。

これに対して、PPP事業は、一般的に複数年度契約を行っている。これは、長期間の契約により、サービス供給を安定的に行うこと、費用削減の余地が大きくなるというメリットによるものである。一方で、長期化は、委託者側のノウハウが喪失され、受託者側にノウハウが蓄積され、結果として、

情報の非対称性が大きくなる。このため，契約更新後に，既存事業者が委託者である公的主体や競合事業者に対して有利となるというデメリットも生じる。

4-2 公共サービスの事業者決定方法
(1) 競争入札方式

民間事業者を決定するに当たって，その決定方法は重要である。通常，地方自治体が民間事業者に委託する場合，地方自治法に基づき，一般競争入札方式が原則とされている。この方式は国際基準に則ったものであるが，以下のような問題が指摘できる。

第一に，不確実性を考慮していない点である。入札により選定された民間事業者は，地方自治体と契約を結ぶが，その契約後に状況変化があったとしても，原則として契約変更は認められない。第二に，情報の非対称性を考慮していない点である。一度契約を履行した既存事業者は，その費用に関する情報を他者よりも多く持っているため，有利となる。第三に，民間事業者間の共謀を考慮していない点である。いわゆる談合により，入札価格が引き上げられ，競争原理が機能しないことがある。

(2) プロポーザルコンペ方式

こうした課題について，まず，プロポーザルコンペ方式による選定が考えられる。これは，事業者の決定に当たり，入札価格ではなく，サービス品質を評価して委託事業者を決定する方法である。価格入札の場合であると，入札参加者は，提供するサービスの品質を落として費用を削減する行動をとる可能性がある。このため，公的主体が，一定の上限額を明示したうえで，それぞれの事業者がその価格の範囲内で実行できるサービス内容を提案させ，そのサービス品質の差を評価して，最も高い評価を得た事業者を受託事業者として選定することになる。事業者によってサービスの品質に幅がある場合は，有効な決定方式といえる。ただし，募集した価格があらかじめ設定されているため，その価格が適正なのかについて不明確である。また，公的主体が決定するサービス品質の評価基準について，それが恣意的に決定される恐

れがある。

(3) 総合評価方式

　事業者を選定する際に，応募者の事業提案と入札金額をそれぞれ点数化し，その合計点により事業者を選定する方式である。入札金額で決定する入札方式と事業提案のみで決定するプロポーザル方式の両方を加味した手法といえる。これにより，価格要素とサービス品質の両方を評価することができる。こうした利点があることから，総合評価方式は，1998年で国土交通省が取り入れられて以来，大規模な公共事業に広く導入されている。

　だが，総合評価方式にも問題はある。第一に，事業者の選定における品質の評価に時間がかかるだけでなく，選定者側の評価能力が求められる。第二に，プロポーザルコンペ方式と同様，公的主体が決定するサービス品質の評価基準について，恣意的に決定されるおそれがある。第三に，価格と品質の評価の配点が公的主体の裁量に任されている点である。これによって，品質面で差がつかずに単なる価格競争になる場合や既存事業者に有利な配点がなされる可能性が生じる。

4-3　PPPにおける改善策

　業務の委託に当たっては，契約時点は，明確に決定できない不確実性が存在する。例えば，図書館や美術館の利用者は，契約時点でどの程度の数やサービスを受けるかはわからない。契約時点で，想定利用者数と利用者一人当たりの単価を計算して，契約額を決定するが，実際の利用者数は天候等により増減し，また，利用者の要求水準によって単価も増減することがある。こうした不確実性による変動が大きい場合，入札に参加する事業者は，変動リスクを負うことから，それを上乗せした額を入札することになり，結果として，費用増加につながる。PPPの契約に当たっては，サービス供給量や質に応じて支払額を変えるインセンティブ契約が有効である。

　また，契約手続きの標準化も有効であると考える。岡本（2011）などが指摘しているとおり，地方自治体の契約手続きを共通化することにより，取引コストの低減を図ることが可能となる。

5 資金調達

5-1 資金調達の類型

わが国における公共サービスは，従来から供給主体，資金調達ともに公が担う制度設計が行われていた。供給主体を直営，資金調達が民間を主体とするものとして市場公募債があるが，海外ではレベニュー債（revenue bond）と呼ばれる手法も取られている。また，供給主体が民間，資金調達を直営で行う形態として，指定管理者制度などの民間委託があげられる。最後に，供給主体，資金調達ともに民間が主体となるのが，PFIであると位置づけられる。表11-2は，公共財の供給主体を縦軸，資金調達方法を横軸にとったものである。

5-2 レベニュー債

わが国の公共インフラについては，地方債による借り入れが原則とされている。その借入時あるいはその償還時に，補助制度や交付金制度が存在する。また，債務不履行が生じた場合でも政府による救済措置が保証されている「暗黙の財源保証」があるため，効率化に向けたインセンティブが働かないことが理論的に指摘されている[4]。

これに対して，レベニュー債は，投資対象となる公共施設の運営収益により元本，利子を償還する仕組みである。つまり，政府が元本，利子の償還を保証するのではなく，この債券の投資収益は，投資対象が実際にあげる経済的収益によって変動する。このため，投資家は債券の購入に当たって，投資対象の採算性について考えるようになり，実際のニーズを超えた公共事業で

表11-2 PPPの資金調達による分類

	民間（市場）による資金調達	公的資金
民間が供給	PFI	指定管理者制度
政府が供給	レベニュー債，市場公募債	租税，補助金，政府債

---

[4] 第3節でとりあげた「ソフトな予算制約」のことをさす。

は十分な資金が調達できず,プロジェクトは中止せざるをえなくなる。レベニュー債は,このような債券市場のメカニズムを通じて,無駄な公共投資が効果的に防止できる仕組みである。わが国において,レベニュー債を明示的に導入してはいない。しかし,地方自治体が公共事業を行う際に資金調達に利用する地方債制度において,政府系資金からの借り入れを縮小し,市場から直接借り入れする市場公募債を拡大する動きが見られる。

5-3 PPP による資金調達

大規模で長期間にわたる事業に関する PPP では,レベニュー債による資金調達の効率化と同様の仕組みが取り入れられている。民間事業者が建設を行い,長期間にわたって一定の受託収益を受け取る形態の公共プロジェクトを受託する場合,受託当初の建設資金が必要となる一方で,それを賄うだけの収入は見込めない。このため,長期安定的な資金調達が必要となり,金融機関からの間接金融により借り入れを行うほか,市場からの直接金融を行うことも可能である。海外では,インフラ事業の運営を専門とした大型ファンドが多数存在し,長期的な収益を目的とした投資が行われている[5]。

ただし,現状では,公的主体が直接供給する場合には,多額の補助金が交付される制度が存在する。また,公的借入れは民間事業者と比較して相対的に信用力が高いため,低い金利での借り入れが可能となっている。このため,市場からの資金調達を行うインセンティブが働かない。市場による規律をうまく機能させるには,補助制度や財源保証が存在する公的資金と同じ借入れ条件に合わせるイコールフッティングが不可欠である。

6 コンセッション導入に向けた展望

6-1 コンセッション導入の意義

PPP の新たな形態として,現在,コンセッションが注目されている。コンセッションは,政府が提供してきた公的サービスの所有権と,その設備を

---

[5] 詳細は石田・野村 (2014) などを参照。

利用してサービスを提供する運営権を区別して，運営権を民間事業者に売却する手法である。わが国では，2011年のPFI法改正により，公共施設運営権制度が導入され，2013年に民活空港法が成立された。これを受け，新関西空港を対象としたコンセッションが2016年4月から，仙台国際空港を対象としたコンセッションが2016年7月から開始されている。今後は，地方自治体が所有し，サービスを提供している，空港，鉄道，道路，橋梁・トンネル，学校，住宅，水道などのサービスに対して適用されることが期待されている。

他のPPPと比較して，コンセッションの特徴は，その契約期間の長さと規模の大きさにあるといえる。新関西国際空港を対象としたコンセッションは44年となっているように，契約期間が30年間程度の長期間にわたることが一般的である。この期間，民間事業者は，自分たちの判断で施設の維持や運営を行うほか，設備投資を行うことになる。

地方自治体は，冒頭で述べたように，財政制約のある中，地域のインフラを更新する余裕がなくなってきている。こうした中，民間事業者がその技術力と創意により，主体的に投資を行うコンセッションというPPPの形態は，有力な手法といえるであろう。

6-2 コンセッションの導入に向けた方策

このコンセッションを導入に当たっては，今後，以下のような対応策が検討されるべきと考えられる。

まず，第一に，民間事業者が履行可能で魅力的と思えるような委託の規模や範囲を検討することである。コンセッションは，規模や範囲の経済性によるメリットが大きいことが求められる。このため，小規模な地方自治体がコンセッションを導入しても，応募する民間事業者は少なくなり，結果として，民間事業者は多額の運営受託料を求めることになる。具体的には，複数の事業体が共同してコンセッションを進めたり，水道，下水道，ガス事業といった複数のサービスを一体化してコンセッションを委託するなど，規模や範囲の経済性を生かした委託範囲を検討することが考えられる。

第二に，地方自治体は，他の地方自治体や受託事業者以外の民間事業者，

公共インフラファンドなどと積極的に情報共有を図ることである。前述したとおり，契約期間が長くなるにつれ，委託者である地方自治体はそのノウハウが失われていき，モニタリング能力が低下することが多い。受託事業者との交渉を有利に進め，その情報レントを削減するためにも，能力の維持向上のための積極的な情報収集が必要である。

第三に，民間事業者が供給するサービスの品質に応じた委託料を支払う仕組みを構築することである。公的主体が支出する公共サービスは，予算主義により，年度ごとの支出額に上限があることが一般的である。しかし，住民にとって価値の高いサービスを提供するには，民間事業者にサービス品質を向上させるためのインセンティブが必要となる。コンセッションには，提供するサービスの対価として，住民から直接使用料を徴収する手法も存在するが，それだけではサービスに生じる費用を十分に賄えない場合が多い。地方自治体は，一定の使用料を支払うことと，住民への料金徴収権を民間事業者に与えるという手法以外に，サービス水準に応じた使用料の支払いという選択ができるような仕組みを構築することによって，より柔軟なサービス供給が可能となると考える。

参考文献

石井晴夫・金井昭典・石田直美（2008）『公民連携の経営学』中央経済社

石田哲也・野村宗訓（2014）『官民連携による交通インフラ改革―PFI・PPP で拡がる新たなビジネス領域―』，同文舘出版

井堀利宏（2009）「行政サービス供給の多様化と財政」，『行政サービス供給の多様化』，宮川公男・山本清編，多賀出版，第 3 章，pp. 83-102.

OECD（2010）: 'Competition in bidding markets', *OECD Journal: Competition Law and Policy*, 10 (1), 69-151, （山本哲三編著（2014）『コンセッションの勧め―理論と事例から学ぶコンセッションの成功条件―』，早稲田大学産業経営研究所）

岡本直之（2011）「下水処理施設の包括民間委託に伴う課題と改善策」『愛媛経済論集』第 20 巻，第 1・2・3 号，pp. 21-32

地方公営企業の経営改革の関する研究会（2016）総務省

日本政策投資銀行地域企画チーム編（2004）『―地域経営の新しいパートナーシップ―PPP で始める実践 '地域再生'』ぎょうせい

山本清（2009）「行政サービス供給の多様化の背景と課題」，『行政サービス供給の多様化』，宮川公男・山本清編，多賀出版，第 1 章，pp. 27-57.

（笠井　文雄）

第 5 部

新しい環境政策

第12章　温暖化問題と環境政策

1　はじめに

1-1　趣旨

　本稿では，地球温暖化問題における環境政策の一環として，温室効果ガス排出権取引制度（以下，排出権取引）に焦点を当て，その制度的特徴を挙げた上で，意義を述べる。本稿の趣旨は以下のとおりである。

　はじめに，日本及びグローバル社会では，経済成長を図りつつ，公平で実効的な温暖化対策を講じる必要がある。とりわけ，日本では，景気回復と財政健全化に加え，2011年の東北地方太平洋沖地震以後，原子力発電の再稼働の是非を巡る問題にも直面し，従来，そして，諸外国にも増して，安全で安定的，経済的で環境親和的なエネルギー供給を実現する必要がある。さらに，温暖化対策の枠組みに関するパリ協定（Paris Agreement）の発効（2016年）に伴い，温暖化対策に関する理論・実証研究のフロンティアが拡大する可能性もある。

　上記の傾向と課題に対し，排出権取引は，環境目標の達成において，政策当局の指示・命令による従来型の直接規制とは原理を異にし，市場機能と民間経済主体の合理的判断を活用する独創的な制度である。しかも，排出権取引は，後述の課題を有しつつも，市場拡大等，日本及び諸外国で一定の成果を挙げている。

　実際，排出権取引は各国及び国家間で実施され，その代表例として，欧州の国際的制度 EU ETS（European Union Emissions Trading System, 2005年開始），米国北東部の州際的制度 RGGI（Regional Greenhouse Gas Initiative, 同2008年）

等が挙げられる。さらに、排出権取引は、豪州・NZ、韓国等で実施の他、2014年には、地理的隣接性のない米カリフォルニア・加ケベック両州間でのリンク取引も開始され、世界的に拡大傾向にある。

また、日本でも、政府レベルでは、2005年度に「自主参加型国内排出量取引制度」が開始され、現在は新制度の検討中である。加えて、自治体レベルでは、東京都及び埼玉県内、さらには、両自治体間での越境取引も実施されている。

とはいえ、諸々の課題に加え、日本が京都議定書（Kyoto Protocol）第二約束期間（2013～2020）における国際法上の排出削減義務を有さない点等を背景に、近年の日本における排出権取引に関する議論は停滞傾向にある。ゆえに、本稿では、排出権取引に再度、注目し、排出権取引が、環境、健康、安全、社会的結束等を対象とする社会的規制分野の理論・実証研究に独自の視点を提供し、その発展に寄与する旨述べる。

なお、日本の官公庁では、汚染物質たる排出枠に権利設定する考え方に否定的な見解を踏まえ、「排出量」と呼称するものの、本稿では、排出枠の市場取引権という点を重視し、排出権の名称を使用する。

1-2 地球温暖化問題の深刻化

上述の趣旨に基づき、本節では、グローバル社会及び日本における温暖化問題の深刻化に注目する。まず、グローバル社会における温暖化問題に関し、気候変動に関する政府間パネル（IPCC：Intergovernmental Panel on Climate Change）は、第5次統合報告書（*Climate Change 2014 Synthesis Report*）において、追加措置のないベースライン・シナリオでは、西暦2100年時点の気温が1850～1900年比で最大4.8℃上昇すると警告している。その上で、IPCCは、気温上昇を産業革命以前の水準の2℃以内に抑えるには、2050年までに温室効果ガスを2010年比で40～70％削減する必要がある旨提案している。

これに対し、日本及び各国は、国連気候変動枠組条約（UNFCCC：United Nations Framework Convention on Climate Change）に基づき、1995年以来、締約国会議（COP：Conference of the Parties）を通して交渉を続けてきた。結果、2015年に開催のCOP21において、2020年以降の温暖化対策の枠組みに関

するパリ協定が採択され,翌2016年に同協定は発効に至った(発効要件は批准国の排出量計55%)。

パリ協定では,主要国を含む196か国の参加の下,各国が産業革命前からの気温上昇を2℃よりも十分低く(well below 2℃ above pre-industrial levels)抑える旨の目標を示した上で,1.5℃以下に抑えるよう努力する方針が明記された。さらに,各国による削減目標の5年ごとの提出・更新,市場メカニズムの活用,森林等の吸収源の保全・強化,先進国から途上国への資金援助の継続,5年ごとの世界全体の状況把握に向けた制度構築等の重要性が示された(UNFCCC, 2015, *Adoption of the Paris Agreement* (FCCC/CP/2015/L.9/Rev.1, 12 December 2015);日本政府代表団,2015,『国連気候変動枠組条約第21回締約国会議(COP21)(概要と評価)』)。

しかし,日本では,温室効果ガス排出量(CO_2換算)は増加傾向にある。実際,2014年度の排出量は13億6,400万トンであり,前年比3.1%減,1990年比7.3%増となっている(環境省,2016,『2014年度(平成26年度)の温室効果ガス排出量(確報値)について』)。

また,この長期的な増加傾向は環境クズネッツ曲線仮説(Environmental Kuznets Curve Hypothesis,以下EKC仮説)でも説明可能である。EKC仮説とは,ノーベル経済学者クズネッツ(Simon Kuznets)の経済成長と所得格差に関する見解を環境分野に適用し,経済成長と環境負荷の関係に注目したものである。すなわち,EKC仮説では,環境負荷は経済成長が一定段階(一人当りGDPで示される所得水準等)に達するまで増加するものの,その到達後,軽減に転じるとされる。また,X軸に経済成長,Y軸に環境負荷を置く場合,仮説の成立時,両者の関係は転換点(turning point)を頂点に逆U字型曲線(inverted-U shaped curve)を描くことになる。

EKC仮説の第一として,日米の1954~2013年の50年間における一人当りGDPと一人当たりCO_2排出量に注目し,両国における仮説成立の有無を検証する。モデルは下記のとおり,目的変数に一人当りCO_2排出量$\left(\frac{EMS}{POP}\right)$,説明変数に一人当りGDP$\left(\frac{GDP}{POP}\right)$,及び,その平方値を置き,以下の回帰式を用いる[1]。P値の有意水準は10%に設定する(p<0.1)。

$$\ln\left(\frac{\text{EMS}}{\text{POP}}\right) = a + \beta_1\left(\frac{\text{GDP}}{\text{POP}}\right) + \beta_2\left(\frac{\text{GDP}}{\text{POP}}\right)^2 + e \quad —(1)$$

(a：切片, e：標準誤差)

ただし,逆U字型曲線を描く条件として,$\beta_1>0$,及び,$\beta_2<0$が成立する必要がある。また,転換点となる所得水準は,$\left(\frac{-\beta_1}{2\beta_2}\right)$で算定可能である。

しかし,第(1)式で検証の結果,日本では,米国と異なり,有意な値を示さず,EKC仮説は不成立であった。

$$\ln\left(\text{US}\frac{\text{EMS}}{\text{POP}}\right) = 1531.862_{(4.863E-04)} + 0.222_{(1.610E-11)}\left(\frac{\text{GDP}}{\text{POP}}\right) - 3.080E-06_{(1.610E-11)}\left(\frac{\text{GDP}}{\text{POP}}\right)^2$$
$$+ 339.351 \quad —(1\text{-}1) \quad (Adj.R^2=0.550, F=3.385E-11)$$

$$\ln\left(\text{JP}\frac{\text{EMS}}{\text{POP}}\right) = -107.840_{(0.131)} + 0.179_{(5.94E-29)}\left(\frac{\text{GDP}}{\text{POP}}\right) - 2.938E-06_{(9.402E-21)}\left(\frac{\text{GDP}}{\text{POP}}\right)^2$$
$$+ 149.473 \quad —(1\text{-}2) \quad (Adj.R^2=0.960, F=9.079E-36)$$

これに対し,第(2)式で,説明変数に一人あたりGDPの立法値を加え,再検証した結果,N字型曲線が成立し,一人あたりCO_2排出量は最初の転換点での軽減後,二度目の転換点で再上昇する傾向が見られた。

$$\ln\left(\frac{\text{EMS}}{\text{POP}}\right) = a + \beta_1\left(\frac{\text{GDP}}{\text{POP}}\right) + \beta_2\left(\frac{\text{GDP}}{\text{POP}}\right)^2 + \beta_3\left(\frac{\text{GDP}}{\text{POP}}\right)^3 + e \quad —(2)$$

$$\ln\left(\text{JP}\frac{\text{EMS}}{\text{POP}}\right) = -577.597_{(3.628E-07)} + 0.304_{(6.448E-19)}\left(\frac{\text{GDP}}{\text{POP}}\right) - 1.093E-05_{(2.113E-10)}\left(\frac{\text{GDP}}{\text{POP}}\right)^2$$
$$- 1.391E-10_{(4.882E-07)}\left(\frac{\text{GDP}}{\text{POP}}\right)^3 + 120.532 \quad —(2\text{-}1)$$
$$(Adj.R^2=0.974, F=8.005E-46)$$

---

1 データの出展は先行研究を参考に以下とした。CO_2：米国オークリッジ国立研究所（Oakridge National Laboratory）二酸化炭素情報分析センター（Carbon Dioxide Information Analysis Center），人口及び一人当たりGDP：PWT（Penn World Tables）Version 9.0（米ドル，購買力平価（PPP））。オークリッジ研究所の直近データは2013年まで，他方，PWT9.0で遡及可能な日本のデータは1950年までとなっている。そのため，2013年を軸に，過去50年間の期間を設定した。

また，第 (2) 式で検証の結果，最初の転換点における所得水準は 1 万 3,919 ドルであり，二度目の転換点は，$\left(\dfrac{\beta_2}{-3\beta_2}\right)$ で算定した結果，2 万 6,201 ドルであった。

このように，N 字型曲線が成立する背景として，最初の転換点は 1971 年前後であり，環境庁（現・環境省）設立等，環境分野の規制強化・ガバナンス向上に伴う産業構造の転換（生産，流通・消費の脱化石燃料依存）が実現していた可能性が挙げられる。他方，二度目の転換点は 1989 年前後であり，いわゆるバブル景気を背景に，非効率な生産と汚染排出が拡大した可能性が考えられる。併せて，検証期間における日米それぞれの一人当たり GDP と一人当たり CO_2 排出量の関係を以下の図に示す。

上記排出量の増加傾向に対し，日本では，景気回復と財政健全化の課題にも直面し，環境対策の財政出動には制約がある。実際，財政健全化では，平成 28（2016）年度の歳出 96 兆 7,218 億円に対し，租税及び印紙収入は 59.6％ の 57 兆 6,040 億円，国・地方自治体の債務額が対 GDP 比 231.1％ で歴史上，世界に類を見ない水準に達している（財務省，2016，『日本の財政関係資料』）。

もちろん，日本は先述のとおり，京都議定書第二約束期間における国際法

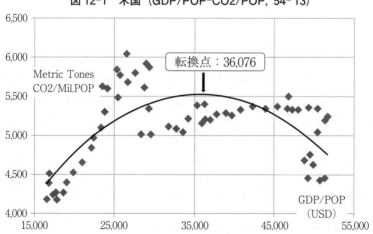

図 12-1　米国（GDP/POP-CO2/POP, '54-'13）

図 12-2　日本（GDP/POP-CO2/POP, '54-'13）

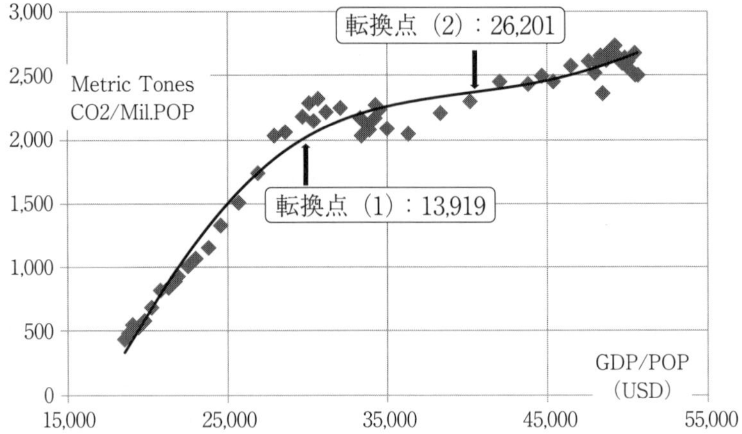

縦軸：Metric Tones CO2/Mil.POP
横軸：GDP/POP (USD)

転換点 (1)：13,919
転換点 (2)：26,201

　上の排出削減義務を有さない。しかし，国際的には，地球温暖化問題への対応，とりわけ，パリ協定を始めとする 2020 年以降の温暖化問題に対する国際的枠組みの進展に責務を負っている。また，国内では，従来以上に，安全で安定的，経済的で環境親和的なエネルギー供給を実現する必要がある[2]。

　他方，環境省（2013）は温暖化対策による市場と雇用規模の拡大について，「環境産業の 2011 年の市場規模」は前年比 2.3％増，2001 年（過去 10 年間）比 39.1％増の 81 兆 6,668 億円であり，「地球温暖化対策」分野は 2001 年比 290.2％と最大の伸びを示す等，長期的に拡大傾向にある（『環境への取り組みをエンジンとした経済成長に向けて（平成 24 年度報告書）』）。そのため，日本では，複合的な課題を実現しつつ温暖化対策を講じる必要があると同時に，適切な市場機能の活用を通して成長分野を取り込んでマクロ経済全体の成長を図る機会にも直面しているといえる。

---

[2]　発電費用と発電時の CO_2 排出量は以下。原子力：10.1 円/Kwh，20g－CO_2/Kwh，石炭：12.3 円 Kw/h，943g－CO_2/Kwh（経済産業省発電コストワーキンググループ，2015，『長期エネルギー需給見通し小委員会に対する発電コスト等の検証に関する報告（案）』，電気事業連合会ウェブサイト「各種電源別のライフサイクル CO_2 排出量」(http://www.fepc.or.jp/nuclear/state/riyuu/co2/sw_index_01/index.html，2015 年 10 月 5 日閲覧）。

2 理論的考察及び動向

2-1 理論的考察
(1) 直接規制及び環境税

冒頭の趣旨に則り，本章第1節では，排出権取引を，直接規制，自主規制，広報，及び環境税と比較しつつ，理論面から考察する。その上で，次項では，排出権取引の実施動向を解説する。

初めに，環境問題で規制が必要となるのは厚生経済学の第一定理が成立しないからである。すなわち，汚染主体と被害者が異なり，環境破壊や厚生損失等，放置したままでは市場機能で解決できない外部不経済が発生し，競争均衡によるパレート最適が実現しない。

しかも，特定地域で集中的に発生する公害に比べ，温暖化対策では，現世代の負担となる政策実施への支持調達が困難となる可能性がある。何故なら，CO_2等の原因物質は特定地域・産業のみならず，社会・経済活動全体から排出される。しかも，原因物質は数カ月や数年単位で人体に悪影響を与える訳ではない。そのため，不作為コスト，すなわち，生態系破壊等の被害が将来世代へ転嫁される可能性がある。

上記の制約を基に，規制当局による指示・命令としての直接規制，並びに，経済主体の自主的判断を比較的活用する制度（自主規制，広報・教育，環境税及び排出権取引）について比較考察する。

図12-3 環境政策の分類

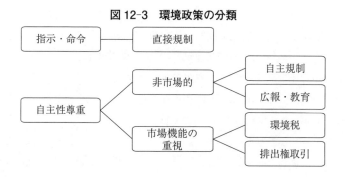

まず，直接規制は政策当局が基準・目標を設定し，法令による統制手段を通して当該基準や目標の達成を図るものである。直接規制は特に，公害問題のように，排出量の増加が閾値を越えると被害が深刻化する場合に有効とされる。

しかし，直接規制には，(1) 排出権取引や環境税等の市場機能を活用した規制に比べ，監視・罰則コストが大きくなる，(2) 政策当局の恣意的管理が憲法で保障された民間経済主体の自由な活動を侵害する可能性がある，(3) 政策当局・経済主体間の情報の非対称性や圧力団体の影響力行使が政策遂行を妨げ，不作為のコストや厚生損失を発生させる等の懸念・可能性がある。ゆえに，直接規制は単独では温暖化対策で有効な手段となり得ない。

これに対し，経済主体の自主性を重視する手法として，自主規制では，各社・各業界団体等が市場動向等に基づき，排出削減目標とその手段を決定し，適宜，政策当局と協定を締結する。また，広報には，政府PRや環境教育等がある。しかし，自主規制と広報では，当局が経済主体の自主性を尊重し，管理費用を相対的に低く抑えることが可能な一方，監視・罰則規定に欠け，単独では排出抑制の誘引が作用しない。とりわけ，日本では，上述のとおり，CO_2排出量が増加傾向にあり，両者は排出抑制上，十分条件たりえない。

他方，自主性を尊重する手法のうち，排出権取引と環境税は，従来型の直接規制と異なり，市場機能と民間経済主体の経済合理的判断を活用し，経済活動を環境親和的な方向へと促すものである。

もちろん，排出権取引と環境税では，政策上の系譜が異なる。排出権取引はコース（Ronald Coase）の系譜に連なり，政府の役割を取引費用最小化に向けた制度構築に置く点で，比較的，市場機能を重視した制度である。他方，環境税はマーシャル（Alfred Marshall）の外部性認識とピグー（Arthur Pigou）の外部費用の内部化に基づき，政策的介入を比較的，重視した制度である。とはいえ，両者は公共政策的課題である環境目標の達成を相対的に低費用で実現する市場活用型規制である点で共通している。

両制度のうち，環境税は定義上，根拠法の立法目的において，環境負荷の抑制を明示した上，環境負荷物質に対して課税標準を置く税を意味する（諸

冨徹, 2000, 『環境税の理論と実際』有斐閣)。環境税による温室効果ガス排出抑制・削減は1990年にフィンランドを端緒とし, 以後, EU各国で実施されている。また, 日本でも, 2012年から, 租税特別措置法の改正法として,「地球温暖化対策のための税」が実施されてきた。

環境税の特徴として, 二重の配当が挙げられる。すなわち, 外部不経済を内部化する一方, 歳入の増加分で所得税減税や社会保険料の負担軽減を図り, また, 増収分をエネルギー効率化投資への補助金に充当し, 税制の歪みを改善して厚生改善を図りうる。実際, EU各国の環境税は, 概して, 環境・雇用対策の同時実施を目指し, 一般財源への繰り入れで実施されている。そのため, 環境税には, 政策手段と財源調達手段の機能が認められる。

ただし, 日本では, 重点が環境目標の達成に置かれ, 税収確保は従たる目標となる。実際, 環境税の実施初年度の税収は391億円, 平年時2,623億円と試算されている (環境省,「地球温暖化のための税の導入」, https://www.env.go.jp/policy/tax/about.html, 2016年8月1日閲覧)。そのため, 所得・法人・消費税が中心的役割を担うことに変化はない。

上記の制度的特徴を基に, 直接規制と環境税の費用を理論面で比較する。以下 (図12-4) では, 排出削減費用の異なるA社とB社が同じ排出量で生産していると仮定する。右上がり／左上がりの曲線は両社の限界排出削減費用であり, 排出量をゼロに向けて削減するにつれ, 限界費用が逓増することを示している。

図12-4 直接規制と環境税

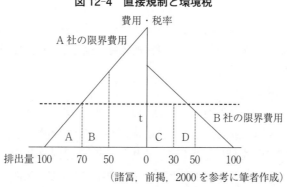

(諸冨, 前掲, 2000を参考に筆者作成)

両社の排出量合計を 200 から 100 に削減すると想定する。直接規制では，両社が 100 から 50 へと排出量を一律に削減することが要請される。他方，環境税では，税率 t を課すことで，両社の排出量合計＝100 が目標とされる。あるいは，逆に，総排出量が 100 となる税率 t が模索される。税率 t では，各社が税率 t と自社の限界排出削減費用を一致させる排出量を選択する結果，A 社の排出量は 70，B 社の排出量は 30 となる。

これを基に，総削減費用を比較すると，直接規制では ABD，環境税では ACD となる。B＞C より，ABD＞ACD となる。ゆえに，この条件下では，同量の排出削減を実現するには，環境税の方が費用効率的と考えられる。

しかし，環境税には以下の課題もある。1) 課税対象：すべての経済主体への課税は不可能であり，課税範囲を特定化する必要がある。2) 課税主体：政府・自治体のどちらが課税するかは国民性や自治権の尊重の程度，ひいては，憲法体系の見直しに関わる問題となりうる。3) 課税段階：最上流課税の場合，輸入時点で一括課税を行うため，脱税防止に有効である。しかし，家庭や工場等の個別経済主体への価格転嫁がなければ，社会全体の排出抑制への誘引が働かない。他方，最下流課税では，課税額を個々の排出主体に伝え，社会全体の排出抑制への誘引を与える。しかし，課税対象の拡大は課税費用を増し，脱税対策も不十分となる。4) 税率：税率設定では，負担軽減措置と制度の公平性との均衡を図りつつ，適正税率を課す必要がある。しかし，物価水準の変動で環境税の実効税率が変動し，それにより達成される環境水準も実質的に変動する可能性がある。5) 税収の使途：税収の使途を温暖化対策に限定するか，あるいは，一般財源に組み入れるか等の検討を要する。税収の目的税化は，政策決定・遂行に対する納税者意識の向上が期待できる半面，政策の伸縮性を妨げ，既得権を温存する可能性がある。

(2) 排出権取引

以上に対し，排出権取引は定義上，健全な自然環境を公共財とし，その破壊を公共財の侵害と捉え，その予防的措置として汚染物質に事実上の財産権を設定して希少性を付与した上で，それを市場で取引する制度である。

また，排出権取引は，環境税と異なり，理論上，対象産業部門の排出総量

の確保と費用最小化が可能である，経済主体のオプションが多様である等の利点があり，詳細は以下のとおりである。

(1) 社会全体：(a) 排出権取引は環境税と違い，目標とする排出総量と同量の排出枠しか交付しないので，対象産業部門の総量確保が可能である。(b) 各経済主体（中央政府，自治体，産業，企業，工場・設備等）が目標排出量を最小費用で達成可能であるため，主体ごとに異なる限界費用の均等化を通して，理論上，内外価格差が消滅し，目標達成費を地球規模で最小化できる。(c) 排出権の初期配分が有償交付の場合，環境税と同様，二重の配当が生じうる。

(2) 政策当局：課税同様，監視・罰則適用費を要するものの，(a) 市場機能を活用する分，管理費用の抑制を通して，財政規律を維持する手段として活用できる。(b) 制度の公正性・透明性の確保，情報の非対称性の問題を緩和可能である。

(3) 企業等の各経済主体：経営オプションの多様化として，以下が挙げられる。(a) 限界汚染処理費用と排出権価格との均衡点を基準に，自主的判断で削減量と取引量の組み合わせを決定する。その上で，削減量が目標値を越えた場合，それを余剰排出枠として売却し，目標値が未達成なら，排出枠を購入し，排出削減費用を最小化できる。(b) 制度の枠内で，バンキング（余剰排出枠の次期への繰り越し）とボローイング（不足分の次期からの借入れ）が可能である。(c) 排出削減の際，特許収入の実現に向けた環境技術開発の誘引が

図12-5　排出権取引の効果

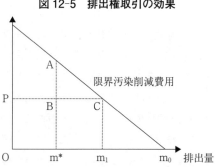

機能しうる。(d) 取引不参加者にも潜在的な選択肢を提供する。

図12-5は費用削減の例として，排出権取引の対象産業に属する企業が市場取引や技術開発で限界汚染処理費用が最小となる手段を選択する際の効果を示している。すなわち，現在の排出量 m_0 に対し，削減目標 m^* が設定された場合，企業は m_1 まで自主削減を行い，$m_1 \to m^*$ 間で排出権を購入することで，自主削減のみに依拠する（△Am^*m_0）のに比べ，排出権価格 P を越える △ABC 分の処理費用を削減できる。

2-2 排出権取引の実施動向

上記の理論的考察を基に，本節では，欧米，及び，日本の排出権取引の実施動向を解説する。まず，排出削減は各国内の実施を原則としつつも，京都メカニズムでは，その補完的手段として，JI（Joint Implementation：共同実施）や CDM（Clean Development Mechanism：クリーン開発メカニズム），国際排出権取引が利用可能となっている（京都メカニズム・インフォメーションプラットフォーム（http://www.kyomecha.org/about/mechanisms/iet.html，2015年10月15日閲覧）。

第一に，JI は，附属書 I 国（Annex I Parties to the Convention，先進国中心）同士が協力し，附属書 I 国内で排出削減や吸収増大プロジェクトを実施するものであり，ERU（Emission Reduction Unit）クレジットが発行となる。

第二に，CDM では，附属書 I 国が非附属書 I 国（Non-Annex I Parties to the Convention，途上国中心）で当該プロジェクトを実施するもので，CER（Certified Emission Reduction）クレジットが発行となる。

第三に，国際排出権取引では，前述の ERU や CER に加え，AAU（Assigned Amount Unit：割当量単位）＋RMU（Removal Unit：附属書 I 国における吸収源活動による吸収量），新規植林・再植林 CDM プロジェクトからのクレジット（Temporary CER，Long term CER）等が取得・移転可能である。

具体例として，EU では，排出権取引指令 2003/87/EC を基に，2005年に EU ETS が開始され，以後，EU リンク指令 2004/101/EC により，EU ETS の対象施設が JI 及び CDM のクレジットを活用することが可能となった。また，EU ETS は現在，第3フェーズ（2013～2020年）の途中にあり，域外3カ国を含む31か国，当該地域の排出量の45％をカバーしている。さらに，

表 12-1　EU ETS の制度変遷

	第1フェーズ (2005-2007， 試行期間)	第2フェーズ (2008-2012)	第3フェーズ (2013-2020)
総排出枠	05年排出量比＋8.3% (05-07年の期間平均)	05年排出量比▲5.6% (08-12年の期間平均)	05年排出量比▲21%（20年時点）， 08-12年の中間値から 毎年1.74%直線的に減少
削減実績	〈07年実績〉 05年比＋0.98%	〈前年比実績〉 08年▲3.06% 09年▲11.6% 10年3.16% 11年▲2.09%	〈12年実績〉 11年比▲2%
割当方法	グランド ファザリング中心	グランドファザリング 中心（一部諸国でベン チマークが増加）	発電部門を中心に，オークションへ段階 的に移行（他部門はベンチマーク）
	【グランドファザリングによる 枠設定の基本形】 基準年度排出量（例：01〜05年のうち3か年の 平均）×一定の係数		【ベンチマークによる枠設定の基本形】 「活動量」（例：過去4〜5年の平均生産 量）×「製品ベンチマーク」 （CO_2トン/製品トン）
対象ガス	CO_2	CO_2	CO, N_2O（亜鉛化窒素），PFC
対象部門	エネルギー転換， 産業部門に限定 （約11,500事業所）	航空部門を追加 （12年以降）	アルミ，化学（アンモニア等）を追加
課徴金	40ユーロ/t-CO_2	100ユーロ/t-CO_2	100ユーロ/t-CO_2
CDM (後述) 等の 活用	制限なし（実績ゼロ）	最大20%等の 使用上限あり	・第2フェーズの使用上限もしくは無償 割当量の11%のどちらか高い方の範 囲内で，未使用分を使用可能。 ・13年以降に登録のプロジェクトでは， 後発発展途上国のプロジェクトに限定。

(環境省，2016，『諸外国における排出量取引の実施・検討状況』，EU ETS, http://ec/europa.eu/clima/policies/ets/index_en.htm，2015年10月25日閲覧）等を基に作成）

2021年以降の第4フェーズでは，期末（2030年）の排出量を2005年比で43%削減することを目標としている（表12-1）。

上記 EU ETS を基に，英 ICE (Intercontinental Climate Exchange) や独 EEX (European Energy Exchange) では，排出権取引が実施されている。たしかに，余剰排出枠の増加等により，CER (Certified Emission Reductions) は価格が1ユーロ以下で低迷し，実質的に取引が中断している。また，EEX における

1日のEUA先物（European Union Allowances）の平均取引価格は2005年の30ユーロ/t-CO_2台に対し，2012年末（12月28日）は6.53ユーロ/t-CO_2，2015年12月30日は8.22ユーロ/t-CO_2，本章執筆時点の直近価格（2016年9月30日）では，4.97ユーロ/t-CO_2となっている（EEX, https://www.eex.com/en/market-data/environmental-markets, 2016年10月1日閲覧）。

しかし，EEXでは，年間のスポット取引量が2011年の2,600万t-CO_2に対し，2014年4億9,800万t-CO_2，2015年6億1,300万t-CO_2と拡大傾向にある。しかも，取引対象部門が当初のエネルギー転換及び産業部門から民間航空部門にも拡大する等，制度と市場規模は拡大している（EEX, http://www.eex.com/en/products/environmental-markets /emissions-auctions/overview, 2016年10月1日閲覧）。

そのため，不断の制度改革は必要であるものの，価格低下という単一基準のみで排出権取引を制度崩壊と断ずることは適切ではない。むしろ，上記のとおり，制度は精緻化し，市場規模は拡大する傾向にあり，その精緻化・市場拡大は，経済主体の合理的判断を基に，多国間協調による排出権取引制度の構築・運用が可能であることを示しているといえる。

次に，米国では，1990年改正大気浄化法第4編（Title IV of the 1990 Clean Air Act Amendments）に基づく硫黄酸化物排出権取引を端緒とし，2008年から，北東部10州（2011年のニュージャージー州離脱で9州）がRGGI（Regional Greenhouse Gas Initiative）が実施されている。

また，2015年の各オークションにおける平均取引価格は前年比29％増の6.10ドル/t-CO_2，同平均取引量は98％増の2億600万t-CO_2となった（RGGI, 2016, *Annual Report on the Market for RGGI CO_2 Allowances: 2015*）。さらに，本章執筆時点で直近となる第33回目（2016年9月）のオークションでは取引量は1,491万トン，価格は4.54ドル/t-CO_2となっている（2016年9月9日付RGGI Press release）。

上記に対し，日本では，2005年（実質は2006年）から排出権取引を試行的に開始し，最終の第7期（2012年度）では，参加29社，基準年度排出量からの排出削減量5万9,419t-CO_2（基準年度比削減率9％），排出枠の取引件数24件，排出権取引量2万9,649t-CO_2，平均価格216円/t-CO_2であった（環境

省，2014，『自主参加型国内排出量取引制度（JVETS）第7期（2011年度採択・2012年度排出削減実施）の排出削減実績と取引結果について（お知らせ）』。

　また，自治体レベルでは，東京都が2010年から，埼玉県が2011年から排出権取引を開始した。さらに，両自治体間では，2015年開始の「連携クレジット」による越境取引も始まり，2016年上半期は4件（4,259 t-CO_2）の取引が成立した（東京都環境局「排出量取引の実績等」（http://www.kankyo.metro.tokyo.jp），2016年10月22日閲覧）。

3 課題及び意義

3-1 課題

　上記の利点と傾向に対し，制度・政策の改善に向け，温暖化対策，さらには，排出権取引に対する以下の批判も検討に値する。

　第一に，RIETI（経済産業研究所）（2014）は，IPCCの警鐘に対し，気温上昇を産業革命以前比で2℃以内に抑えるには，CO_2換算で濃度を450ppm以下に抑制するというIPCCの目標を非現実と批判している（RIETIシステム研究グループ，2014，『IPCC最新報告および国際的な最新のシナリオ分析動向を踏まえた長期の温室効果ガス排出削減パスと中期の排出削減分担の分析』）。

　以上に加え，排出権取引は第一に，対象産業部門の総量確保と費用最小化を実現しても，単独での排出量削減は保証しない。そのため，削減を保証するインセンティブと罰則規定，さらには，直接規制や環境税，その他の手段との政策融合が必要になる。

　排出権取引は第二に，環境税と同様，外部不経済を内部化するか否かで生産費の格差と国際競争上の有利・不利が生じる可能性がある。第三に，排出枠の適切な設定も必要となる。通常，無償割当では，過去の排出量に基づいて排出枠を設定する既得権方式や，各産業で基準となる排出単位に基づいて排出枠を設定するベンチマーク方式が採用され，有償割当では入札方式が採用される。しかし，既得権方式では，当局の恣意的な排出枠設定が経済統制となりうる。また，当局・経済主体間の情報の非対称性により，排出枠の設

定で歪みが生じる可能性もある。また，実績に基づく排出枠の設定は新規参入に不利となり，将来の不測の排出増への対応が不十分となる可能性もある。他方，ベンチマーク方式では，各産業で網羅的かつ詳細な基準を設定することは困難である。さらに，入札方式では，価格の高騰が生じる可能性がある。

第四に，政策影響分析を用いた排出権取引に対する批判として，若林・杉山（2007）は，温室効果ガス排出権取引の先例となった米国の硫黄廃棄物排出権取引の排出抑制効果に注目し，燃料の輸送価格の低下等，取引以外の効果を指摘することで，排出権取引自体への疑念を表明している（若林雅代・杉山大志，2007，『電力中央研究所報告 排出権取引制度の実効性に関する事例研究レビュー』）。また，Hoffman（2007）は EU ETS がドイツの発電設備や研究開発への投資の意思決定に与えた影響を限定的と述べている。

しかし，同様に，政策影響分析に基づき，環境税や排出権取引等，CO_2 への価格設定による企業・産業競争力への悪影響を否定する見解もある（Airlinghaus 2015; Flues et.al. 2015）。また，Ellerman et. al.（2008）は EU ETS の第1フェーズにおける EU 旧15カ国の排出削減効果をベースライン（追加的措置がない場合）比 120Mt-CO_2 としている。さらに，Anderson, et.al.（2011）は第1フェーズにおける EU ETS の排出削減効果は対象25カ国で 247Mt-CO_2 と述べた上で，アイルランドの排出規制対象産業に属する企業の新機器・設備導入や製造工程・慣行，使用燃料の変更に EU ETS が与えた影響はそれぞれ，48％，74％，41％と評価している（欧文参考文献は後述）。

3-2 意義

以上のように，排出権取引は社会的規制分野の目標達成を市場機能と民間経済主体の合理性に依拠して実現する点で独創的であり，市場機能に関する理論・実証研究の蓄積を高め，また，そのフロンティアを広げるものである。

また，排出権取引を成功裏に継続運用することは，他の環境分野はもちろん，健康，安全，社会的結束等，社会的規制分野の改革に向け，知見の蓄積を図るものである。何故なら，まず，日本では，当該分野の定量的効果の測

定・分析が困難な中，政策当局が業界団体等の意見を背景に，市場の失敗と市民の不安感に配慮し続けて来た。これにより，料金，競争，市場の参入と退出等を対象とする経済的規制に比べ，社会的規制分野の改革が遅滞する傾向が生じた（内閣府総合規制改革会議（当時），2007，『重点6分野に関する中間とりまとめ』；内閣府規制・制度改革担当事務局（当時），2010，『規制・制度改革に関する分科会の今後の活動について』（別紙）「規制に係る総括的報告について」）。

しかし，排出権取引は，とりわけ，改革が遅れた社会的規制分野に市場機能を導入し，当該分野における未知の政策実施への予見可能性を高める等，知見の蓄積を促すものである。実際，制約はあるものの，排出権取引に関する政策影響分析は，近年におけるIT技術の進展等を背景として，モデルの精緻化が進み，定量的評価や金銭的価値の提示を通して，政策立案に一定の貢献を果たすようになっている。それゆえ，排出権取引の研究は理論及び実証研究の両分野に独自の視点を提供し，その発展に資するものと考えられる。

4 結語

以上のように，本稿では，地球温暖化問題における環境政策の一環として，温室効果ガス排出権取引制度に焦点を当て，その制度的特徴を挙げた上で，意義を述べた。

もちろん，排出権取引は，それ自体で地球全体の排出量を削減するものではなく，また，排出量の割り当て方法等，諸々の課題はあるものの，一定の解を提供するものであり，実際，欧米で制度の精緻化や市場拡大が見られる。

また，排出権取引は，制度的特徴として，環境，医療，教育，安全確保等を対象とする社会的規制分野において，市場機能と民間経済主体の合理的判断を活用した環境目標の達成という点で，政策当局の指示・命令による従来型の直接規制とは原理を異にする独創的なものである。しかも，排出権取引はオークションや店頭取引，取引所取引等，明確なルールと価格シグナルに

基づいて排出権を売買する点で，環境税よりも，一層，市場機能を活用したものである。

さらに，日本の理論及び実証の両研究分野における傾向に鑑みれば，排出権取引は，その制度的特徴ゆえに，意義として，両分野に独自の視点を提供し，その発展に資するものである。何故なら，まず，当該制度の研究が市場機能と経済政策に関する研究の蓄積を図り，そのフロンティアを広げるものである。また，排出権取引の成功裏の継続的運用は健康，安全，社会的結束等，社会的規制分野の改革に向け，知見の蓄積を図るからである。

参考文献

(日本語文献)

時政勗・藪田雅弘・今泉博国・有吉範敏編（2007）『環境と資源の経済学』勁草書房

日本応用経済学会監修，福重元嗣・細江守紀・焼田党・藪田雅弘編（2015）『ベーシック応用経済学』勁草書房

諸富徹・浅野耕太・森昌寿編（2008）『環境経済学講義』有斐閣

(外国語文献)

Anderson, B, et. al (2011) "Abatement and Allocation in the Pilot Phase of the EU ETS," *Environment and Resource Economics*, 48 (1), pp. 83-103.

Anderson, B, et. al. (2011) "Technological Change and the EU ETS: the case of Ireland," *IEFE Working Paper*, No. 43.

Airlinghaus, J (2015) "Impacts of Carbon Prices on Indicators of Competitiveness: A Review of Empirical Findings," *OECD Environment Working Paper*, No. 87.

Egenhofer, C, et. al. (2011) "The EU Emissions Trading System and Climate Policy towards 2050: Real incentives to reduce emissions and drive innovation?" *Working Paper*, No. 126, Centre for Climate Change Economics and Policy.

Ellerman, D, et. al. (2008) "Over-Allocation or Abatement? A preliminary analysis of the EU ETS based on the 2005-06 emissions data," *Environmental and Resource Economics*, 41 (2), pp. 267-287.

Flues, F, et. al. (2015) "Competitiveness Impacts of the German Electricity Tax," *OECD Joint Meetings of Tax and Environment Experts*.

Hoffman, V (2007) "EU ETS and Investment Decisions: The Case of the German Electricity Industry," *European Management Journal*, 25 (6), pp. 464-474.

（辻本　政雄）

第13章　原発問題とエネルギー政策

はじめに

　原発問題はきわめてデリケートな問題である。なぜなら，そこには必ずイデオロギーや価値観の問題が介在し，客観的な立場でこれを分析するのは極めて困難であるからである。しかし，原発問題は，公共政策上，きわめて重要な問題である。なぜなら，この問題は単にエネルギー問題というより，基本的人権，とりわけ生存権に触れる問題を内蔵しているからである。

　もし，公共政策の理念からこの問題にアプローチすれば，事故による放射能汚染の確率がゼロでない以上（大きな原発事故だけでも米国のスリーマイル，ロシアのチェルノブイリ，日本の福島と3回あり，汚染漏れの小さな事故は頻発している），原発を止めるというのが，理想的な結論になる。だが，産業・経済の発展，科学技術の発展といった多面的な視角で原子力の平和利用を考えれば，答えはそう簡単ではない。資本主義における経済社会や科学技術の発展は，産業革命の昔から技術革新の度毎に新たに発生するリスクとの戦いの歴史であったからである。

1　我が国の原発：現状と課題

1-1　原発の歴史的経緯

　第二次大戦後，米国で原子力の平和利用をめぐり，公共政策上大きな論争が交わされ，原子力の平和利用が推進されることになったが，我が国もこれを受け入れ，日本経済が高度成長に向かう準備期である1955年に，原発の

図 13-1 原発マップ

建設に向け舵を切ることになった。この年に、日米原子力研究協定（原子力研究所と米国 GE）が締結され、国内で原子力基本法など原子力 3 法が成立し、その後法制面（原子炉等規制法、原子炉立地審査指針）、研究面（原子力研究所の研究炉が臨界）、制度面（日本原子力発電株式会社の発足）の整備を経て、1966 年に最初の原子力発電所である東海発電所が営業運転を開始した。70 年代に入ると、電力各社は発電用原子炉の導入を決定し、原発は本格的に発展していく。1975 年ごろから官民一体となった軽水炉標準化計画がスタートし、改良型軽水炉（ABWR, APWR）が開発され、その成果は柏崎刈羽 6, 7 号の建設となって現われることになった。2004 年末には、53 基（BWR30 基、PWR23

基）の原発が建設され，稼働しており（設備容量は世界第3位），発電電力量は282,442百万 KWh に達し，総発電量の30％を供給するまでに至っていた（図13-1）。

しかし，原発の発展は必ずしも順風満帆だったわけではない。1987年の原子力長期計画の策定以来，動力炉・核燃料開発事業団（現，日本原子力研究開発機構）が推進してきた核燃料リサイクル事業（プルトニウムを軽水炉でMOX燃料に換え，再利用するプルサーマル計画）はほぼ順調に推移したものの，高速増殖炉[1]とそれを要の装置とした核燃料サイクルは開発が順調に進まず，新型転換炉「ふげん」は失敗に終わった。高速増殖炉による核燃料サイクル計画はその後「もんじゅ」に引き継がれたが，これも事故が続き，費用対効果が極めて悪い状態にあるため，今後継続が危ぶまれている。とはいえ，2011年の大震災前に商業用に運転している原発は54基あり，電源構成比は3割超であった。

1-2 福島原発事故と安全神話の崩壊

原発の安全性で重要なのは，「止める」，「冷やす」，「閉じ込める」の3つだが，福島事故は，この3点の安全性確保が容易でないことを世に示した。とくに，「閉じ込める」については，5重の壁（粉末核燃料の飛散防止＝ペレットへの固定，ペレットの燃料棒への収納，燃料棒の原子炉圧力容器への収納，圧力容器を覆う原子炉格納容器，原子炉建屋）が破れ，放射性物質の大気，土壌，海洋への拡散・浸透を回避できなかった。いまでも，地下に凍土壁を設ける施策は，成果があがっていない状況にある。

大事故の影響は，大気・土壌・地下水・海洋の汚染にとどまらず，食品（農産物・魚介類），水道水に至るまでいわば広範囲にわたり，住民の生命・健

---

1 高速増殖炉とは，燃料には天然ウラン，MOX燃料を用いるものの，高速中性子を利用するため，減速材が不要であり，核分裂性核種の消滅数に対する生成数の割合を示す増殖比が1.0超の原子炉を指す。燃料を増殖炉の炉心で燃やすことで不要なウラン238から次の高速増殖用の核燃料であるプルトニウム239を作り出すことができる。すなわち，ウラン238＋中性子核燃→ウラン239→ネプツニウム239→プルトニウム239（核燃料）という，通常のプルサーマルとは異なる新しい核燃料サイクルを実現するための要となる装置なのである。冷却材には，金属ナトリウムを使用するが，我が国の「もんじゅ」はここで事故をおこしている。

康に甚大な影響を及ぼした。人体への影響（甲状腺ガンなど），住民の避難，被災者への補償・賠償，風評被害など福島事故の社会的コストは膨大であり，地域の壊滅的状態を見て，国民は「原発は安全」という政府，電力会社のスローガンを信頼しなくなった。世界で起こるマグニチュード 6.0 以上の地震の 2 割以上が集中する日本列島で原発ははたして安全か，多くの国民はこの問いを突き付けられたのである。

　大震災後，反原発運動の大きなうねりができたこと，政府による直接的な検査指示が出されたこと，さらには定期検査の時期を迎える原発が少なくなかったことから，大事故の 3 か月後（2011 年 6 月）には，35 基の原発が運転を中止していた。その後，稼働中の 19 基が順次定期検査に入ったため，3 年後にはほとんど原発が休止し，変則的な形態ではあるが，我が国は一時的ではあるが，脱原発状態に入ることになった。

　この時期，懸念されたのは，首都圏，東北の電力不足であり，輪番停電などが一時的に実施されたが，結局原発が動かなくても，総供給力が総需要量を下回ることはなかった。それにもかかわらず，政府と電力会社は安定供給と低コストという観点から原発にこだわったが，反原発の市民運動の高まりや国民の原発への不信感もあり，政府が原発の再稼働に動くのは容易ではなかった。

1-3　原子力規制委員会と原発再稼働

　福島原発事故は政府にも従来の原発計画への反省を促した。しかし，すでに電源構成の 3 割超を占める原発を廃棄した場合の電力不足の懸念もあり，結局，民主党政権は立ち往生するしかなかった。一時休止した原発施設を，安全性を確保できないまま，既存の規制レジームで再稼働することはできなかった。

　こうした状況のなかで，規制レジームの再編が問題になった。原発を推進する資源エネルギー庁と規制する原子力安全・保安院が同じ経済産業省にあることの反省（利益相反）に基づき，規制の一元化の視点から環境省の外局に「原子力規制庁」を設置し（2012 年，根拠法：放射性物質汚染対処特措法），従来の関連部局（独法：原子力安全基盤機構）をそこに統廃合することになった。

続いて，環境省の外局に原子力規制委員会（3条委員会：国家行政組織法3条2項に基づく内閣からの独立性が高い委員会）を置き，当の原子力規制庁を同委員会の事務局として位置づけた。

同委員会の主たる目的は原子力利用における安全の確保に置かれているが，規制の眼目は，原子力に係る製錬・加工・貯蔵・再処理および廃棄事業に関する規制，原子炉・核燃料物質に関する規制，および放射性物質の監視・測定に置かれていた。同委員会は，原発の再起動を前提にした原子炉関連の安全性（免震，水供給・電気供給機能，密閉性，津波・浸水等の対策）に主眼を置いたもので，地層・立地条件（活断層の有無）や環境条件（大地震・津波など自然災害が起こる可能性）を精査し，その安全性をチェックするというものではなかった。

こうして規制制度が整い，2013年に新規規制基準が施行されたことから，電力各社は原子力規制委員会に適合性申請を行い，委員会の審査会合をへて，休止していた原発の再稼働が可能になった。だが，同委員会の審査に対しては，専門家から多くの批判が寄せられている。基準地震動評価の過小評価（大飯原発），原子炉圧力容器の劣化と中性子照射の脆弱化（高浜原発），地域の安全，避難経路の無視（川内原発）などが，指摘されているのである。

もう一つ，再稼働には，地元の理解と協力が必要不可欠であり，法律上は，別段，地元の同意を得る必要はないが，関連自治体と原子力安全協定が改めて結ばれなければ，再稼働は事実上不可能である。

2016年8月現在，再稼働した原発は5基（高浜3号，4号，伊方3号，川内1号，2号），許可済みが2基（高浜1号，2号），審査中が17基（九電2基，中国電1基，北陸1基，関電3基，東電2基，東北電2基，北電3基，日本原子力発電2基，電源開発1基）となっている。

2　原発の費用便益分析

2-1　費用便益分析（福島事故以前）

原子力発電の費用便益分析として古典的なモデルとされているのが，ワト

ソン（D. E. Watoson）の"Gaols of Cost-benefit Analysis in Electric Power Generation"である。彼は，発電の主要な便益は，その電源にかかわらず同一なので（目標発電量の確保），原発と他の化石燃料等による発電プラントの費用便益分析は，コスト比較の問題[2]に帰着すると主張した。

しかし，このモデルは，その後の原発事故—1979年のスリーマイル事故，1986年チェルノブイリ事故所—や地球温暖化問題の深刻化を契機にかなりの見直しを迫られた。原発事故を契機に原発の生命・健康面に及ぼすコストが改めてクローズアップされ，安全面を中心に規制要件が強化された。因みに，米国では原発事故以降，原発計画からプラント営業開始までに要する期間が，立地審査や設備検査を含めた規制の強化でおよそ7年から12年も延長されたといわれている。そして，規制コストの上昇と住民合意等の政治的にセンシブルな問題が，多くの原発計画を放棄させたといわれている。こうした動きは，チェルノブイリ事故を契機にドイツ，北欧を中心にヨーロッパでも広がっていった。他面では，二酸化炭素等を排出しない原発が温暖化ガス対策として，また天候に左右されない安定供給電源として再評価されるようにもなった。

以下では，スミス論文（J. E. Smith）に準拠して，福島事故以前の2000年代になされた主要な原発の費用便益分析を紹介する。本論文は，ほぼ定型化された手続（＝ガイドライン）に則して費用便益分析を行っている3つの代表的な分析を紹介している[3]。その一つが，英国の貿易産業省（DTI）による

---

[2] 原発を他の電源との対比で評価する場合に鍵を握るコストとして，ゴンニョー（Gonyeau, J）は（A）燃料コスト，（B）資本コスト，（C）運営・維持コスト，（D）廃棄物処理コスト，および（E）廃炉・解体コストの5項目を挙げている。ただし，最近では，原発は健康上・環境上の便益をもたらすとされ（大気汚染や温暖化ガスの削減），化石燃料等による発電に対し，その分がコストから控除されている。

[3] あとの二つは世界原子力協会（WNA）による「原発の新しい経済学；New Economics of Nuclear Power」（2005年）と米国オンタリオ州の「費用便益分析：火力発電の置換」（2005年）である。WNAも，ほぼガイドラインに沿って分析を行っている。燃料費にウラン濃縮コストを，また廃棄物処理関連コストにリサイクル・コスト（プルサーマル）を含めるばかりか，運営コストで規制制度の相違や発電プラントの効率性を考慮するなど，コスト面の分析で工夫が見られるが，廃炉コストが不明確など致命的な欠陥がある。この論文は，環境負荷の問題を捨象し，もっぱら今後25年間に拡大する国際的な発電需要・消費の増大にどのように応えられるかを問

表13-1-(a) 原発の40年間にわたる正味現在価値
　　　　　—ガス価格，カーボン価格，との対比における—

カーボン価格 （ユーロ／ CO_2トン）	低ガス価格	中位のガス価格 高い原発コスト	中位のガス価格	中位のガス価格 低廉な原発コスト	高ガス価格
0	－2100	－1400	－400	900	1400
15	－1500	－900	200	1400	2000
25	－1100	－500	600	1800	2400
36	－700	0	1000	2300	2800

単位：ギガワット当たり百万UKポンド

表13-1-(b) 各シナリオに関する総発電コストの正味現在価値

	無作為 （現行プラントの 維持）	新規プラント （全ガス）	新規プラント （原発・ガス）	現行プラントの 厳格な管理
金融コスト	985	2,076	1,529	1,367
健康コスト	3,020	388	365	1,079
環境コスト	371	141	48	356
総発電コスト	4,377	2,605	1,942	2,802

単位：ギガワット当たり百万UKポンド
出典：DTI

「原発の費用便益分析；Nuclear Power Generation Cost Benefit Analysis」(2007年) である。その主要項目は，1. 代替プロジェクトの検討を介したプロジェクトの特定, 2. 便益の享受者，コストの負担者の特定, 3. インパクトのカタログ作成と測定指標の選定, (4) プロジェクトの全期間にわたるインパクトの数量的な予測, (5) インパクトの金銭価値化, (6) 割引率の設定とプロジェクトの現在価値の算定, (7) 各代替案に関する正味現在価値の計算, (8) 感度分析の実施, (9) 政策提言, である。

DTIは，ほぼ上のガイドラインに則り分析を行っている。(1) では，「無題にしたもので，(各国政府の補助金との関連で) 2.5％から10.0％のレンジの割引率を採用し，正味現在価値を実質ドルで計算し，各発電プラントの収支均衡額を表示している。また，割引率，資本コストの感度分析を試みている。夜間を入れた資本コストが＄1,400kw以下であれば，原発には競争力があるというのがその結論である。原発は環境にやさしい技術として長期投資のポートフォリオの一部に組み入れられるべきであるというのが，WNAの政策提言である。

作為 doing nothing」を「ベースライン」にして，将来必要とされる電力容量の拡大を原発で行う場合とガス発電に依る場合とで比較している。(2) では，コストは建設・運営主体によって負担され（民間主体であれ，公共主体であれ），便益は事業者と社会（二酸化炭素削減の便益）に帰するものとされる。(3) では，発電コストの削減，二酸化炭素の削減，燃料供給の途切れる確率の減少と相殺されるべき原発事故のおそれ（一定の感度レベルの範囲にあると想定される）が問題にされ，(4) では営業後40年という事業ライフ・サイクルにわたる費用と便益の流れが，(5) では発電ライセンスの取得から廃炉に至る費用・便益の金銭価値が計算され，(6) では，その際，社会的割引率として，社会的時間選好率が用いられ（最初の30年は3.5％，その後は3.0％），(7) で現在価値計算から正味現在価値が推定されている。(8) では燃料価格の変動（ウラン，化石燃料，天然ガス）を反映した，また原発事故に伴うリスク回避性向を考慮にいれた感度分析が実施され，(9) で，原発計画は次の条件が整えば，正当化されると結論している。二酸化炭素の削減が期待できること，ガス価格が1サームあたり約37ペンスであるとき，原発事故の経済的リスクが微小である場合が，それである。こうして，DTIは，表13-1のような純便益表を纏め，将来の電力計画では原発を選好すべきであると提言している。

2-2 最近の原発に関する分析（福島事故以後）

だが，福島事故は原発の費用便益分析アプローチにも大きな影響を及ぼした。すなわち，原発計画を支持する分析に対し，脱原発を提言するような分析も増えてきているのである。以下では，この二つの流れを代表する分析として，英国会計検査院（NAO）による費用便益分析とドイツのシナリオ分析を取りあげ，コメントを加えることにする。

英国会計検査院の報告書 "Nuclear power in the UK" は，「エネルギー及び気候変動省（DECC）」が纏めたエネルギー戦略を取りあげ，投資コストに見合う価値（value for money）があるかどうかという観点から，その政策を論評している。

英国はいくつかの原発を持ち稼働させているが，将来の電力需要増大を見

込み（次の20年で20%の電力需要の増大），また近い将来耐用期間切れの発電所が出ること（この間に技術的な寿命により30ギガワットの消失）を考慮に入れ，新たな電源が必要であると判断し，「エネルギー・チャレンジ計画」を策定した。計画は，（ア）安定供給，（イ）温暖化ガスの削減，（ウ）「手頃な affordable 料金」という条件を満たすものでなければならないとされた。政府は，上の3条件を満たす電源として原発が重要な発電源になると考えていた。だが，原発は投資コストが高く，発電事業者は金融面・運営面で困難に直面すると予想された。第一に，事業者の収入となる電力卸価格は不確実で，しかも近年大きく下げていた（現行卸価格45ポンドMWh，2016年）。第二に，発電技術間の比較を基礎にした新規発電源の均等化発電原価（LCOE, levelized cost of electricity；発電所の設計，建設から運営，廃止までにかかるすべてのコストを生涯発電量で除したもの）は2020年代には60ポンドから100ポンドMWhに上昇すると予測されていた。これに加え，政策変更のリスクもあった。こうして政府は原発計画を推進するにしても，それへの投資リスクを緩和する必要に迫られていたのである。

政府は，ウェールズのヒックリー・ポイント（Hickley Point C, HPC）での原発建設計画を支援するため，NNB発電会社（フランスEDFの子会社，中国の原子力会社CGNもその株の33.5%を取得している）との契約に「差金決済取引 contract for difference」を採りいれることで合意した。これは，政府が予め通常の民間契約でNNBと電力の取引金額を決め，市場卸価格が変動するとき，その差額分を相互に補填しあう制度であり（インディックス・リンク型92.50ポンド／メガワット・時間，基準価格2012年），電力供給期間は35年とされた。政府は，2035年までに計14GWの発電能力を持つ数基の原発建設を予定している（「原発ルネッサンス」）。だが，1990年代から原発建設を止めていたため，原発投資には大きなリスクを伴う。政府は，これに対処するため，民間事業者（EDF）との間で差金決済取引という「利益分割 gain-share」メカニズムを構築したのである。また，政府は原発建設に関するNNBの資金調達を20億ポンドまで債務保証することにもなった。

政府の「チャレンジ」は，2035年までに新規に95ギガワット（GW）の発電能力の増強を目標にしていた。そこで，電源ミックスで再生可能エネルギ

ーの比率は増大させるものの，それらの発電効率が低いということで原発の推進を結論するに至ったのである。

　こうした方針の背景には，再生可能エネルギーなど新規発電キャパシティのコストは利用者料金に転嫁され，電気料金の値上げを生むが，それは「手頃なaffordable」電気料金という政策に反するという考え方がある。政府は，この「チャレンジ」により，2030年までに発電分野で約1,400億ポンド，送配電分野で約400億ポンドの投資を予想しているが，それは一方で発送電の効率性を向上させるが，他方で電力システム全体の柔軟性を奪うため，こうした投資の価格効果には不確実性が残り，世帯当たりの年間電気料金に26ポンド減から117ポンド増の影響を与えると推定している。政府は，現在，35の差金決済取引契約に同意しており，安定供給の確保に努めている。また，政府は低カーボン発電に向けた取り組みも行っており，消費者支援基金に支出するため，課金コントロール枠組み（Levy Control Framework）を設置・運営しているが，エネルギー料金への課金を通し政府が調達できる金額に上限（cap）を設けることにもなった。

　こうした政府（「エネルギー及び気候変動省」）のエネルギー・チャレンジ計画に関し，会計検査院（NAO）はvalue for moneyの観点から，この計画を評価している。以下，要点を列記しよう。

- 将来需要の不確実性。需要量は，経済動向，技術の発展，消費者行動の変化に従い変動する。もし，過大評価であるならば，必要以上のプロジェクトが実施され，value for moneyの点では貧しい結果に終わろう。逆なら，結果的に利用者に不利になる。
- 市場条件と投資家の信頼。投資家に信頼を与える市場条件が整備されていない。最近の2つの新規発電源に関わる事業オークションも低調であった。政策リスク，規制リスクも負のインパクトを与えている。市場条件がこのままでは競争圧力の低下につながりかねず，それは消費者に不利に働きかねない。ましてや，原発に関してはほとんど入札競争がない状況にある。
- 卸電力価格の下落傾向。2012年以降，電力卸価格は，主に化石燃料価格

の国際的な大幅下落によって下落傾向にあり，「差金決済取引」制度は消費者にとって市場価格ボラティリティのリスクを減じたが，同時に卸価格を安定させることで，価格下落によって生まれる筈の消費者利益を損なうことにもなった。その分は，ストライク・プライス取引を通した事業者への追加支払い（top-up）で相殺されてしまっている（2015-16会計年度で56億ポンド）。
・原発のメリットとデメリット。原発は，消費者にとって電力価格を安定させる。だが，発電コストを引き下げるような低カーボン発電技術が開発された場合には，それに対応できないというリスクが発生する。また，原発の持つリスクが，投資家に，再生可能エネルギー技術に比べ，ハイリターンを要求させるおそれもある。
・原発計画は，納税者にリスクを課すこと。債務保証や契約額を超える廃炉費用が納税者の負担になる可能性がある。

　以上，会計検査院（NAO）による政府の電力計画の評価を見てきたが，NAOは中立的というより，やや懐疑的な立場からエネルギー計画を論評しているといえよう。残念なことに，福島原発事故への言及がないが，これは英国に大事故の経験がなく，その発生確率をきわめて低く見積もっていることに依るものであろう。
　英国とは対照的な分析を行っているのが，ドイツである。ドイツは2010年に「新たなエネルギー・コンセプト」を政策的に纏め，再生可能エネルギー法を促進・強化する方向で2050年までの長期戦略を策定していたが，福島原発事故を受け，またウクライナ問題もあり（ロシアの天然ガスへの依存），急遽エネルギー政策の転換（"Energiewende"）を行なった。（ア）再生可能エネルギー源（バイオマス，光・太陽電池，風力）による発電の増強，（イ）系統インフラの拡張と再生可能エネルギーのそれへの統合，（ウ）エネルギー効率性の向上，（エ）2020年までの原発停止，（オ）化石燃料プラントのさらなる利用などが，それである。
　こうした方針転換を受け，「連邦経済問題エネルギー省（BMWi）」は，新たな電力計画に関しいくつかのシナリオを用意し，それらの費用便益分析を

表 13-2 すべてのシナリオに共通する一般的な仮定

パラメータ	単位	2010	2020	2030	2050
人口	百万人	81.9	80.5	79.1	73.8
家計数	百万人	40	40.7	41.1	39.7
GDP	10億ユーロ	2457	2688	3031	3655
産業総付加価値	10億ユーロ	376	427	489	601
交通機関乗客数	百万人キロ	1134	1143	1140	1085
交通貨物財	百万トンキロ	629	702	804	920

出典：BMWi

行っている。まず，電力コスト，総エネルギー供給量，総エネルギー需要，およびさまざまな発展経路をとる場合の二酸化炭素排出量を予測評価し，ついでLEAPモデルを用いて[4]，この予測・評価からいくつかのシナリオを設けている。そこでは，2010年から50年にかけてのドイツの人口動向と経済成長パターンを表13-2のように予測したうえで，いくつかのシナリオを描いている。

LEAPモデルを用いた費用便益分析は，電力システムの各部分のコストを計算することによって遂行される。それは，(A) 需要側にかかるコスト（省エネ・節電コスト，事業別装置コスト，他の非燃料コスト），(B) エネルギー生産・輸送（＝発電・送配給電）コスト，(C) 主要な電源コスト，(D) 環境外部不経済コストといった具合に，すべての生産要素のコストを含んでいる。

BMWiは，エネルギー経済にすでに起こっているトレンドに従い，予見可能なその将来の発展から，いくつかのシナリオを描いている。シナリオの

---

[4] LEAPモデルとは，ストックホルム環境研究所が開発した，さまざまなエネルギー消費が二酸化炭素をどの程度排出するかを計算するためのツールであり，欧州レベルで普及している。このモデルは，最小コスト・シナリオを確認するのに用いられており，最適化モデルではない。また，マクロ経済モデルとも結合されているが，エネルギー政策が経済・環境に及ぼすインパクトを測定するものでもない。コストは，(1) 部門別生産計画，(2) 部門別総エネルギー消費量，(3) 部門別総CO_2排出量，(4) 固定費用，可変費用を含む部門別総コスト，(5) 節電・省エネと潜在的なCO_2削減量という5段階手続で計算され，目標年度での各シナリオの節電量と削減量の結果が比較されることになる。

すべてが 2010-2050 年の期間に実施されるものと想定したうえで，現行政策の維持という「基準シナリオ reference scenario」をベースラインに，それぞれのシナリオを採用したときの総コストを割り出し，それを相互に比較している。もちろん，BMWi は，環境政策，需要・供給面の技術発展，および国際エネルギー市場の進化とそのエネルギー・コストへの影響も考慮に入れている。

取りあげられたシナリオは，以下の4つである。

(1) 再生可能エネルギー・シナリオ（Renewable Energy Scenario）；総発電量の 85％を供給できるよう，再生可能エネルギー政策を促進・強化するというもの。

(2) エネルギー効率化シナリオ（Energy Efficiency Scenario）；2008 年を基準年に，2020 年までに 20％，2050 年までに 50％，エネルギー需要を削減できるようエネルギー効率化措置を強化するというもの。

(3) 需要管理シナリオ（Demand Side Management Scenario）；産業部門内での負荷管理の実施。

(4) カーボン・キャプチュア技術・蓄電技術の開発計画（Carbon Capture and Storage Scenario）；2050 年までに，10MW の容量を実現。

このうち，(4) はいまだ発展途上であり先行きがみえず，(3) は小規模な導入が予定されているだけで（バヴァリアでのパイロット計画），政策も規制も準備されていない。

この費用便益分析は，コストの概要を次のように纏めている。

(ア) 発電サイドのコスト；すべてのコストは5％の割引率で現在価値化されている。ただし，再生可能エネルギー源はすべてのシナリオで増大することになっているので，系統拡張コストは比較から控除されている。
・化石燃料等による発電のコスト。ここでは燃料コスト（石炭，亜炭，天然ガス，ウラン）の将来価格（€/kWh）が，また各プラントの投資コスト，運営維持コスト（固定・可変）が予測されている。
・再生可能エネルギー源の発電コスト。ドイツにおける 2008 年の再生可能エネルギーの平均発電コストは 12ct/kWhel であったことから，その成長

表13-3 2010-2050年の累積費用・便益

(単位：10億ユーロ)

総費用：10億ユーロ	再生可能エネルギー・シナリオ (REN)	エネルギー効率化シナリオ (EFF)	需要管理シナリオ (DSM)	カーボン・キャプチュア蓄電シナリオ (CCS)	REN + EFF	REN + CCS	EFF + CCS	総合シナリオ
総需要								
住宅向	876.8	466.5	466.5	0	898.5	878.8	466.5	898.5
産業向	0.6	27.2	49.3	0	18.2	0.6	27.2	29.4
サービス向	1.8	14.1	16.1	0	12.7	1.8	14.1	14.5

出所：BMWi

がこれまでと同様のスピードで進めば，均等化発電原価（LCOE, levelized cost of electricity；発電所の設計，建設から運営，廃止までにかかるすべてのコストを生涯発電量で除したもの）は2020年から相当下がると予想される。ここでは，光電池，集光型太陽熱発電（CSP），水力，陸上風力，沿岸風力，洋上風力，地熱，バイオマスに関し，それぞれ投資コスト，運営・維持コストが計算されている。

・蓄電システムに要するコスト。再生可能エネルギー源の発展は蓄電システムの開発と利用によって促進される。需要に対応するには，揚水水力発電（圧送水力エネルギー貯蔵）はもちろん，鉛蓄電池，レドックス・フロー電池，圧縮空気エネルギー貯蔵（CAES）など，一連の蓄電技術の発展が欠かせない。BMWiは，これらの技術につき，それぞれ投資コスト，運営・維持コストを予測している。

（イ）需要サイドのコスト；

・スマート・メーターなどの設置コスト。ここでは，スマート・メーターなどの測定・勘定に関わる機器・装置，データ・プロセッシング，SMゲートウェイ，ITCステーションなどを対象に投資コスト，運営・維持コストを予測している。これらのコストはデータ伝送技術にも依存しており，例えばコミュニケーション・モジュールのコストは，機器当たり20€から70€になると予測されている。

・負荷管理コスト。負荷平準化など，時間帯，季節ごとの電力需要格差を縮小する方策に要するコスト。

こうして実施した費用便益分析の結果は，表13-3の通りである。

これらのシナリオはCCSを除き，すべて，需要サイドのコストを増大させるものの，正味現在価値は正であり，政府の政策介入が正当であることを示している。すべてのシナリオを同時に実施するのが望ましいが，REN＋EFSもそれとほぼ同等の温暖化抑制度があり，しかもよりコスト効果的である（トン当たり，106.9€）。エネルギー転換を遂げるには，第一ステップとしてEFSのシナリオを実施し，ついでRENのシナリオを追求すべきであろうが，RENの正味現在価値はその実施が政府にとって高くつくことを示している。とはいえ，将来技術の進展に不確実性を抱えるCCS（2025年以前の利用が期待できない）よりもコスト効率的であり，最も効果的な政策はREN＋EFSであるというのが，ここでの結論となる。

2-3 第三の道

以上，原発をめぐる二つの分析をみてきたが，二つの見解を分けるポイントの一つに将来の電力需要の予測がある。人口減，世帯人数の減少，省エネ・節電の推進，蓄電技術の研究開発等を考えると，ドイツの将来需要の見込み（電力消費量2割削減）のほうが正しいように思える。たしかに，家庭向けはともかく，産業向け需要量は将来の省エネ・蓄電の技術の発展に影響されるし，ICT化の進展が将来の電力需要にどう影響するか見極めもむずかしい。とはいえ，ドイツのほうが将来の発電・系統・蓄電技術のイノベーションに強い期待を寄せているといえよう。

また，原発と再生可能エネルギー技術との比較で，英国はvalue for moneyの観点から原発のほうが望ましいとしているが，原発事故のリスク評価次第ではそうならない可能性もある。事故発生確率（テロの脅威を含む）をどのように推定し，国民の健康被害，（統計的）生命価値，自然環境の存在価値などをどう評価するかで，反対の政策判断が下されても不思議ではない。原発はたしかに安定供給と電気料金の低廉化に資するという長所をもっている。だが逆に，一旦建設されると30年超の長期にわたり未回収の埋没コストが発生し，その間に低カーボン発電技術が開発された場合には，機会費用の観点からコストに見合わないことにもなる。さらに，原発は投資家に

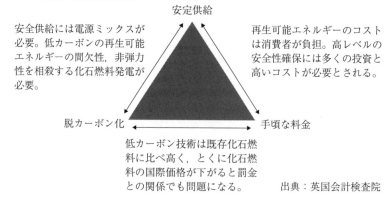

図13-2 DTIのトリレンマ

ハイリターンを要求させ，納税者に政府保証等を通して過分の税負担を課す可能性もある。

　未曾有の大事故を経験した我が国の見地からすれば，概して，ドイツのほうが健全な政策判断を行っているように思える。だが，ドイツには消費者利益（産業を含む）の概念が大きく欠けている。英国は，電力の安定供給，温暖化対策と並び「手頃な料金」という概念を重要な要素とし，この3者の「トリレンマ trilemma」（図13-2）を明示的に取り上げているが，ドイツにはそれがないのである。

　そこでは，低カーボン技術は，いまだ化石燃料の発電コスト，とくに違法な CO_2 排出に課している罰金に比べそのコストが高いこと，また新規発電源のコストは消費者によって負担されるが，それで安定供給を確保するには多くの投資を必要とし，それがまた高コストを招くことが指摘されている。この意味では，英国の政策もリーゾナブルといわなければならない。

　では，我が国としてはどのように原発問題に対処したらよいのか。ドイツ流でもなく，英国流でもない，第三の道はあるのか。以下，それを検討しよう。

3 原発計画の根本的見直し

3-1 電力改革と再生可能エネルギー

　我が国の電力改革は，1995年の卸売自由化（需給逼迫時における独立系発電事業者からの入札制度）に始まり，その後の特別高圧小売り自由化，高圧部門小売り自由化と漸進的に進んできたが，2013年の制度改革と2016年の小売り全面自由化をもって，本格的な自由化段階に入ったといってよい。今後，2020年までの発送電分離（unbundling）の実施とそれ以後に予定されている小売り料金規制の撤廃をもって，電力改革は一応完了することになる。

　小売り自由化が始まったばかりなので，確たる予想は立たないが，多くの事業者（ガス・石油関連，電鉄関連，情報通信関連，コンビニ関連等）が，小売市場に参入した。またこれに対応して動いた利用者は，4月以降の3か月間の集計によれば，事業者を切り替えた需要家は契約数で約122万件，既存会社のなかでの規制料金から自由料金への切り替え申請件数は135万件で，総計257万（総契約件数の約4%）に登っている。小売り自由化は，参入による競争を引き起こしたばかりか，切替え費用（switching cost）の負担を考慮すれば，需要家の行動にもかなりの影響を与えたといってよい。国民意識調査によれば，利用者の約半数が電気料金の抑制や多様な料金メニューを理由に自由化を支持しており，またその過半数は電力会社の切り替えを検討すると答えている。自由化による競争は，いずれ寡占に向かうであろうが，今後も進行するものと推定される。

　ここで，問題になるのは，この自由化がどの程度原発の代替発電源とされている自然再生エネルギーの発展に資するのかにある。この鍵を握るのは，2011年に導入された再生可能エネルギー（太陽光，風力，水力，地熱，バイオマス）の固定買取り制度（Feed-in Tariff）である。これは，電力会社に再生可能エネルギー源の電気を固定価格で買い取らせる制度であり（根拠法：「電気事業者による再生可能エネルギー電気の調達に関する特別措置法（以下，FIT法）」），電力会社がコスト高の電気を買い取らねばならない分が，利用者に負担転嫁されている。この制度は，利用者が通常の電気料金に賦課金（使用電気量（KWh）

×2.25円）というかたちで追加料金を支払うことで支えられているのである。

　この制度により，新規事業者は建設コストの回収を見通せるようになったため，再生可能エネルギーは一段と普及するものと期待された。だが，これはそう順調には進まなかった。九州電力が送電容量の限界を理由に一時買取り中止を太陽光発電事業者に告げると，他の電力会社も協調行動をとり始めた。こうして買い取り価格が見直されることになったが（＝FIT改正法による太陽光の値下げ，風力の値上げなど），問題はもっと深いところにあった。政府は電力会社に系統投資（＝次世代送電網）を促さないまま，急遽固定買取り制度を実施してしまったのである。政府がこの投資インセンティブの問題に手をつけないまま，買取り価格の見直しでこれに対処したのは姑息な手段といわざるをえない。

3-2　発送電分離とスマートグリッド

　次世代送電網はスマートグリッドと呼ばれており，電力の流れを供給サイド（例えば，逆潮流）と需要サイド（例えば，スマート・メーター）の両方から制御し，最適化するような送電網を指している。したがって，それは発電所・送電網と家庭・工場などの電力消費地とを光ファイバーなどのネットワークで結び，リアルタイムで需要を把握し，最新の電力技術やICT技術を通して効率的に電気を供給することをその目的としている。だが，その構築にはR&D投資が欠かせない。というのは，そこで開発した専用機器やソフトウェアを送電網の一部に組み込まなければならないからである。

　欧米政府では，スマートグリッド投資に向けたインセンティブの付与に関心が集まっているが，我が国は福島事故に伴う特殊事情もあり，そうした仕組みもなしに再生可能エネルギー源の支援に乗り出したのである。再生可能エネルギー源の成長のためには，当面は固定買取り制度に依存せざるをえないとしても，送配電網の運営・管理システムの見直しと系統のスマートグリッド化は必要不可欠である。

　発送電分離の具体的な在り方は2020年までに決定されることになっているが，現在候補に挙がっている「機能分離」（＝運営・管理の第三者機関化）や「法的分離」（＝持ち株会社による別会社化）には問題がある。地域独占の歴史が

長い我が国では，こうしたやり方は，持ち株会社の指示による再生可能エネルギー源の買取り調整を介して系統投資を遅延させるおそれがあるからである。ましてや，原発維持が政策決定されている以上，電力会社は新規電源を軽視し，手間のかかる託送業務を歓迎しないことが十分に予想される。現在も，電力会社が託送業務システムの不具合を理由に，新規事業者に需要家の電力使用量データを誤って通知したり，データ自体を通知しないといったトラブルが頻発している。こうしたトラブルは，電力自由化による競争の促進を大きく阻害するものである。

発送電分離の理想的あり方は，所有分離，すなわち，各地域独占が持つ系統を電力各社から完全に分離・独立させ，一つの送電会社に纏めるというやり方である。これは，系統を「不可欠設備」として共有財産にするという考え方に立っている。英国はナショナル・グリッド（National Grid）を設置したが，それに似せ東西でグリッド2社（周波数問題の存在）を設立し，卸電力取引所（総電力量の2%程度）をこれに吸収・統合するというのも一案であろう。「電力広域的運営推進機関」の設置が検討され，送電能力増強のために地域と地域を結ぶ「連系線」の構築が課題になっている現状から見て，実行可能性は高い。この場合には，既存電力会社は配電会社になり，発電事業を継続するか，他の発電事業者に売却するかは，自己選択に委ねられることになる。

こうした分離方式には，組織再編や人材再配置のコストがかかるが，それを超えるメリットが見込まれる。とくに，(1) 託送料金の公正性・透明性の確保，平等な送電網アクセスと小売市場における公正競争。再生可能エネルギーは高コストであり，政府の支援スキームが欠かせないが，コスト差が明確になれば，それを縮めるべくイノベーションも加速するはずである。(2) 系統運用の広域化と効率化による電気融通の加速と需要管理の推進。例えば，災害時に容易に電気の融通が可能となり，地域別のリアルタイムの需要情報が入手可能となる。(3) 電力料金の地域格差の是正。系統が整備され，料金が自由化されれば，電力料金の地域間のバラツキが是正される可能性がある。

現在も電力の9割超が既存の電力会社によって供給されている現実を考えれば，このアンバンドリングがいかに重要であるかは認識できよう。だがこ

れに正しく対処できたとしても，連系線，スマートグリッドに向けた投資をどう促せばよいのかという問題は残る。独立系統会社になれば主たる収入源は託送料金収入になり，キャッシュフローの制約から，系統投資のためには起債や増資が必要になると考えられる。政府による債務保証，政府系金融機関による融資，投資減税措置など，系統投資を促すインセンティブ機構を早急に構築する必要がある。これと並行して，再生可能エネルギーの成長を促す必要があるが，託送量の増大に応えられるスマートグリッドを進めるためには，固定買取り制度の継続と賦課金制御の枠組みの定期的な見直しが不可欠である。

3-3 原発のミニマム化と原子力R&Dの継続

　未曾有の福島事故を経験した見地からすると，事故発生確率をたとえ低く見積っても，新規の原発建設・運営の正味現在価値はマイナスであろう。廃炉コストをはじめ，事故が起きた時の除染・放射性廃棄物処理コスト，またそれが人々の健康，生命，自然環境・居住環境の及ぼす社会的コストの総額は，その便益をはるかに上回っているからである。実際，福島事故の費用は，これまでに住民への損害賠償（6兆円強），放射性物質の汚染除去費用（4兆3千億円）だけでもゆうに10兆円を超えており，これに正確に予測できない廃炉費用（東電は2兆円を見込んでいるが，地下にまで溶け落ちた核燃料の取り出しを考えてもその数倍になるのは明らかである）を加えるとまさに天文学的な数字になる。すでに，事故費用の約8割は国民が電気料金と税金で負担している現状を見れば，原発は費用便益の観点から見て到底投資に見合うものとはいえないのである。また，我が国が太平洋プレートと大陸プレートがせめぎ合う，活断層が張り巡らされた火山・地震列島であることを考慮すれば，原発事故の確率は他国に比べ一段と高いといわざるをえない。したがって，「脱原発」が長期的な目標としてエネルギー政策の基礎に据えられてしかるべきである。

　だが，政府のエネルギー政策に従いこれまで原発投資を行い，電力コストの低廉化と安定供給の確保に努めてきた既存電力会社の立場を考慮すると，事はそう簡単ではない。投資コストの回収の問題が残っているし，安定供給

に資する代替発電源を当面はカーボンを排出する化石燃料に依存せざるを得ない状況に置かれているからである。

政府は，2015年の総合資源エネルギー調査会で，2030年時点の日本の望ましい電源構成を，（ア）再生可能エネルギー　22～24％，（イ）原子力　20～22％，（ウ）石炭火力　26％，（エ）天然ガス火力　27％，（オ）石油火力3％とする原案を決めた。そして，これに基づき2016年のパリでのCOP21（国連気候変動枠組条約第21回締約国会議）で，温室効果ガス排出量の26％削減計画（3013年度比）を発表したのである。

エネルギーの安定供給，温暖化ガスの排出量削減に資するという理由で，原発を「重要なベースロード電源」と位置づけながら，「原発依存度を可能なかぎり引き下げた」結果が，この数値である。原発再稼働は，貿易収支の改善，電気料金の抑制・安定化が国際競争力の強化につながるものと期待され，支持されたのである。

国内の原発は，現在，福島第1-6号基を含め，11基の廃炉が確定している。また，原発事故後の改正原子炉等規制法は原発の寿命を「原則40年」に制限したので，これを遵守すれば，2030年度の原発比率は15％以下になる。さらに，これに活断層の存在が危ぶまれる原発や設備が最新基準に適合しない原発（約10基）を考慮すれば，8-10％が2030年度の適正な原発比率になると予想される。最近の60年運転という例外を許すような再稼働方針は電力会社を優遇しすぎているといわざるをえない。福島事故直後の電力不足や計画的な輪番停電は，電力会社がリアルタイムの需要を掴んでいないことから生じた錯覚であった。事故から5年，首都圏の電力消費量は総供給能力のほぼ7，8割で安定的に推移しており，原発がなくても電力供給量には問題がないことが明確になっている。したがって，今後新規原発の建設・運営を認める必要はないであろう。

この原発の縮小分は，他の代替エネルギー源，とりわけ再生可能エネルギー源によって補填されるべきである。原発投資については政策変更リスクもあり，投資が手控えられる状況にあるが，再生可能エネルギー源への投資については，適切なインセンティブさえ与えられれば，投資が活発になされる余地があり，それにより競争とイノベーションが生まれやすい市場条件が整

備されることになろう。これは原子力の比率を維持するケースと対照的である。

　最後に，高速増殖炉とそれを要にした核燃料サイクル計画をどうするかが，問題となる。日本原子力研究開発機構（以下，機構）の高速増殖炉「もんじゅ」は，計画を立ち上げて 20 数年，立ち上げコストとランニング・コストで 2 兆 44 億円超の巨額の政府資金を投入してきたが，いまだ何らの成果をも生み出さないでいる。原子力規制委員会は運営の別組織への移転を勧告しているが，同機構と「原子力むら」をそのままに，別組織に運営を移すだけで高速増殖炉計画が進展するとは思えない。

　ここには 2 つの選択肢がある。一つは，巨額の R&D 投資を無駄にせず，蓄積された関連技術のストックを将来活かすためにも，「もんじゅ」計画を中止し，フランス（アストリッド実験炉計画）等との共同提携を図りながら，研究を継続するやり方である。すでに，米国，ドイツ，イギリスが，高速増殖炉に関わる計画を中止していることからも推察できるように，この計画の成功度は確率的に高くない。不安定なボイド係数（燃料溶融・火災），炉内プルトニウムの不明な動き（出力の異常・低下，細管破損），緊急炉心冷却装置の未作動（ナトリウム漏れ）など，実用化に不安を残す事故が相次いでいるのである。そのため，継続する場合は，自主開発計画を放棄し，国が主導して，フランス等との共同研究開発に切り換えるしかないであろう。

　もう一つの選択肢は，高速増殖発電炉を「トリウム熔融塩増殖炉」に替え，発電と増殖を切り離したうえで「加速器熔融塩増殖炉」を研究開発する道を選択することである。トリウムは，ウランをより安全であり，プルトニウムを発生させない技術（炉内で燃焼）として知られている。また，トリウムは世界中に資源があり，埋没量も十分で，コストが安いという長所も持っている。「トリウム熔融塩核エネルギー協働システム構想」は，すでに機構でも検討されており，この研究の先駆者である米国オークリッジ国立研究所（最初の「実験炉」が作られた）との提携，共同研究も可能である。

　いずれの道を選択しようとこの計画は，国が主導して進めなければならず，納税者の理解が必要となる。

おわりに――地域分散自立型電力システムの構築に向けて

　再生可能エネルギーの促進を提唱するうえで重要な問題となるのは，それが消費者利益にどう結びつくのかということである。再生可能エネルギー源の発展は確かに環境負荷を軽減し，低カーボン社会の実現に貢献しよう。また，そこでの競争の増進によって，電気料金メニューの多様化，サービスの向上も期待できよう。だが，それだけでは電気料金の低廉化が起こるとはかぎらない。小売部門の競争が進んでも，発電コストが変わらなければ，消費者の総支払額はあまり変わらず，消費者利益はほぼ不変ということになりかねない。電気料金が自由化され，ピークロード・プライシングが採用されれば，消費者は合理的な選択を通して個々利益を追求できるかもしれない。しかし，そうした行動だけで消費者利益全体を改善する余地はそう大きくない。再生可能エネルギー分野の技術革新と発電コストの大幅な低下が求められているといわなければならない。残念ながら，直近の調査（資源エネルギー庁発電コスト・ワーキンググループ）によっても太陽光発電や風力発電のコストは原発のコストのいまだ約2倍の水準にある。また，間欠性の問題も解決されておらず，太陽光発電の稼働率は設備能力の13％程度しかない。このコスト差を縮めるのが，value for moneyの観点から見て，今後の喫緊の課題となる。

参考文献

Watson, Donald. E., "Goals of Cost-Benefit Analysis in Electrical Power Generation", University of California, 1971.
World Nuclear Power Association, "The New Economics of Nuclear Power", 2005.
Gonyeau. J, "Cost Comparison for Nuclear vs. Coal", The Virtual Nuclear Tourist, 2006.
J. E. Smith, "A Comparative Cost Benefit Analysis of Nuclear Electrical Power Generation for Commercial Applications, Copywrite 2007.
DTI (2007), "Nuclear Power Generation Cost Bnefit Analysis".
NAO (2016), "The Department Energy $Climate Change;Nuclear Power in the UK.
BMWi (2014), "Second Monitaring Report: Energy of the future 2014", ibid, "Platform electricity market".

古川和夫「原発安全革命」,文芸春秋社,2011年
山本哲三「規制影響分析の勧め―英国の配電改革関連のRIAを中心に―」,早稲田商学第439号,2014年
新潮45「日本の原発-あなたの隣にあるリスク」,新潮社,2013年

(山本 哲三)

第14章　水事業の新展開

1　はじめに

1-1　水道規制と公共政策

　現在の水道規制は憲法第25条の生存権を基礎として，地方自治法の特別法たる地方公営企業法および水道法を根拠として市町村経営を原則として営まれている．この点で国および地方公共団体の政策などに密接にかかわっている．

　社会の公的な問題に関して，国や地方公共団体をはじめ，NPOやNGO，住民などが担うさまざまな方針や施策，事業は公共政策といわれる．公共政策には，公園の設置やゴミ収集や道路の整備のような身近なものから，地域活性化政策，経済政策や外交政策などにいたるまで，さまざまなレベルのものがあり，日常生活に必要不可欠なサービスを提供する水道も公共政策の研究対象に含まれることとなる．

　水道をめぐる公共政策の研究は学際的であり，政治学，行政学，経済学などの社会科学のみならず，都市の装置としての水道整備を扱う都市工学や水道水質を扱う衛生工学などの研究成果を踏まえたアプローチも必要とされる．このような学際的な研究成果を踏まえて，水道に関する政策立案に役立てることが必要とされる．そこで以下に水道について，主として規制と公共政策の観点から近年注目されている諸問題を交えて論じることとする．

2 日本の水道規制

2-1 近代水道の誕生と市町村経営原則

　日本の近代水道は，1887年の横浜市の給水開始を始まりとする。近代水道とは水源から取り入れた水をろ過し，鉄管などを用いて有圧で給水し，常時使用できる水道を指す。近代水道の主たる目的は，1886年のコレラ等の水系伝染病の大流行対策として公衆衛生の改善を図ることであった。その後1890年に水道に係る最初の法律となる水道条例第2条により，「水道ハ市町村其ノ公費ヲ以テスルニ非サレハ之ヲ布設スルコトヲ得ス」と規定され，市町村公営限定主義によることとされた。その後，1911年の水道条例第一次改正において，「市町村以外ノ企業者ニ之ヲ許可スルコトアルヘシ」と規定し，民間資本の導入のため民営水道を許可することによって，住民の要求にこたえることとしたものの，水道は市町村が行うこととする基本原則が維持された。

　その後，水道条例を引き継いだ1957年の水道法においても，水道は市町村単位で営まれることが原則とされ現在に至っている。すなわち，「水道事業は，原則として市町村が経営するものとし，市町村以外の者は，給水しようとする区域をその区域に含む市町村の同意を得た場合に限り，水道事業を経営することができるものとする」（水道法第6条第2項）として，水道事業の経営主体は市町村が原則（市町村経営の原則という）であることが明定されている。

　この市町村経営の原則は，水道事業が一定の区域を給水区域とする公益事業であることから，地域の実情に通じた市町村に経営させるのが最も公益に合致するからである。さらに，水道事業は多額の資金と高度な技術力を必要とし，かつ，これを継続的，安定的に経営することが必要であることから，利潤の追求を目的とする私企業に委ねるよりは，市町村によるのが適切と考えられるからである。

　なお，市町村以外の者には，民営水道のみならず都道府県等も含まれるが，これらの者が水道事業を経営する場合には，市町村の同意が必要とされ

る。つまり，民営水道は例外として認められているに過ぎない。

2-2 近代水道誕生をめぐる「民営」対「公営」論争

　日本の水道の経営主体は，水道条例により市町村公営限定主義とされ，一切の民営水道が認められない制度としてスタートした。しかしながら，水道条例成立以前において検討されていた法案が，民営水道を前提としたものであったことはあまり知られていない。

　1886年に「水道設置建議案」に基づいて，民間水道会社が工事費30万円を調達のうえ水道施設の建設を行い，水道料金収入すなわち水道利用者負担で返済する民営水道方式を想定していたが，30万円の元利償還金の負担をすることが出来ないとして住民の反対運動が起こり，私設会社案が消滅した。さらに翌1887年に東京水道会社設立願が提出され，再び民営水道方式が検討された。そこで内務省衛生局長は，「市街私設水道条例案」を提案し，民営を許可する方針で閣議を通過したが，その後，元老院の審議により修正され，一切の民営水道を認めない市町村公営限定主義として水道条例が成立したのである。

　つまり，政府原案は当初から民営水道を想定していたということであり，資金調達とその償還に問題があると認められたことから民営水道が見送られたといえる。さらに，飲料水を供給する水道は伝染病，特にコレラの流行を防ぐための公共的使命を帯びており，その経営を私企業に委ねることは，当時の事情としては衛生行政上重大な支障があると認められたことも関係している。このような経緯を経て，1887年の横浜水道が日本の近代水道として登場したのである。

3 料金規制

3-1 水道料金制度

　水道事業は独立採算制に基づいて経営するのが原則である。そのためには水道料金規制が重要となる。水道料金は民営の水道事業者の場合には厚生労

働大臣による認可制とされるとともに，公営水道事業者の料金は地方議会の議決を経て，厚生労働大臣への届け出制とされている（水道法第14条）。

　日本では原則として市町村により水道事業が営まれてきたこともあって，公営水道事業者の場合には，水道法および地方公営企業法が重畳的に適用される制度となっている。公営水道事業の料金は，水道法および地方公営企業法上は給水サービスの対価と考えられているが，地方自治法第225条による公の施設の使用料にあたるとされることから，同法第228条の規定により，各地方公共団体の条例として規定されることとなっている。

　具体的には，地方公営企業法第21条第2項および水道法第14条第2項第1号により，①公正妥当，②適正な原価，③健全な運営の確保，という要素を含んで，「総括原価方式」によって料金算定されることとされ，次の要件を備えたものでなければならない。

① 水道事業の能率的な経営を前提とした原価が基礎になっていること。
② 既存の水道施設の維持のみならず，水道施設の再構築等を図るための原価，すなわち会計上の料金原価に経済学的な費用としての事業報酬を含めた総括原価に基づくこと。
③ 料金負担の公平の見地から，各水道利用者の負担する料金は，個別原価に基づき合理的に算定されているものであること。

　以上のように法律上の料金規制が行われてはいるものの，それをどのような過程を経て決定すべきかの規定は存在しない。そこで料金決定方式が問題となる。実務上は，全国の水道事業関係者によって構成される公益社団法人日本水道協会が策定した「水道料金算定要領」に基づいて水道料金の算定が行われるのが一般的である。ただし，この水道料金算定要領は法律上の位置づけがないことから法的拘束力を有していない。電気料金・ガス料金が電気事業法やガス事業法により制度上の料金統制がなされていることと比較した場合，水道の料金規制は見直すことが適当であると考えられる。

3-2　料金算定方法

　水道料金算定要領によれば，将来の3〜5年を料金算定期間とし，当該期間内の水需要量を予測し，浄水場や配水管などの水道施設を維持・充実する

施設計画を策定するとともに，過去の実績や経営効率化計画に基づいて料金算定を行うこととされている。

料金の具体的な算定は，①料金総額の決定と，②料金体系の構成の2つの過程を通じて行われる。

3-3 料金総額の決定

水道料金総額の決定方式は総括原価主義によることとされているが，その算定は理論上，①レート・ベース方式と，②費用積み上げ方式がある。この二つの方式の主な相違点は，事業報酬（適正利潤）をどのように算定するかという点である。

レート・ベース方式は，事業費用に事業報酬を加算して料金算定を行う方式である。まず事業費用として営業費用および営業外費用等を計算する。さらに「真実かつ有効な財産価値」に基づいた事業用資産（レート・ベース）を算定し，これに公正報酬率（事業用資産の公正価値に対して許容されるべき報酬率）を乗じて事業報酬額を決定し，事業費用と事業報酬額の合計額を総括原価とする方式である。つまり事業報酬額は，資産基準主義によって，貸借対照表の借方，すなわち資産の部を基準として計算される。

これに対して，費用積み上げ方式とは，営業費用および営業外費用等の原価要素項目を個別に計算し，それに資本に対する一定の割合を乗じて得た額（資本報酬という）を事業報酬額として，両者を合計して総括原価を算定する方式である。費用積み上げ方式においては，事業報酬の額は資本基準主義によって，貸借対照表の貸方，つまり資本の部を基準として計算されるのである。

以上のうち，地方公営企業法[1]および水道法[2]は費用積み上げ方式を採用

---

1 「地方公営企業の改善に関する答申」（昭和40年10月12日地企調第35号）において，「料金原価に含まれる範囲は，営業費，支払利息等経営に要する費用及び企業としての実体資本を維持するための適正な資本報酬とすべきである」と明記されている。ただし行政実例において，報酬率については「一率（ママ）に論ずることは困難である」として地方公共団体の運用に委ねている。

2 「水道法の施行について」（昭和32年12月27日厚生省発衛第520号，厚生事務次官発都道府県知事あて）において，「資本に対して年1割以下の利潤」を料金原価に加えて差支えないとして，適正な事業報酬の算出は資本基準主義によることを通知している。

しているが，日本水道協会の「水道料金算定要領」はレート・ベース方式を採用している[3]。つまり，法制度と実務上の運用指針に不整合が生じており疑義がある。今後の水道法関係法令の見直しの際には，このような制度と運用の不整合についても是正すべきものと思われる。

なお，料金規制に関しては，地方公共団体が経営する水道事業者にあっては，地方議会の議決を経て決定されることから民主的統制としての料金規制の枠組みはあるが，民営水道事業者の場合には認可制となっているものの，現時点で国としての水道に関する認可基準が存在していない。今後，水道民営化などの場合に料金認可のあり方が問題となる可能性がある。

3-4 料金体系の構成

料金総額の決定をうけて，次に個々の水道利用者から徴収する具体的な料金体系を構成することとなる。これは①負担力主義と②個別原価主義に分けられる。

負担力主義とは，家事用，営業用，浴場用，工場用等の需要者群によって総括原価を配賦する料金体系であり，料金負担能力を考慮して構成されるものである。生活用水の低廉化を図ることを目的とするなど公共性を重視するものである。しかしながら，用途区分及び料金単価の設定が政策的・恣意的に運用されるなど，客観性に欠けるという問題を有することから，負担力主義による料金体系を採用する水道事業者は減少傾向にある。

個別原価主義とは，各使用者群に対して総括原価を各群の個別費用に基づいて配賦し，基本料金と従量料金に区分して設定するものであり，水道料金の場合には口径別料金体系となる。この場合において設定された料金をもって計算した料金収入額は，総括原価と一致するものとなる。各使用者が負担するコストが科学的，合理的に決定されるため，客観的公平性が保たれる点で，用途別料金体系よりも優れている。

水道料金は使用水量に関わりなく負担する基本料金と，使用水量に応じて

---

[3] 「水道料金算定要領」（平成27年2月）p.7において，事業報酬を資産維持費と定義して料金原価算入するよう示している。この資産維持費は，対象資産×資産維持率で算定することとし，資産維持率は3%を標準とするよう要請している。

負担する従量料金からなる二部料金制を採用している。基本料金は，水道施設の維持・更新に必要な固定的原価（減価償却費，支払利息等）を回収することを目的としているから，使用水量に関わらず一定額を負担する基本料金を設定するのが原則である。基本料金には基本水量を付ける場合と，付けない場合がある。基本水量が付けられたのは，一定水量（例えば1か月10m³）までを定額料金とすることで，使用水量を意識することなく手洗い等を促すことによってコレラなどの水系伝染病を予防するとともに，日常生活に対する社会政策的な観点から導入されたものである。現在ではこのような目的は達せられたことから，基本水量については廃止することが適当と考えられる。

また従量料金は，各利用者の使用水量に対応して必要とされる変動的原価（動力費，薬品費）を回収することを目的としているから，使用水量1m³当たりの料金は誰が利用するかに関わらず均一料金とすることがもっとも合理的である。しかしながら実際上の従量料金の料金体系には，①使用水量1m³当たりの料金が同額の単一型従量料金制のほか，②使用水量が多くなるほど1m³当たりの料金が段階的に高くなる区画式逓増型従量料金制，③使用水量が多くなるほど1m³当たりの料金が段階的に安くなる区画式逓減型従量料金制がある。1m³あたりの給水原価は使用水量の多寡にかかわらず一定であることから，理論上，単一型従量料金制が最も適当といえる。

ところが，実務上，固定的原価を基本料金で回収しようとすると非常に高額になるという現実がある。一般標準世帯や経済的弱者などへの配慮から，ほとんどの水道事業者は理論値よりも基本料金を低く設定し，その減額分を従量料金で回収する方策，つまり，②区画式逓増型従量料金制を採用している。

そもそも区画式逓増型従量料金制は，水道料金算定要領に定める料金体系の特別措置と位置付けられているものであり，大口需要の料金に新規水源開発等に伴う費用の上昇傾向を反映させるとともに，水需要の均衡確保に資することを基本方針とし，運用することを目的としたものである[4]。そのため水需給が逼迫しているにもかかわらず，新規水源確保が困難である水道事業者が採用すべき料金体系であるが，実務上は地方議会の要請を受けた低料金

4　「水道料金算定要領」（平成27年2月）p.23。

政策としての生活用水に対する配慮などを目的として運用してきた経緯がある。近年では水需要の減少傾向が現れており，水需給が逼迫している実態が見当たらないことから，区画式逓増型従量料金制を採用するに足る合理的な根拠が見出しにくく，問題を有しているといえる。

3-5 料金体系の問題点と地下水利用専用水道

　区画式逓増型従量料金制で問題となるのは，逓増度をどの程度にするのかである。逓増度とは，$1m^3$ 当たりの最低区画単価と最高区画単価の比であり，これが高いほど大口多量使用者に高い水道料金が課せられることとなる。その結果，逓増度が高いほど高率料金が適用されることとなるが，そのような高率料金の負担を課された需要者は，料金負担を軽減すべく，独自に地下水利用専用水道などの新技術を導入することによって，水需要を抑える取り組みを進めている。

　地下水利用専用水道とは，土地の所有者が独自に水源を地下水に求め，100mを超える深井戸から地下水を汲み上げて，最新の膜ろ過装置によって浄化し，受水槽を通じて水を利用する仕組みである。このような水道施設を独自に設置することによって水道水を手当てした場合には，水道事業者から水の供給を受ける必要がなくなることから，水道料金の負担を免れることができる。

　なお法律上は，土地の所有者であれば地下水の自由な利用が認められていることから（民法第207条），ホテル，ショッピングセンターなどの大口多量使用者等で地下水利用専用水道の導入が進んでいる。その結果，水道事業者は水道施設を整備したにもかかわらず総括原価に見合った給水収益が得られない状況が生まれており問題がある。

　しかしながら，このような地下水利用専用水道が増加傾向にある背景には，区画式逓増型従量料金制が有している不合理性も一因であることから，料金体系の合理化を図ることが適当であると考えられる。

4 水道分野における官民連携方策

4-1 世界の水道制度

　社会的共通資本たる水道の制度は，それぞれの国ないし地域における自然的，歴史的，経済的，技術的な要因によって異なり，政治的な枠組みの中で決定される。そのため一定の水道普及率を達し，施設の維持管理や施設再構築を進めなければならない先進国と，これから水道整備を行い普及率の向上を進めなければならない開発途上国における規制方式は異なる。このうち日本の将来の水道規制を考えるためには，①イギリス・モデル（完全民営化），②フランス・モデル（長期民間委託）が参考となる。なお，アメリカは州によって水道規制の枠組みが異なるため，アメリカを一括りにして論じることは適当でない。

(1) イギリス・モデルの水道規制

　イギリスの水道は1989年に民営化されるとともに，料金規制においてもプライス・キャップ規制が導入されるなど，イギリス・モデルは水道民営化の代表的事例とされる。しかしながら，ここで注目したいのは完全民営化に至るまでの歴史的経緯である。

　イギリスでは1900年代初めには約2,000の水道事業者が存在したが，その後，組織と配水方法が不適当であることを理由として，1945年の水道法により水道の統合促進を掲げ，1956年と1958年の2回にわたり通達によって水道事業の統合を進めている。政府は合併が必要とされる地域には，勧告，技術的調査援助，相互調整等を行い，地元の合意が達しない場合にも強制的に合併を行わせるよう講じている。さらに1973年には，公有の10の水管理公社に統合・再編を行った。このような歴史的経緯を経て1989年に民営化されるとともに，水道会社のM&Aの時代に突入した。ロンドンの代表的な民間水道会社であるテムズ・ウォーターの経営権は，インフラストラクチャー専門の投資銀行が有している。

　イギリスの水道規制においては完全民営化ばかりに目が向けられがちであ

るが、民営化以前に事業者の再編成と事業規模の拡大を図ることによって効率的な経営単位への移行（規模の経済性の追求）がなされていた点を見逃してはならない。

(2) フランス・モデルの水道規制

フランスの水道事業は一般に民間委託モデルとして知られている。フランスではコミューン（市町村）あるいは権限の移譲を受けた広域事務組合などの自治体連合が水道供給責任を負っている。しかしながら、小規模な市町村が多数存在し、概して行財政能力が脆弱であり、担当能力が十分でないこともある。そのため給水サービスの運営効率の向上及び自治体や利用者にとってのコスト削減利益を増大させるため、民間企業の経営能力を活用することを目的として、民間委託が一般化している。

具体的には、アフェルマージュ方式（Affermage：リース契約方式）やコンセッション方式が採用されている。アフェルマージュ方式は各施設が公共から民間企業にリースされるとともに、民間企業が直接水道料金を徴収し、リース料を支払う手法である。コンセッション方式は既存資産を民間企業に譲渡するとともに、当該民間企業が施設建設に係る資金調達から建設後の資産所有および施設の管理運営までの一切を行うものである。水道水の供給の対価としての水道料金についても、民間企業の収入として設定・徴収し、当該収入によって投下した資本の回収と管理運営に要する費用のすべてを賄う運営方式が典型的であるが、実際にはコンセッション契約に内容によって、いくつかの変形モデルがある。

(3) フランスの水道コンセッション方式の誕生と日本の近代水道誕生の異同

フランスでは、1853年リヨンで民間会社が水道コンセッションを受託し、コンセッション方式で水道事業が開始された。これは近代水道として横浜市で水道がはじまる34年前である。リヨンの水道事業でコンセッション方式が導入されたのは、水道施設整備に要する資金調達問題の解決のためであった。水道に先んじてコンセッション方式で先行した鉄道事業が1847年に経営破たんするなど、インフラストラクチャー部門における民間経営の脆弱さ

を露呈することとなり，最終的には政府介入に至っている。しかしながら，当時のフランスには民間有力金融資本家が資金供給の役割を担いうる意欲と能力を有していたことから，とくに民間資金導入の点が重視され，水道のコンセッションが実現しているのである。

　要するに，日本もフランスも水道施設の資金調達が重要な着眼点とされた点では同じであるが，その検討の結果，日本では市町村公営限定主義により市町村が経営主体となるとともに，フランスではコンセッション方式により民間が経営主体となった点で水道事業開始の成り立ちが異なっている。すなわち，制度の経路依存性が背景にあるといえる。

　フランス・モデルの民間委託が日本の水道の制度改革手法として注目されているが，単独コミューンで対処が困難な場合には組合等を形成し，共同で水道事業を行う例も見受けられる。これは規模の経済の追求を目的としたものであり，民間委託が成り立ちうる前提として，フランスでもイギリスと同様に水道広域化が行われていることを見逃してはならない。

　なおパリの水道では，1984年から実施されてきたアフェルマージュ方式により民営水道が水の供給を担ってきたが，2010年にパリ市が公営化するなど，フランス国内で49件[5]の再公営化が確認されている。世界的にみても民営水道から公営水道に戻る傾向が認められることを見逃してはならない。

(4) 水道広域化の推進と日本への示唆

　イギリス・モデル，フランス・モデルおよび日本モデルについて取り上げた。そこではいずれも効率的な経営単位への移行（規模の経済性の確保）が意図されている点で共通している。水道事業における規模の経済性の確保に向けた取り組みとして，二つ以上の水道事業者を統合することを「水道広域化」という。具体的には「給水サービスの高度化やライフラインとしての社会的責務を果たすために必要な財政基盤及び技術基盤の強化を目的として，

5　エマニュエレ・ロビーナ，岸本聡子，オリヴィエ・プティジャン「世界的趨勢になった水道事業の再公営化」2015年1月，p. 11-12。同書によれば世界の水道事業の再公営化の事例は2000年時点では3件であったが，2014年時点では180件にまで増加しているという。

複数の水道事業等が事業統合を行うこと，または，その目的のために複数事業の管理の全部または一部を一体的に行うこと」と定義される。

　今後の日本の水道規制改革においては，水道広域化が重要な取り組み課題になると考えられる。

5　日本の水道事業の現状と問題点・課題

5-1　水道事業者の現状

　これからの水道事業の姿を論じるに当たり，まずは我が国の水道事業について，その現状の概略を整理しておく。

　2012年度における水道事業の数は2,123事業で，このうち上水道事業は1,354事業，簡易水道事業は769事業となっている。経営主体別にみると，市町村が最も多く1,970事業であり，約93％を占めている。また，水道事業の数は2003年度に3,543であったが，いわゆる「平成の大合併」を経て，2004年度には2,968事業（対前年度比575事業減），2005年度には2,334事業（同634事業減）と大幅に減少している。

　水道事業の経営主体は市町村が中心であり，これまでの水道事業の統合・広域化は，その大半が市町村合併によるものであるといえる。

　なお，日本国内において，計画給水人口が5千人を超える民営水道は9事業存在する。

5-2　水道事業の経営環境
(1)　人口の減少による給水収益の減少

　我が国の人口は，今後，急激に減少していくことが見込まれている。具体的には，2005年には12,777万人であった総人口は，2050年には約3,300万人減少し，9,515万人になると予測されている（図14-1）。このことは水道事業にとって，継続的な給水収益の減少をもたらす懸念があることを意味している。

図 14-1 我が国の今後の人口見通し

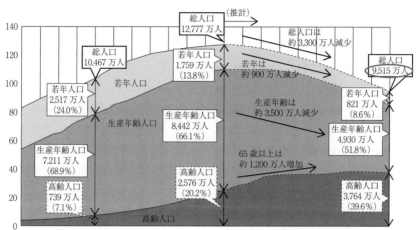

(注1)「生産年齢人口」は 15～64 歳の者の人口、「高齢人口」は 65 歳以上の者の人口
(注2) ( ) 内は若年人口、生産年齢人口、高齢人口がそれぞれ総人口のうち占める割合
(注3) 2005 年は、年齢不詳の人口を各歳別に按分して含めている
(出所) 国土交通省「『国土の長期展望』中間とりまとめ（概要）」（平成 23 年 2 月）5 頁より引用（一部修正）。

(2) 大量の施設更新需要に対する財源確保の困難性

　我が国で最初に設置された近代水道は、1887 年に横浜で設置されたものが始まりとされている。その後、現在に至るまで水道は着実に普及が進み、2012 年度の水道普及率は 97.7％に達している。

　これからの水道施設の課題は、施設の「拡張の時代」から「維持管理の時代」を経て、「再構築の時代」に移ることにある。水道資産のうちのほとんどを水道管路が占めているが、高度経済成長期に整備された施設の更新が進んでいない。その結果、40 年の法定耐用年数を超えた水道管路が増加しており、管路の老朽化が進んでいる。現在の管路の更新のままの場合には、全ての管路を更新するのに約 130 年かかるとの試算結果が厚生労働省より報告されている[6]。

　こうした中で水道施設に対する新規投資は 1995 年をピークに減少してい

---

[6] 厚生労働省水道課「第 1 回水道事業基盤強化方策検討会　資料 3」平成 27 年 9 月, p.5。

334 第5部 新しい環境政策

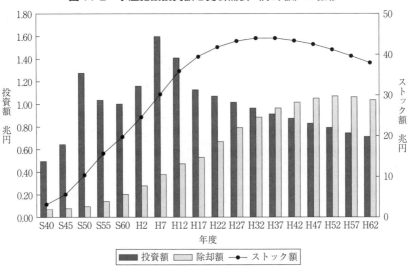

図14-2 水道施設投資額と更新需要（除却額）の推移

（注）除却額：
過去に投資した金額を、施設が法定耐用年数に達した時点で控除（除却）した額であり、ここでは耐用年数に達した施設を同等の機能で再構築する場合の更新費用の推計額として用いている。なお、実際の施設更新の場合は、施設の機能が向上（耐震性強化等）することにより更新費用は除却額を上回る傾向がある。
（出所）厚生労働省「水道事業におけるアセットマネジメント（資産管理）に関する手引」（平成21年7月）I-3頁より引用（一部修正）。

るが、その一方で既存施設の更新需要（除却額）は今後増加していく見通しである（図14-2）。水道施設の再構築の時代においては、施設の更新を着実に進めていくための財源の確保が重要な経営課題になることが予想される。

(3) 職員の減少と高齢化による技術の継承の困難性

人口の減少は、給水収益の減少と同時に、水道事業を担う職員の減少の要因ともなる。これまで地方公共団体は、「経営の効率化」を目標に、主に退職者の不補充を通じて職員数の削減を推進してきた。その結果、組織のスリム化による経営の効率化が進んだ一方で、技術継承の受け皿となる若手職員が恒常的に不足するという問題が生じつつある。

水道事業においても，上水道事業及び用水供給事業に携わる職員数は，1980年以降減少を続けている。2007年から2009年までの10年間における職員の減少数は，全体の2割に相当する12,809人となっている。さらに，職員数の減少と並行して職員の高齢化も進んでおり，水道施設を支える技術職の42.5％が50歳以上となる等，将来に向けた担い手の確保及び技術力の維持が喫緊の課題となっている。

6 水道事業における今後の政策の方向性

6-1 水道事業における官民連携について

人口の減少による給水収益の減少，大量の施設更新需要に対する財源確保の困難性，職員の減少と高齢化による技術の継承の困難性を克服するためには官民連携が重要と考えられる。今後の日本の水道事業の官民連携方策として次のような手法が考えられる。

① **個別委託**（従来型業務委託）

民間事業者のノウハウ等の活用が効果的な業務について民間委託を行うものであり，施設設計，水質検査，施設保守点検，メーター検針，窓口・受付業務など多岐にわたる。業務委託の内容は様々であるが，ほとんどの水道事業者がすでに実施している。近年は広範な業務を対象とした委託（いわゆる包括委託）も行われている。

② **第三者委託**

浄水場の運転管理業務等の水道の管理に関する技術上の業務について，水道法上の責任を含め委託するものであり，2001年の水道法改正により創設され，2002年4月から施行されている。契約期間は3〜5年程度とすることが多い。第三者委託の導入例は年々増加しており，2012年4月現在，145の水道事業で導入している。

③ **PFI**（Private Finance Initiative）

公共施設の設計，建設，維持管理，修繕等の業務全般を一体的に行うものを対象とし，民間事業者の資金とノウハウを活用して包括的に実施する委託

業務である。日本の水道事業者での導入事例は11事例（その他に1事業で予定中）である。いずれも公共が民間事業者に一定のサービス対価を支払う「サービス購入型」に分類される。

④ **コンセッション方式（公共施設等運営権制度）**

水道資産を地方公共団体が所有し，地方公共団体と民間事業者の契約により，民間事業者が水道事業の運営権を獲得する制度であり，資産の所有が地方公共団体である点などにおいて，前出のフランスのコンセッション方式と一部異なっている。コンセッション方式による場合，水道事業の経営を含めたすべての業務について民間事業者が包括的に担うこととなることから，民間事業者のノウハウや技術力が活かされる余地が大きい。2011年のPFI法改正により公共施設等運営権制度が位置付けられたが，日本の水道事業者での導入事例はない

⑤ **完全民営化**

水道事業を実施している地方公共団体が，民間事業者に水道資産を含めた水道事業を譲渡し，民間事業者が資産を保有した上で水道事業を経営する方法である。水道法上は市町村の同意を得れば民間事業者も水道事業を経営可能である。市町村内全域の水道事業を民間事業者が経営している事例はないが，リゾート地等において計画給水人口が5千人を超える民営水道が9事業存在している。

6-2　水道事業の民間的経営手法

水道事業の経営に関係する地方公営企業法は，「私企業に類似する原則に立脚」する制度として1952年に制定された。つまり，法制定時より民間的経営手法の導入が意図されていたといえる。しかしながら，歴史的変遷をみた場合，水道施設の拡張の時代，維持管理の時代を経て，再構築の時代を迎えている。

水道事業の経営改革の方向性を考える場合，大きく二つの側面，すなわち経営主体の側面とサービス供給の側面から考えることができる（図14-3）。まず，サービス供給手法として，業務委託やコンセッション方式などの領域がある。さらに経営主体の側面からは，公社や第三セクターなどがある。な

図 14-3 水道事業の民間的経営手法として考えられる領域

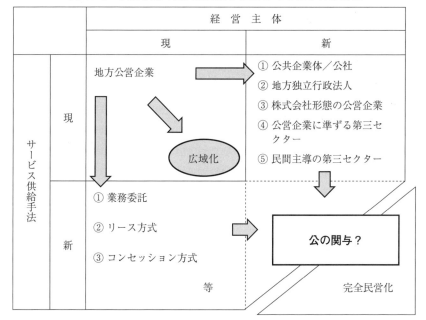

（出所）拙稿「水道事業の「ソフトな広域化」の提唱と広域化推進におけるコーディネーターの機能・役割」『水道』2009 年 Vol. 54, p. 32。

お，完全民営化も選択肢としては考えられるが，「公の関与」が無くなる点で他の手法とは次元を異にすることとなる。

　以上のように，地方公共団体が経営する地方公営企業という直営経営形態から，経営主体やサービス供給手法を見直すことによって間接経営形態へ移行することが考えられる。しかし，ここで注目したいのは広域化による取り組みである。水道広域化は現行の制度の中で実現可能な方策であり，必ずしも新しい経営手法ではない。それにもかかわらず水道広域化に注目する理由は，第一に「規模の経済の追求」であり，第二に「技術の継承」のためである。

　水道は施設のネットワークを基礎とする事業であることから，地方自治制度による行政区域と効率的な経営を行うための経営区域が一致するとは限ら

ない。水道広域化は施設の規模のみならず経営の規模も適正化することを可能とすることから水道広域化は有力な選択肢となり得ると考えられる。

7 水道事業の国際展開

7-1 水分野に関する国連の開発目標

すでに先進国の水道規制モデルについて取り上げたが，世界の水道事情をみた場合，開発途上国においては水道の施設整備と普及率の向上が課題となっており，そうした国・地域での水の供給が喫緊の課題となっている。

安全な飲料水の確保は，どのような国・地域であっても欠くことの出来ない取組課題である。そこで国連では，ミレニアム開発目標（MDGs）において，2015年までに安全な飲料水にアクセスできない人口を半減するための政策を展開し，1990年以降26億人が新たに安全な飲料水を利用できるようになった。しかし，未だ世界全体で6億5,700万人以上の人々が安全な飲料水を受けられない状況にある[7]。そこで国連は新たに，持続可能な開発目標（SDGs）を採択し，「すべての人々に安全な水を供給する」という目標を掲げ，主要な課題として位置づけている。

安全な飲料水を利用できない人口の割合は，世界全体では9%であるが，サブサハラ・アフリカ（Sub-Saharan Africa）地域では32%，オセアニアでは44%などとなっている。安全な飲料水を利用できない人口順位では，第一位がインドで7,700万人，第二位が中国で7,000万人，第三位がナイジェリアで5,700万人となっている（飲料水MDGs達成状況（2015年），厚生労働省国際課）。このように世界中ではまだまだ水道の施設整備が必要とされる国・地域があることから，国際協力として貢献する領域（ODA）と，収益獲得を目的とした海外水ビジネスといわれる二つの領域での事業展開が期待される。

---

[7] 厚生労働省HP，http://www.mhlw.go.jp/stf/seisakunitsuite/bunya/topics/bukyoku/kenkou/suido/jouhou/other/o4.html

7-2 水分野の国際協力
(1) 政府開発援助の枠組み

日本では，水と衛生分野の援助政策として「水と衛生に関する拡大パートナーシップ・イニシアティブ」[8] (2006) を策定し，開発途上国における政府の組織，政策，制度及び情報データの整備や人材育成，整備されたインフラの適切な維持管理・運営のための水道事業者の能力の向上を重視することとしている。これは政府開発援助 (ODA：Official Development Assistance) として実施される。

ODA は，(1) 政府もしくは政府の実施機関によって供与される資金の流れのことであること，(2) 途上国の経済開発や福祉の向上に寄与することを目的とすることなどが基準となる[9]。ODA は，二国間援助や国際機関への活動資金や人材の拠出などで進められるが，二国間援助のうち，「贈与」にあたる専門家派遣などの①技術協力及び，②無償資金協力と③政府貸付（有償資金協力）が中心的な取り組みとなる。

第一に，技術協力は開発途上国の課題解決能力と主体性の向上を促すために，専門家派遣，研修員受入，機材供与等を通じて，開発途上国の社会・経済の発展に必要な人材の育成，日本の技術，知識等の移転によって開発途上国の課題の解決を支援するものである。

第二に，無償資金協力は二国間で行われる ODA のうち，返済を求めない2種類の協力のうちの一つであり，相手国政府等からの要請に基づき，返済義務を課さずに，被援助国（開発途上国）が自国の経済・社会の発展に役立つ施設等を調達するのに必要な資金を援助するものである。

第三に，政府貸付（有償資金協力）は円借款と海外投融資の二つのスキームがある。円借款は，開発途上国に対し，低金利で返済期間の長い，緩やかな条件で開発資金を貸付ける援助形態であり，当該国の所得水準等も考慮して借款条件を決定している。また，海外投融資は，高いリスクや低い収益見込みのため，一般金融機関の融資が受けにくい民間企業による開発途上国での

---

[8] 第4回世界水フォーラム（2006年メキシコで開催）にて日本政府（外務省国際協力局地球規模課題総括課）発表。

[9] 国際厚生事業団「平成27年度水道分野の国際協力検討事業報告書」，平成28年3月，6頁。

表 14-1 水道分野の国際協力の実績

(単位:百万 USD)

	1 位		2 位		3 位		4 位		5 位	
2004	米国	955	日本	709	ドイツ	424	デンマーク	249	フランス	176
2005	日本	2,129	米国	1,026	ドイツ	402	オランダ	207	スウェーデン	117
2006	日本	1,256	米国	818	ドイツ	497	オランダ	455	フランス	254
2007	日本	1,930	ドイツ	594	米国	432	フランス	383	オランダ	364
2008	日本	1,668	ドイツ	906	米国	847	スペイン	622	オランダ	373
2009	日本	2,786	ドイツ	820	フランス	810	スペイン	575	米国	462
2010	日本	1,933	ドイツ	751	フランス	501	米国	431	スペイン	309
2011	日本	1,711	ドイツ	1,041	米国	465	スイス	332	フランス	323
2012	日本	2,140	ドイツ	1,382	フランス	920	米国	537	オランダ	465
2013	日本	1,615	ドイツ	1,067	米国	593	韓国	365	フランス	351

(出所)国際厚生事業団「平成 27 年度水道分野の国際協力検討事業報告書」p. 16。

開発事業に対して,出資と融資の方法によって資金供給を行うものである。

(2) 水道分野の国際協力の実績と評価

　日本の国際協力の実績は,OECD の開発援助委員会(DAC)の最新データによれば,2005 年以降 2013 年まで,金額ベースでは水分野における世界第一位の援助国の地位を保っている[10]。2013 年の上位 3 か国の援助額は,日本 1,615 百万米ドル,ドイツ 1,067 百万米ドル,米国 593 百万米ドルとなっており,日本は水分野における国際協力において他国を引き離している(表 14-1)。

7-3　海外水ビジネスの展開
(1) 海外水ビジネスの事業分野と市場規模
　海外水ビジネスとして期待されている事業分野は大きく 5 つの分野からな

---

[10] (出所)国際厚生事業団「平成 27 年度水道分野の国際協力検討事業報告書」平成 28 年 3 月,p. 16。

る。具体的には，①上水道，②造水（海水淡水化），③工業用水道・工業用下水道，④再利用水，⑤下水道である。

　第一に，上水道とは取水能力・浄水能力の増強，施設の更新・拡張による供給量確保や水質が悪い原水からの上水製造（高度処理），水道管等の漏水対策による上水道の効率的な供給などの分野である。これはアジア地域が有望とされている。

　第二に，造水とは海水淡水化技術により海水や塩分濃度の高い原水から上水製造を行う分野である。サウジアラビアなどの中東地域が有望視されている。

　第三に，工業用水道・工業用下水道とは水の循環利用を行うことによって効率的な水利用を行う分野である。これは工業用団地整備など産業基盤整備と一体的な取り組みとして展開されることとなり，中国などが有望な市場とみられている。

　第四に，再利用水とは下水の再生およびその有効利用などである。たとえば，世界中から水処理に関わる企業と研究者の集積を進め，水ビジネスに関するハブ拠点として世界的地位の確立を目指しているシンガポールでは，下水の処理水を再生するプラントを設置し，『NEWater』（新生水）と称して飲み水として利用している。

　第五に，下水道とは下水処理場の整備，施設能力の向上や下水汚泥の処理・処分や下水汚泥を活用した発電などである。

　これら5つの事業分野の市場規模は，2007年には36.2兆円であるが，2025年には86.5兆円まで拡大すると予測されている[11]（図14-4）。このうち内訳は，素材・部材供給・コンサルティング・建設・設計分野で48.5兆円，管理・運営サービスで38.0兆円と推計されており，さらに国際展開が最も有望視されている上水道分野に限ってみれば，前者が19.0兆円，後者が19.8兆円となっている。こうしたことから，海外水ビジネスへの参入を目指す企業の多くは，上水道分野を目指すこととなり，参入方策が問題となる。

11　（出所）水ビジネス国際展開研究会「水ビジネスの国際展開に向けた課題と具体的方策」平成22年4月，p.6より作成した。

図 14-4 海外水ビジネス市場の事業分野別・業務分野別成長見通し

(上段：2025年，下段括弧内：2007年)

事業分野＼業務分野	素材・部材供給・コンサルティング・建設・設計	管理・運営サービス	合計
1. 上水道	19.0兆円 (6.6兆円)	19.8兆円 (10.6兆円)	38.8兆円 (17.2兆円)
2. 海水淡水化	1.0兆円 (0.5兆円)	3.4兆円 (0.7兆円)	4.4兆円 (1.2兆円)
3. 工業用水道・工業用下水道	5.3兆円 (2.2兆円)	0.4兆円 (0.2兆円)	5.7兆円 (2.4兆円)
4. 再利用水	2.1兆円 (0.1兆円)	—	2.1兆円 (0.1兆円)
5. 下水道	21.1兆円 (7.5兆円)	14.4兆円 (7.8兆円)	35.5兆円 (15.3兆円)
合計	48.5兆円 (16.9兆円)	38.0兆円 (19.3兆円)	86.5兆円 (36.2兆円)

(出所) 水ビジネス国際展開研究会「水ビジネスの国際展開に向けた課題と具体的方策」(平成22年4月), p.6より作成した。

(2) 官民連携による日本勢の国際展開事例

　日本の水道，下水道，工業用水道などの水行政はそれぞれの事業分野別による縦割り行政により管轄されている。さらに市町村などの地方公共団体が事業を営むことを原則としていることもあって，管理・運営サービスの知識や技術は地方公共団体が有している。そのため日本の民間企業は素材・部材供給・コンサルティング・建設・設計などの領域にとどまっており，管理・運営サービスの実績がない。

　ところが海外水ビジネスで求められているのは，施設の設計・施工から管理・運営サービスまでを含めた水道事業全体である。ここに官民連携による海外展開の仕組みが必要となる。現在，水分野は国家戦略プロジェクトとしてパッケージ型インフラ海外展開の中で位置づけられている。その展開にあたって今後具体的に必要となるのが，水の管理・運営サービスのノウハウを有する地方公共団体を中心とした官民連携による「自治体水ビジネス」であ

図 14-5　官民連携海外水ビジネス第一号案件の概要

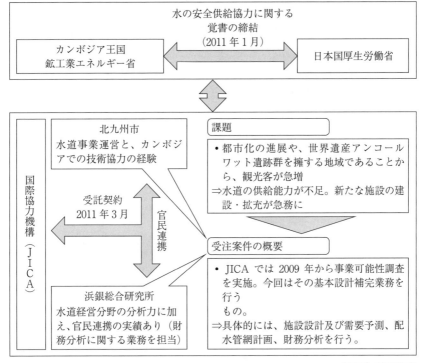

(出所) 筆者作成

る。

①　官民連携海外水ビジネス第一号案件の誕生

　官民連携による海外水ビジネスの第一号案件は，2011年3月のカンボジア国シェムリアップ市の浄水場建設事業の基本設計事業の受注[12]である（図14-5）。

　これは世界遺産「アンコールワット」で知られるシェムリアップ市の水道事業に対するJICAのODAとして，北九州市と民間シンクタンクが官民連

---

[12] （出所）朝日新聞，平成23年3月10日朝刊1面および30面。北九州市水道局と銀行系シンクタンクの株式会社浜銀総合研究所が共同で受注した。

携により受注したものである。具体的には，施設設計及び需要予測，配水管網計画を北九州市水道局が，財務分析をシンクタンクが行うものである。シェムリアップ市は都市化の進展と観光客の急増により水道の供給能力が不足しており，新たな水道施設の建設・拡充が急務となっていることから，その改善策として実施するものである。将来的に浄水場が新設されれば，水道普及率が現在の17％から55％まで向上することとなる。

今回受注した基本設計は，その後に予定されている実施設計や浄水場の新設に向けた第一歩であるとともに，最終的には北九州市が官民連携チームを組成してシェムリアップ市の水道事業の受注獲得に繋げようという目的を有している。

② **カンボジア―日本政府間の覚書の締結**

第一号案件の誕生を紹介したが，この誕生の背景には日本国厚生労働省とカンボジア王国鉱工業エネルギー省（当時。現工業手工芸省）との間で交わされた「水の安全供給に対する協力に関する覚書」（2011年1月6日）がある。この覚書はカンボジアにおける水の安全供給を促進するための協力事業に関して，両省の共通認識を示すものであり，（ア）日本の経験とカンボジアにおける先進的な取組の活用方策の検討，（イ）日本およびカンボジア両国の水道産業界が有する技術力の活用方策の検討，（ウ）現地調査の実施，（エ）カンボジアの水道事業者と日本の水道事業者・水道産業界との連携・協力の促進の4つを活動範囲とするものである。

したがって，第一号案件は両国間の覚書に基づいたものと位置づけられよう。確かに今回の第一号案件は1自治体と1シンクタンクの2者で構成される点では参加者が限定された官民連携による海外水ビジネスではあるが，現在日本政府が進めている官民連携による水ビジネスの国際展開を切り拓いた点で注目に値する。

(3) **官民連携海外水ビジネスの問題点・課題**

まだ海外水ビジネス市場への参入は始まったばかりであるが，今後さまざまな問題に直面するが予想される。そこで，海外水ビジネス参入および推進

にあたって3つの留意点を指摘しておきたい。

　第一に，案件制約までの活動支援体制の充実である。水ビジネスの国際展開にあたっては，国，制度，政治・経済，文化・慣習など，多くの壁を乗り越えなければならない。そのため案件の発掘から制約までには長期間を要することとなり，純然たる民間ビジネスとして関係するには時間軸が合わないこととなる。現実的には公営水道事業者の国際貢献を通じた活動の延長上において海外水ビジネスとしての案件制約に至るものと考えられるが，長期間にわたる公営水道事業者の国際貢献活動を支援できるような確固たる仕組みが必要となると考えられる。

　第二に，官民連携による一体的・総合的な展開が必要であることを理解する必要がある。官民連携が水ビジネスへの重要な参入方策であることは国内であっても海外であっても同じである。ただし，国内の場合には「公の関与」を確保しながら効率的な経営を行うための官民連携を中心として展開する必要がある。海外水ビジネスの場合には，水道施設の設計・建設から管理・運営サービスまでのすべてが求められることとなる。管理・運営サービスは地方公共団体が有しているものの，設計・建設等は民間企業が担っていることから，官民がイコール・パートナーの立場に立って，一体的・総合的に取り組む必要がある。

　第三に，リスク管理の徹底である[13]。水ビジネスの国際展開におけるリスクは，財務的リスクと非財務的リスクに大別できる。財務的リスクには資金調達リスク，物価変動リスク，為替変動リスクなどがある。たとえば，マニラ，ジャカルタの事例では，通貨危機の発生により自国通貨が暴落したことが水道事業者の経営悪化を惹起した要因の一つとされている。また非財務的リスクには，戦争リスクや不正・汚職リスク，風評リスクなどがある。こうしたリスクに対して適切に対処することが必要となるが，日本勢はこれまでの海外水ビジネスの経験が乏しいことから，リスク管理の徹底が今後の重要な取り組み課題となる。

---

[13]　（出所）佐々木大輔・佐藤裕弥・滝沢智「日本企業及び自治体等による上下水道事業の国際展開において想定されるリスクと対処法」『公益事業研究』第66巻第1号，pp. 33-34。

8 今後の展望

8-1 水道事業の将来展望

　日本の水道は，市町村を単位として事業を営んできたこともあって民営水道事業者は水道事業の運営の経験をほとんど有していない。公営水道事業者が直面している水道施設の老朽化と更新の問題や技術力を有する職員の減少に伴って，これまでの水道を維持していくことが困難な状況に差し掛かっている。こうした問題を克服していくためには，「安全」，「持続」，「強靱」を柱とした「新水道ビジョン」に基づいた取り組みが急がれる。

　具体的には，料金規制方式の見直し，官民連携の推進，水道広域化の推進などが必要となる。料金規制に関しては電気・ガスの料金規制と比較して必ずしも十分とは言えない状況がある。そこには地方自治制度との現実的な調和などの点で問題はあるが，水道法における料金規制の見直しが必要とであると考えられる。

　また，官民連携を推進していくためには，たとえばコンセッション方式における官と民の役割分担を明確にすることなどが必須となる。水道は常時給水義務が課せられているが，大地震などによる非常時においても常時給水義務が課されることは民営水道にとっては大きなリスクとなることから民間参入が進みにくいものと思われる。

　さらに，水道広域化の推進についてはおおむね水道関係者の理解は進んでいるものの，水道法第6条第2項で市町村経営を原則としながら，市町村の枠組みを超えた複数の水道事業者による水道広域化を推進することは矛盾するものと思われる。

　以上のように今後の水道が目指すべき方向を実現するためには，水道法などの関係法令の改正を行うことも必要と考えられる[14]。さらに，水道分野の国際展開においては，日本勢による国際協力や海外水ビジネスにおける役割を果たし続けるためにも，リスク管理の徹底などに関する制度見直しなども

14　2017年に水道法改正が実施される見通しであるが，本稿執筆時点では，法案内要は未確定である。

必要と思われる。このように国内においても，海外においても一定の役割を果たすためには，政策全般の見直しが必要であるといえよう。

参考文献
　　厚生労働省水道課「新水道ビジョン」2013 年 3 月
　　佐藤裕弥分担執筆「水道規制」,『規制改革 30 講』,山本哲三・野村宗訓（編著），2013 年 4 月
　　佐藤裕弥「人口減少下における水道インフラ再構築に向けた政策のあり方」『浜銀総研政策提言第 1 号』浜銀総合研究所，2014 年 9 月
　　厚生労働省水道課「水道事業の基盤強化方策に盛り込むべき事項—水道事業基盤強化方策検討会中間とりまとめ」，2016 年 1 月
　　佐藤裕弥分担執筆「上下水道—上下水道の経営システム」,古米弘明・片山浩之編著『東大塾　水システム講義　持続可能な水利用に向けて』，東京大学出版会，2017 年 1 月

（佐藤　裕弥）

第6部

行財政改革

第15章 財政再建
―― 長期債務問題と包括的な成長の両立 ――

はじめに

　本章では，日本の財政が抱える課題とそれへの対処方法について考察する。具体的には，日本の財政政策の最大の課題である持続可能性の問題について，他のOECD諸国の経験等に基づき，どのような目標を設定し，いかなる手段や財政制度を用いて実効性のある財政再建を行うかについて論じる。加えて，少子高齢化や労働市場の二極化といった日本の社会構造の変化に対応し，財政政策の重要な役割である資源配分機能や所得再分配機能をいかに強化していくかについても論じる。

1　日本の財政が抱える課題

　現在の日本の財政政策が直面している最大の課題は，いかに財政を持続可能なものとするかにあることは言うまでもない。日本の一般政府の財政収支は，1980年代末から90年代初めのバブル期に一時的に黒字化したものの，その後の長期にわたる経済低迷や高齢化の進展による歳出増加圧力の高まりを背景に，一貫して赤字となり，公債残高はGDP比200％を超える水準に達している。この間，包括的な財政再建のための取組が幾度となく実施されたが，不運なことに，その度に世界的な経済危機によって中断を与儀なくされてきた。具体的には，1990年代後半の橋本内閣における財政構造改革法に基づく取組は，1997年からのアジア金融危機に伴う不況により，その効力が1998年に凍結された。2000年代の小泉内閣による財政構造改革の取組

は，一定程度の成果をあげたものの，その総仕上げともいえる 2006 年からの「歳出・歳入一体改革」の取組は，2008 年のリーマン・ショックの発生による不況の下で方向転換を与儀なくされた。このように，これまでの財政再建の取組は，景気変動の大きな波を乗り越えることができず，結果的には十分な財政収支改善効果をあげることができなかった。さらに，近年においても，2014 年 4 月の消費税率の 5% から 8% への引き上げによって想定以上に消費が落ち込んだことなどから，財政再建と経済成長の両立の難しさは引き続き大きな壁となっている。したがって，日本における財政再建の取組においては，いかに景気の変動にうまく対処し，経済活力を高めつつ，中長期的に財政健全化を進めていくかというのが大きな課題であると考えられる。

また，財政問題というと持続可能性の側面にばかり注目が集まりがちではあるが，財政とは，そもそも市場の失敗を補完する様々な機能を発揮するためのものであり，そうした財政の諸機能が十分に果たされているかということも大きな課題である。教科書的には，財政には，公共財の提供など資源配分機能，所得の再分配機能，経済の安定化機能があると言われている。このうち，経済の安定化機能については，日本では景気変動に対して積極的に裁量的な財政政策がとられており，先進国の中では例外的にかなり活用されていると言えよう。他方，財政の資源配分機能や所得の再分配機能については，人口動態や労働形態の変化に対して，より積極的な機能の発揮が求められている。具体的には，急速な少子高齢化が進む中で，政府支出のうち高齢者等向けに充てられている支出の占める割合は 30% 以上であり，OECD 平均を 10% 上回っている一方で，現役世代に対する家族，失業，疾病・障害に関する支出の割合は 7% と，OECD 平均の 14% の約半分にとどまっている。出生率を引き上げ，子育てをしやすい社会環境を整えるためにも，保育など現役世代と家族への支出をより充実する必要がある。また，所得の再分配機能についても，非正規雇用の増加などを背景に若年層でも所得格差が拡大しつつあることを考慮すれば，正規への就労支援や同一労働同一賃金の取組と合わせて，税や給付などを通じた所得の再分配も強化する必要があろう。

以下では，財政の持続可能性をいかに高めるか，それと合わせて財政に求められる資源配分や再分配機能の強化をいかに実現するかの二点に着目して

論じる。

2 財政の持続可能性を高めるための論点

2-1 財政の持続可能性とは

　財政が持続可能な状況とは，一般に，公債残高のGDP比を一定に抑制することとされている。このことは，永久には公債を将来世代には付け回しできないという制約条件と同じことを意味する。ただし，公債発行がすべて悪という訳ではなく，財政には，公債発行により，将来世代と現役世代のリスクをシェアする保険機能がある。例えば，先般の世界金融危機や東日本大震災のような大規模な予期せぬ事態が生じた際には，公債発行によって，特定の世代にのみに負担が集中することを緩和することは合理的であろう。しかしながら，公債残高がGDP比200％以上にも及ぶ現状では，予期せぬ事態が将来生じた場合だけでなく，人口の少子高齢化といった予期し得る将来の事態にさえ，財政が対応できる余地は限られている。したがって，現在のような公債残高の水準が継続することは，安全弁を失った状態に経済・社会全体をさらすことになる。

　日本が財政のファイナンスについて危機的な状況に陥っていないのは，長期金利が極めて低い水準にあるために利払い費が抑制されていること，及び，新規の公債発行や借り換えがほぼ国内の資金で賄うことができている状況にあることが大きい。しかし，低金利が永続するということを前提とすることは大きな危険がある点を以下で確認しておこう。

　公債残高のGDP比が一定の水準で安定化するための条件については，基礎的財政収支（財政収支から公債の利払い費等を除いた収支），名目GDP成長率，公債実効利子率の関係を示したドーマー条件と呼ばれる以下の数式で表すことができる。

公債残高GDP比の変化
　＝基礎的財政収支＋（実効利子率－名目成長率）×前期の公債残高

ただし，基礎的財政収支，公債残高はGDP比

　この式は，左辺の公債残高GDP比の伸びがゼロになる，つまり公債残高GDP比が一定となるためには，もし右辺の第二項にある公債実効利子率が名目成長率を上回る状況であれば，右辺の第一項である基礎的財政収支の黒字が十分に大きくなる必要があることを示している。他方，仮に，名目成長率が公債実効利子率を上回る場合には，右辺の第二項がマイナスの値となり，基礎的財政収支が若干の赤字であっても公債残高GDP比率は安定する。

　このように，ドーマーの条件は，公債のGDP比率の安定を考える上で，名目経済成長率と公債利回りの相対的な水準が大きな意味を持っていることを示している。理論的にみて，名目成長率が公債利回りを上回り，公債の借り換えが恒久的に可能であるようなポンジー・ゲームが成り立つ可能性はゼロではないが，それは，現時点の資本蓄積が過大であるなど動学的不均衡にある場合であり，常にそれが成り立つとは限らない。また，実際に名目成長率が公債利回りを上回る事例も世界の多くの国で観察されてきているが，そうした事態は，金融市場の規制による金融抑圧が背景にあることや，2000年代に生じた世界的な貯蓄超過あるいは金融市場におけるリスクの過小評価等の要因を反映していることが指摘されている。現在も，中央銀行による金融緩和によって日本や欧州の一部の国では国債利回りがゼロ近辺になっている状況がみられるが，中央銀行はデフレ脱却を目指している以上，その目的の実現が近づくにつれて，金利は必然的に上昇に転じるはずである。したがって，公債利回りが名目成長率を下回る状況が将来も長く続くことを想定するのは難しく，財政再建にあたっては，公債利回りが名目成長率を上回ることを想定して公債残高の安定を図ることが合理的と言えるだろう。

　ちなみに，仮に，公債残高の対GDP比が200%であり，公債実効利子率が名目成長率を1%上回ると想定した場合には，公債残高のGDP比を一定にするためには，GDP比2%の基礎的財政収支の黒字が必要となる。現在，政府の進めている経済・財政再生計画では，2020年度に国と地方を合わせた基礎的財政収支を黒字化し，その後の債務残高GDP比を安定的に引き下

げることを目指しているが，このためには，将来的に基礎的財政収支の一定の黒字幅の確保を目指していくことを念頭に置く必要がある。

2-2　財政再建の進め方

　財政再建にあたって最も難しいのは，いかに財政再建と経済成長を両立させるかという点である。財政再建のための歳出削減によって経済成長に好影響が及ぶ，いわゆる非ケインズ効果については，財政収支と経済成長の因果関係を精査した最近の実証研究では，必ずしもそうした効果は明確ではないことからすると，やはり財政再建は一定の景気下押し効果を持つと考えて政策を準備する必要があろう[1]。近年のギリシャの状況にもみられるように，急激な財政再建が経済を悪化させ，結果として税収の落ち込みなどにより当初予定したような財政再建が進まないという事例は多い。また，経済の悪化は，政治的にも財政再建への国民の支持を失わせ，改革を頓挫させる危険性がある。財政再建と経済成長のバランスをとる上でポイントとなるのは，①財政再建を進めるペースをどうするか，②どのような財政再建の手段を採用するかの2点である。以下では，Sutherland et. al. (2012) などで示されている OECD 諸国の財政再建の経験をもとに，主な留意点を述べる。

(1)　財政再建のペース

　財政再建をどの程度のペースで進めるかについては，その時の経済・財政状況によることはもちろん，財政再建による景気下押し効果を他の政策手段によってどの程度緩和できるか，また，財政引き締めに耐えうるように経済構造をいかに強化するかといった点も考慮することが必要である。

　第一に，経済・財政状況が財政再建ペースに与える影響については，例えば，財政の持続可能性に対する懸念が高く，公債のリスク・プレミアムが上昇しているような状況では，財政引締めを迅速に進めることが，金利の低下

---

[1] 非ケインズ効果とは，財政支出の大幅な削減によって，家計や企業が将来の財政収支の恒久的な改善を期待することにより，財政再建によって個人消費が増加する場合を指す (Giavazzi and Pagano (1990))。ただし，Guajardo et al. (2011) などの研究では，財政再建とは別の理由で経済成長が高まった可能性等を考慮して推計を行うと，通常のケインズ理論が示す通り，財政再建は個人消費や経済成長を抑制するとの結果を得ている。

を促し，経済へのマイナスの影響を金融面から緩和させることにつながる。他方，先般の欧米の金融危機のように，資産バブルの崩壊や構造失業率の上昇などが生じている状況では，経済状況の回復には一定の時間がかかるため，財政再建を急いでも十分な税収が得られず，再建が思う通りには進まない可能性がある。ただし，その場合でも，財政再建を先送りにし過ぎると財政の持続可能性への市場の信頼を損ねる危険性もあり，両者の微妙なバランスが求められることには注意する必要がある。

　第二に，財政再建による経済押し下げ効果を打ち消すために，その他の政策手段の発動余地がどれだけあるかということも，財政再建ペースに大きな影響も持つ。特に，金融緩和の余地があるかどうかが重要である。政策金利がゼロ近辺まで下げられ，それ以上引き下げの余地がない場合や，為替レートを減価させる余地がない場合には，財政引締めが経済に与えるマイナス効果は大きくなることに留意する必要がある。

　第三に，財政再建を行う上では，財政再建に耐え得るように経済の構造面を同時に強化することが重要である。対外債務を多く抱える国では，当然ながら経常収支を改善するような競争力の強化が重要な課題になるし，金融部門の脆弱性を抱える国では，銀行破たんが預金者保護のための財政負担を増やすといった悪循環が生じないよう，金融機関の不良債権処理と自己資本強化を同時に進める必要がある。また，そうした問題がない国であっても，潜在成長力を高め，海外からの対内直接投資などを促進する構造改革の取組は，企業活動の活発化などによる税収増を通じて財政再建に好影響をもたらすと考えられる。

(2) **財政再建の手段**

　財政再建の具体的な手段の選択にあたっては，単に財政的な観点だけでなく，施策が及ぼす短期的な需要への影響，経済全体の効率性と公平性への影響，政治的な許容度等についても考慮する必要がある。特に，所得分配への影響については，財政再建の負担が一部の層に集中するような場合には，政治的に財政再建を持続することは困難になることもある点に留意が必要である。ただし，これらの多様な政策目標間にはトレード・オフの関係もあり，

第15章 財政再建──長期債務問題と包括的な成長の両立── *357*

表 15-1 主な財政再建手段とその経済成長や所得再分配への影響

	経済成長や所得分配への影響からみた特徴	経済成長への影響	所得分配への影響
【歳出面の措置】 医療・教育等の政府サービスの効率化	質を維持した適切な効率化は成長・分配面の影響なく財政再建に貢献	なし	なし
年金の給付開始年齢引上げ	高齢者の就労促進により成長に寄与。分配影響なし。	○プラス	なし
失業給付支給要件の厳格化	就労促進により成長に寄与。分配影響なし。	○プラス	なし
【歳入】 消費税引上げ	低所得者に影響を与えるため、分配面の対策が必要。	不明	×逆進的
所得税引上げ	所得分配には良いが、労働を減らし税回避のインセンティブを与える。	×マイナス	○累進的
課税ベース拡大	高所得者に有利な税控除の縮小は分配を改善	○プラス	○累進的
不動産課税・相続税引上げ	資産面での不平等を改善	なし	○累進的
資本所得への課税引上げ	高所得層の負担が増加し分配は改善するが、経済成長にはマイナス。	×マイナス	○累進的
環境税引き上げ	エネルギー価格上昇は相対的に低所得者には負担。	不明	×逆進的
政府サービス料金の徴収	公共料金の値上げは相対的に低所得者には負担。	なし	×逆進的

（出典）OECD（2010），Rawdanowics et al（2013）等を基に筆者が作成

一つの手段で全てを満たすことは難しい。

表15-1は、財政再建の主な手段とその経済・所得分配面への影響をまとめたものである。例えば、消費税率引き上げは、その税収規模の大きさから財政再建には大きな貢献となり、また、相対価格を変化させないことから経済効率の観点からも望ましいが、反面で、所得の再分配には悪影響が及ぶ可能性があることから、低所得層への給付などの措置を合わせて行う必要がある。また、所得税の最高税率の引き上げは、所得再分配の改善にはつながるが、他方で、課税を回避する行動や労働供給の減少を引き起こす可能性があ

る。このため，経済効率と所得再分配の双方を両立させるとの観点からは，課税ベースの拡大や不動産課税・相続税の強化の方が望ましい。こうしたことを考えると，複数の手段を補完的に用いることにより，全体として財政再建，経済成長，社会的公平といった政策目標を同時に達成するような組合せを考える必要があろう。

(3) **日本に対する含意**

　財政と経済成長の両立に関して，日本について言えば，財政再建による金利低下の余地が限られている点は制約があるが，他方で，一部の欧州諸国にみられるような家計・企業のバランスシート調整といった制約条件は既に日本では克服されている点は優位にある。また，現在のところ，企業部門が歴史的にみても高い収益を確保していることも追い風である。こうした中で，経済成長や所得分配への影響も考慮すると，歳出の効率化を図りつつ，税制面では資源配分に歪みをもたらさないような消費課税を中心に増税を行うという現在の財政再建の基本路線は合理性を持っている。その際，社会保障制度の改革をさらに進めることは，国民の将来不安を緩和し，消費のスムージングに寄与する。特に年金支給開始年齢の引き上げは，高齢者の就労を促進し，財政再建と潜在成長率の押し上げという二重の配当をもたらすと考えられる。また，財政再建による低所得層の消費への影響を小さくするための手段として，OECDなどの国際機関が，給付付き税額控除の導入の検討を日本に対して提言している点は注目する必要があろう。また，多くの租税特別措置は，限界税率の高い高所得者ほど有利な制度となっており，所得分配の観点からは，これをさらに縮小することも重要である。

2-3　財政再建を担保する制度の整備

　財政再建で最も難しいのは，当然ながらその執行である。財政再建は，国民に対して少なからず負担を強いるものであるため，政治的な困難を伴うことは避けられない。最終的に財政負担の水準を決めるのは国民であり，国民の支持がなければ財政再建も進まない。したがって，財政再建を進める上では，国民に対する説明責任を果たすことが最も重要である。同時に，一度政

治的に合意された財政再建の方向性については，後年度になって安易に変更できないような縛りも必要である。こうした国民への説明責任を果たし，財政再建へのコミットメントを持続するという目的のために，財政ルールなどの財政制度の整備は極めて重要な役割を果たす。

(1) 財政ルール

一般に広く用いられている財政ルールには，財政収支目標，公債残高目標，歳出目標などがある（詳しくは IMF（2009）を参照）。

財政収支目標は，その均衡ないし若干の黒字を目指すものである。目標としては，財政収支全体を対象とする場合が多いが，単純に財政収支均衡を目標とすると，景気後退期に引き締めを行わざるを得なくなるなど，景気の振幅を拡大させてしまうリスクがあるため，景気循環による要因を除いた構造収支，あるいは景気循環を通して平均的に収支均衡を目指す例も多い。また，目標設定にあたり，利払い費を除いた基礎的財政収支を対象とする場合，あるいは投資的経費を除いた収支を対象とする場合（英国のゴールデン・ルール）などがあるが，対象範囲が小さくなるほど，公債残高との直接のリンクが小さくなるという問題がある。

公債残高目標は，一般的に公債残高のGDP比率に一定の上限を設ける形で目標が設定される。また，公債残高目標のみを直接管理することは難しいため，通常は，財政収支目標と併せてルール化されることが多い。目標設定の対象となる公債残高については，グロスの債務残高とするか金融資産を債務から差し引いたネットの債務残高とするかについては，議論がある。理論的には，政府のバランスシートの状況を正確に反映しているのはネットの債務であるが，実際には，政府の金融資産の売却等は必ずしも容易ではないため，多くの政府はグロスの債務残高に対して目標を設定している。

歳出目標については，その上限を定める形で目標が設定されるが，歳出の絶対額か，そのGDP比率か，あるいは歳出の前年比伸び率かは国によって異なる。歳出上限目標のメリットは，第一に，税など歳入面と比べて管理が容易であること，第二に，政治的には減税よりも歳出増加の圧力が高いため，それを直接抑制することが効果的であること，第三に，政府規模の大き

な国では財政収支改善のためには増税よりも歳出抑制の方が適当であることなどが挙げられる。

(2) 独立財政機関

財政ルールの整備に加え，政府が公債の増加を継続させる誘因を減らすもう一つの手段として，財政政策を監視する一定の機能を政治的に独立した機関に委任することが考えられる。実際に，最近では，多くの先進国が，独立財政機関（Independent Fiscal Institutions）と呼ばれる財政当局の外にある独立機関を設けるようになっている。独立財政機関は，一般的に，学識経験者，政府の技術的な専門家，引退した政治家など，政治的に中立的な立場の委員から構成され，マクロ経済や財政予測を行い，財政パフォーマンスを監視し，政府に対して財政政策に関する助言を行っている。財政の分析・監視機能を独立機関に委任することは，財政政策の技術的な側面に関する政治的な影響を抑制することに役立つとされている（Hagemann（2010））。具体的には，中立的なマクロ経済見通しや財政見通しの作成による楽観的なバイアスの防止，税制や歳出プログラムの改正が持つ長期的な財政への影響の評価による透明性の向上，財政政策のスタンスの評価を通じた監視圧力の強化による財

表15-2 OECDの18カ国（注）の独立財政機関の主な機能

主な機能	有	無	その他
1. 長期的な財政の持続可能性の分析	16	2	
2. マクロ経済や財政の予測	2	3	8（評価のみ） 5（別見通し作成）
3. 財政ルールが遵守されているかどうかの監視	12	6	
4. 予算分析による立法手続きにおける直接的な補助	7	11	
5. 政策の費用評価	9	9	
6. 選挙の際の各党の政策の費用評価	2	16	

（出典）OECD（2015）

（注）オーストラリア，オーストリア，ベルギー，カナダ，デンマーク，フィンランド，フランス，アイルランド，イタリア，韓国，メキシコ，オランダ，ポルトガル，スロバキア，スペイン，スウェーデン，イギリス，アメリカの18カ国

政の規律付けなどの効果が期待できる。また，独立機関の分析は，現在の財政政策が将来の費用負担に与える影響に関する国民の認識を高めることで，財政の楽観主義を払拭し，ひいては政府の説明責任を高めることにつながると考えられている（Calmfors（2010））。

歴史的には，オランダの経済政策分析局（CPB）や米国の議会予算局（CBO）などが以前からこうした役割を果たしていたが，2008年の世界金融危機以降に多くの国で独立財政機関が新設されるようになり，2015年時点ではOECD加盟国のうち18カ国で存在している。これらの国の独立財政機関の機能は表15-2にまとめられている通りである。

(3) 財政制度の運用と実効性

実証分析によると，財政ルールの整備や独立財政機関の設置はある程度財政再建に寄与していることが示されている。しかし，こうした実証分析の解釈としては，政府の財政健全化へのコミットメントの強さが，良い財政制度にも表れ，結果として財政再建につながっていると考えることもできる。また，財政ルールの運用について，近年の各国の経験からは，以下のような点に留意する必要があると考えられる。

第一は，好況期における財政ルールの運用のあり方である。どの国においても，金融市場や資産市場でブームが生じた際には，税収の上振れを構造的な収入増加であると誤解し，財政規律が弛緩する可能性があることが指摘されている。この点については，景気循環を考慮した財政収支ルールの採用，とりわけ歳出上限目標の採用は，財政収支目標と併せて用いることにより，景気拡張期における財政規律の弛緩を防ぐのに有効である。また，財政ルールの運用に際して，その前提となる潜在成長率や税収の弾性値の推計には十分注意を払う必要がある。この点について，日本でも税収が当初見込みを上回る場合には，年度途中で補正予算が編成されて支出が増やされる傾向があるが，補正予算の作成が財政の規律を弛緩させることのないよう，予め定められたフレームや一定のルールに従って対応することが重要であろう。

第二に，財政の実績が財政ルールから逸脱した場合の後年度の対応についてである。非常に厳しい財政ルールを持つEUでも，実際にはソブリン危機

までは多くの国がこれを十分に遵守せず，また，罰則の適用も緩いものであった。そのため，今回の政府債務危機に際しては，より厳格な財政審査の採用や違反した場合の罰則の強化が図られた。各国レベルでは，自らに罰金をかける訳にもいかないが，その代り，財政収支の実績などが目標から乖離した場合には，後年度において，一定期間をかけて調整していくようなルールが予め定められている国もある。また，独立財政機関が設置されている国では，そうした機関によって財政運営が客観的に点検・評価されており，財政ルールからの逸脱が厳しく監視されている。こうした事後調整や客観評価の仕組みを備えておくことは，財政ルールの運用にとって重要である。日本では，経済財政諮問会議において，経済財政の中長期試算を半年ごとに作成し，実績を踏まえた財政の中期目標への経路がどう変化したのかを確認し，目標達成のために必要な政策の検討に反映しているが，こうした財政のチェック機能をしっかりしたものにしていくことが重要であろう。

　第三に，財政ルールの運用にはコンプライアンスが重要ということである。ギリシャの場合は，そもそも財政統計自体が正確に報告されていなかったという極端な例ではあるが，その他の国でも，財政ルールを形式的に満たすために，会計操作が行われることは多々ある。日本でも，一般会計と特別会計の間の資金の移転によって，一般会計の収支を見かけ上改善するような事例も過去には見られた。また，財政ルールの運用には，予期せぬ事象の発生など，場合によっては柔軟性が求められる場合があるが，その場合でも，例外措置はあくまで透明性を持った形で処理される必要がある。

　いずれにせよ，優れた設計の財政ルールやそれを監視するシステムを構築することは，財政再建を持続的に行う上で重要であり，日本でもさらに議論を深めていく必要があろう。

③ 財政の資源配分機能の見直しと所得再分配機能の強化

　財政の持続可能性を維持することは重要だが，他方で，急速に進む人口の少子高齢化や非正規雇用の増加などに伴う所得格差の拡大といった社会の変

第15章 財政再建——長期債務問題と包括的な成長の両立—— *363*

化は，それに対応した財政の資源配分機能の見直しや所得の再分配機能の強化を必要としている。財政再建とこうした財政の諸機能の強化を同時に行うことは難しい課題ではあるが，なるべく効率的な手法で税を徴収し公共サービスを提供することにより，ある程度両立を図ることは可能である。以下では，財政再建と両立する財政機能の強化方法について論じる。

3-1 資源配分機能の見直し

　財政の資源配分機能とは，様々な公共財や公的サービスの提供を指すが，日本は，OECD 諸国の中でも最も高齢化と少子化が顕著に進んでいることを踏まえれば，財政支出の割合が高齢者に偏るのはやむを得ない面がある。しかしながら，こうした傾向を放置しておけば，さらに少子高齢化に拍車がかかり，財政の持続可能性だけでなく，日本の経済社会そのものの持続可能性が問われるような事態になりかねない。財政規律を保ちつつ，こうした人口動態の変化に対応するためには，社会保障支出を効率化し，財政支出の配分を見直すことで，少子化対策など家族支援を強化するような改革が必要である。

　政府による家族支援策が出生率にどのような影響を与えたかを分析したOECD の研究（Adema et al（2014））によれば，財政による家族支援策のうち，児童給付金など家族への財政支援，育児休暇の期間，保育施設の利用率の3点については，出生率の向上に有意につながるとの結果となっている（表15-3）。また，直接的な少子化対策ではないが，女性の就労率の上昇も出生率にプラスの効果を持っている。この意味では，配偶者の所得にかかる限界税率といった労働インセンティブの改善は，配偶者の就労率を高め，それが出生率の向上につながることを通じて，間接的にプラスの影響を持つことが示されている。

　こうした少子化への取組については，日本でも，一億総活躍社会の実現が政府の最重要課題の一つとして掲げられ，その中で，保育施設の受入れ能力の拡大と保育人材の確保，幼児教育の無償化拡大や児童扶養手当の機能の充実，女性の就労支援の取組が行われている。こうした施策に加え，女性の就労意欲を削がないよう，税制・社会保障制度・配偶者手当等の見直しに向け

表15-3　出生率及び女性就労に影響を与える要因の回帰分析
（サンプル：OECD30カ国）

	出生率への影響	女性就労への影響
家族向け支出・給付		
出産・育児に関する支出・給付	プラスの効果	―
保育サービスに関する支出	―	―
家族のための給付	プラスの効果	―
育児休暇及び保育サービス		
母親の育児休暇の日数	プラスの効果	―
父親の育児休暇の日数	プラスの効果	―
保育施設の利用率	プラスの効果	プラスの効果
女性就労に関する税インセンティブ		
パートタイム労働の税インセンティブ（注）	―	プラスの効果
配偶者の相対的な限界税率	プラスの効果	―

（出所）Adema et al（2014）の表1より抜粋。
（注）所得が同じ共働き夫婦（片方はパート労働）と片働き夫婦の可処分所得の差。

た検討も同時に進めていくことが重要である。

3-2　所得再分配機能の強化

　財政は，累進的な課税や様々な家計への給付，医療・教育などの現物支給などを通じて，所得の再分配に大きく貢献している。IMF（2014）では，世界各国の経験に基づき，財政による所得再分配機能をいかに効率的に強化するかについて論じているが，主な指摘は以下のとおりである。
　第一に，年金など社会保障支出やその他の給付について，就労を促進するような改革を行うことは，所得格差の是正と財政再建の双方に寄与するということである。具体的には，年金の支給開始年齢の引上げは高齢者の就労を促進し財政再建にも貢献する。また，低所得者への給付については，積極的労働政策への参加とリンクしつつ，就労意欲を損なわないような勤労税額控除を活用することが重要である。また，失業給付についても，期間の短縮，給付の漸減など，就労を促進するような給付の設計が必要である。
　第二に，教育や医療へのアクセス確保は所得格差是正に大きく影響する。教育については，低所得者層が高等教育へのアクセスが低い傾向があるの

は，そもそも初等・中等教育での教育が十分でないことを反映しているとの認識に立てば，初等・中等教育への投資の重点化や，早期児童教育の強化は所得格差の是正に寄与すると考えられる。また，医療についても，低所得者のアクセスを確保することが重要であり，例えば，低所得者の窓口負担を免除するということも考えられる。

第三に，課税面については，所得税の累進度を高めることが考えられる。これは所得税の限界税率の引き上げのほか，主に高所得に有利になるような所得控除の削減や最低課税所得の引き下げも考えられる。高所得者層ほど資本所得が大きいことからすると，資本所得への課税強化も必要であるが，あまりに税率が高いと貯蓄や投資意欲を阻害するため，一定のバランスが必要である。不動産などの資産課税の強化，相続税や贈与税の強化も所得の再分配に寄与する。

4 まとめ

財政の持続可能性を高めることと，財政の資源配分機能や所得再分配機能を高めることを両立させるのは容易なことではない。本章では，こうした難しい課題に対する主な論点を抽出することを目指した。その鍵は，高齢者や女性を含めた就労率を高めること，教育や医療など公的なサービスの質を維持しつつ徹底した効率化を図ること，財政再建への国民の関心を高め長期的に財政再建の経路を管理する仕組みの導入にあると考えられる。

参考文献

Adema, W., N. Ali and O. Thevenon (2014), "Changes in Family Policies and Outcomes: Is There Convergence?," OECD Social, Employment and Migration Working Papers No. 157, OECD

Calmfors, L. (2010), "The Role of Independent Fiscal Policy Institutions," Paper presented at a Seminar Organised by Prime Minister's Office on 12 August 2010

Giavazzi, F. and M. Pagano (1990), "Can Severe Fiscal Contractions be Expansionary?", NBER Macroeconomic Annual, pp. 75-122

Guajardo, J., D. Leigh and A. Pescatori (2011), "Expansionary Austerity: New International Evidence", IMF Working Paper, No. WP/11/158.

Hagemann, R. (2010), "Improving Fiscal Performance Through Fiscal Councils," Economics Department Working Papers No. 829, OECD

IMF (2009), Fiscal Rules: Anchoring Expectations for Sustainable Public Finances, December

IMF (2014), Fiscal Policy and Income Inequality, IMF Policy Paper, January 22, 2014

OECD (2010), "Fiscal Consolidation: Requirements, Timing, Instruments and Institutional Arrangements," Chapter 4, OECD Economic Outlook 88, November

OECD (2015), Principles for Independent Fiscal Institutions and Case Studies, OECD Journal on Budgeting, Volume 2015/2

Rawdanowicz, L., E. Wurzel and A. K. Christensen (2013), "The Equity Implications of Fiscal Consolidation", Economics Department Working Paper No. 1013, OECD

Sutherland, D., Hoeller, P. and R. Merola (2012), "Fiscal Consolidation Part 1: How Much Is Needed and How to Reduce Debt to A Prudent Level?," Economics Department Working Paper No. 932, OECD

（茨木　秀行）

第16章　公的年金政策の課題と対応

1　少子高齢化と社会保障

1-1　はじめに

　社会保障は，人が生活を営むなかで病気，老齢，障害，死亡，失業，貧困，要介護，出産，育児などに直面したときに，国や公共団体がサービスや現金を給付し，生活の安定を図る制度をいう。社会保障は，それぞれの国の社会の諸制度，政治や経済の理念，家族形態や社会慣行などを反映しており，国によって制度内容は大きく異なっている。一般的には，社会保険，公的扶助，社会福祉の三つの制度から成っており，日本では社会保険制度を中心に，公的扶助としての生活保護制度，障害者福祉・児童福祉・老人福祉等の分野別の社会福祉制度が設けられている。

　1961年に全国民を対象とする医療保険制度と年金保険制度（「国民皆保険・皆年金体制」という）が成立してから半世紀余りが過ぎた。その間，社会保障制度は人びとの暮らしの中に深く浸透し，その安定に寄与してきた。しかし，1990年代半ば頃から少子高齢化の進展，経済のグローバル化，長期にわたる不況等を背景に経済社会が大きく変化していくなかで，社会保障はその変化に的確に対応できず，制度を持続していくことさえ危ぶまれるような状況を呈するようになった。2000年代に入ってから社会保障の各分野で改革が行われてきたが，その多くは各制度の持続可能性を確保するための財政対策であり，人びとの生活の変化に対応した社会保障の機能強化を図るには至っていない。団塊の世代が75歳以上の後期高齢者となるときを目前にして，社会保障が直面している最大の課題は，いかにして負担と給付のバランスを維持しながら，社会保障の機能強化を図っていくかということである。

本章では、少子高齢化の影響の大きい社会保障制度のなかで、主として年金制度を取り上げ、その検討を行う。そこでは、皆年金制度の成立以降の年金政策の課題と対応策を追跡することを通して、現在の日本が直面している課題がどのようなものであり、それに対してどのような政策が行われ、また行われようとしているのかということを検討してみたい。そうした歴史過程を踏まえた考察によって、現在、日本の国民皆年金体制が抱えている課題と年金政策の状況が見えてくるものと思われる。

1-2 少子高齢化の状況

年金政策の検討に入る前に、その前提となる日本の少子高齢化の状況について簡単にふれておこう。日本の総人口は2010年の1億2,806万人をピークに減少に転じ、国立社会保障・人口問題研究所の将来人口推計（2012年推計）によると、2048年には1億人を割り、2060年には8,674万人になると予想されている。

人口の増減は、出生、死亡、人口移動（外国人の移入と移出）によって決まる。日本では人口移動が少なく、出生と死亡によって決まるが、死亡の水準はほぼ安定しており、出生による影響が大きい。日本では1950年頃から出生数が減少する一方、平均余命が急速に伸びたことから、人口の減少とともに高齢者の割合が増加し、高齢化が進行していることが特徴となっている。

高齢化に加えて少子化[1]も進んでいる。少し説明を加えると、少子化というのは出生数が減少する状況のみをいうのではない。少子化とは、合計特殊出生率が人口置換水準を長期にわたって下回る状態のことをいう。合計特殊出生率とは、ある年の15～49歳の女性の年齢別出生率の合計値で、簡単にいうと1人の女性が一生の間に産む子供の数の平均値である。また人口置換水準とは、人口が長期にわたって増加も減少もせずに均衡する出生水準のことで、日本では2.07とされている。

---

[1] 「少子」という言葉は本来「一番若い子、末子」を意味し「子どもが少ない」という意味はなかったが、1992年の『国民生活白書』で「少子化」という言葉を掲載し「出生率が低下し、子どもの数が減少すること」と説明して以降、「少子化」という言葉が普及したといわれている（『広辞苑』第5版、1998年、参照）。

日本では1970年代半ば頃から合計特殊出生率が人口置換水準を下回るようになっていたが，1990年の「1.57ショック」[2]を契機に少子化への関心が高まった。その後も出生率は低下し続け，2005年には1.26となったが，その後やや回復し最近は1.4台となっている。高齢化と少子化の同時進行は「少子高齢化」といわれ，多方面にわたって大きな問題となっている。

　将来人口推計（中位推計）によると，2010年に老年人口（65歳以上）が総人口の23.0％，生産年齢人口（15～64歳）が63.8％，年少人口（0～14歳）が13.1％であったが，2030年にはそれぞれ31.6％，58.1％，10.3％となり，2060年には39.9％，50.9％，9.1％になるとされている。

　少子高齢化が社会保障に大きな影響を与えることはいうまでもない。とくに年金，医療，介護，出産・育児に関する影響が大きい。公的年金では，現在，1人の年金受給者を2.6人の被保険者で支えているが，2030年には1.7人の被保険者で支えることになり，2060年には1.2人で支えることになるとされている。医療保険では高齢になるにつれて病気がちになり医療費が増大するし，介護保険でも要介護者が多くなり，それらを支える現役世代の負担が重くなっていく。また，社会における人口バランスを適切に維持していくうえで，出産と育児に係る社会的対応がますます大きな意味を有するようになっている。

2　国民皆年金体制の確立と課題
——年金制度の分立と制度間格差——

　1961年の国民皆年金体制の成立は，新たに国民年金法を制定して，日本国内に住所をもつ20歳以上60歳未満の全国民を国民年金の被保険者としたうえで，既存の年金制度に加入している者は国民年金の適用除外とするという方法で実現した。そのため，皆年金体制は多くの分立した制度と制度間の著しい格差を存続したまま発足することとなり，それらをどのように調整していくのかということが，その後の年金政策の大きな課題となった。

---

[2]　「ひのえうま」の年であった1966年の1.58という合計特殊出生率が史上最低値とされてきたが，1990年にそれを下回ったことによる衝撃をいう。

まず,分立した制度は次のようになっていた。すなわち,既存の民間企業の被用者を対象とする年金制度として厚生年金保険と船員保険があり,共済組合の年金としてそれぞれ国家公務員,地方公務員,公共企業体職員,農林漁業団体職員,私立学校教職員を対象とする5つの共済年金制度が存立し,それに国民年金制度を加えた3種8制度の公的年金制度に分立していた。

しかも,それらの制度間には大きな差異があった。厚生年金と共済年金の被用者年金は世帯型年金で,そのモデルは稼得者である夫が被保険者となり保険料を払って年金を受給し,専業主婦である妻は被扶養配偶者として加給年金を受給するというものである。国民年金は個人型年金で,職業や収入の有無,男女の区別なく各人が被保険者となり,保険料を払い年金を受給するというものである。また,夫が被用者年金に加入している世帯の専業主婦は,自分の年金を取得するために国民年金に任意加入することができた。

分立した年金制度では,保険料と年金給付においても差異があった。被用者年金の保険料は,被保険者の標準報酬月額に定率の保険料率を乗じた額を被保険者と事業主が折半負担する方式であり,国民年金の保険料は一律に定額で被保険者の全額負担であった。また,被用者年金の老齢年金は20年加入で60歳支給であったが,国民年金は25年加入で65歳支給であった。年金水準も制度によって大きな格差があった。1961年の被保険者1人当たりの老齢年金額(年額)をみると,国家公務員共済は12万454円,厚生年金は4万1,693円と3倍近い差があり,国民年金では保険料納付済期間が25年以上の「モデル年金」を2万4,000円と想定していた。

国民年金では拠出制年金のほかに,無拠出制年金を設けた。拠出制年金は発足時に50歳未満の者を強制加入とし,50歳以上の者は任意加入とした[3]。それに加えて,制度発足時に老齢,障害もしくは母子の状態にある者,または拠出制年金に加入したが,同様の状態になり,保険料を納付できないために拠出制年金を受けられない者に対して,無拠出制の老齢福祉年金,障害福祉年金および母子福祉年金を支給することとした[4]。

---

[3] 50歳以上の者には年金受給資格期間を10年〜24年と短縮した。1970年には,制度発足時に50歳以上の者について5年の加入期間で年金を給付する5年年金の経過年金を設けて年金の成熟化を進めた。

財政面でも大きな格差があった。低所得者の多い国民年金は，加入者の増大を図るため保険料を低く設定せざるを得ず，保険料相当額の2分の1（年金給付額の3分の1）を国庫負担とした。また，福祉年金の費用は全額を国庫が負担することとされた。

3 1960年代から1970年代末までの年金政策

国民皆年金の発足から1970年代末まで，年金政策の中心課題は年金制度の成熟化，すなわち給付を拡大し，多くの人びとが年金で生活できるようにすることであった。1960年代から年金給付の引上げを進めてきたが，「福祉元年」と称される1973年の改革で大幅な給付改善を行った。すなわち，①厚生年金保険の老齢年金を被保険者の平均賃金の60％程度にすることを目途に月額2万円から5万円に引き上げた。国民年金についても，将来支給する25年加入の「モデル年金」を1966年に月額5,000円，69年に8,000円，73年に20,000円に引き上げた[5]。保険料の低さを考えれば，厚生年金よりも大幅な引上げであった。②障害年金，遺族年金および福祉年金の最低保障額を大幅に引き上げた。③年金給付に物価スライド制を導入した。

この時期の年金政策の特徴として，分立した制度体系は変えないまま，給付水準の高位平準化を進めることによって，制度間格差の縮小を図ったことがあげられる。こうした給付改善を可能にした最大の要因は，1955年に始まった高度経済成長である。国民の所得水準が上昇するのに対応して，保険料収入および税収入が増大し，給付水準の低い制度の給付を引き上げながら格差の縮小が図られた。「5万円年金」の実現によって，多くの人びとは老後生活の主柱として公的年金を捉えるようになった。

高度経済成長は1973年秋の第一次石油危機で終わりを告げたが，年金を含めて社会保障の給付拡大は1970年代末まで続いた。物価と賃金の上昇を背景に，厚生年金の老齢年金額は1977年には9万円を超え，80年には12

---

4 国民年金に保険という名称がつけられなかったのは，その中に無拠出制の福祉年金が設けられたからである。

5 実際には加入期間が25年に達しないため，1973年に月額1万800円であった。

万円を超えた。低経済成長下において高度成長型の年金引き上げが維持された大きな要因は、年金制度の未成熟により受給者が少なかったからである。それに加えて保革伯仲の政治状況の下で、福祉水準引き下げを互いに牽制しあうという「福祉聖域論」の影響もあげられる。こうして年金制度の成熟化が急速に進んだ。

福祉元年改革以降の年金引上げ政策に対しては、財政悪化を招いた無定見な対策であったという批判が少なくない。しかし、日本経済は低いながらも依然として成長途上にあり、年金水準の引上げは、公的年金制度に対する国民の信頼を確保しながら、その成熟化を図っていくためには必要不可欠な措置であった。この時期を逸しては実現できなかったといえよう。

4 1980 年代の課題と改革——基礎年金改革——

国民皆年金の確立以降、年金制度の成熟化が進められてきたが、1970 年代後半から経済基調の変化、産業構造の変化、将来人口推計とそれに基づく年金財政予測などを背景に、今後の年金制度のあり方が問題となった。そのなかで具体的な課題として、国民年金の加入者構成が大きく変化し、1986 年から支給開始となる老齢年金の財源が国民年金だけでは賄えないという状況に対して、どのように対処するかということがあった。

こうした課題に対応して、1985 年に年金制度全般にわたる大改革が行われた。「基礎年金改革」とも称されるこの改革の主な内容は、以下のとおりである。①国民年金を全国民共通の「基礎年金」とし、その上に報酬比例の厚生年金および共済年金を乗せるという二階建ての年金体系とする、②給付水準と保険料の適正化を図る、③専業主婦を国民年金の強制被保険者とし基礎年金を支給する、④20 歳前に障害者となった人に対して 20 歳から保険料負担なしで障害基礎年金を支給する、⑤船員保険の年金部門を厚生年金保険に統合する、というものであった。

この改革の画期的なことは、全国民共通の基礎年金の創設によって、分立した年金制度を統合し、単一の国民皆年金体制を実現したことである。その方法として、厚生年金と共済年金の定額部分を国民年金（基礎年金）に移行

し，報酬比例部分だけを被用者年金とするものであったが，それは財政的には被用者年金の保険料の一部を基礎年金の財源に充てるということであり，制度間の財政調整にほかならない。しかし，その場合，国民年金が個人型年金であるのに対して被用者年金は世帯型年金のままであったことは，その後の展開に大きな問題を残すこととなった。また，被用者年金が所得比例年金になったことは，所得把握が可能な場合には所得比例年金が望ましいとするヨーロッパ諸国の動きにも類似するものであったといえる。

　また，給付と負担の適正化については，1984年当時32年間厚生年金に加入した者が受け取る夫婦のモデル年金の所得代替率（68%）を，改革後は40年間加入した場合に維持できるとしたものであり，実質的には給付の引下げとなるものであった。また，国民年金が全国民の基礎年金となることによって，公的年金の最低基準として生活保護水準と比較されるような意味を有するようになった。

　専業主婦は国民年金の第3号被保険者となり，被保険者としての保険料負担をしなくても基礎年金が支給されることになった。それは夫である第2号被保険者が世帯型年金である被用者年金に納付した保険料には妻の分も入っているという理解によるものであった。しかし，基礎年金の財源には被用者保険に加入している単身者の保険料や，国民年金のみに加入する第1号被保険者の保険料も含まれており，第3号被保険者の保険料負担がないことへの批判が大きくなった。これは先述のように，個人型年金と世帯型年金を接合したことによるものであって，その根本的な解消には被用者年金も個人型年金に改めることが必要であると思われる。

　20歳前障害者に対する障害基礎年金の支給は，従来の障害福祉年金を根本的に改めたもので，給付水準の大幅な改善を図るものであった。しかし，保険料負担なしの年金給付が保険システムになじまないことや，障害者に対する給付を年金保険から切り離して税財源による給付や医療給付に変更する国が増えていることなどから，障害年金のあり方そのものの再検討が求められている。

[5] 2000年代の課題と改革
――保険料率の上限固定とマクロ経済スライド方式の導入――

　1985年の改革により公的年金財政は安定化するものとみられた。しかし，1990年代に入って不況の長期化，経済のグローバル化，少子高齢化の進展等により産業構造および就業構造が大きく変化し，社会保障を取り巻く環境が急変していった。非正規労働者の増加をはじめ，女性の就業率（多くは非正規就業）の上昇，家族形態の変化（同居率の減少，高齢世帯および単身世帯の増加）などに対して，年金制度は的確に対応できなかった。非正規労働者など経済的に脆弱な第1号被保険者が増加するとともに，保険料の納付率が低下し，国民年金の空洞化が大きな問題となり，さらには被用者年金の財政も逼迫し，新たな対応が求められた。

　それに応えるものとして，1994年に被用者年金の老齢年金支給開始年齢を60歳から65歳に段階的に引き上げることや，年金額の算定における基礎額をグロス賃金からネット賃金に変更するといった改正が行われた。しかし，年金制度をめぐる状況の悪化は，そうした措置で対応できるものではなく，新たな年金改革が求められたが，改革は遅々として進まなかった。

　ようやく2004年に新たな年金改革が行われた。この改革は，年金制度そのものは維持したまま，将来の少子高齢化に対応するために，年金保険料および年金支給額の算定方式を改めるものであった。すなわち，①保険料水準を徐々に引き上げ，厚生年金では2017年度に達する18.3％という保険料率を上限として固定し，国民年金では16,900円（2004年度価格）という保険料を上限として固定する，②給付水準を財源の範囲内で自動調整する仕組み（マクロ経済スライド方式）を導入する，③基礎年金の国庫負担分を3分の1から2分の1に引き上げる，④積立金を100年間で財政均衡を図る方式として給付費1年分程度まで取り崩す，というものである。

　これによって，従来の「財政再計算により給付に必要な保険料率を決定する」という方式から，「保険料率の上限を固定し，給付水準はマクロ経済スライドで調整する」という方式に変更された。すなわち，通常の年金額の改

定ルールは，原則として，前年度の改定率を，新規裁定年金は名目手取り賃金（以下「賃金変動率」という）に応じて改定し，既裁定年金は物価変動率に応じて改定するものであるが，マクロ経済スライドは，賃金変動率または物価変動率にスライド調整率（就労世代の数の増減率×平均余命の伸び率）を乗ずることによって給付率を引き下げるという仕組みとなっている。これは，少子高齢化に対応するため，高齢者の年金額を減額し，若齢者の負担を軽減することを企図したものである。

その際，減額していく年金の下限として所得代替率が現役時代の50％を下回らないこととした。なお，上限となる保険料率について付言しておくと，当初法案では20％であった。それは従来からの上限でもあったし，日本の高齢化率と同程度のヨーロッパ諸国が既に20％を上回る水準を上限としていることなどによるものであったが，政府は財界の要望により18.3％に引き下げたものである。この保険料率では将来の財政安定化を図ることは難しいとみられており，今後の対応が注目されている。

6 年金記録問題と民主党政権の年金改革

2007年2月，誰のものか分からない厚生年金や国民年金の記録が06年6月時点で5,000万件もあることが判明し，いわゆる年金記録問題が発生した。

年金制度に関する記録は，各制度とも当初は紙台帳に手作業で記録されてきたが，1957年にパンチカードシステムによる記録の機械化が始められ，62年にコンピュータの導入による磁気テープによる管理に移り，86年からオンラインシステムによる一元化へと変化した。さらに，86年の基礎年金制度導入に伴い国民一人ひとりに生涯にわたる基礎年金番号が付され，各制度ごとの年金番号が基礎年金番号に統合された。

しかし，こうした過程で2つ以上の年金番号を有する者の記録件数が3億件にのぼり，その統合が行われてきたが，2006年に統合されずに残ったのが5,000万件に及んだ。5,000万件がすべて持ち主不明というわけではなかったが，膨大な数が国民に与えた衝撃は大きかった。問題はそれだけではな

かった。紙台帳からコンピュータに移管されなかったり，入力ミスがあったり，納めた筈の保険料が記録されていなかったなどの問題も多数あることが明らかになった。しかも社会保険庁内ではそれらが既に知られていたことであったことも分かった。それらのことが「消えた年金記録」として大きく報道され，年金記録問題は内閣をゆるがす大きな政治問題となった。2007年の参議院選挙，09年の衆議院選挙で自民党が大敗し，大勝した民主党への政権交代が行われる大きな要因ともなった。

年金記録問題はその後，政権を通じて対応が図られた。年金の加入者および受給者全員に「ねんきん特別便」が送付され，年金記録に漏れや誤りがないかどうか確認され，またコンピュータ上の記録と紙台帳の記録・住民基本台帳の記載等との照合や突合などが行われた。

年金記録問題発生の最大の原因となったのは，社会保険庁の業務のあり方であった。社会保険庁の組織や業務運営等に関する調査等が行われた後，2009年に社会保険庁は廃止，解体され，年金業務は2010年から新設の日本年金機構に引き継がれた。機構は残った未統合記録等の解明に取り組み，約100万件を解明したが，2014年3月に約2,100万件の記録が未解明のまま一応の区切りがつけられた。その後も作業は続けられており，16年3月に1,986万件まで減少したとしている。

年金記録問題は，国民の間に年金不信を広げることになったが，再発防止に向けて「ねんきん定期便」を送付し，また，「ねんきんネットワーク」で手軽に確認できるようにするなどの対応が図られている。

2009年に登場した民主党政権は，マニフェストに掲げた新年金制度案，すなわち「社会保険方式による所得比例年金と税方式による最低保障年金の組合せ」による新年金制度の創設に向けての作業を始めた。しかし，最低保障年金の支給対象，所要財源，所得比例年金の基礎となる所得把握の方法，その負担と給付など，具体的な内容を明らかにできないままに終わった[6]。

民主党の新年金制度の構想は，スウェーデンで1999年に行われた年金改革をモデルとしたものであった。スウェーデンの年金改革における所得比例

---

6 民主党政権の社会保障政策については，土田「社会保障制度改革」川辺信雄・嶋村紘輝・山本哲三編著『日本の成長戦略』中央経済社，2012年を参照。

年金と最低保障年金の組み合わせ，確定拠出による賦課方式（概念上の確定拠出方式）という方策は，世界的に高い評価を受け，多くの研究者や政策担当者に大きな影響を与えた。しかし，社会保障制度は EU でも各国の統合が最も難しいとされているように，基本的に国内政策であり，そこには社会慣行，家族制度，地域社会のあり方，社会保障の推移など，国によって大きく異なる要因が深く関わっている分野である。また，年金制度や政策の変更は，国家財政，企業経営，労働市場や働き方，人びとの暮らし方などに与える影響もきわめて大きい。ある国でうまくいったからといって，それをすぐに模倣できるわけではない。民主党の国民年金に税方式を導入するという案は，第3号被保険者問題や年金未納者問題，さらには非正規労働者の年金問題を解消する方策としてこれまでも幾度か主張されてきたものであるが，それを実施した場合に生じる多くの問題や対応策の難しさも指摘されてきた。また，所得比例年金については，先に述べたように被用者年金では実現されたが，被用者以外では所得把握の壁があり，実現は難しいとされてきた。そうしたことをみるとき，余りにも安易にスウェーデン方式を模した改革案が本格的な検討もされないままに終わったのは不思議ではない。年金制度および年金政策の課題と対応の推移を検討していたならば，そうした安易な改革案が出てくることにはならなかったものと思われる。

7 社会保障・税一体改革における年金改革

2010年10月，民主党政府はこれまでの改革の方向を転換し，社会保障改革と税改革を一体的に行う方針を表明した。その内容は，2008年〜09年に先の自公政権が設置した「「社会保障国民会議」等で示された改革の方向と重なっていた。その具体化に向けて政府は，消費税率の引上げとそれを財源とする社会保障改革を内容とする改革法案をまとめ，民主・自民・公明の三党合意を経て，2012年に年金関連4法案と社会保障制度改革推進法が成立した。

成立した4つの法律は，①年金機能強化法（2012年8月成立）：基礎年金国庫負担2分の1の恒久化，老齢年金支給資格期間の短縮，被用者の産休期間

中の社会保険料（本人負担分および事業主負担分）免除，遺族基礎年金の父子家庭への拡大，短時間労働者への厚生年金適用拡大，②被用者年金の一元化（2012年8月）：共済年金の厚生年金への統合，③国民年金法等改正法（2012年11月）：年金額の特例水準の解消，④年金生活者給付金法（2012年11月）：低所得高齢者・障害者等への福祉的給付の創設，である。また，年金機能強化法附則に高所得者の年金額の調整，国民年金第1号被保険者の出産前後の保険料免除が検討事項として記載され，さらに一体改革大綱の検討事項として第3号被保険者制度の見直し，マクロ経済スライドの検討，在職老齢年金の見直し，標準報酬上限の見直し，支給開始年齢引上げの検討が記載された。

2012年11月に社会保障制度改革国民会議が設置され，社会保障・税一体改革の検討が開始されたが，年金制度は先の4法案成立などにより国民会議での主な検討課題とはならなかった。

2012年12月の総選挙で民主党が敗北し，自公政権が復活した。13年8月に社会保障制度改革国民会議報告書が提出されたのを受けて，同年12月に改革のプログラム法が制定され，それに基づいて順次改革が進められることとなった。自公政権では先の3党合意に基づく年金関連4法の施行を進めた。その状況は以下のとおりである。

7-1　年金額の特例水準の解消

年金の支給額は物価変動に応じて改定される物価スライドが設けられているが，2000年度から02年度にかけて物価が下落したにもかかわらず，特例法によりマイナスの物価スライドを行わずに年金額を据え置くという措置が講じられた。そのため，2012年度には本来水準よりも2.5％高い水準の年金額が支給されるようになった。それにより本来水準に比べて毎年約1兆円の給付増となっており，過去の累計で約7兆円（基礎年金，厚生年金の合計）の過剰給付となった。

国民年金法等改正法はこの特例水準を解消し，本来の年金水準に引き下げることで年金財政の改善を行い，世代間の公平を図ることにしたものである。具体的には，2013年度から15年度までの3年間で解消することとし，それぞれ2013年10月に1.0％，14年4月に1.0％，15年4月に0.5％の年金

水準の引下げが行われた。

特例法により年金水準を据え置くという対応は，2004年の改革で導入されたマクロ経済スライドがデフレ時には発動しない仕組みになっていることによるものである。すなわち，現在のマクロ経済スライド方式は，それを行ったときに年金額が減るという事態は回避するという措置（「名目下限措置」という）を講じているからである。それにより，これまでマクロ経済スライドは一度も行われてこなかった。

こうした事態に対して，マクロ経済スライドの仕組みを改める必要があるとされたが，その前提として特例水準を解消しなければならなかった。2015年4月の年金額改定で特例水準が解消されたことにより，2016年度にマクロ経済スライドの仕組みを改めるための状況が整ったことになる。

7-2　基礎年金の国庫負担2分の1の恒久化

2004年改革で基礎年金の国庫負担率を3分の1から2分の1に引き上げることとしたが，財源確保が難しく2005年度から国庫負担率を段階的に引き上げた後，09年度から年度ごとに予算措置を講じて基礎年金の2分1相当額を国が負担してきた。12年の年金機能強化法で，社会保障・税一体改革により所要の財源確保が図られることで国庫負担2分の1の恒久化が達成されることとされた。

2014年4月，消費税率が5％から8％に引き上げられたのにともない，基礎年金国庫負担2分の1の恒久化が実現された。消費税率引き上げによる増収分5.1兆円のうち2兆9,500億円がそれに充てられた。

7-3　産休期間中の厚生年金保険料免除と遺族基礎年金の父子家庭への支給

年金機能強化法により，2014年4月から産休期間中の厚生年金保険と健康保険の保険料が免除されることとなった。これは社会保障・税一体改革で，消費税引上げの充当先を年金・医療・介護に「子育て」を加えたことによるもので，次世代育成支援という観点から出産前後の経済的負担を軽減し，子どもを生みながら働きやすい環境を整えることが目的とされている。

また，同じく2014年4月から遺族基礎年金の対象が「子のある妻または

子」とされていたのが「子のある配偶者または子」と改められ，父子家庭もその対象に含まれることとなった。ただし，死亡した配偶者によって生計を維持されていたことが要件とされている。

7-4　老齢基礎年金の受給資格期間の短縮

　年金機能強化法で，消費税率の引上げにあわせて老齢基礎年金の受給資格期間を 25 年から 10 年に短縮することとされたが，2014 年の消費税率 5％から 8％への引上げの際にはその実施が見送られ，17 年 4 月に予定していた消費税率 10％への引上げにあわせて実施することとした。しかし，16 年 6 月に 10％への消費税率引上げが 19 年 10 月まで延期されたことから，その実施が不透明になったが，16 年 7 月に政府は 17 年 10 月から年金受給資格期間を短縮することを閣議決定し，16 年 11 月にそのための関連法が成立した。老齢基礎年金の受給資格期間短縮によって約 64 万人が新たに年金を受給できるようになり，それに必要な費用は約 650 億円とされている。

　受給資格期間の短縮によって得られる老齢基礎年金額は，保険料納付済期間が 10 年で月額 16,252 円（40 年加入の満額年金 65,008 円の 4 分の 1），20 年で月額 32,504 円（いずれも 2016 年現在の計算値）と低く，この年金額で生活することは困難である。年金受給資格期間の短縮によって，10 年加入すればあとは保険料を納めなくてもいいという意識が広がることが懸念されているが，そういうことではないことを周知することが必要であろう。

　国民年金の保険料納付率は 60％台と低くなっており[7]，保険料未納のため年金額が減額する人が増大することが予想されている。保険料を納付しない理由は，「収入が少なく，経済的に支払うのが困難」が 71.9％と最も多く，他の理由は 10％に満たない[8]。これらの人びとに対しては，保険料減免制度の周知を強化することが望まれる。例えば，10 年間保険料を納付して 30 年間保険料免除を受けた場合，免除期間の年金は半額（国庫負担分に相当）となるので，老齢基礎年金は月額 40,630 円と，10 年納付のみの年金額の 2.5 倍

---

[7]　厚生労働省調査による。この調査は第 1 号被保険者を対象として行われ，保険料の免除，猶予を受けている人は計算対象から除かれる。それらを含めると保険料納付率は 40％台となる。

[8]　厚生労働省「平成 26 年国民年金被保険者実態調査報告」による。

となる。

　保険料未納者のなかには25年という期間を納められないということで，途中で未納者となる者が少なくないとされており，受給資格期間の短縮は年金保険料の掛け捨てを防ぐうえで効果があると思われる。この短縮については，短期間しか加入しないことによって利益を得るというような逆選択が増加するという意見もみられるが，高い年金への要望が強いことを考えた場合，そうした逆選択が強く働くとは思われない。しかし，保険料の減免や猶予の措置を知らないままに納付しない者が多いことから，少額の年金受給者の増加によって生活保護の受給者等が増加することも懸念される。保険料の納付促進にあわせて，減免措置等の周知徹底を図ることが必要であろう。

7-5　共済年金の厚生年金への統合とその対応策

　2012年8月に成立した被用者年金一元化法が，15年11月に施行された。これにより，国家公務員，地方公務員および私立学校教職員も厚生年金保険に加入することとなり，2階部分の被用者年金は厚生年金に統一されることとなった。一元化にともなって厚生年金と共済年金の制度的な差異については，基本的に厚生年金にそろえることになった。

　その際，最も大きな問題は，共済年金の職域部分を廃止した後の措置であった。職域部分というのは，公務員や私学教職員には企業年金がないことから，企業年金に対応するものとして共済年金では3階部分として設けられていた年金給付である。一元化により退職給付の官民均衡を図るという観点から職域部分は廃止されたが，当面の措置として退職手当（退職一時金）の水準を引き下げて旧職域部分は残し，新たに旧職域部分に替わるものとして「年金払い退職給付」を創設することとした（図16-1参照）。「年金払い退職給付」の財政運営はゼロからの積立方式で，給付設計はキャッシュバランス方式とし，保険料の追加拠出リスクを抑制したうえで保険料率の上限を法定（労使で1.5％）し，給付としては老齢年金の半分は有期年金（一時金，10年有期，20年有期から選択），半分は終身年金とし，公務上障害年金，遺族年金も支給するというものである。年金払い退職給付の拡大に応じて旧職域部分を減額していき，2060年頃までに年金払い退職給付に置き換えるとしている。

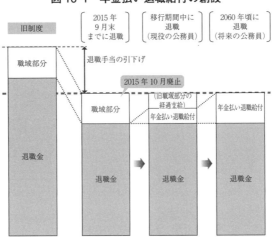

図 16-1 年金払い退職給付の創設

資料) 地方公務員共済組合資料より筆者作成

　そのほか，公務員共済では被保険者の年齢制限はなかったが，厚生年金と同じく 70 歳までとなることや，共済年金の遺族年金は先順位者が死亡等により失権した場合に次順位者に支給されることになっていたのが，厚生年金と同じく次順位以下の者には支給されないことになるなど，厚生年金にそろえる措置が講じられた。

7-6　短時間労働者に対する被用者保険の適用拡大

　2016 年 10 月から短時間労働者に対する被用者保険（厚生年金保険および健康保険）の適用拡大が行われた。これは，被用者でありながら被用者保険に加入していない非正規労働者に適用を拡大し，セーフティネットを強化することにより社会保険における格差を是正することや，働かない方が有利になるような社会保険の仕組みを是正することにより，特に女性の就業意欲を促進するとともに，子どもを生み育てながら働けるような環境整備を図ることを目的としたものである。

　被用者保険適用拡大の対象となる「短時間労働者」とは，次の 5 つの要件をすべて満たした者をいう。①週の所定労働時間が 20 時間以上であること，

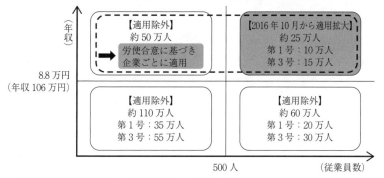

図16-2　短時間労働者への被用者保険の適用拡大

注1　従業員数は適用拡大前の適用対象となる労働者数。
注2　他に勤務期間1年未満の者が約100万人，学生が約50万人いる。
注3　対象者数は国民年金第1号被保険者（自営業者等），第3号被保険者（専業主婦）のほかに，60歳以上や20歳未満で厚生年金の適用となる者がいる。
資料）厚生労働資料より筆者作成

②雇用期間が1年以上見込まれること，③賃金の月額が8.8万円（年収106万円）以上であること，④学生でないこと，⑤雇用労働者数が常時501人以上の企業（特定適用事業所）に勤めていること。

また，短時間労働者が厚生年金の被保険者となることにともない，低所得の被保険者が増加することから，厚生年金保険法において標準報酬月額の下限が追加され，第1等級が8,800円（賃金月額9,300円未満が該当）となった。

この適用拡大により新たに厚生年金に加入する短時間労働者は約25万人と見込まれており，このうち国民年金の第1号被保険者であった者が約10万人，第3号被保険者であった者が約10万人，非加入者であった者が約5万人とされている[9]。しかし，週20時間から30時間の短時間労働者は245万人と推定されており、今回の適用拡大の対象となったのはその10％程度に過ぎない（図16-2参照）[10]。さらに勤務期間が1年未満の者が約100万人，アルバイトの学生が約50万人いる。

---

[9]　厚生労働省推計による（厚労省「短時間労働者に対する被用者保険の適用拡大：第89回社会保障審議会医療保険部会資料」2015年10月）。
[10]　同上。

こうした適用拡大が図られるなかで，保険給付拡大よりも当面の保険料負担の増大を避けて，労働時間を短くしたり賃金収入を下げたりして，適応拡大の対象から外れるケースもみられる。これは健康保険では被保険者と被扶養者が医療給付も患者負担も同じであることから，保険料負担のない被扶養者を選択する誘因が強く働いていることによると思われる。厚生年金を受けることの重要さをさらに周知することに加えて，社会保険の機能強化のためには適用拡大の対象者を強制加入とすることが必要であろう。

8　2016年の年金改正

2016年3月，年金制度の持続可能性を高め，将来世代の年金水準の確保を図ること等を目的として，年金改正法案が通常国会に提出された。法案の主な項目は，年金額の改定ルールの変更（マクロ経済スライドの仕組みの変更，賃金・物価スライドの見直し），国民年金第1号被保険者の産前産後期間の保険料免除，適用対象や年金額の改定ルールなどに関するものと，年金積立金の運用に関するものとの2つに分かれている。いずれの改正項目も，先の社会保障・税一体改革，経済財政運営と改革の基本方針（骨太の方針），一億総活躍社会国民会議等で取り上げられたものである。

年金改正法案は継続審議とされた後，2016年11月の臨時国会で成立した。改正の主な内容は以下のようになっている。

8-1　国民年金第1号被保険者の産前産後期間の保険料免除

年金機能強化法で被用者の産休期間中の社会保険料免除が講じられた際に，その附則で国民年金第1号被保険者についても産前産後期間の保険料を免除することが検討事項とされていたが，その実現を図ったものである。施行は2017年4月とされた。

国民年金第1号被保険者は自営業等で産前産後休暇が設けられていないことがあるので，保険料が免除される産前産後期間を4か月と固定した。また，国民年金の保険料が免除された場合，原則として年金給付は半分（国庫負担分）に減額されるが，産前産後期間の保険料免除については年金給付の

減額は行われない。ただし，その給付財源として国民年金保険料を月額100円程度引き上げることとしている。

8-2 短時間労働者の被用者保険適用の拡大

先に短時間労働者に対する被用者保険の適用拡大を行ったが，その対象者は25万人と少なかった。2016年の年金改正法では，適用拡大の対象外とされた500人以下の規模の企業について適用が求められていることに対して，労使の合意に基づき企業単位で短時間労働者への適用拡大を実施することを可能にするとともに，国および地方公共団体ではすべて適用拡大を行うこととしたものである。先の適用拡大要件とした①〜④は同じとされている。この改正により約50万人が対象となるものとされているが，実際にどの程度の広がりをみせるかが注目される（図16-2参照）。

8-3 年金額の改定ルールの変更

(1) マクロ経済スライド調整の変更

2015年に年金額の特例水準が解消されたのを受けて，マクロ経済スライドの仕組みが変更され，キャリーオーバー制度が導入された。それは，賃金・物価の上昇が小さいとき，あるいは下落したときには，名目下限措置を維持し，マクロ経済スライドによる調整を行わず，その後に景気が回復して賃金・物価が上昇したときに，先の未調整分（キャリーオーバー分）を含めてマクロ経済スライドの調整を行うというものである（図16-3参照）。

(2) 賃金・物価スライドの見直し

現行制度では，新規裁定者には名目手取り賃金変動率，既裁定者には物価変動率を基準にして年金額を改定するのが原則であるが，原則どおりに年金額を改定しない特例措置が定められている。例えば，物価は上昇したが，賃金が下落した場合は，年金額は変更されない。

この改正では，そうしたルールを改定して，新規裁定者は賃金・物価の上昇または下落にかかわらず常に賃金変動率をベースとし，既裁定者は物価変動率よりも賃金変動率が大きい場合は物価変動率をベースとし，物価変動率

図16-3 年金額の改定ルールの見直し

(1) マクロ経済スライドによる調整ルールの見直し（少子化，平均寿命の伸びなど長期的な構造変化に対応）

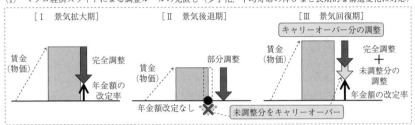

(2) 賃金・物価スライドの見直し（賃金・物価動向など短期的な経済動向の変化に対応）

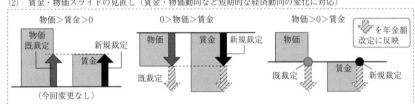

資料）厚生労働省資料

よりも賃金変動率が小さい場合は賃金変動率をベースとして改定を行うということとされた。したがって，物価が上昇したが，賃金が下落した場合，年金額は賃金下落率にしたがって引き下げられることになる（図16-3参照）。

こうした改正を行う理由としては，年金制度の支え手である現役世代の負担能力に応じた年金給付とすることがあげられている。少子高齢化の進展とこれまでの高齢者に傾斜した所得再分配の展開をみた場合，年金給付の引下げはやむを得ない。しかし，マクロ経済スライド調整の変更とあわせてみるとき，急速に年金水準が低下していく可能性が大きくなっていくことが予想される。マクロ経済スライド方式の導入に際して，所得代替率が50％を下回るような場合にはマクロ経済スライド調整を発動させないこととしているが，その所得代替率はモデル年金によるものであり，50％を下回る者が多く出てくることが確実視されている。そうした状況を考えるとき，この改定ルールのまま年金水準の急速な低下させていくことは新たな問題を惹起することが予想される。

おわりに──今後の課題と展望──

　国民皆年金体制の発足から今日までの年金政策と年金制度の変遷を概観してきた。そこでの大きな政策課題と対応について3点をあげておく。

　1つは、国民皆年金体制の発足時に大きな問題とされた制度の分立と制度間格差については、1985年の年金改革で国民年金が国民共通の基礎年金となり、その上に所得比例の被用者年金が乗るという体系になったこと、さらに2012年の被用者年金一元化法により共済年金が厚生年金に統合されたことによって、制度の分立と制度間格差の問題は解消された。

　2つには、国民皆年金の発足後、給付水準を高め、年金で国民の老後生活を支えるようにするという年金成熟化が政策課題となり、経済成長を背景に年金が引き上げられ、1970年代末にはほぼその達成がみられた。しかし、1970年代半ばから低経済成長へと移行し、高齢化に加えて1990年代からは少子高齢化が進展し、世代間の負担と給付のバランスをとりながらいかにして年金財政を確保していくかということが政策課題となった。2004年改革で保険料水準の上限固定とマクロ経済スライド方式が導入され、少子高齢化に対応できるとされた。しかし、2016年の年金額改訂ルールの変更により年金水準が著しく低下する人びとが増大する可能性も大きくなっている。

　3つには、1990年代半ば以降、経済のグローバル化、不況の長期化にともない就業構造が大きく変化し、非正規労働者が増大し、貧困・格差問題が拡大した。しかし、そうした問題に対して社会保障は的確に対応できず、とくに年金制度は年金記録問題等も加わって、国民の信頼性が大きく揺らぎ、保険料の未納・滞納者が増大し、国民年金の空洞化といわれる状況が現出した。それに対して2010年に社会保険庁を廃止・解体して新たな年金運営組織を創設し、年金制度への信頼回復に努めるとともに、2012年改正で非正規労働者への被用者年金の適用を拡大するなどの対応が図られている。しかし、その対象範囲は狭く、非正規労働者の貧困・格差問題への対策はなお今後の対策として残されている。

　以上のように、日本の年金政策は幾度かの大きな曲折を経ながらも年金制

度を維持し、国民生活の安定を図ってきた。一時は大きく失われた公的年金への信頼も回復基調にあり、年金制度の役割もさらに大きくなっている。しかし、少子高齢化が一段と進むなかで対応すべき課題は依然として多い。最後に、今後の主な課題を4つあげておこう。

1つは、第3号被保険者問題である。保険料負担を求める主張が強まるなかで幾つかの方策があげられているが、基本的には厚生年金を個人年金化する方向での対応が必要と思われる。

2つには、障害年金をめぐる問題である。20歳前障害者への障害基礎年金を含めて障害年金給付は、社会保険方式の年金制度にはなじまないものであり、税財源による給付制度に移行することが望ましいと思われる。このことはまた、現行の年金制度で行われている福祉的給付を年金保険制度の枠外に移すことにも重なってくる。そのためには国による福祉政策の充実を図ることが必要であり、それとの対応で年金制度の改革を行わなければならないであろう。

3つには、年金制度の負担と給付のバランスについて世代間の合意形成を図るとともに、格差問題に対処するために、税制改革とあわせて年金保険における所得再分配機能を強化することがあげられる。具体的には、年金支給開始年齢の引上げ、非正規労働者を含む中小零細企業労働者に対する厚生年金の強制適用、標準報酬月額の上限の引上げなどがあげられよう。

最後は、年金政策における政治リスクの回避である。年金政策については、1980年代までは官僚主導で進められてきたが、90年代以降は政治主導で行われるようになった。しかし、政治へのポピュリズムの影響が強くなるなかで、年金政策がその主要な領域となり、政治リスクが大きくなっている。年金制度は長期にわたるものであり、生活の根幹を左右するものであることから、その視点も長期的かつ安定的な視点からなされることが必要である。すでに多くの先進諸国では、総選挙の争点にしない、政治家が直接関与できない仕組みを導入するなど政治リスクを回避する対応策が講じられているが、日本でも年金政策から政治リスクを回避する方策を講じることが必要である。

参考文献

吉原健二・畑　満著『日本の公的年金制度史』中央法規出版、2016 年
西村　淳編著『雇用の変容と公的年金―法学と経済学のコラボレーション研究―』東洋経済新報社、2015 年
みずほ総合研究所編『図解　年金のしくみ―年金制度の問題点を理解するための論点40―〔第 6 版〕』東洋経済研究所、2015 年
堀　勝洋著『年金保険法―基本理論と解釈・判例―〔第 3 版〕』法律文化社、2013 年
井口直樹著『日本の年金政策―負担と給付・その構造と機能―』ミネルヴァ書房、2010 年
百瀬　優著『障害年金の制度設計』光生館、2010 年
太田啓之著『いま，知らないと絶対損する年金 50 問 50 答』文春新書，2011 年
権大喜一・権大英子著『年金政策と積極的社会保障政策―再分配政策の政治経済学Ⅱ（第 2 版）』慶應義塾大学出版会，2009 年

（土田　武史）

第 17 章　政府の最適規模について

はじめに

　我が国の経済成長の持続可能性に黄信号が灯っている。加速する少子高齢化がその根底にあるが，いわゆるアベノミクスが壁に突き当たり，成長を危うくしているといってよい。だが，問題はこれにとどまらない。人口減少，回復の兆しを見せない財政規律の下で，アベノミクスに代わる成長戦略のオルタナティブを見出せない点にこそ，我が国経済の危機的な状況がある。

　政府の政策立案・遂行能力が厳しく問われているわけだが，この問題を考察するとき，経済成長を持続させるうえで，そもそも現行の政府規模は適正かどうかが問題となる。これは成長戦略の前提をなす条件であるが，改めて再考されてしかるべき問題である。経済成長は社会厚生を左右する公共政策上の一大課題であるが，それは政府規模に密接に関わる問題でもあるのである。

　本稿は，まず政府の最適規模をめぐる従来の議論を整理し，BARS カーブの紹介を通して最適規模の存在を確認し，先行する海外の実証分析を俯瞰したうえで，我が国の研究から最適政府規模の確保に向け，所見を述べたい。

1　公共選択論と政府規模

1-1　ロバーツのモデル

　政府の最適規模をめぐる論議は，1970，80 年代のいわゆる公共選択学派によるケインズ主義への批判に始まる。マスグレイブ（R. A. Musgrave）をは

じめとする多くの財政学者は，財政の役割を，(1) 資源配分の効率性，(2) 分配の公正，(3) 経済の安定に置いてきたが，ケインジアンは，これに (4) 規制の役割，保険の役割，および (5) その他の市場補完の役割を加え，その全体を政府の役割と捉えた。これに対しブキャナン (J. M. Buchanan) らの公共選択学派は，政府の役割を (1) 守護国家 (Protective State) としての役割（私有財産権，安全な取引条件の整備等），(2) 生産国家 (Productive State) としての役割（公共財の供給），(3) 分配国家 (Distributed State) としての役割（分配制度に関わるサービス）の3つに限定し，他の「経済の安定」や「規制・保険」といった役割はいずれも国民が自ら担うべきであると考えた。

公共選択学派は，ケインズ主義を財政規律の破壊理論，すなわち財政赤字を出しても完全雇用を優先する「財政錯覚 (Fiscal illusion)」[1]を生みだす理論として厳しく批判したが（「財政赤字のなかの民主主義」），ロバーツ (P.C.Roberts) は，それを支持しつつ，他面で公共選択学派の理論も「なぜ政治家は政府支出を増加させるか」を十分に説明していないとして，規制ゲームの視点から次のように問題に迫っている。当初，産業・ビジネス界は規制当局をキャプチュアし，レントを追求したが，規制当局をテクノクラートが支配するようになるとレントは規制ゲームを通して分割されるようになった。レントの大きさは，両者の交渉力 (bargaining power) に依存するようになり，力関係は次第に規制当局のほうに傾いていった。証券取引委員会 (SEC) しかり，連邦取引委員会 (FTC) しかりであり，その行きつく先は官僚・政治家による「植民地主義 (indigenous imperialism)」である。ロバーツは，このように議論を展開した後で，ケインズ主義の持つ破壊的側面を図17-1のようなラッファー曲線[2]に似た図を用いて説明する。

この図の縦軸にはGNPが，また横軸には政府の規模を表す代理変数として規制ルールの数がとられている。ロバーツは，資源の保有量と技術水準を

---

[1] 納税者は公共財の提供や政策からの恩恵を受けるため政府の政策に迎合するが，そのことが政府にかかるコストを無視した行動を生ませる誘因となる。公共選択学派はこれを錯誤と呼んでいる。

[2] ラッファー・カーブとは，ラッファーが政府収入を最大化する税率の存在を指摘したとき用いた曲線であり，減税による経済成長を促す点でサプライサイド・エコノミクスの一典拠となった。しかし，この理論についてはいくつかの疑義が寄せられている。

図 17-1 政府の最適規模

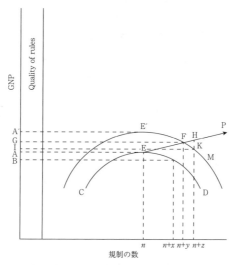

出典：Robarts, P. 611. 参考文献（2）

一定としたうえで，両者の関係をラッファー曲線に似た逆 U 字型の GNP の生産フロンティア曲線 CED で描いている。この曲線は，所与のルール数に対し最大の GNP を与えるような最適集合の軌跡を表している。上図の点 E より左側の上向きの曲線部分では，政府の規模（規制の数）が大きくなると GNP の生産性は高まるが，これは契約法や私有財産権が市場の効率化に貢献するからである。点 E を超えた右側の下向きの曲線部分では，GNP の生産性が低下するが，それは過剰な規制が経営者から創造的活動を奪い，レッド・テープの作成に時間と費用を費やさせるからである。政治家，官僚，テクノクラートは経済ではなく政府を成長させる方法を模索するようになるが，国民の政治モニタリング・コストが課税負担を超過するため，それは容易に達成可能である。

いま，経済は点 E にあると仮定し，政府の規模が n から $n+x$ に拡大するとしよう。すると，GNP は AB 分だけ減少するため，政府規模 x 分の拡大の機会費用は GNP の減分 AB に当たる。資源と技術が一定ならば GNP 水準の低下は感知できるのだが，資源の保有状況の好転や技術水準の向上があ

ると，政府規模がnに留まる場合，GNP は A' にまで引き上げられ，フロンティア曲線は上方に移動し頂点 E' を通る曲線 M にシフトする。一般には，時間が経つにつれ，資源の保有状況は好転し，技術水準は向上するので，政府規模の拡大は経済の動きを E から F の方向に移動させる。ここで，人々は，政府規模のこの分の拡大に対し，GNP は GA 分増えたと感じるようになる。そのとき，人々は y の機会費用が GNP の減分 A'G に当たることを感知できない。したがって，政策立案者と政府・政治家は，安心してベクトル EP を志向する。

　だが，ルールの数の増加は，フロンティア曲線を上方にシフトさせる市場の力を阻害する。政府規模の $n+z$ への拡大は，この曲線を F から H ではなく，K へと移動させてしまう。人々は GNP の GI 分の低下を感知するものの，ケインズ主義は大きな政府をもってこれに対処するため，経済はフロンティア曲線上の M の方向へと移動し，財政赤字の下で GNP の生産性が逓減していくことになる。E から F への移動で，政府は所得再分配を行うので低所得者は所得移転の便益を享受できるが，それは民間雇用喪失の機会費用（＝公共部門の雇用増大）よりも小さい。だが，政府は政策立案に独占力を持つため，それを用いて自分たちの利益を追求し続けることになる，と。

　だが他面，ロバーツは，公共選択学派に対し，彼らは財政赤字を引き起こす二つの要因，財政支出の増大と課税率の軽減の違いを区別していないと批判している。その財源調達が総供給を減退させるため，総需要を増大させるために政府支出を用いるというケインズ主義はインフレを招くだけで愚かであるが，減税は可処分所得と総需要のみならず，投資と消費の選択に影響を与え，総供給に刺激を与えるというのである（サプライサイドの財政政策）。

　ロバーツの見解は荒削りで，規制ルールの数と赤字財政との関連など曖昧な個所も少なくないが，規制ルールの数を政府規模の代理変数をとして，簡単なモデルで政府の最適規模の問題を解こうとした点に，画期性があったといえる。

1-2　最適規模の計測──グロスマンの計量分析──

　グロスマン（P. J. Grossman）は，政府を，「市場の不完全さ」と「行き過ぎ

た市場主義」を是正する「慈恵的なアクター (benevolent actor)」と捉える経済学者の国家観とそれを特定の圧力グループや官僚の利益追求の道具 (tool) と見なす公共選択学派の国家観の両方を「包括」したモデルを提供している。政府は公共財の供給，負の外部性への対応などで社会厚生の増進に貢献するが，他面特定グループによる政府操作は市場に歪みを生む。彼は，政府の持つこうした二面性を評価したうえで，「極端な」計量モデルを構築し，過剰な政府支出，規制，および再分配がマイナスの効果を及ぼすことを指摘している。

彼は，まず政府の産出力 (government output) を，国民所得計算のように民間部門の生産高の中間財とはせず，すべて最終消費財に関係するものと位置づける。すると，政府が提供する財・サービスの価値はそれが民間部門の生産可能性を引き上げることから生じることになる。国防，警察，司法サービスなども，民間部門がなければ経済的価値がないものとなる。政府の規制も同様である。社会保障給付等も，社会調和のための，もしくは民間部門の労働生産性を上昇させるための投入財 (input) と見なされることになる。

こうした前提に立つと，民間部門の実質生産高 Y は，

$$Y = F(Lp, \bar{K}p, G(Lg, \bar{K}g)) \tag{1}$$
$$\bar{L} = Lp + Lg \tag{2}$$
$$\bar{K} = Kp + Kg \tag{3}$$

で表されることになる。ただし，ここで $Lp, \bar{K}p$ は民間部門の，$Lg, \bar{K}g$ は政府部門の労働量と固定された資本量である。また，$G(Lg, \bar{K}g)$ は政府の実質産出力である。したがって，$G=0$ ならば，経済は自然状態 (state of nature) にあることになる。

(2) を制約条件に (1) の最大化を図ると，一階の条件は，

$$dY/dLp = (\partial F/\partial Lp) - [(\partial F/\partial G)(\partial G/\partial Lg)] = 0 \tag{4}$$

となる。上式の右辺の第一項は民間部門の労働の限界生産性，第二項は民間部門のなかの政府産出力の限界生産性と解釈できる。(4) から $\partial F/\partial Lp = (\partial F/\partial G)(\partial G/\partial Lg)$ が成立する。この左辺を x，右辺を y と表記すれば，

最大値の存在を前提するかぎり，

$$dx/dLp = (\partial^2 F/\partial Lp^2) - [(\partial^2 F/\partial Lp\, \partial G)(\partial G/\partial Lg)] < 0 \quad (5)$$

$$dy/dLg = [(\partial F/\partial G)(\partial^2 G/\partial Lg^2)] + [(\partial G/\partial Lg)^2(\partial^2 F/\partial G^2)]$$
$$- [(\partial^2 F/\partial Lp\, \partial G)(\partial G/\partial Lg)](\ ) < 0 \quad (6)$$

が成立するはずである。(5)式は，民間部門の雇用の変化が民間部門の労働の限界生産性に及ぼす効果を，また(6)式は政府部門の産出力の変化が政府産出力の限界生産性に及ぼす効果を示している。

ここで政府に関する二つの極端な見解，すなわち「誠実な政府（government that can do no wrong, DNW）」（＝慈恵的な政府），「不誠実な政府（government that can do no right, DNR）」（＝利己的な政府）という視点を，このモデル式に組み入れる。

政府を除いた民間部門の産出高の一般的な生産関数を考えると，YのLpに関する一階微分は正，二階微分は負と仮定できるが，政府支出を産出力として包括した生産関数では，政府のインパクトをどう見るかで，分析者の判断は分かれる。政府支出に関する生産関数の二階微分が負であることは受容できるが（$\partial^2 F/\partial G^2 < 0$），問題は一階微分の符号にある。すなわち，DNWではそれは総生産高にプラスに働き（$\partial F/\partial G > 0$），DNRではマイナスに働くものと解釈されよう（$\partial F/\partial G < 0$）。政府部門の雇用が増えると，政府部門の労働の限界生産性は逓減し，逆に民間部門の労働の限界生産性は逓増するので，両者は適当な政府雇用量で交差することになる（図17-2）。

ブキャナンとタロック（G. Tullock）によれば，政府規模が小さい時には有権者の負担は公平で特定グループが優位に立ち利益を追うことはないが，その規模が大きくなるにつれ，特定のグループや官僚が他の国民を犠牲に自分たちの利益を追うようになる。これに対し有権者の方は政府規模が拡大するにつれ，情報・監視コストがかさむため，自分たちの生活に関連する狭い範囲の政府活動にしか関心を抱かなくなる。そして，それが官僚や特定の利益集団によるレント・シーキングを助長する。

図17-3の民間部門の労働限界性$MP_{Lp}(G)$曲線は，最初のうちは上向きのスロープを示すが，政府の規模が大きくなるとその傾きを逓減させ遂にはピ

第17章 政府の最適規模について *397*

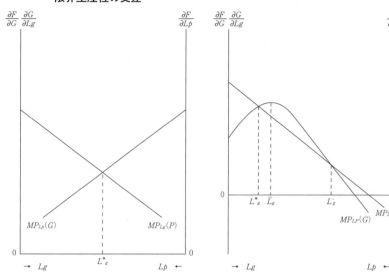

図 17-2 民間部門と政府部門の労働の限界生産性の交差

図 17-3 複数の解

出典：P. J. Grossman, P. 138. 参考文献（3）

ークに達し，その後は下降する。また，DNRの見地からすると，政府産出力の民間部門生産に及ぼす間接的影響を指す $\partial^2 F/\partial Lp\, \partial G$ の符号は，ある一定の規模，すなわち $\bar{G} = G(\bar{L}g, \bar{K}g)$ までは正であるが，$\bar{G}$ を超えると負ということになる。(4) の一階の条件に戻ると，図17-3からも明らかのように，複数の解が存在するが $(Lg^*, L'g)$，(5)，(6) を満たすのは Lg^* だけである。この図の $L'g$ のレベルでは，民間部門は，政府部門の規模の縮小によってのみ，生産性を増大させることができる。

グロスマンは，このモデルを，次のような回帰式で実証しようとしている。

$$Y = AL_p^a K_p^b\, G^c\, e^{d(G/P) + fWD + hU} \tag{7}$$

ただし，ここでYは米国の民間部門の産出量，L_p は投入労働量，K_p は資本投入量である。生産関数はコブ・ダグラス型が仮定されている。また，G

表17-1 回帰分析の結果

Private sector output		Government sector output	
Variable	Est. coefficient	Variable	Est. coefficient
Constant	−1.9208*	Constant	1.9138*
	(−11.62)		(3.29)
lodLp	0.9284*	logLg	0.9846*
	(4.27)		(7.59)
logKp	0.4880*	logKg	0.2033*
	(5.07)		(1.70)
logG	0.3202		
	(4.51)		
G/p	−0.2831*		
	(−6.82)		
WD	−0.0088	WD	0.0588
	(−0.52)		(1.31)
U	−0.0051	U	−0.0100*
	(−1.30)		(−2.03)
R^2	0.99	R^2	0.91
F-stat	877.036	F-stat	127.194
DW-stat	1.99	DW-stat	1.13
Rho	0.5336	Rho	0.6987

t-statistics in parentheses.
*indicates significant at the 95% confidence level.

出典:P. j. Grossman, P. 142. 参考文献(3)

は政府の産出力であり,生産性をシフトさせる変数として直接・間接に生産関数のなかに取り入れられている。さらに,政府部門の成長を測る変数として,一人当たり政府総支出が採用されている。P は人口,WD は戦時を示すダミー変数,U は失業率である。上式の A は定数,またモデルの仮定からパラメータの c は正,d は負(人口で測った政府部門の成長は民間部門の生産性に対し負に働く),そして f と h は負である。

グロスマンは,この式を

$$LogY = LogA + aLOGLp + bLogKp + cLogG + d(G/P) + fWD + hU \quad (8)$$

と対数変換し,L_p,K_p,および U を外生的なものとし,また G を Y から独立したものと見なし,1929年から82年の政府統計を用いて(GNP,正規従業

表17-2 年度別の最適政府規模と民間部門の潜在的産出高

	Government (billions of 1972 $)		Private output (billions of 1972 $)		Private labor (millions)	
Year	Optimal	Actual	Potential	Actual	Optimal	Actual
1929	137.8	62.3	262.7	274.7	28.3	32.1
1939	148.1	97.5	238.6	256.8	27.9	29.7
1949	168.8	190.1	482.7	395.4	49.6	39.6
1959	201.1	274.6	576.4	510.3	47.3	45.2
1969	229.3	372.4	878.1	830.2	63.3	56.6
1979	254.6	440.6	1417.5	1201.1	76.8	69.9
1982	262.8	490.6	1450.7	1187.3	75.1	68.7

出典：P. j. Grossman, P. 143. 参考文献（3）

員数と平均賃金，総実質民間固定資本など），最小二乗法でこの回帰式を計算し（表17-1），いくつかの年度を選んで最適政府規模と民間部門の潜在的産出高を推定している（表17-2）。表17-1 で計測された係数から，人口の変化に伴う最適政府支出レベルを求めているのである。

グロスマンの分析結果は，現行の政府支出レベルは民間部門の産出量を最大化するレベルをはるかに超えており，政府の産出力は最適なそれよりも87％も大きいというものであった。彼のモデルと実証は，直観的な認識レベルにとどまっていた公共選択学派の政府観を計量化した点で評価できる。だが，彼の立論は，サプライサイド派の財政理論を象徴するラッファー曲線と同様，極端な仮定に依拠しており，理論的にロバストではない。政府には直接経済に還元できない多くの活動があり，政府産出力はすべてが民間部門の産出高のためにあるという仮定は乱暴すぎる。

2　BARS モデルとその発展

2-1　BARS モデルとその諸結果

BARS モデルとは，このモデルの構築に貢献した4人の学者の頭文字をとった名称である。このモデルに基づき多くの実証分析（パネルデータ分析，時

系列分析）がなされたことで，政府の最適規模を問う研究は大きな前進を見た。彼らは，技術革新などを外生的変数とするソロー（R. M. Solow）らに代表される新古典派成長理論とは異なり，政府を経済成長に影響を及ぼす重要なアクターと位置づけたうえで（内部成長論），政府活動と経済成長（率）の関連を問題にした。

アーミー（R. Armey）は，政府の支出規模がどの程度であれば社会的厚生を最大化できるのかを問い，GDP成長率を最大化する政府支出規模（対GDP比）が存在することを指摘し，ラッファー曲線に似たアーミー曲線を描き，政府支出規模（代理変数）と経済成長率の関係を計測した。また，バロー（R. J. Barro）は，政府支出は増税を伴う場合には経済成長を圧迫するが，社会経済インフラ整備を通して民間資本の限界生産力を上昇させることもあり，その効果は単純ではないと指摘し，成長率と政府（公共）支出の変化率の間の関係を逆U字型の曲線で描いた（図17-4）。さらに，スカリー（G.W.Scully）は，税率，政府収入，および経済成長率の間の関係を103カ国にわたるパネルデータで分析し，成長率は，政府（公共）支出がおよそ国民総所得のほぼ5分の1に等しいところで最大化されるとし，政府の超過支出は経済成長に抑圧的な効果しかないと指摘している。ラーン（R. Rahn）らは政府には経済成長にとって最適規模が存在することを実証的に確認している。

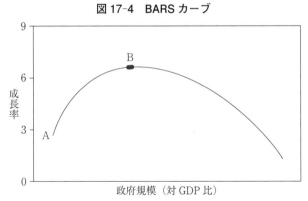

図17-4　BARSカーブ

出典：GWARTNEY, LAWSON, and HOLCOMBE. 参考文献（16）

この逆U字型の曲線は2000年代になると，これら4人の先駆者の名前を模してBARSカーブと呼ばれるようになり，このモデルを基礎に，OECD諸国やEU諸国を対象に多くの実証研究がなされ，経済成長率（通常，ピグー流の社会厚生の代理変数とされている）との関係で政府には最適規模が存在することが確認された。

一連の実証分析は，時系列分析とパネルデータ分析でなされた。次のような回帰モデル式が代表的なものである。

(1) $d(TGDPGK)_{i,t} = \alpha + \beta_1 CATEGG_{i,t} + \beta_2 d(CATEGG_{i,t}) + u_{i,t}$ (9)

この式では，説明変数として，従来の政府総支出の対GDP比に新たにその変動比が加えられ，それらが経済成長率に与える影響が分析されている。ここでは政府規模が過大であると，政府総支出のさらなる増加は経済成長率に改めて負の効果をもたらすことが明らかにされている。

(2) $d2(TGDPGK_{i,t}) = \alpha + \beta_1 d(CATEGG_{i,t}) + u_{i,t}$ (10)

この式では，経済成長率とベッダー（R. K. Vedder）らにより規定された公共支出の特性との関連が解明されている。ここでも，公共支出の増加は経済成長のダイナミックスを抑制することが明らかにされている。因に，ベッダーらは国民所得の成長率は公共支出の対GDP比では正だが，その比の2乗では負になると仮定している。

(3) $d(TGDPGK)_{i,t} = \alpha + \beta_1 CATEGG_{i,t} + \beta_2 CATEGG^2_{i,t} + u_{i,t}$ (11)

この式では，経済成長率と政府総支出の対GDP比，およびトレンドとしての政府総支出対GDP比との間の関係が推計されている。ここでも，経済成長率は政府総支出の対GDP比では正であるが，同時に当該比の2乗では負になることが明らかにされている。

これらの式で，インデックスiは分析対象国を，tは分析期間を指している。また，従属変数$TGDPGK$は価格調整済みの実質GDPであり，それに対し独立変数$CATEGG$は政府総支出の対GDP比であり，その2乗$CATEGG^2$はトレンドの変化率である。対数線形をなす$CATEGG$の符号

は正であるが（経済成長に正の効果），その 2 乗のターム $CATEGG^2$ は，公共部門の肥大化が負の効果を有するため符号が負となる。換言すれば，この 2 乗タームは，政府総支出の限界生産性が逓減することを意味している。この 2 次式から，経済成長率を最大化する政府総支出の対 GDP 比は，$TGDPGK$ を $CATEGG$ に関して偏微分した式で算定される。

　従来，政府総支出が政府規模の代理変数と用いられていたが，実証分析が進むにつれ，成長率にもたらす効果の性質から，それは政府消費支出と政府投資支出に区別されるようになった。対象国，対象期間は異なるが，こうした一連の分析で明らかにされた論点を簡単に列記しておこう。

・途上国，新興国の経済は政府総支出の増大から利益を得るが，先進国ではそれは経済成長を阻害する。政府総支出の増大が社会インフラ整備や公共財の供給に充当される途上国等に比べ，公共部門の拡大は，一人当たり国民所得が高水準の先進国では市場経済の発展に歪みをもたらし，民間産出高を削減する。法の支配，安全保障，社会秩序などの公共財は経済成長に正の効果をもたらすが，私的財の公共財化は官僚制の非効率，財政負担，過剰規制をもたらし，またそのための財源調達は増税圧力を通して勤労，投資のインセンティブを削ぎ，経済成長にマイナスに働く。
・欧州安全保障協力機構（OCSE）の参加国では，政府総支出の増大が一国の総要素生産性の低下というかたちで経済成長に否定的な効果を及ぼしている。実際，OCSE19 か国を，1971-1999 年の期間をとって分析すると，「小さな政府」を指向した国のほうが経済パフォーマンスで優れている。
・OECD 諸国を，その性質（地理，気候，人口，行政および経済上の特徴）に応じいくつかのサブ集合に分類し，政府総収入の対 GDP 比と政府総支出の対 GDP 比の二つの基準で回帰分析を行った結果，妥当な回帰を示したのは一人当たり GDP と平均人口であった。ここでは，経済成長に必要な政府規模水準（対 GDP 比）は 21％から 36％であった。この試算は資本財が毎年完全に費消されるという仮定に立っているが（コブ・ダグラス型の生産関数），それを修正すると経済成長を最大化する政府総支出の対 GDP は，16％から 28％である。また，OECD28 カ国を対象にした別の研究による

と，1970-2007年の期間で見た経済成長を最大化する政府規模は，政府総支出の対GDP比の約25％であり，すべての国の政府総支出がこれを上回っている（BARSカーブの右側に位置する）。OECD13か国で見た場合，政府総支出の対GDP比が1％増えるごとに，成長率は0.31％下がる関係にある。
・課税率の引き上げは，その国の相対的投資量に影響を与え，将来的な固定資本形成に負の影響を及ぼし，クラウディング・アウト，民間利潤の縮小，個人需要の抑制など，経済活動に否定的な影響を与える。米国では，1ドルの追加政府支出は，その財源調達に2ドル以上の増税を必要としており，1949年-85年の政府活動水準の上昇は，国内総生産水準と成長率の双方に負の効果をもたらしている。
・内的成長モデルを用いて，OECD諸国の財政と経済成長の関連を1970年-2007年の期間で分析すると，租税カット型の財政刺激策のほうが支出増加型のそれよりも経済成長につながりやすく，また政府支出カット型財政調整のほうが財政赤字と対GDP比政府債務を減らしやすい。財政安定化には，増税ではなく，政府支出カットを優先すべきである。
・EU27カ国の近年の動向を見ると，政府総支出の対GDP比は平均47.9％であり，いずれの国もBARSカーブの頂点（37.29％）より右側に位置し，それにより平均2.1ポイントのGDP成長率が失われている。

以上，政府規模（＝政府総支出の対GDP比）と経済成長率との間には負の相関があるといってよい。実際にも，先進国の経済成長率は徐々に低下してきているが，その背景には適正規模を超えた政府活動の拡大（＝福祉国家化，政府規制の強化，公共経済部門の拡大）がある。これは，政府の財源調達によって市場経済に課されるコストが公共部門の限界生産性を上回っていることによるものである。公共部門の限界生産性に比べ，競争圧力が働く民間経済の限界生産性のほうがはるかに高いのである。

こうして，政府の最適規模をめぐる問題は，次第にマクロ実証分析へと発展していった。だが，もとより政府は経済成長のためにのみ存在するものではない。基本的人権の確保，外交・軍事・安全保障，社会秩序・治安の維

2-2 BARSモデルのバリエーション

デイビス（A. Davies）は，被説明変数をGDP成長率から広義の社会厚生に置き換えている。彼は，政府の帰結変数（outcome variables）を社会厚生，具体的には人間開発指数（Human Development Index, 以下 HDI）へと転換すべきであると説き，国連の1975年から20002年にわたる154カ国のパネルデータ分析を行っている。すでにこの指標の発案者の一人，セン（A. Sen）も「HDIこそ，国際的な厚生比較としてもっとも望ましい測定基準」だと主張していた。HDIは生活水準と所得を区別し，平均寿命や教育といった側面を含めて生活水準を測定するというものである。HDIで採用されている指標は，期待寿命（Life Expectancy Index），教育（Education Index），およびGDP（GDP Index）の3つである。国連は加盟国のこの構成項目を均等に評価し（$HDI = 1/3(LEI) + 1/3(EI) + 1/3(GDPI)$），5年ごとに予め定められた公式[3]に基づき計算し，総合値を算定している。因みに，最近のHDIの動向をみると，我が国はこの10年で国際順位が10位あたりから20位近くまで後退している。

ここでも，BARSカーブと同様，両者の関連は逆U字型の曲線を描くが，政府の最適規模のレベルは，実質GDPを最大化するそれとは異なる。HDI

---

[3] 各項目の公式は以下の通り。

LEI（平均余命指数）=（出生時平均余命 -25）/（$85-25$）

EI（教育指数）= $(2/3)ALI + (1/3)GEI$

ALI（成人識字指数）= $ALR - 0/100 - 0$ （ALRは成人識字率）

GEI（総就学指数）= $CGER - 0/100 - 0$ （$CGER$は複合初等・中等・高等教育総就学率）

GDP指数 = $[ln(GDPpc) - ln(MinimumGDPpc)]$
　　　　　　$/[ln(MaximumGDPpc) - ln(MinimumDGPpc)]$

（$GDPpc$は購買力平価で計算した一人当たりGDP・米ドル）

指数は，加盟国の最高・最低の達成水準を基に計算される。データの年数にバラツキがあるので，時系列で整合性を持たせるため，国連開発計画（UNDP）は，すべての国に関し，HDIの開始年から現行年度まで指標を推定・調整している。

の最大化は，教育の改善，期待寿命の上昇を必要とするが，これらは中長期的しか GDP の増加に貢献しないからである。

デイビスは，H_{it} で i 国の t 年次での HDI を表記し，国連に加盟している 154 カ国を対象にパネルデータ分析を行っている。まず，政府総支出を消費支出と投資支出に分け，それぞれの対 GDP 比を C_{it} と I_{it} と表記する。すなわち，C_{it} = 政府消費支出 it/GDP$_{it}$，I_{it} = 政府投資支出 it/GDP$_{it}$ である。ここで i = [1, 154]，t = [1, 7] であり，失われたデータについては他のデータで補っている。分析の結果，ほぼ 35％が先進国（HDI≥0.8），45％が中進国（0.5≤HDI≥0.8），残りの 20％が低開発国（HDI＜0.5）に分類されている。

ついで，現行 HDI を先行のそれに類似するものと推定し，また同時に政府総支出は低所得国と高所得国では異なる効果をもたらすことを考慮に入れて，政府総支出が HDI に及ぼす効果を次のような二次形式の回帰モデルで計測している[4]。

$$H_{it} = a + \beta_1 C_{it} + \beta_2 C_{it}^2 + \gamma_1 C_{it} D_{it} + \gamma_2 (C_{it} D_{it})^2 + \lambda H_{i,t-1} + u_{it} \tag{12}$$

$$H_{it} = a + \beta_1 I_{it} + \beta_2 I_{it}^2 + \gamma_1 I_{it} D_{it} + \gamma_2 (I_{it} D_{it})^2 + \lambda H_{i,t-1} + u_{it} \tag{13}$$

ここで，D_{it} はダミー変数であり，もし実質 GDP$_{it}$/人口$_{it}$＜中位値$_t$（実質 GDP$_{it}$/人口$_{it}$）ならば 1，それ以外の場合には 0 である。彼は，パネルデータを用いているため，また従属変数の数値が出現するのにタイムラグがあるた

---

[4] この二つの式の右辺には一期のタイムラグのある HDI があるが，これは幾何級数型分布ラグ・モデルと解釈できる。幾何級数型ラグ・モデルとは，$b_1 = b\lambda^0$，$b_2 = b\lambda^1$，$b_3 = b\lambda^2$（$0 < \lambda < 1$）という関係でパラメータを推定したもので，過去に遡るに従い，説明変数要因の影響は少なくなっていくというものである。幾何級数型分布ラグのモデリングの標準的な手続きに従えば，上の回帰式は，

$$H_{it} = a + \sum_{x=0}^{t} \lambda^k (\beta_1 C_{i,t-k} + \beta_2 C_{i,t-k}^2) + \gamma_1 C_{i,t-k} D_{i,t-k} + \gamma_2 (C_{i,t-k} D_{i,t-k})^2) + u_{it} \tag{17}$$

ということになる。λ の推定値から，幾何級数型ラグ分布の中位値と平均値を計算できる。ここでは，政府の消費支出が一単位変化したときのインパクトに関し，その中位値は 2.49（*Median lag* = $ln0.5/ln\lambda$），平均値は 3.12（*Mean lag* = $\lambda/1-\lambda$）であり，政府の投資支出のインパクトについては，同じ計算式で，中位値は 3.10，平均値は 4.00 となる。平均インターバル期間が 4.5 年であるので，政府消費支出が HID に及ぼす効果の半分は 11 年以内に，投資支出のそれは 14 年以内に実現されることになる。教育や医療・健康を投資支出と考えれば，政府支出が HDI に便益をもたらすためには，相当の長期を要するのである。

め，一般化モメント法（Generalized Method of Moments）[5]を採用している。すなわち，GDP，人口，および一人当たり GDP のラグ値（$H_{i,t-1}$）を用いて，タイムラグ問題に対処しているのである。

この分析結果によれば，すべての国に関し，HDI の最大の改善をもたらす政府消費支出の水準は $E(\Delta H_{it}|H_{i,t-1}) = 0.262C_{it} + 0.773C_{it}^2$ で与えられ，その水準は 17％ である。ただし，一人当たり GDP が中位以下の国では，HDI の最低の改善をもたらす政府消費支出の水準は 1.5％ である（$E(\Delta H_{it}|H_{i,t-1}) = -0.013C_{it} + 0.444C_{it}^2$）。政府消費支出の水準はこうした国では HDI にほとんど改善をもたらさないのである。

これに対し，政府投資支出については，HDI の最大の改善をもたらす政府投資支出の水準は 13％（$E(\Delta H_{it}|H_{i,t-1}) = 0.221C_{it} - 0.862C_{it}^2$），また一人当たり GDP が中位以下の国では，政府投資支出の水準は 20％（$E(\Delta H_{it}|H_{i,t-1}) = -0.208C_{it} + 0.513C_{it}^2$）と推定されている。

しかし，HDI の概念には多くの批判が寄せられている。一つは統計技術的な問題であり，データに測定誤差，バイアス，およびマクロ経済データのクロス分析を悩ませる情報不完備などが数多く散見されることである。もう一つはこの社会厚生の定義に関わる問題であり，公式における GDP 指標の扱い方が恣意的に思えるし（＝1/3，所得増加の過小評価），環境問題なども考慮に入れていない。そもそも一人当たり国民所得は教育水準や平均寿命と密接に連動していることを考えれば，HDI は二重計算に陥っている可能性がある（＝回帰式における多重共線性の問題）。

だが，国連（人間開発計画局）は，今後も生活水準を測定するより正確な指標を求め，HDI に貧困指標（Human Poverty Index），ジェンダー関連発達指標（Gender-Related Development Index），女性の地位向上測定値（Gender Empowerment Measures）などを取り入れる方向にある。しかし，各国の歴史的，制度的特性を考えれ

---

[5] 母集団に関するモメント条件に対応する標本モメントが成立するように推定する計量手法。原則としてパラメータの数と同数のモメント条件を用意して推定を行うが，パラメータの数より多くのモメント条件が得られることもある。一般化モメント法は，かなり一般的な仮定の下で，一致性の仮定をもって推定が行えるうえに，多くの OLS 推定量をその特殊ケースとして解釈できるため，非常に有用な推定量といえる。GMM の登場をもって，複雑な非線形モデルも直接実証することが可能になった。

ば，こうした計測方法でどこまでその国の社会厚生水準を正確に把握できるのか，疑問である。そもそも外から共通基準を設け，国別マクロ・データを用いた回帰分析で政府規模と HDI の相関を捉え，社会厚生の国際比較を行うことにどこまで意味があるのか。HDI の計測は，非説明変数を経済成長（率）から生活水準に拡げた分，政府の最適規模を追求する視線を曇らせ，政策インプリケーションを希薄化しているといえよう。

3 我が国における実証分析

3-1 政府規模と経済成長との間の負の相関

我が国でも，平成 15 年度「経済財政白書」は OECD 諸国のクロス・セクション分析を行い，政府の規模と経済成長率の間に負の相関があることを指摘していた。こうした状況のなかで，茂呂賢吾は，1981 年-2002 年の OECD のパネルデータを用い，負の相関は国によってどの程度違っているのか，それは各国の制度的特性を考慮しているか，相関が逆の因果関係によって生じている可能性はないか，両者の間に政府規模変数以外の制御変数を加えても負の相関はあるのか，を検討している。

まず，OECD の "National Account" から政府総支出[6]（対名目 GDP 比）と経済成長率のデータが 10 年以上利用可能な 20 カ国を取りあげ，1981 年から 2002 年までの期間をとって，単回帰分析を試みている。

$$GR(Y)_{i,t} = a_i + \beta_1 (Exp/Y)_{i,t} + \varepsilon_{i,t} \tag{14}$$

ただし，$GR(Y)_{i,t}$ は実質経済成長率，$(Exp/Y)_{i,t}$ は政府総支出の対 GDP 比（1995 年価格，米ドル購買力平価換算），a_i は定数項（プーリング推計で i は共通），

---

[6] 政府総支出は，最終消費支出（固定資本減耗，現物社会移転を除く），総固定資本形成，社会保障関連支出（現物社会移転及びそれ以外の社会給付），その他の支出（利払い費）から成る。対応する潜在的国民負担は，税負担，社会保障負担，その他収入，財政赤字の項目からなる。市民社会の側から見た国民負担とは，政府の側から見ると税収入ということになる。潜在的という用語が用いられる場合には，財政赤字が加算されることになる。この政府債務を単年度の政府債務で見るか，累積債務残高でみるかは，議論のあるところである。

$\varepsilon_{i,t}$ は誤差項である。この推計結果は，確かに負の相関（$\beta_1 = -0.128$）があり，またパネルデータに国別の切片を適用する固定効果（fixed effects）モデルでプーリング推計の難点（国家間の成長率格差）を修正すると，β_1 はさらに増大するというものであった。単回帰による「説明変数の欠落」が生む推計誤差については，それを期間中一定とすれば，固定効果項で相当程度吸収できるとし，誤差要素が継時的に変動する場合については，説明変数と誤差項の相関を回避するため操作変数法（操作変数として政府総支出の1-3期ラグを利用）を用いている。それでも β の係数は負であると結論している（5%水準で有意）。

彼はまた，経済成長率を規定する説明変数として一人当たり実質所得水準に高等教育終了比率（Edu），購買力平価（PPP），経済開放度（Open），高齢化率（Age）を加え，重回帰モデル式で政府規模と経済成長率の関係を探っており，そこでも両者の間に負の相関があることを確認している。

茂呂論文の特徴は，政府総支出を（1）政府最終消費支出（固定資本減耗，現物社会移転を除く），（2）政府総固定資本形成，（3）社会保障関連支出（現物社会移転，それ以外の社会給付），（4）利払い費（財産所得支払）の4項目に分け，性質別に経済成長率との相関を問題にした点にある。同額の政府支出でも，消費支出と投資支出では民間経済に与える影響は異なる。すでに，アトキンソン（Atokinson, A. B）は，社会保障関連支出と経済成長の関係は，各国の制度の「ブラックボックス」のなかを覗くしかないと主張していた。茂呂は，政府総支出の各項目が経済成長率にどのような影響を及ぼすかを次の回帰式で分析した。

$$\begin{aligned} GR(Y)_{i,t} = & a_i + \beta_7 (Con/Y)_{i,t} + \beta_8 (Inv/Y)_{i,t} + \beta_9 (Soc)_{i,t} \\ & + \beta_{10} (Int/Y)_{i,t} + \beta_2 ln(Y/L)_{i,t} - 1 + \beta_3 (Edu)_{i,t} \\ & + \beta_4 (PPP)_{i,t} + \beta_5 (Open)_{i,t} + \beta_6 (Age)_{i,t} + \varepsilon_{i,t} \end{aligned} \quad (19)$$

ただし，ここで $(Con/Y)_{i,t}$ は政府消費支出GDP比，$(Inv/Y)_{i,t}$ は政府固定資本形成GDP比，$(Soc)_{i,t}$ は社会保障関連支出GDP比，$ln(Y/L)_{i,t-1}$ は1人当たり実質GDP，$(Int/Y)_{i,t}$ は利払費GDP比である。分析の結果は，政府消費支出のマイナス効果がもっとも大きかった。政府投資支出も効果はマイナスだが，有意な結果は得られていない。社会保障関連支出の効果もマイ

ナスであるが，有意でないケースも散見された。利払い費の効果はマイナスである。利払いの多寡は累積財政赤字とも密接に関連しており，債務残高の累増が経済成長に悪影響を及ぼしていることが窺える。高齢化率の係数も，それが将来の社会保障関連支出増につながることを考えれば，経済成長と負の相関が存在する可能性は高い。

以上から，経済成長を持続させるためには，政府消費支出の抑制，社会保障関連支出の見直し，プライマリー・バランス（primary balance, 国債の利払いなどを除いた純粋な財政収支均衡を指す。）の回復と累積債務額の削減が必要条件となっていることがわかる。だが残念ながら，最適政府規模を追求する視点が欠けているため，両者の負の相関を確認するという以外に，この重回帰分析に特段の意味があるようには思えない。政府は民間経済や市民社会を包括する地位にある。政府規模（の代理変数）を他のさまざまな要因と並列的に扱う重回帰式の発想は，かえって政府と民間経済の位相を曖昧にするものといわざるをえない。

3-2 （潜在的）国民負担率と経済成長率

別のアプローチに，政府規模の指標として潜在的国民負担率を取りあげ，それが長期的な経済成長に与える影響を考察するという手法もある。例えば，篠原健は，1970年から2008年のOECD諸国のパネルデータを用い，潜在的国民負担率が，財源調達方法，歳入・歳出構造の違いに応じ，経済成長にどのような影響を与えたかを分析している。

彼は，アーノルド（Arnold, J）らの先行研究に従い分析対象国をOECD30カ国と21カ国の2パターンで分析している。政府総支出と潜在的国民負担率の違いは政府活動を歳入面，歳出面のどちらから見るかというだけで本質的には同値であるとし，サンプルサイズの大きい分，後者の方が説明しやすいとしている。その推定モデルは，次のような回帰式である。

$$TrGR(Y/L)_{i,t} = a_i + \beta_1(G/Y)_{i,t} + \beta_2(Y/L)_{i,t} - 1 + \beta_3(Edu)_{i,t}$$
$$+ \beta_4(PPP)_{i,t} + \beta_5(Open)_{i,t} + \beta_6(Age)_{i,t} + \varepsilon_{i,t} \quad (20)$$

ただし，ここで $TrGR(Y/L)_{i,t}$ は HP フィルタを用いてトレンドのみを抽出した一人当たり実質経済成長率，$(G/Y)_{i,t}$ は潜在的国民負担率，$(Y/L)_{i,t}$ は 1 人当たり実質 GDP（購買力平価表示・1 期前・対数値）である。

篠原も，国別・固定効果法を採用している。また，双方向の因果関係に対処するため，操作変数法を用いて両者の比較を行い，後者では経済発展度合（$(Y/L)_{i,t}$）以外のすべての説明変数を内生変数とするため各説明変数の 1 期ラグを操作変数としている。パラメータの符号については，β_1 が負，β_2 が負（新興国ほど成長率が高く，先進国になると成長率は鈍化し定常状態に近づく，という収斂仮説），β_3 が正，β_4 が負（為替レートの上昇による輸出減），β_5 が正（市場開放の促進），β_6 が負と想定されている。その計測結果は，符号についてはほぼ想定通りであり（ただし，高齢化率は正），経済成長率と潜在的国民負担率の間に負の相関があることが確認されている。

篠原論文の特徴は，歳入面，歳出面を，細分化した拡張モデルを用い，各税目・財源調達手段，および各歳出項目のシェアの上昇が経済成長に与えた影響を分析している点にある。その推定結果は，OECD 上位の 21 カ国の歳入面で見ると，社会保険料と法人所得課税の係数については符号が負となるが，個人所得課税は符号が正である。これは，個人所得課税には所得再分配効果が働き，それが経済の活性化につながる側面（教育の充実，人的資本の蓄積等）があることを示している。また，歳出面から見ると，一般政府消費支出および一般政府粗固定資本形成の係数が負であるのに対し，社会保障関連支出の効果は正となっている。これは，社会保障の充実が労働供給力の維持に，またマクロの貯蓄率の向上を介し資本蓄積に貢献している可能性があることを示している。

篠原は，政府の最適規模の問題にも目を配り，上述のモデルに潜在的負担率の 2 乗項を説明変数に加えたモデル分析（$TrGR(Y/L)_{i,t} = a_i + \beta_1 (G/Y)^2_{i,t} + \beta_1 (G/Y)_{i,t} + \beta_3 (Y/L)_{i,t} - 1 + \beta_4 (Edu)_{i,t} + \beta_5 (PPP)_{i,t} + \beta_6 (Open)_{i,t} + \beta_7 (Age)_{i,t} + \varepsilon_{i,t}$）を行い（対象；30 カ国），2 乗項の係数は負であることを確認している。これは，トレンドとしての長期的な一人当たり実質成長率は一定の潜在的負担率水準でピークに達し，その後は負担率の上昇につれて低下することを意味している。上式を負担率で偏微分すると，最適水準は単回帰で 34.5％，重回帰で 31.7％

になると結論している。

　以上，二人の回帰モデルを見てきたが，いずれも明確なターゲットを設けたうえで政府規模を問う，いわば何にとっての政府最適規模なのかを問う視点に欠けている。したがって，一般的に政府規模と経済成長の負の相関を確認するものにとどまっている。経済成長にとっての政府最適規模を問題にするというなら，他の要素を並列的に扱わず，一国レベルで時系列的に最適政府規模を追求するアプローチが欠かせない。またその際には，やはり政府総支出を政府規模の代理変数とすべきであろう。政府総支出をいかに抑制するかという視点を優先しないと，最適政府規模の問題は静学的な問題に堕してしまう。さらにいえば，政府規模の代理変数を「規制の数」に求めた初期の公共選択学派の考え方に回帰することも考えられる。OECDの規制改革（労働市場，一般市場）をめぐる近年の計量分析は，規制改革の進んだ国の経済パフォーマンスが優れていることを示しており，こうしたデータを利用すれば，規制改革度を代理変数とした政府規模と成長率との関連も計量化可能と思えるのである。

おわりに

　公共政策が，基本的人権の維持や健康・生命の安全性を主要な目的にしている以上，政府規模の問題は経済成長（率）にとってのみ問題となるわけではない。北欧型福祉国家のように経済成長よりも社会福祉の充実を重視するという選択肢もありうる。だが，一般的に社会厚生の最大化を問題にするにしても，経済厚生を中心に見るか，それ以外の教育・福祉・環境といった社会厚生要素を重視するかで様相は一変しよう。後者の場合には，福祉の充実に際限がないかぎり，大きな政府が指向され，政府の最適規模を問うという問題が希薄化され，その探求が持つ魅力も半減しよう。

　我々は，あえて持続的な経済成長を重視した。それなくしては，社会保障の充実，貧困・所得格差問題の改善はありえず（パイの拡大・所得再分配），医療・年金の国民皆保険も守れないと思えるからである。

我が国の政府総支出の対 GDP 比は，2010 年時点で 40.9％（国民経済計算年報の内訳：政府最終消費支出 19.6％，一般政府粗固定資本形成 3.2％，社会保障移転 14.0％，その他・利払い等 4.1％）であり，現在も微増しつつある。膨大な累積政府債務（2014 年現在，債務残高は対 GDP 比で 231.9 であり，米国の 2 倍超，OECD," Economic Outlook），基礎的財政収支回復の遅れ（2020 年までに黒字化を宣言している），社会保障・福祉支出の増大といった状況を考えると，大胆な政府総支出の見直しと行財政改革が求められているといえよう。歳出改革としては，一般政府消費支出の削減（政府調達の見直し，近隣デタントによる防衛予算の抑制，議員・公務員の人件費カットなど），一般政府粗固定資本形成の抑制（乗数効果の低い公共事業のカット），社会保障関連支出の抑制（子育て，保育・教育支援の重点化，年金運用の効率化）が課題となろう。また，歳入改革としては法人税の軽減，個人所得・資産課税の累進性の強化（所得格差の是正）が有効と思われる。公債発行は債務残高が膨らんでいる現況では極力回避すべきであろう。

　財政的な見直しは，行政制度面でも担保されなければならない。規制改革やコンセッションによる行政簡素化，集中と分権による政府の政策機能の向上，総じて「スマートな政府」の実現が持続可能な経済発展にとって不可欠と思われる。

参考文献

Buchanan, J and R.Wagner (1977), Democracy in deficit, Academic Press, Newyork.
Paul Craig Roberts (1978), 'Idearism in Public Choice Theory', Journal of Monetary Economics, Vol. 4, 1978.
Philip J. Grossman (1987), The Optimal size of Government', Public Choice, Vol. 53, Issue 2.
Mueller, D. (1979). Public Choce. Cambridge University Press.
Armey, R. (1995). The Freedom Revolution, Regner Publishing Co., Washington, D.C.
Barro, R. J. (1990), 'Government Spending in a simple Model of Endogenous Growth', in Journal of Political Economy, 98 (5).
Rahn, R., Fox H. (1996), 'What is the Optimal Size of Government', Vernon K Krieble Foundation.
Scully, G. W. (1994). 'What is the Optimal Size of Government in the United States?', National Center for Policy Analysis-Policy Report, No. 188.

Scully, G. W. (2000). 'The Growth-maximizing Tax Rate', in Pacific Economic Review, Vol. 5, No. 1.

C. Magazzino and F. Forte. (2010), Optimal size of government and economic growth in EU-27. Munich Personal RePEc Archive. Online at hppt://mpra.ub.uni-muenchen.de/26669/

Antony Davies (2009). Human development and optimal size of government. Journal of Socio-Economics 38 (2009).

Atokinson, A, B. (1995). The welfare state and economic performance. National Tax Journal, 48 (2).

黒川和美「公共部門と公共選択」，三嶺書房，1987年

茂呂賢吾「政府の規模と経済成長」，内閣府経済社会総合研究所，ESRI Discussion Paper Series No. 103, May 2004.

篠原健「政府の規模と経済成長─潜在的国民負担および支出内容の両面からの分析」，PRI Discussion Paper Series No. 12A-03, 2012年5月

（山本　哲三）

あとがき

　さしもの寒も漸く和らぎ，春うららかな候に本書を刊行できることを心から喜び，まずは本書の企画にご協力いただき，ご多忙のなか論文をお書きいただいた先生方に感謝の意を表したい。

　ご参加いただいた先生方は大きく三つのグループに分類できる。第一のグループは長年，同類の問題やテーマに関心を共有しているいわば「学友」であり，第二のグループは政策現場で知己を得た官庁エコノミストとでもいうべき「友人」，そして最後のグループは早稲田の大学院商学研究科で机を並べ巣立っていった若手研究者である。

　本書を紐解いていただければわかるように，本書の扱うテーマは多岐にわたっている。いうまでもなく，編者がすべてに精通しているわけではなく，むしろ多くのテーマについて関して編者の持っている知見は常識を超えるものではない。したがって，個々のテーマの内容については，執筆者がその責を負っている。とはいえ，本書全体のトーンになっている公共政策の指向性（＝「最適政策の追求」）ついては，編者がその責任を負うものである。個々の章は独立性が高いため，読者には自分の関心のあるテーマから入っていただきたい。

　最後になるが，本書の刊行にご尽力いただいた成文堂編集部の松田智香子，飯村晃弘両氏に深甚の感謝の意を表したい。

2017年2月吉日

早稲田大学商学学術院教授
山　本　哲　三

事項索引

ア 行

新しい公共経営（New Public Management） ……… 15
アドミニストレイティブ・プライシング法（AP 法） ……… 175
アフィン関数 ……… 156
アフェルマージュ方式 ……… 330
新たなエネルギー・コンセプト ……… 307
EU 指令 ……… 40
EU のコンセッション指令（2014） ……… 219
EU リンク指令 2004/101/EC ……… 290
イコールフッティング ……… 273
一次確率優位 ……… 138
1：1 のルール ……… 198
1.57 ショック ……… 369
移動通信システム ……… 183
いわゆる「航空憲法」 ……… 204
インセンティブ契約 ……… 271
インバウンド観光客 ……… 210
ウィルソン原則 ……… 161
ウェアラブル・デバイス ……… 86
英国型オークション ……… 130
エネルギー・チャレンジ計画 ……… 305
OECD の開発援助委員会（DAC） ……… 340
オークションの払込金 ……… 183
オープンアクセス ……… 31
オランダ型オークション ……… 130
温室効果ガス排出権取引制度 ……… 279

カ 行

回帰分析 ……… 78
回帰モデル式 ……… 401
会計分離 ……… 32
改正大気浄化法 ……… 292
改正労働契約法 ……… 104
外部経済性 ……… 263
核燃料リサイクル事業 ……… 299
確率的フロンティア（SFA） ……… 71
仮想評価値（virtual valuation） ……… 157
仮想評価法 ……… 17
家庭内エネルギー管理システム ……… 51
借入耕地 ……… 67
環境クズネッツ曲線仮説 ……… 281
環境税 ……… 287
完全情報ゲーム ……… 151
環太平洋連携協定（TPP） ……… 55
感度分析 ……… 16
関連価値（affiliation）モデル ……… 149
機会主義的行動 ……… 229
基幹空港 ……… 205
気候変動に関する政府間パネル ……… 280
規制影響分析 ……… 23
規制改革会議 ……… 62
規制の簡素化 ……… 22
規制のコード化 ……… 21
基礎的財政収支（プライマリー・バランス） ……… 353
基礎年金番号 ……… 375
期待値分析 ……… 16
機能分離 ……… 32
規模の経済性 ……… 30
基本的人権 ……… 297
逆ハザードレート優位性 ……… 139
共済年金 ……… 372
競争入札方式 ……… 270
京都議定書 ……… 280
拠出制年金 ……… 370

切替え費用(switching cost)	313
均一料金	327
均衡戦略	133
金融緩和	356
空港整備特別会計	206
区画式逓減型従量料金制	327
区画式逓増型従量料金制	327
系統運用者	29
ケインズ主義	391
健康情報データバンク	93
顕示原理	154
顕示選好法	17
原子力規制委員会	300
原子力基本法	298
広域系統運用機関	48
行為規制	3
公共施設等の整備等の促進に関する法律(PFI法)	235
公共選択学派	392
耕作放棄地	67
厚生年金	372
公正報酬率規制	4
構造規制	3
高速増殖炉	299
公民談合	217
小売り市場の自由化	37
国際排出権取引	290
国民年金	372
国民年金の空洞化	387
国連気候変動枠組条約	280
コスト・プラス規制	6
固定価格買取り制度	46
コブ・ダグラス型	397
個別原価主義	326
コンセッション	197
コンソーシアム	210

サ 行

再交渉問題	222
最小二乗法	74
再生可能エネルギー源	307
財政再建	356
財政錯覚	206
最低賃金	124
差金決済取引(contract for difference)	45
サプライサイドの財政政策	394
残余コントロール権	218
CO_2排出量	283
シカゴ学派	146
自主規制	286
市場化テスト	266
市町村公営限定主義	323
指定管理者制度	259
私的評価値	133
シナジー効果	95
社会的割引率	224
社会保障国民会議	377
社会保障制度改革推進法	377
弱支配戦略	133
収益還元法(ディスカウントキャッシュフロー法)	175
需要管理シナリオ	309
収入キャップ(revenue-cap)規制	39
収入同値原理	135
周波数オークション	172
周波数の経済価値	183
自由貿易協定(FTA)	55
重要業績評価指標	56
準オプション価値分析	17
準公共財	17
純粋な共通価値	131
生涯健康医療電子記録	86
上下分離	9
詳細フリーのメカニズム	161
正直な報告(truth-telling)	161
勝者の災い	153
仕様発注	239

消費者物価指数	221
情報の非対称性	228
情報レント	161
正味現在価値	224
職員の配置転換	265
職業安定業務統計	113
「食料・農業・農村基本計画」	57
所得再分配機能	351
所有分離	315
人的資本形成	100
垂直統合	29
水道法	325
水道民営化	329
水道料金算定要領	324
スマートグリッド	51
スマートな政府	412
スマートメーター	37
生活習慣病	89
生活の質	85
生活保護水準	373
正規労働者	100
政治モニタリング・コスト	393
生存権	297
性能発注	239
政府開発援助	339
政府総支出	407
政府の失敗	201
潜在的国民負担率	409
総括原価方式	324
相互依存的評価値(interdependent value)	130
総合評価一般競争入札の方式	245
総務省電波政策2020懇談会	173
ソフトな予算制約	266
ソブリン危機	361

タ 行

第3号被保険者問題	388
第三者委託	335
対称均衡戦略	134
第4世代移動通信システム	184
脱原発	316
単一交差条件	154
単位労働コスト(ULC)	105
単回帰モデル	78
単年度主義	260
地球温暖化対策	284
地方公営企業法	325
地方独立行政法人	266
着陸料	211
直接規制	286
賃金関数	121
賃金構造基本統計調査(厚生労働省)	101
賃金センサス	108
テムズ・ウォーター	329
電波の割り当て	170
電波法	169
電波利用共益費用	183
電波利用料	170
電力取引所	36
同一労働同一賃金	99
同時複数ラウンド方式(SMRA)	185
労働契約法	103
ドーマー条件	353
独立規制機関	230
独立系発電事業者	40
独立財政機関	360
トリアージ	15

ナ 行

内閣府民間資金等活用事業推進室	241
内的成長モデル	403
二者択一の提案(take-it-or-leave-it offer)	159
二部料金制	327
人間開発指数	404
ネットワーク・アンバンドリング(構造分離)	11

年功賃金カーブ ……………………… 118
農業経営統計調査 …………………… 83
農事組合法人 ………………………… 65
農地集積・集約化 …………………… 59
農林業センサス ……………………… 65
ノーダル・プライス ………………… 36
乗合タクシー ………………………… 205

ハ 行

パートタイム労働者 ………………… 100
パートタイム労働法 ………………… 103
排出権取引市場 ……………………… 12
排出権取引指令 2003/87/EC ……… 290
ハザードレート優位性 ……………… 138
発送電分離 …………………………… 27
発着枠 ………………………………… 197
パリ協定 ……………………………… 284
バンキング …………………………… 289
ピークロード・プライシング ……… 319
比較法(ベンチマーク法) …………… 175
非ケインズ効果 ……………………… 355
非正規労働 …………………………… 99
非対称的なケース …………………… 144
一県一空港 …………………………… 207
微分方程式 …………………………… 134
被用者年金一元化法 ………………… 387
被用者保険 …………………………… 382
標準コストモデル …………………… 22
費用積み上げ方式 …………………… 325
費用の劣加法性 ……………………… 5
費用便益分析 ………………………… 302
封印一位価格オークション ………… 130
封印二位価格オークション ………… 130
フォン・ノイマン―モルゲンシュテルン型
　効用関数 …………………………… 141
不可欠設備 …………………………… 29
福祉聖域論 …………………………… 372
福島原発事故 ………………………… 299
負担力主義 …………………………… 326

物価スライド制 ……………………… 371
プライスキャップ規制 ……………… 6
フランチャイズ契約 ………………… 217
フランチャイズ入札 ………………… 10
フルタイム労働者 …………………… 100
プロポーザルコンペ方式 …………… 270
ベイジアン・ナッシュ均衡 ………… 151
ベンチマーク方式 …………………… 293
包括的民間委託 ……………………… 266
法的分離 ……………………………… 314
ホールドアップ問題 ………………… 35
保険料率 ……………………………… 374
ボローイング ………………………… 289

マ 行

毎月勤労統計調査 …………………… 107
マクロ経済スライド方式 …………… 374
密度の経済性(economies of density) …… 30
ミレニアム開発目標 ………………… 338
民活空港法 …………………………… 274
無拠出制年金 ………………………… 370
無作為(doing nothing) ……………… 304
無線局免許制度 ……………………… 183
メカニズム・デザイン ……………… 154
モデル年金 …………………………… 370
モニタリングコスト ………………… 263
モノのインターネット(IoT) ……… 169

ヤ 行

ヤードスティック規制 ……………… 6
有効求人倍率 ………………………… 109
尤度比(Likehood raito)優位性 …… 139
ユニバーサル・サービス …………… 17
容量市場(capacity market) ………… 45

ラ 行

ラッファー曲線 ……………………… 392
離散的 ………………………………… 165
リスク回避的 ………………………… 141

リスク管理	345	BOT（Build-Operate-Transfer）方式	237
リスク中立的	141	BTO（Build-Transfer-Operate）方式	237
リスク評価	15	DEA	73
留保価格	138	EEX	291
疑似パネル	115	EU ETS	279
レート・ベース方式	325	ICE	291
レッド・テープ	393	JI	290
レベニュー債	272	LCC	199
連携クレジット	293	LCC（Life Cycle Cost）	241
レント・シーキング	396	PFI（Private Finance Initiatives）	217
労働分配率	105	PFI 年鑑	250
		PHR	85
		PPP	258

ワ　行

ワンストップショップ制度	23

欧　文

AGV（Arrow-d'aspremont-Gerard-Varet）メカニズム	162
AI	193
A 関連	149
BARS カーブ	391
BOO（Build-Own-Operate）方式	237

PPP/PFI 推進アクションプラン	247
RGGI	279
RO（Rehabilitate-Operate）方式	237
「RPI-X」方式	7
SPC	239
TED	223
Value for Money（VfM）	224
VCG メカニズム	156

（初出頁のみ）

人名・機関索引

ア 行

アトキンソン (Atokinson, A. B) ………… 408
イオッサ (Iossa and Matinmort) ……… 249
ウィリアムソン (O. Williamson) ……… 216
英国会計検査院 (NAO) ………………… 304
英国貿易産業省 (DTI) ………………… 302
エドウィン・チャドウィック (E. Chadwick)
………………………………………… 216
エネルギー及び気候変動省 (DECC) …… 304
欧州安全保障協力機構 (OCSE) ………… 402

カ 行

カイザーパーマネンテ ……………………… 95
クズネッツ (S. Kuznets) ………………… 281
クリシュナ (V. Krishna) ………………… 129
クリュー (Crew, M. A) …………………… 11
グロスマン (Grossman, P. J) …………… 394
経済産業研究所 (RIETI) ………………… 293
コース (R. Coase) ……………………… 286
国連 (人間開発計画局) ………………… 406

シ 行

篠原健 ……………………………………… 409
シュライファー (A. Shleifer) ……………… 8
証券取引委員会 (SEC) ………………… 392
世界原子力協会 (WNA) ………………… 302

タ 行

タロック (G. Tullock) …………………… 396
地域送電オペレーター …………………… 44

デ 行

デイビス (A. Davies) …………………… 404
デムゼッツ (H. Demsetz) ………………… 11

ノ 行

農地中間管理機構 ……………………… 61

ハ 行

ピグー (A. Pigou) ……………………… 286
ブキャナン (Buchanan, J. M) …………… 392
米国オークリッジ国立研究所 …………… 282
米国 EPA …………………………………… 14
ボーモル (Baumol, J. et al.) ……………… 4
ポール・ミルグロム (P. Milgrom) ……… 167

マ 行

マーシャル (A. Marshall) ………………… 286
マスグレイブ (Musgrave, R. A) ………… 391
マテッチィ (E. Matteazzi) ……………… 104
茂呂賢吾 ………………………………… 407

ヤ 行

ヨーロッパ規制協力局 (ACER) ………… 42

ラ 行

リトルチャイルド (S. Littlechild) ………… 7
連邦エネルギー規制委員会 (FERC) …… 35
連邦経済問題エネルギー省 (BMWi) …… 307
連邦取引委員会 (FTC) ………………… 392
ロバーツ (Roberts, P. G) ……………… 392

(初出頁のみ)

執筆者紹介（五十音順）

茨木秀行（いばらぎ　ひでゆき）　1996年 ロンドン大学（LSE）経済学修士　内閣府経済財政分析総括担当参事官　　15章
　主要著書：『世界経済危機下の経済政策』2013年8月，東洋経済新報社

林　承煥（いむ　すんはん）　2014年 早稲田大学大学院商学研究科博士課程満期退学　東北大学経済学研究科高齢経済社会研究センター特任助教　　4章
　主要著書：「救急搬送の公共性に関する考察——東京都の救急業務の変遷史を中心に」，早稲田商学440号，pp. 217-236，2014年

上野有子（うえの　ゆうこ）　2012年 エセックス大学大学院博士課程修了（Ph. D）　内閣府経済財政分析担当参事官付調査官　　5章
　主要著書：Ryo Kambayashi and Yuko Ueno,（2015）Changes experienced by Intermediate-Age Workers in Japan's Labor Market, *Japan Labor Review*, vol. 13, no. 1, pp. 6-28.

笠井文雄（かさい　ふみお）　2016年 早稲田大学大学院商学研究科博士後期課程修了，博士（商学）　早稲田大学産業経営研究所招聘研究員　　11章
　主要著書：「公共財の最適供給」（山本哲三・野村宗訓編著『規制改革30講——厚生経済学アプローチ——』（第13講）中央経済社，2013年

佐藤裕弥（さとう　ゆうや）　1996年 法政大学大学院社会科学研究科修了　早稲田大学商学学術院講師　　14章
　主要著書：『新地方公営企業会計制度はやわかりガイド』ぎょうせい，2012年7月

辻本政雄（つじもと　まさお）　2008年 早稲田大学大学院商学研究科博士課程修了，博士（商学）　広島修道大学人間環境学部准教授　　12章
　主要著書：「ペルシャ湾岸及び地中海アラブ産油国における経済成長と大気汚染——環境クズネッツ曲線仮説を軸に——」広島修道大学編『人間環境学研究』第15巻，pp. 97-115，2017年

土田武史（つちだ　たけし）　1972年 早稲田大学大学院経済学研究科修士課程修了，博士（商学）　早稲田大学名誉教授　　16章
　主要著書：『ドイツ医療保険制度の成立』勁草書房，1994年

戸崎　肇（とざき　はじめ）　1995 年 京都大学大学院経済学研究科修了，博士（経済学）　首都大学東京特任教授　　8 章

主要著書：『航空の規制緩和』勁草書房，1995 年

仲田　優（なかた　まさる）　2007 年 東京工業大学大学院イノベーションマネジメント研究科技術経営専攻修了　三菱総合研究所グループ エム・アール・アイ リサーチアソシエイツ（株）地域創生事業部　　3 章

主要著書：Nakata, M. and Higa, K. (2006), "Exploring Human Resource Network using Text Mining", In Proc. of San Diego International Systems Conference, San Diego, USA.

原田峻平（はらだ　しゅんぺい）　2014 年 一橋大学大学院商学研究科博士後期課程修了　岐阜大学教育学部助教　　10 章

主要著書：『競争促進のためのインセンティブ設計：ヤードスティック規制と入札制度の理論と実証』勁草書房，2016 年

三友仁志（みとも　ひとし）　1987 年 筑波大学大学院博士課程社会工学研究科単位取得満期退学，博士（工学）　早稲田大学大学院アジア太平洋研究科教授　　7 章

主要著書：Hitoshi Mitomo, Hidenori Fuke and Erik Bohlin eds., *The smart Revolution Towards the Sustainable Digital Society: Beyond the Era of Convergence*, 386 pages, Edward Elgar, 2015.

村岡浩次（むらおか　こうじ）　2014 年 早稲田大学大学院商学研究科博士後期課程単位取得修了　徳山大学経済学部准教授　　2 章

主要著書：「電力小売全面自由化の費用便益分析」早稲田大学大学院商学研究科紀要第 70 号，pp. 167-188，2010 年

吉本尚史（よしもと　なおふみ）　2016 年 早稲田大学大学院商学研究科博士後期課程単位取得　早稲田大学産業経営研究所研究協力員　　9 章

主要著書：「Törnqvist 数量指数による生産性測定において限界収入が与える影響」公益事業研究，第 64 巻 3 号，2013 年

編著者紹介

山本哲三（やまもと てつぞう）

1970年　早稲田大学第一商学部卒業
1974年　北海道大学大学院経済学研究科博士課程中退，経済学博士
　　　　（筑波大学）
現在　　早稲田大学商学学術院教授

主要著書

『ネットワーク産業の規制改革』（編著）日本評論社，2001年
『規制改革の経済学』文眞堂，2003年
『規制影響分析（RIA）入門─制度・理論・ケーススタディ』（編著）NTT
　出版，2009年
『規制改革30講─厚生経済学的アプローチ』中央経済社，2013年

公共政策のフロンティア　商学双書6

2017年4月20日　初版第1刷発行

編著者	山本哲三
発行者	阿部成一

〒162-0041　東京都新宿区早稲田鶴巻町514番地
発行所　　株式会社　成文堂
電話 03(3203)9201代　FAX 03(3203)9206
http://www.seibundoh.co.jp

製版・印刷・製本　シナノ印刷

©2017 T. Yamamoto　　printed in Japan
☆乱丁・落丁本はお取替えいたします☆　検印省略
ISBN978-4-7923-4262-3 C3036

定価（本体3,200円＋税）

───────── 商学双書 ─────────

商学双書 1
『経済政策』横山将義・著　　　　　本体価格：2,500 円

商学双書 2
『マクロ経済学』嶋村紘輝・編著　　本体価格：2,500 円

商学双書 3
『社会保障論』土田武史・編著　　　本体価格：3,000 円

商学双書 4
『国際金融と経済──国際マクロ経済学入門──』
谷内満・著　　　　　　　　　　　　本体価格：2,500 円

商学双書 5
『国際経済学』大畑弥七・横山将義・著　本体価格：2,500 円

商学双書 6
『公共政策のフロンティア』
山本哲三・編著　　　　　　　　　　本体価格：3,200 円

───────── 商学研究叢書 ─────────

商学研究叢書 1
『地方税の安定性』石田和之・著　　本体価格：2,000 円